Emmanuel Todd
Das Schicksal der Immigranten

Deutschland · USA · Frankreich · Großbritannien

Aus dem Französischen von
Rainer Dachselt, Petra Willim und
Julia Ziegler

Claassen

Für die deutsche Übersetzung wurde der Text vom Autor gekürzt

Die Originalausgabe erschien 1994 unter dem Titel
»Le destin des immigrés – Assimilation et ségrégation
dans les démocraties occidentales«

Gesetzt aus der Sabon
Druck: Gerstenberg Druck, Hildesheim
Gedruckt auf chlorfrei gebleichtem, säurefreiem Papier
Printed in Germany
ISBN 3-546-00135-4

Für Marie

Inhalt

Einleitung 13
Eine Gegenüberstellung von Anthropologie und Ideologie 13
Die Allmacht des Einwanderungslandes 16

1 **Universalismus und Partikularismus: Symmetrie und Asymmetrie in den mentalen Strukturen 21**
Acht Formen des Differentialismus 25
Symmetrische Familienstrukturen 34
Nicht-symmetrische Familienstrukturen 37
Der Begriff der metaphysischen Gewißtheit *a priori* 41
Verschwinden die Werte der Familienstrukturen? 46
Vom Familiensystem zum anthropologischen System 48

2 **Differentialismus und Demokratie in Amerika 1630–1840 53**
Der biblische Differentialismus 55
Andere Aspekte der englischen Kolonialgeschichte 61
Die Unabhängigkeitserklärung und das demokratische Paradox 63

3 **Die Assimilation der Weißen in den Vereinigten Staaten 75**
Die Kontinuität des Stammfamiliensystems in der postindustriellen Gesellschaft: Deutschland, Schweden und Japan 79
Die moderne amerikanische Familie 84
Die Stammfamilie und die sozioökonomische Anpassung 88
Die Verschmelzung der weißen Nationen 94
Einwanderung und Fortbestehen der anthropologischen Homogenität 95

4 **Die Segregation der Schwarzen in den Vereinigten Staaten** 97
Die Asiatinnen werden weiß 101
Von der Sklaverei zur Segregation 105
Das demokratische Gewissen in Aktion: 1940–1990 109
Die Reaktion des differentialistischen Unbewußten 112
Das physische Erscheinungsbild als einzige Determinante 114
Soziale Pathologien: die Produktion neuer Unterschiede 117

5 **Die multikulturalistische Illusion** 123
Die Nichtexistenz weißer Kulturen 127
Die Nichtexistenz einer schwarzen Kultur 128
Die hispanische Kultur als Sand im Getriebe 132
Die Grenzen der Freiheit 140

6 **England: Klassendifferentialismus kontra Rassendifferentialismus** 143
Der innere Differentialismus 145
Die Einwanderung der Jahre 1948–1990 148
Eher die Hautfarbe als die Kultur 150
Die ideologische Neuanpassung: von der Hautfarbe zum Multikulturalismus 156
Der Wandel der Minderheiten 164
Die Sikhs zwischen zwei Formen des Differentialismus 166
Die Pakistani: Beständigkeit und Fundamentalismus 170
Die Jamaikaner: moralische Zerstörung 174
Klasse gegen Rasse 177

7 **Das Stammfamiliensystem: die Wahrnehmung der Differenz und der Traum von der Einheit** 181
Morphologie der vorindustriellen Gesellschaften mit Stammfamiliensystem 183
Die deutschen Juden, die japanischen *Burakumin* und die Béarner *Cagots* 186

Einheit gegen Vielfalt: die Stammfamilie und der Monotheismus 189
Die deutschen Landeskirchen und die angelsächsischen Mitgliedskirchen 192
Vertikale Integration und horizontale Fragmentierung in der deutschen Geschichte 194
Von der Ungleichheit der Brüder zur Demokratie 196
Der Nationalsozialismus: Demokratie und Herrenvolk 199
Das sichtbare und das unsichtbare Stigma der Ausgegrenzten 200
Die ideologische Behandlung der Rassenvermischung 204
Von der Ausgrenzung zur Vernichtung 206
Die extreme Pathologie der deutschen Familie im 19. Jahrhundert 207
Der Differentialismus nach der Krise 211

8 **Assimilation und Segregation in Deutschland 213**
Das Ende der Homogenität: die Einwanderung in den Jahren von 1960 bis 1990 215
Von der Stammfamilie zum *ius sanguinis* 219
Die jugoslawische Gemeinschaftsfamilie und die türkische Kernfamilie 224
Die Modernisierung: der Erfolg in der Türkei, das Scheitern in Jugoslawien 230
In Deutschland: Assimilation der Jugoslawen, Segregation der Türken 233
Die Fixierung auf den Islam 243
Die Islamisierung der Türken in Deutschland 246
Die Erzeugung einer Paria-Gruppe 248
Die Wahrnehmung der Differenz und der Traum von der Einheit 251
Eine Welle der Angst: 1985 bis 1993 255
Die Rückkehr der deutschstämmigen »Aussiedler« 260
Die Wahl einer Differenz 261

9 **Frankreich: der universale Mensch auf eigenem Territorium 265**
Von der egalitären Kernfamilie zum Universalismus 270
Heterogenität: die katholische Subkultur 277
Angelsächsische Homogenität und französische Diversität 278
Die Stammfamilie und der französische Differentialismus 283
Der Staat als künstliches Gebilde 287
Der kleinste gemeinsame Nenner: Exogamie und Bilateralität des Verwandtschaftssystems 290
Der Differentialismus im Dienste des Universalismus 292

10 **Die Emanzipation der Juden 295**
Das traditionelle Judentum: Familie und Religion 297
Vor der Wahl zwischen Abschottung und Assimilation 299
Deutschland: Assimilation ohne Emanzipation 302
Die angelsächsische Welt: Assimilation und positives falsches Bewußtsein 307
Französischer Universalismus und jüdischer Differentialismus 315
Wanderung und Einwanderung: der Eintritt der Juden in individualistisch-egalitäres Gebiet 318
Beschleunigung der Assimilation im 20. Jahrhundert 321
Eine weniger schmerzhafte Assimilation 327
Die Dreyfus-Affäre und Vichy: Indifferentismus gegen Antisemitismus 334
Der Sinn einer Geschichte 339

11 **Die Desintegration des maghrebinischen anthropologischen Systems 341**
Das maghrebinische Familiensystem 346
Koloniale Schizophrenie 351
Exogamie 359
Algerier in Frankreich und Türken in Deutschland 363

Individuelle Akzeptanz und kollektive Feindseligkeit 370
Die beiden Gesichter Frankreichs und die maghrebinische Kultur 372
Zerbrochene Familien und verschiedene Schicksale 377
Der Islam als untergeordneter Faktor 384
Das portugiesische Gegenbeispiel 385
Türkenproblem oder deutsche Frage? 392

12 **Frankreich und die Hautfarben 397**
Ein soziales Problem ohne Rassenproblem? 404

Schluß 407

Einleitung

Eine Gegenüberstellung von Anthropologie und Ideologie

Die verschiedenen Gruppen von Einwanderern aus der dritten Welt unterscheiden sich nicht nur aufgrund ihres physischen Äußeren oder ihrer religiösen Gepflogenheiten. Jeder Mensch ist Vertreter eines spezifischen anthropologischen Systems, dessen Herzstück die Familienstruktur darstellt, die wiederum eine bestimmte Art zu leben nach sich zieht und auf der gewisse religiöse und weltanschauliche Überzeugungen beruhen. Diese Familienstruktur kann derjenigen des Einwanderungslandes nah oder fern sein. Sie bestimmt den grundlegenden kulturellen Unterschied, der übrigens mit dem so viel einfacher zu konstatierenden physischen Unterschied selten zusammenfällt. In Frankreich geht bei den Immigranten, die aus dem Maghreb kommen, die geringfügige physische Verschiedenheit mit einem denkbar großen Unterschied in den Familienstrukturen einher, während sich bei den »bürgerlichen« Einwanderern aus der Karibik ein ausgeprägter physischer Unterschied mit einer geringen Differenz in den Familienstrukturen verbindet.

Im Zentrum des Familiensystems steht der Status der Frau – sei er niedrig oder gehoben. Zum einen, weil er als solcher einen Aspekt des Daseins darstellt, über den die Völker selten zu verhandeln bereit sind. Zum andern, weil es sich beim Frauentausch – der zur Praxis wird, sobald zwei menschliche Gruppen miteinander in Kontakt treten – um einen grundlegenden anthropologischen Mechanismus handelt: Findet er statt, so setzt er eine Dynamik der Assimilierung in Gang; wird er zurückgewiesen, setzt Segregation ein. An der Exogamierate, das heißt am Ausmaß, in dem sich Einwanderer oder deren Kinder oder

deren Kindeskinder mit Angehörigen des Einwanderungslandes durch Heirat verbinden, läßt sich letztlich der Grad der Assimilation oder der Segregation ablesen, und dieser anthropologische Indikator kann durchaus eine andere Wahrheit zum Ausdruck bringen als die Indikatoren politischer oder weltanschaulicher Natur.

Aus einer Analyse der Familienstrukturen und des matrimonialen Tausches ergibt sich ein sehr einfaches Bild von den interethnischen Beziehungen, denn sie zeigt, daß es nur zwei mögliche Varianten von Einwandererschicksalen gibt: Assimilation oder Segregation. Übersteigt der matrimoniale Tausch einen bestimmten Prozentsatz, so führt er dazu, daß die eingewanderte Bevölkerung in der des Einwanderungslandes aufgeht. Unterhalb dieser Schwelle hingegen sorgt die Ablehnung des matrimonialen Tauschs dafür, daß sich die eingewanderte Bevölkerung zu einer in einer Enklave lebenden Gruppe verfestigt.

Lediglich die Assimilation darf als ein endgültiges Schicksal betrachtet werden. Die Segregation, die inmitten der die Mehrheit darstellenden einheimischen Bevölkerung eine ethnische Minderheit fortbestehen läßt, kann niemals als eine Lösung für die Ewigkeit angesehen werden. Sie birgt immer noch die Möglichkeit einer verzögerten Assimilation. Sie kann auch in bestimmten Gesellschaften und unter bestimmten krisenhaften Umständen dazu führen, daß sich die Mehrheit jener ethnischen Minderheit, die mitunter schon seit Jahrhunderten in einer Enklave lebte, zu entledigen sucht. Gegen Ende des 15. Jahrhunderts vertreibt Spanien seine Juden. Zwischen 1933 und 1945 versucht Deutschland, die auf seinem Gebiet lebenden und darüber hinaus alle auf dem europäischen Festland lebenden Juden zu vernichten. Die Annahme einer dauerhaften Segregation von bestimmten Einwanderungsgruppen führt also eigenartigerweise zur Analyse des Schicksals der Juden; sie inkarnieren in den Augen der christlichen Welt seit Jahrhunderten die Idee der Absonderung schlechthin.

Die Begriffe der Sozialanthropologie – Familienstruktur, Sta-

tus der Frau, Exogamierate – zwingen zu einem realistischen Bild der interethnischen Beziehungen, denn sie verdeutlichen, daß die Frage, ob jemand ein Recht auf Differenz hat oder nicht, am Problem vorbeigeht. Vom Standpunkt der Familienstrukturen aus gesehen, erscheint das Nebeneinander bestimmter Differenzen schlicht unbegreiflich: Die anthropologischen Entscheidungen einer Gesellschaft funktionieren häufig nach einem Ja-nein-Schema, dem zufolge verschiedene Regeln sich gegenseitig ausschließen. Der Status der Frau kann nicht zugleich gehoben und niedrig sein. Eine Erbschaftsregel kann nicht in einem egalitär und nicht-egalitär sein. Man kann nicht einem Mann verbieten, seine Cousine zu heiraten, und ihn zur gleichen Zeit zu einer Ehe mit dieser Cousine verpflichten. Die Größe des Erdballes läßt ein Nebeneinander von sich gegenseitig ausschließenden Werten durchaus zu; aber auf einem gegebenen Territorium sind bestimmte grundlegende kulturelle Elemente nicht miteinander vereinbar.

Der Übergang von der Ideologie zur Anthropologie hält unaufhörlich Überraschungen bereit, denn er impliziert eine Verlagerung von der Vorstellung des interethnischen Verhältnisses zur Realität desselben; nicht selten stehen die bewußten Vorstellungen zu der unbewußten Realität in Widerspruch. Entsprechend ist es keineswegs so, daß die westlichen Gesellschaften, die am eindeutigsten ihre weltanschauliche Toleranz beteuern, notwendigerweise auch diejenigen sind, die anthropologische Unterschiede am ehesten gelten ließen – wie man am Beispiel der USA sehen kann. In Frankreich hingegen verdeckt die Stimmstärke der extremen Rechten – das ideologische Zeichen für Intoleranz –, daß die Exogamierate – das anthropologische Zeichen für Toleranz – rasch sehr stark angestiegen ist.

Die Allmacht des Einwanderungslandes

Die anthropologische Analyse kann nicht allein dazu führen, daß die gegenwärtig in der westlichen Welt wirksamen Mechanismen der Assimilation oder der Segregation völlig verständlich werden. Sie gelangt vor allem zu der Feststellung, daß Gruppen, die, von den anthropologischen Strukturen aus betrachtet, einander ähnlich sind, wie etwa Pakistani und Algerier oder Menschen aus Jamaika und aus Martinique, in den unterschiedlichen Aufnahmegesellschaften, etwa Frankreich oder Großbritannien, ein sehr unterschiedliches Schicksal haben. Aus einer vergleichenden Analyse geht hervor, daß jede der entwickelten Gesellschaften – völlig unabhängig vom objektiven Inhalt der Einwanderungskultur – dazu in der Lage ist, ihre eigene Vorstellung von den interethnischen Beziehungen durchzusetzen und die ihr genehme Lösung für das Problem der Assimilation oder der Segregation herbeizuführen; entsprechend muß man hypothetisch von einem Prinzip der *Allmacht des Einwanderungslandes* ausgehen. Die Anthropologie legt offen, daß in allen großen postindustriellen Nationen eine besondere unbewußte Matrix existiert, die über die Vorstellung vom Ausländer und somit letztlich auch über sein Schicksal entscheidet.

Nimmt man nicht die Warte der Ideologie, sondern die der Anthropologie ein, so scheint Frankreich zu sich selbst zurückzukehren. Von allen westlichen Demokratien befindet es sich als einziges Land in einem Assimilationsprozeß, in den *alle* seine Einwanderer und ethnischen Minderheiten einbezogen sind, unabhängig von ihrem physischen Erscheinungsbild oder ihrer Religionszugehörigkeit – auch wenn sich die Aufnahme der maghrebinischen Bevölkerung etwas langsamer und schmerzensreicher als die der anderen Gruppen gestaltet. Der französische Universalismus, der in den bewußten ideologischen Ausdrucksformen heutzutage nicht gerade glänzend dasteht, ist, was das unbewußte Verhalten anbetrifft, nahezu intakt. In Deutschland, Großbritannien, sogar in den USA

herrschen hingegen differentialistische Konzeptionen vor. In jedem dieser Länder grenzt eine kulturelle und mentale Matrix die Wahrnehmung *a priori* auf eine segmentierte Menschheit ein, ohne daß die übrigen Unterschiede, die als ausschlaggebend angesehen werden, jeweils die gleichen wären. So ist die angelsächsische Welt vorzugsweise auf ein äußerliches Merkmal – die Hautfarbe – fixiert, während Deutschland seinen Blick stärker auf einen inneren Wesenszug – die religiöse Überzeugung – heftet. Von den Völkern, die einen Unterschied wahrnehmen *müssen*, wird das Familiensystem niemals als wesentliches Kriterium herangezogen. Die Völker hingegen, die – wie im Falle Frankreichs – an die Universalität des Menschen und die Gleichwertigkeit der Völker glauben wollen, halten mitunter die unerträglichen Unterschiede im Familiensystem für das Ausschlaggebende.

Im ersten Kapitel dieses Buches suche ich eine anthropologisch orientierte Erklärung dafür zu finden, weshalb bestimmte Gesellschaften oder Kulturen ihrem Charakter nach universalistisch und warum andere, mit ebenso großer Überzeugung, differentialistisch auftreten. Die Familienstrukturen erweisen sich hier, quer zu den ideologischen Vorstellungen, die aus ihnen hervorgehen, als grundlegend: Dort, wo man die Brüder für gleich hält, glaubt man *a priori* an die Gleichwertigkeit der Menschen und der Völker. Hält man hingegen die Brüder für verschieden, so bleibt man der Vorstellung verhaftet, daß die Menschheit uneinheitlich und zergliedert ist. Das Gesetz, das einen Zusammenhang zwischen den Familienstrukturen und den ideologischen Vorstellungen herstellt, läßt sich auf die aufnehmenden Gesellschaften in gleicher Weise anwenden wie auf die Kulturen der Einwanderer: Man kann den arabisch-muslimischen Universalismus dem Differentialismus der Sikhs ebenso entgegenstellen wie den französischen Universalismus dem deutschen Differentialismus.

Die vorbereitende Untersuchung der großen differentialistisch orientierten westlichen Kulturen – der amerikanischen (2. bis 5. Kapitel), der englischen (6. Kapitel) und der deutschen

(7. und 8. Kapitel) – erlaubt es, um so wirkungsvoller das universalistische Frankreich und sein Verhältnis zur Einwanderung unter die Lupe zu nehmen (9. bis 12. Kapitel). Aus der vergleichenden Analyse ergibt sich paradoxerweise, daß die französische Konzeption vom Universellen, die in Frankreich wirklich und lebendig ist, sich aus weltweiter Sicht als Partikularismus und somit als ein Produkt einer in ihrer Komplexität wirklich einzigartigen Gesellschaft ausnimmt. Auf der anthropologischen Ebene ist Frankreich heterogen, in sich selbst gespalten, und entsprechend basiert sein Verhältnis zum Fremden auf einer schizophrenen Verdopplung. Der Begriff vom universalen Menschen und die jakobinische Gleichmacherei sind lediglich ideologische Schleier, hinter denen sich die Komplexität der konkreten französischen Einstellungen verbirgt. Im Gegensatz dazu ist der Umgang mit den Phänomenen der Assimilation und der Segregation in Amerika – *dem* Produzenten und Exporteur einer um den Begriff der Toleranz zentrierten multikulturellen Ideologie – in der Praxis von einer extremen Schlichtheit, um nicht zu sagen Brutalität.

In Frankreich leitet sich die Assimilation der Einwanderer logischerweise aus dem universalistischen Postulat her. Gleichwohl irrt man, wenn man glaubt, daß ein differentialistisches Postulat umgekehrt durchweg zu einer Ausgrenzung aller Einwanderer oder ethnischen Minderheiten führen müsse. Die Vereinigten Staaten, denen es einerseits trotz all ihrer bewußt unternommenen immensen Anstrengungen nicht gelingt, sich von der *apriorischen* Vorstellung frei zu machen, beim Schwarzen handele es sich um einen andersartigen Menschen, sind andererseits ein riesiger Schmelztiegel, in dem die Kulturen durcheinandergewürfelt und die Menschen einander angeglichen werden. Die amerikanische Gesellschaft, ursprünglich der englischen Matrix entstammend, ist das Resultat eines gigantischen Einwanderungsprozesses, der alle möglichen Typen von Europäern, seien sie nun christlich oder jüdisch, miteinander vermischt hat; diesen haben sich in jüngster Zeit auch noch die Asiaten hinzugesellt.

Die Offenheit der amerikanischen Gesellschaft ist weithin so bekannt, daß man lediglich die Dichotomie Weiße / Schwarze zu vergessen braucht, um der falschen Vorstellung aufzusitzen, bei den Vereinigten Staaten handele es sich um ein universalistisches System. Die partielle, aber sehr wohl vorhandene Offenheit der deutschen Gesellschaft wird hingegen weit weniger wahrgenommen: Die Ausgrenzung der Türken mag ein deutlich sichtbares Phänomen sein; die im stillen voranschreitende Assimilation der Exjugoslawen wird jedoch häufig übersehen. In jedem Fall findet auch in Deutschland, ähnlich wie in Amerika, wenngleich auf einer niedrigeren Stufe, Assimilation statt. In diesen beiden differentialistischen Gesellschaften stehen Ausgrenzung und Verschmelzung in einer funktionellen Komplementarität zueinander: Eine ethnische Minderheit wird zum Symbol der Differenz schlechthin abgestempelt; das ermöglicht es, alle anderen Unterschiede zu verwischen und die anderen Minderheiten als der vorherrschenden Ethnie gleichwertig und als assimilierbar zu betrachten.

Die Existenz einer Paria-Gruppe führt außerdem dazu, daß sich die herrschende Bevölkerung intern in gewisser Weise als gleichwertig begreift. Die anthropologische Analyse der Einwanderung und ihrer Konsequenzen läßt beinahe wie von selbst ein weniger naives Bild von Demokratie entstehen, als es gegenwärtig vorherrscht. An den Beispielen Amerika und Deutschland zeigt die Untersuchung, in welchem Maße die Einführung der Demokratie dadurch gefördert werden kann, daß sich eine ethnische oder rassistische Konzeption der Gesamtheit der Bürger durchsetzt. Die Geschichte Athens legt sogar nahe, daß die Demokratie von Anbeginn an ethnischen Ursprungs war: Aus dem Ausschluß eines »Anderen« bezog sie die Triebkraft für den inneren Egalitarismus. Ein solches historisches Modell mag pessimistisch erscheinen, zumal es dem vorherrschenden und wohlmeinenden Stereotyp widerspricht, dem zufolge Demokratie und Universalismus automatisch Hand in Hand gehen. Auf diese Weise läßt sich jedoch begreifen, weshalb es den Vereinigten Staaten, gegenwärtig

dem Urbild einer demokratischen Nation, nicht gelingt, der Stigmatisierung der Schwarzen ein Ende zu bereiten. Aus diesem Modell geht nicht die reaktionäre Vision hervor, die systematisch das Ideal der Demokratie mit der menschlichen Verschiedenheit verbindet: Der wesentliche Beitrag Frankreichs zur Geschichte der Menschheit liegt gerade darin, daß es die Demokratie aus ihrer ursprünglichen ethnischen Schale herausgelöst und die Gesamtheit der Bürger definiert hat, ohne dabei die Begriffe Rasse oder Blut ins Spiel zu bringen.

I
Universalismus und Differentialismus: Symmetrie und Asymmetrie in den mentalen Strukturen

In der Geschichte scheinen Momente eines expliziten Universalismus auf, in denen die Gleichwertigkeit der Menschen und der Völker in ideologischer oder religiöser Form ausdrücklich bestätigt wird. Aus europäischer Sicht erreichte der Universalismus erstmals zur Zeit Roms das Stadium schriftlicher Fixierung: Die fortschreitende Ausdehnung des Römischen Reiches gipfelte 212 n. Chr. im Edikt des Caracalla, das allen freien Männern des Reiches das Recht auf die römische Staatsangehörigkeit zusprach. Der römische Universalismus seinerseits wurde zu einem wichtigen Bestandteil des frühen Christentums, das davon träumte, das Recht der Ewigen Stadt auf die gesamte Menschheit auszudehnen.

Die Entdeckung Amerikas und der Indianer, eines bis zum Jahre 1492 noch unbekannten Menschenschlages, bringt den iberischen, das heißt den spanischen sowie den portugiesischen Universalismus hervor. Nach langen Debatten erklärt die katholische Kirche, daß auch die Indianer in der Neuen Welt eine Seele haben – eine Feststellung, die zwar die Eroberer nicht daran hindert, massenhaft Indianer umzubringen und die übriggebliebenen auszubeuten, die es jedoch zugleich möglich macht, daß die Eroberer die Kinder, die ihre indianischen Mätressen zur Welt bringen, anerkennen und aufziehen. Das Kastilische wird zur Sprache der Indianer – im Zuge eines Akkulturationsprozesses, der bis heute noch nicht vollständig abgeschlossen ist, insbesondere in Peru und Bolivien.

Die Französiche Revolution stellt einen weiteren großen Augenblick des europäischen Universalismus dar; sie bringt den Begriff des absolut universalen Menschen hervor. Als freier und gleicher Mensch stellt der französische *citoyen* den Prototyp einer Gattung dar, die dazu berufen ist, den ganzen Planeten zu bevölkern.

Der russische Kommunismus repräsentiert eine vierte Variante. Zwar ist der *homo sovieticus* nicht frei, wohl aber ist er gleich. Es liegt in der Absicht seiner Erfinder, daß seine Knechtschaft für alle Menschen, ohne jedwede Unterscheidung ihrer Herkunft, bestimmt ist. In der Geschichte des Universalismus taucht der Kommunismus spät auf, und er fügt, was die Einheit der menschlichen Gattung anbetrifft, der römischen, katholischen oder französischen Konzeption wenig Neues hinzu. In der Praxis aber stellt der Kommunismus die erste universalistische Lehre dar, die für einen Augenblick lang dazu in der Lage zu sein schien, die Erde zu vereinheitlichen oder zumindest den Unterschied zwischen Europa und Asien zu beseitigen. Zwischen 1950 und 1985 regiert der Marxismus-Leninismus von Serbien bis Vietnam, in Rußland wie in China. Mit der Eroberung Kubas und dem Auftauchen sympathisierender Regimes in Afrika übertrifft die kommunistische Lehre die Alte Welt. Der kommunistische Mensch kann weiß, gelb oder schwarz sein. Einen Augenblick lang schien er universaler zu sein als der Christ, den sich der heilige Paulus erträumt hatte.

Die Erfindung universalistischer Lehren ist allerdings keineswegs allein Europa vorbehalten. Der Kommunismus in China beispielsweise gibt sich damit zufrieden, ein Zivilisationskonzept wiederzuentdecken, das im Kern schon immer universalistisch war. Die chinesische Lebensweise, aus dem Norden des Landes stammend, läßt sich exportieren und auf alle Völker übertragen. Die »rohen« Barbaren müssen lediglich von der chinesischen Zivilisation erst einmal »gekocht« werden. Dieser bewußte Assimilationismus ermöglicht die Geburt eines Reiches, dessen fortschreitende Ausdehnung sich ebenso der kulturellen Ansteckung wie der Kolonisation und der militäri-

schen Eroberung verdankt. Von einem strikt demographischen Blickwinkel aus betrachtet, ist der chinesische Universalismus vielleicht der leistungsstärkste, da es ihm gelungen ist, eine stabile menschliche Gruppe zu formen, die etwa ein Viertel der ganzen Menschheit ausmacht.

Beim Islam handelt es sich um den Universalismus nichteuropäischer Prägung, mit dem sich die Europäer noch am ehesten auskennen. Die Religion Mohammeds stützt sich mit ebensolcher Sicherheit wie die christliche auf die *apriorische* Gewißheit, daß das Wesen des Menschen universal ist; daher können alle Individuen, so sie sich bekehren lassen, die Eigenschaften eines Muslim erlangen. Der muslimische Mensch, der zwischen dem Senegal und Indonesien angesiedelt ist, kann deshalb schwarz, weiß oder gelb sein.

Schon der knappste Überblick zeigt also, daß der Universalismus weder für eine einzige Region der Welt noch für eine einzige Geschichtsepoche typisch ist. Er zeigt ferner, daß mehrere verschiedene Formen des Universalismus existieren, die entweder miteinander vereinbar sein oder gegeneinander konkurrieren können. So verträgt sich der traditionelle chinesische Universalismus durchaus mit dem Kommunismus, einer ursprünglich europäischen Lehre. Im Gegensatz dazu scheint der Islam dem Marxismus-Leninismus des 20. Jahrhunderts gegenüber ebenso unzugänglich zu sein, wie er es zwischen dem 7. und dem 19. Jahrhundert dem Katholizismus gegenüber war. Mehrere Konzeptionen des universalen Menschen rivalisieren miteinander; sie sind nicht aufeinander zurückführbar.

Nicht alle Formen des Universalismus erlangen den gleichen Grad einer ideologischen Ausformulierung. Die Französische Revolution, die bewußt über den Begriff des universalen Menschen spekuliert, stellt aus theoretischer Sicht einen Höhepunkt dar, der schwerlich zu überbieten ist. Der chinesische Assimilationismus bildet möglicherweise einen Gegenpol dazu, denn er schlägt sich in derart wenigen ideologischen Äußerungen nieder, daß man hier geradezu von einem impliziten Universalismus sprechen muß. Allerdings zeigt die Ge-

schichte, daß ein Volk von einem impliziten Universalismus zu einem expliziten Universalismus übergehen kann und umgekehrt. Gegenwärtig handelt es sich beim russischen Volk um einen der interessantesten Fälle. Zwischen dem 15. und dem 19. Jahrhundert funktionierte der russische Universalismus implizit: Nachdem Moskau Hauptstadt eines Reiches geworden war, expandierte es – hin zum Baltikum, zum Kaspischen Meer, zum Schwarzen Meer und über den Ural hinaus; diese Expansion war möglich aufgrund der Kolonisation durch russische Bauern und aufgrund der Assimilation finno-ugrischer sowie türkisch-mongolischer Bevölkerungsgruppen. Nicht alle finnischen Bevölkerungsanteile und nicht alle Tataren hat Rußland verdauen können; aber die russische Konzeption von Ethnizität hat jedenfalls niemals die Russifizierung der asiatischen Bevölkerung für unmöglich erklärt. Der Kontrast zur Expansion der Vereinigten Staaten quer über den Norden Amerikas könnte nicht größer sein. Im Gegensatz zu den Irokesen, Apachen oder Cheyenne galten die Mordwinen, Wogulen oder Burjäten als assimilierbar, auch wenn nicht alle assimiliert wurden – es gibt heute auf russischem Territorium noch Bevölkerungsenklaven, die diese alten Namen tragen. Der Kommunismus hat schließlich den russischen Universalismus in den proletarischen Internationalismus und damit in ein Stadium der Explizitheit überführt. Um 1990 herum führte dann der Zusammenbruch der kommunistischen Ideologie dazu, daß der russische Universalismus wieder ins Stadium der Latenz zurücksank. Die russische Bevölkerung stellt nicht mehr ein Modell für die Menschheit dar, aber die über die Grenzen des Reiches versprengte russische Bevölkerung glaubt derart an den universalen Menschen, daß sie sofort dazu bereit ist, zu Esten, Letten, Ukrainern oder Tataren zu werden, sofern Estland, Lettland, die Ukraine oder die Tartarei ihre Unabhängigkeit fordern. Hier kann man von einem umgekehrten Assimilationismus reden, denn hier geht es nun für die russischsprachigen Bevölkerungsgruppen darum, sich unter die anderen Gruppen zu mischen. Die Macht der russischen Zivilisation

läßt in der Praxis diesen umgekehrten Assimilationismus wenig realistisch erscheinen. Gleichwohl stellt das vielfache Eintreten der Russen für die Unabhängigkeit der peripheren Republiken, in denen sie sich zum Zeitpunkt des Zusammenbruchs befanden, ein eindrucksvolles Bekenntnis zum Universalismus dar, das dem Glauben, es gäbe einen wesentlichen Unterschied zwischen Russen und Nicht-Russen, eine deutliche Absage erteilt.

Das Ende des kommunistischen Internationalismus bedeutet demnach keineswegs das Ende des russischen Universalismus, wie auch das Ende des Römischen Reiches nicht das Aussterben des lateinischen Universalismus nach sich zog; und so würde auch ein Aussterben des Islam nicht den arabischen Universalismus zum Verschwinden bringen. Der Glaube an die Einheit der menschlichen Gattung ist für bestimmte Bevölkerungsgruppen charakteristisch, aber er scheint letztlich tiefer verankert zu sein, als es die bewußten ideologischen Überzeugungen sind. Andere Bevölkerungsgruppen nehmen hingegen eine entgegengesetzte Haltung ein: die des Differentialismus. Diese oder jene menschliche Gruppe beansprucht für sich, ein einzigartiges, unnachahmliches Wesen zu haben, und reagiert auf die Vorstellung von der Gleichwertigkeit der Menschen oder auf die Verschmelzung der Völker mit Feindseligkeit.

Acht Formen des Differentialismus

Die griechische Konzeption der Staatsangehörigkeit unterscheidet sich von der römischen dadurch, daß sie sich nicht ausdehnen ließ. Bis 451 v. Chr. konnte ein Individuum nur Bürger Athens sein, wenn seine beiden Eltern Athener Bürger waren.[1] Dieses von Perikles eingebrachte Gesetz, das alle anderen von der Zugehörigkeit zur Bürgerschaft ausschließt, nimmt sich wie das theoretische Gegenstück zum Edikt des Caracalla

1 Zur Definition der athenischen Bürgerschaft siehe N. Loiraux, *Les Enfants d'Athéna*, Paris: Maspero 1981.

aus, das die Öffnung der römischen Staatsbürgerschaft bestätigt und vollendet. Trotz seiner kulturellen und militärischen Macht begnügt sich Athen damit, ein Stadtstaat zu sein und kein universales Reich. Das klassische Griechenland ist vom Begriff des universalen Menschen weit entfernt, und jede seiner Städte bekräftigt ihr Anderssein.

Die Geschichte Deutschlands zeigt, daß über lange Zeiträume hinweg differentialistische Neigungen vorherrschend waren; abwechselnd folgen aufeinander explizite Phasen, in denen Ideologien des Andersseins entstehen, und implizite Phasen, in denen man sich damit begnügt, das Anderssein zu leben und nicht darüber zu theoretisieren. Im Partikularismus der deutschen Städte und Fürstentümer im Mittelalter, der dann zu der geographischen und staatlichen Zersplitterung des Heiligen Römischen Reiches Deutscher Nation führt, bekundet sich erstmalig in der Geschichte ein impliziter Differentialismus in Reinform. Aber in allen Epochen läßt sich der implizite Differentialismus in Deutschland an der heftigen Abneigung gegenüber der Idee der Assimilation ablesen. Von Mitteleuropa bis hin zum Wolgabecken schützen die im Mittelalter und im 18. Jahrhundert ausgewanderten deutschen Bevölkerungsgruppen ihre Identität davor, von ihrer jeweiligen Umgebung aufgesogen zu werden. Heute können wir beobachten, wie manche dieser Bevölkerungsgruppen wieder in die Bundesrepublik zurückkehren. Ihre ethnische Identität wird durch das traditionelle deutsche Staatsbürgerrecht legitimiert, das, ebenso wie die athenische Konzeption der Staatsbürgerschaft, auf der Vorstellung des *ius sanguinis* beruht. Umgekehrt hat Deutschland – jedenfalls in der Theorie – niemals beansprucht, nicht-germanische Bevölkerungen zu assimilieren. In der Praxis freilich hat die Attraktivität der deutschen Zivilisation, sowohl im Mittelalter als auch später, die Germanisierung zahlreicher slawischer Bevölkerungsgruppen in Westdeutschland wie auch in Österreich bewirkt. Dort fand eine Assimilierung ohne Assimilationismus statt. Aber dieses Phänomen zieht keine universalistische Ideologie nach sich, die aus der

Gleichwertigkeit der Menschen und der Völker die Möglichkeit abgeleitet hätte, daß alle Menschen deutsch werden könnten. Diese Assimilation geht mit Amnesie einher; die unterschiedliche Herkunft all der Bevölkerungsgruppen, die die deutsche Sprache sprechen, ist aus dem Nationalbewußtsein verbannt. Der Differentialismus macht aus der ethnischen Identität ein ererbtes Merkmal, das auf mythische Weise durch die Familie oder das Blut übertragen wird. Der explizite Differentialismus läßt sich in der deutschen Geschichte in zwei wesentlichen Augenblicken nachweisen. Im 16. Jahrhundert bricht die protestantische Reformation über den römischen Universalismus herein und erfaßt große Teile Europas: Mit einem Aufruf *An den christlichen Adel deutscher Nation* nimmt Luther seinen Kampf gegen das katholische Rom auf. Die Bekundung der deutschen Besonderheit steht im Zentrum der ursprünglichen Botschaft der Reformation. Die zweite Ausformulierung des deutschen Differentialismus ereignet sich im 20. Jahrhundert und nimmt die Form eines *Pangermanismus* an, der erneut für Deutschland, das einzig im Besitz der Idee der Zivilisation zu sein glaubt, eine besondere Mission vorsieht. Beim Nationalsozialismus, der mehr noch an den Auftrag der Arier als an den der Deutschen glaubt, handelt es sich um einen Differentialismus, der den ethnischen Begriff des Deutschtums unmittelbar überschreitet.

Die japanische Theorie der ethnischen Herkunft folgt ebenfalls einer differentialistischen Logik, die durch die Insellage verstärkt wird; diese läßt den Glauben an den Begriff der ethnischen Reinheit als plausibel erscheinen und erleichtert die Entwicklung einer vollkommen genealogischen Konzeption nationaler Identität. In den nationalistischen Theorien, die zur Modernisierung des Landes gegen Ende des 19. und in der ersten Hälfte des 20. Jahrhunderts Stellung beziehen, wird Japan zu einer nationalen Familie, einer homogenen Rasse, die sich von allen anderen unterscheidet: »Nach dem Willen der Göttin Amaterasu darf Japan vom Anfang bis zum Ende der Zeiten nur eine einzige kaiserliche Abstammungslinie haben.

Der Kaiser kann nicht gestürzt und die Dynastie kann nicht unterbrochen werden. Die Nation soll in einem gemeinsamen, um den Staat und die kaiserliche Familie zentrierten Willen aufgehen und in den Idealen kindlicher Liebe und Loyalität geeint sein. Diese Struktur ist für Japan charakteristisch und auf der Welt einzigartig. Sie macht aus Japan einen Liebling der Götter. In anderen Ländern ruft das Fehlen von *Kokutai* Krisen, Revolutionen, Zeiten des Verfalls und der Infragestellung des Staates hervor, radikale Ideologien also. In Japan wäre das völlig undenkbar.«[2] Der japanische Mensch stellt also nicht eine von vielen Varianten des universalen Menschseins dar. Und es können auch nicht alle Menschen Japaner werden, das Japanisch-Sein ist ein ererbtes Merkmal. Daß der explizite – man möchte fast sagen: hysterische – Differentialismus der Jahre zwischen 1900 und 1945 schließlich niedergeschlagen wurde, bedeutet für Japan ebensowenig wie für Deutschland, daß damit nun auch der implizite Differentialismus ausgestorben wäre; dieser ist an anthropologisch begründete Einstellungen geknüpft, deren Ursachen sehr viel tiefer liegen.

Die athenische, die deutsche, die japanische Bevölkerung haben in der Geschichte der Menschheit eine wichtige Rolle gespielt, trotz ihres Widerwillens, sich schlicht und einfach als Menschen zu begreifen. Aber die zahlreichen anderen Bevölkerungen mit differentialistischen Charakterzügen sind klein und entsprechend eher ein Randphänomen in der Geschichte der Menschheit geblieben. Denn aus der ethnischen Einstellung, die die Wahrnehmung auf die Unterschiede zwischen den Menschen und den Völkern lenkt, geht sehr viel häufiger die Entstehung winziger Nationen als die einer bedeutenden kulturellen Macht hervor. In dieser Hinsicht archetypisch ist das Volk der Basken, das gegenüber dem kastilischen Universalismus eine ethnische Identität behauptet, deren Ursprung sich im Dunkel

2 Aus einem Geschichtsbuch, das zitiert wird bei Marc Ferro, *Geschichtsbilder. Wie die Vergangenheit vermittelt wird. Beispiele aus aller Welt*. Übersetzt von Annette Böltau, Frankfurt/New York: Campus 1991, S. 233 f.

der Zeiten verliert und von der man nicht so genau weiß, auf welches objektive Kriterium sie sich stützt, zumal die Mehrheit der Basken Spanisch spricht. Um 1980 herum waren lediglich zwischen 20 und 25 Prozent der Basken in der Lage, die baskische Sprache zu verstehen, und lediglich zwischen 10 und 15 Prozent konnten es lesen oder gar schreiben.

Noch bis vor kurzem zeichnete sich England durch die Verbindung eines starken impliziten mit einem schwachen expliziten Differentialismus aus. In der Praxis mögen die Engländer einer Vermischung der Ethnien oder Rassen auf dem eigenen Terrain häufig feindlich begegnet sein; gleichwohl haben sie lange Zeit – anders als die Deutschen oder die Japaner – keine Doktrin geschaffen, die aufs heftigste ihre Besonderheit, ihre Einzigartigkeit unterstrichen hätte. Seit Mitte der sechziger Jahre stellen die *multikulturalistischen* Theorien, die in der gesamten angelsächsischen Welt wie Pilze aus dem Boden schießen, dieses Gleichgewicht in Frage. In England, Australien, Kanada und den Vereinigten Staaten blüht seither eine Ideologie der Differenz. Aber im Gegensatz zu den diversen Lehren, seien sie deutscher, japanischer, jüdischer oder baskischer Prägung, schreibt der angelsächsische Multikulturalismus keiner besonderen Ethnie (die dann mit Sicherheit angelsächsisch wäre) eine einzigartige und spezifische Rolle zu. Die Völker sind alle verschieden, aber ohne daß eines von ihnen seinem Wesen nach den anderen überlegen wäre. Dieser Differentialismus scheint demzufolge, zumindest von seiner theoretischen Anlage her, nicht auf eine besondere Menschengruppe hin »polarisiert« zu sein. Die anderen differentialistischen Theorien sind jeweils auf das deutsche, das japanische oder das baskische Volk hin ausgerichtet, um das sich jeweils das Universum anordnet.

Die Idee der menschlichen Verschiedenheit kann dazu dienen, die ethnischen Gruppen kenntlich zu machen und sie aufgrund ihrer physischen Erscheinung, ihrer Sprache, ihrer Religion oder welcher Kriterien auch immer auseinanderzuhalten. Aber der Differentialismus kann ebensogut die gesell-

schaftliche Arbeitsteilung organisieren und dabei die Idee stärken, der zufolge die verschiedenen Berufsgruppen, aus denen sich ein Volk zusammensetzt, verschiedenen Wesens seien. Im Falle Japans, Deutschlands und Englands – um sich an den großen Gruppen zu orientieren, die vom ökonomischen Standpunkt aus vollständige Gesellschaften darstellen – kann man in der Tat einen gewissen internen Differentialismus bemerken, dessen Modalitäten je nach der zur Untersuchung anstehenden Epoche variieren. In seiner modernsten und sanftesten Form kann dieser interne Differentialismus beispielsweise dazu führen, eine gesamte ethnische Gruppe glauben zu machen, daß die berufliche Stratifikation natürlich sei und daß die Arbeiter an ihrem Platz in der Sozialstruktur verharren müssen. Im Rahmen einer industriellen Gesellschaft führt eine solche Einstellung dazu, daß eine reformistische Arbeiterbewegung vorherrscht, die die soziale Ordnung nicht in Frage stellt, wie etwa die deutsche Sozialdemokratie oder die Labour Party. In Gesellschaften, die dem universalistischen Typus angehören, kann im Gegensatz dazu der Arbeiter, als ein universaler Mensch unter allen anderen, einen ökonomischen Status nicht akzeptieren, der allzu deutlich seine untergeordnete Stellung unterstreicht. Daher entstehen in der Moderne in Rußland, Spanien und Frankreich sozialistische, kommunistische oder anarchistische Arbeiterbewegungen mit revolutionärem Impetus. In der vorindustriellen Epoche bevorzugte der interne Differentialismus die Entstehung von Ständegesellschaften, die die Individuen ihrem jeweiligen Stand zuordneten – dem Adel, der Geistlichkeit, dem Bürgertum oder der Bauernschaft. In England, Deutschland und Japan zerstörte dieser interne Differentialismus nicht die Vorstellung von der Einheit der Sprachgruppe, die über alle ständischen Unterschiede hinweg in den gemeinsamen religiösen Riten zutage trat. Sofern eine spezialisierte Gruppe ausdrücklich isoliert wurde, war sie zahlenmäßig unbedeutend und wurde als entrechtet behandelt – wie die jüdischen Geldhändler in Deutschland oder die für das Fleischer- und Ledergewerbe zuständigen *Burakumin* in Japan.

Außerhalb der ethnischen Gruppe waren diese im Grunde gut angesehen.

Das hinduistische Kastensystem, das vor allem in Südindien lebendig ist, führt hingegen in seinen logischen Konsequenzen zu einem internen Differentialismus, der die Idee der Nicht-Universalität des Menschen auf die sozioprofessionelle Organisation überträgt. Alle Gewerbe sind erblich, und Heiraten zwischen den einzelnen Berufssparten sind verboten. Der Priester, der Töpfer, der Soldat, der Bauer, der Landarbeiter, der Schreiner – alle sind sie als Wesen verschiedener Natur und durch keine universelle menschliche Wesenheit miteinander verbunden. In der indischen Zivilisation sind die beiden Ebenen des Differentialismus, der explizite und der implizite, eng miteinander verwoben. Es fällt daher außerordentlich schwer, beim Kastensystem Theorie und Praxis voneinander zu unterscheiden. Der indische Differentialismus wirkt sich sehr stark aus, denn er fragmentiert die eigene ethnische Gruppe. Man darf jedoch Indien nicht pauschal einen intensiveren Differentialismus unterstellen als etwa dem protestantischen Europa. So zeugen auf der impliziten Ebene, in der Praxis also, die prozentual äußerst seltenen Eheschließungen zwischen amerikanischen Weißen und Schwarzen von einer rassischen Endogamie, die der Endogamie der Berufsgruppen in Indien in nichts nachsteht. Und auf der expliziten, der ideologischen Ebene hat Nazi-Deutschland die Entmenschlichung einer menschlichen Gruppe, der der Juden, sehr viel weiter getrieben, als es Indien gegenüber der Kaste der Unberührbaren jemals eingefallen wäre.

Der indische Differentialismus stellt eine soziale Gruppe, die der Brahmanen, hinsichtlich der religiösen Reinheit über alle anderen. Intern betrachtet könnte man ihn entsprechend für polarisiert halten. Legt man jedoch nicht Statuskategorien, sondern solche der ethnischen Gruppen oder Nationen an, so bemerkt man, daß die indische Gesellschaft zwar die einzelnen Völker für unvergleichlich hält, daß sie aber niemanden als von Natur aus höherwertig einstuft. Nach außen hin scheint der

indische Differentialismus nicht polarisiert zu sein. Anders als Deutschland oder Japan hat Indien niemals eine wesensbedingte Höherwertigkeit für sich in Anspruch genommen. Ein kleiner Text, der einem Schulbuch zur staatsbürgerlichen Erziehung entnommen ist, bringt recht gut auf den Punkt, welche Haltung der durchschnittliche Inder gegenüber der Mannigfaltigkeit der Welt einnimmt: »Manche Personen sind Vegetarier, und andere können ohne Fleisch nicht leben. Neben diesen Unterschieden in der Lebensweise auf individueller Ebene gibt es auch Unterschiede zwischen den großen Gemeinschaften: Auch die Nationen und die Angehörigen der verschiedenen Religionen haben unterschiedliche Einstellungen und Sitten. Manche Nationen verfügen über ein demokratisches Regierungssystem. Andere ziehen eine Diktatur vor. Wieder andere geben einem sozialistischen Regierungssystem den Vorzug. Wer kann sagen, welche Regierungsform die beste ist? Jede hat ihre Vorzüge und ihre Nachteile. Jedes Volk, das eine Nation bildet, muß für sich selbst entscheiden, welches System es annehmen will.«[3]

Im Norden Indiens kann man einen aus europäischer Sicht weit klassischeren Differentialismus beobachten, nämlich den der Sikhs im Punjab; dieser stützt sich auf ein begriffliches System religiöser Art. Diese Religion ist recht jung; sie stammt im wesentlichen aus dem 16. Jahrhundert, ist eindeutig monotheistisch und lehnt der Theorie nach das Kastensystem ab. Diese Ablehnung der Kastenorganisation geht jedoch mit einem sehr starken nationalen und religiösen Separatismus einher – was manchmal auch den Westlern ins Bewußtsein dringt, etwa wenn extremistische Sikhs die indische Regierungschefin Indira Gandhi ermorden. Die Weigerung, sich die Haare abzuschneiden, das Tragen eines Turbans und einige andere Rituale erlauben den Sikhs, ihre Verschiedenheit sichtbar werden zu lassen. Das obligatorische Tragen eines Dolches unterstreicht die kriegerische Dimension dieses religiösen Systems.

3 *Moral Science Series*, Bd. VII, Madras: Macmillan, S. 67 f.

Der traditionelle – das heißt der den verschiedenen Assimilierungen in der Moderne vorausgehende – jüdische Differentialismus stellt den seltenen Fall einer umgekehrten Polarisierung dar: Das auserwählte Volk, das sich von allen anderen bis in alle Ewigkeit unterscheidet, wird bestraft, weil es nicht auf der Höhe des religiösen und ethischen Auftrags ist, den es erhalten hat. Die Wahrnehmung der Welt ist insofern polarisiert, als sie ebenfalls die besondere Rolle eines Volkes unterstreicht. Sie ist jedoch umgekehrt, da dieses Volk sich selbst eher als schwach und verfolgt und keineswegs als mächtig ansieht. Der jüdische Differentialismus stützt sich allerdings, wie der japanische, auf die Konzeption des Volkes als Familie, deren Zusammenhalt sich aus einem genealogischen System ergibt. Ein guter Teil der Bibel ist der Entstehung des Volkes Israel aus einer Familie von Urahnen gewidmet. Jedoch spricht der Mythos der Genesis – bevor es um die Auserwähltheit Israels geht – sehr deutlich von der Einheit der menschlichen Gattung. Die Beziehung des Judaismus zur Differenz und zum Universellen ist nicht einfach – was allerdings keine sonderlich neue Entdeckung ist.

Es gibt also nicht eine einzige Kultur der Differenz. Die athenische Haltung, die deutsche, die japanische, die baskische, die englische, die indische, die der Sikhs sowie die jüdische – alle haben sie ihre Eigenart. Aber hinter allen verbirgt sich die Grundannahme, der zufolge die Völker nicht gleich seien. Umgekehrt unterscheiden sich die römische, spanische, französische, russische, chinesische und die arabische Mentalität aufgrund vielfältiger Merkmale jeweils voneinander. Doch all diese Varianten bauen auf der entgegengesetzten Grundannahme auf, daß der Mensch universal sei, daß also sein einheitliches Wesen die Verschiedenheit im äußeren Erscheinungsbild und in den Sitten transzendiert. Eine solche Beschreibung mag arg schematisch erscheinen. Aber sie hilft, die geistigen Mechanismen besser zu begreifen, die die universalistischen und die differentialistischen Wahrnehmungen bestimmen. Sie läßt auf ein allen universalistischen Kulturen gemeinsames Moment

schließen sowie auf seinen Widerpart, ein allen differentialistischen Kulturen zugrunde liegendes Moment. *Das Familienleben derjenigen Völker, die zum Universalismus tendieren, gründet in einem ausgeprägten Symmetrieprinzip, dem man im Familienleben der Völker, die zum Differentialismus neigen, nicht begegnet.*

Symmetrische Familienstrukturen

Die traditionellen Familienstrukturen der Römer, Russen, Chinesen und Araber ordnen den Brüdern symmetrische Rollen zu. Der Entwicklungszyklus der seßhaften Bauernfamilie entspricht dem Typus der Gemeinschaftsfamilie [*communautaire*], die idealiter den Vater und seine verheirateten Söhne miteinander verbindet. Beim Tod des Vaters können die Söhne noch eine Weile zusammenleben. Aber wenn sie, was auf Dauer unausweichlich ist, auseinanderziehen, so geht dies mit einer egalitären Aufteilung der Güter einher. Die Schwestern sind von dieser Aufteilung ausgeschlossen, weshalb die Vererbung der Güter als patrilinear charakterisiert werden kann. Zwei Brüder besetzen immer zwei symmetrische Positionen im familiären Raum. Ein solches System vermittelt dem Unbewußten folgendes: Wenn doch schon die Brüder gleichwertig sind, so sind es die Menschen im allgemeinen und die Völker ebenfalls. In allen diesen Fällen stellt die Familienstruktur selbst eine symmetrische Ordnung her; jeder Bruder ist explizit das Spiegelbild der anderen, denn er ist dem Vater in der gleichen Weise verbunden wie die anderen auch.

Der Entwicklungszyklus der seßhaften Bauernfamilie, die für das Pariser Becken, für Kastilien oder für Andalusien typisch ist, entspricht nicht dem Typus der Gemeinschaftsfamilie, sondern dem der Kernfamilie. Eine intensive Bindung zwischen Vater und Sohn oder zwischen den Brüdern trifft man hier nicht an. Die Eheschließungen der Kinder legen vielmehr nahe, daß diese das elterliche Heim verlassen und einen eigenen Haus-

stand gründen. Allerdings wird dieses Modell der Kernfamilie durch eine Erbschaftsregel ergänzt, die durch und durch egalitär ist und keinen Unterschied zwischen Jungen und Mädchen macht. Alle Kinder müssen als Erben in gleicher Weise bedacht werden, und die bäuerlichen Sitten sind darauf ausgerichtet, daß jede Auszahlung und jede Mitgift, die ein Bruder oder eine Schwester als Voraus erhält und die das Heiraten erleichtern soll, nicht dem Prinzip der Gleichheit widersprechen, das für den Fall des Todes der Eltern gewahrt werden soll. Diese Sorge um strikte Gleichheit ist für die meisten Varianten der Kernfamilie keineswegs unbedingt typisch; hier scheint sich ein egalitärer Zug des gemeinschaftlich orientierten römischen Familiensystems erhalten zu haben. In der Geschichte der römischen Familie, von der Römischen Republik bis zum spätrömischen Reich, kommt eine Bewegung vom Gemeinschaftsideal hin zum Individualismus, von der gemeinschaftlichen Großfamilie hin zur Kernfamilie zum Ausdruck, die mit einer Emanzipation der Frauen und einer allgemeinen Bilateralisierung des Verwandtschaftssystems einhergeht. Beide, Vater und Mutter, spielen nun bei der Bestimmung des sozialen Status des Kindes eine Rolle. Der bilaterale Charakter der egalitären Kernfamilie im Pariser Becken, der sich in Erbschaftsregeln ausdrückt, die zwischen Männern und Frauen keinen Unterschied machen, scheint nichts anderes zu sein als der Endpunkt jener Entwicklung, die das römische Verwandtschaftssystem vollzogen hat. In der Tat hat die römische Großfamilie niemals formal die Frau von der Erbschaft so ausgeschlossen, wie das in der chinesischen oder der arabischen Großfamilie der Fall war. Die geographische Ausbreitung der egalitären Kernfamilie, die man außerhalb Europas kaum antrifft, sagt genügend über ihren römischen Ursprung aus. In den romanischen Ländern, in Frankreich, Italien, Spanien, Portugal und der romanischen Schweiz, stellt sie die Mehrheit, auch wenn in den Ländern mit romanischer Sprache noch andere Familientypen anzutreffen sind – insbesondere im Norden Portugals und Spaniens. Anderswo geht die Kernfamilie mit einem Prinzip der

Erbschaftsteilung einher, das nicht mit dem Prinzip der egalitären Familie, wie sie in der romanischen Welt vorherrscht, identisch ist.

Man muß also zwei Typen familiärer Symmetrie voneinander unterscheiden:

- die *restringierte männliche Symmetrie*, die lediglich zwischen den Brüdern Gleichheit herstellt; und
- die *verallgemeinerte Symmetrie*, die zwischen allen Kindern, Mädchen wie Jungen, Gleichheit herstellt.

Diesen zwei Varianten von Symmetrie entsprechen, so unsere These, zwei Konzeptionen des universalen Menschen. Die restringierte männliche Symmetrie signalisiert dem Bewußtsein, daß alle Brüder gleich sind, und dem Unbewußten, daß alle Männer gleich sind. Die verallgemeinerte Symmetrie signalisiert dem Bewußtsein, daß alle Brüder und Schwestern gleich sind, und dem Unbewußten, daß alle Menschen gleich sind – seien sie Mann oder Frau. Diese Unterscheidung ist offenbar entscheidend, wenn man den Gegensatz zwischen dem französischen und dem arabischen Universalismus begreifen will. Der französische Universalismus, der sich auf das Prinzip der verallgemeinerten familiären Symmetrie stützt, tendiert dazu, Frauen als Repräsentantinnen des »universalen Menschen« zu begreifen. Der arabische Universalismus hingegen, der aus einer restringierten männlichen Symmetrie hervorgeht, schließt die Frauen aus dem Begriff des universalen Menschen aus.

Rom, Spanien, Portugal, Frankreich, Rußland, China, die arabische Welt – sieben Beispiele für einen praktischen oder auch ideologischen Universalismus; und gleichzeitig sieben Beispiele für eine auf Symmetrie beruhende familäre Praxis, die egalitären Erbschaftsregeln folgt. Dieses familiäre Prinzip der Symmetrie zwischen den Brüdern oder den Kindern generell trifft man in den Familienstrukturen der Völker, die dem Differentialismus huldigen, nicht an.

Nicht-symmetrische Familienstrukturen

Die Familienstrukturen, die in Japan, in Deutschland oder im Baskenland vorherrschen, beruhen im Gegenteil auf einem machtvollen Prinzip der Asymmetrie. Der Entwicklungszyklus der seßhaften Bauernfamilie gestaltet sich nach dem »Stammfamiliensystem« [*type souche*]: In jeder Generation bestimmen die Sitten oder der elterliche Beschluß einen einzigen zum alleinigen Erben, und die anderen Kinder sind von der Erbfolge ausgeschlossen.[4] In Japan und Deutschland herrscht das männliche *Erstgeburtsrecht* (Primogenitur) vor, das im allgemeinen den männlichen Erstgeborenen als Nachfolger einsetzt. Aber in manchen Regionen wird auch das männliche *Letztgeburtsrecht* (Ultimogenitur) angewandt, einen Variante, die häufig in Norddeutschland oder im Süden Japans anzutreffen ist. In einem großen Teil des Baskenlandes ist das *absolute Erstgeburtsrecht* die Regel; das erste Kind also, sei es Mädchen oder Junge, wird zur/zum Auserwählten gekürt. Diese Form kann man auch in bestimmten Dörfern im Norden Japans antreffen. In jedem Fall sind hier die anderen Kinder, seien sie Mädchen oder Jungen, von der Erbfolge ausgeschlossen; sie müssen entweder den Erben oder die Erbin eines anderen Hofes heiraten, oder sie müssen Soldat oder Priester werden oder

4 Michael Mitterauer zufolge ist es üblich geworden, sowohl den von Berkner stammenden Ausdruck »stem family« als auch den von Le Play verwendeten Begriff »famille souche« im Deutschen mit dem Wort *Stammfamilie* wiederzugeben. Charakteristisch für das Stammfamiliensystem ist folgendes: »In ihm ist zwar eine lineale Erstreckung auf drei zusammenlebende Generationen möglich, nicht aber eine laterale, weil nur jener Sohn (bzw. jene Tochter) zu Lebzeiten der Eltern heiraten darf, der (die) das Gut übernimmt. Strukturelle Bedingung der Stammfamilie ist ja das Einzelerbrecht.« Michael Mitterauer, *Historisch-anthropologische Familienforschung*, Wien/Köln: Böhlau 1990, S. 95. Wenn hier im folgenden der Begriff *famille souche* mit »Stammfamilie« übersetzt wird, so ist nur die »eigentliche Stammfamilie« (ebd., S. 96) und nicht die Ausgedingefamilie gemeint, die eine Institution beschreibt, in der sich das alte Bauernehepaar bereits auf sein Altenteil zurückgezogen hat. [A. d. Ü.]

gar beides auf einmal, wie dies bei den deutschen Rittern oder den japanischen Mönchskriegern der Fall war. Der Entwicklungszyklus der seßhaften Bauernfamilie vom Typ Stammfamilie – welcher Variante auch immer – läßt somit ständig die Ausgestoßenen in Spezialberufe strömen; die Überproduktion von Priestern oder Soldaten kann entsprechend als Indiz für ein funktionierendes »Stammfamiliensystem« gewertet werden: darum all die Söldner, die vom 16. bis zum 18. Jahrhundert aus der Schweiz, aus Schottland und aus Hessen kamen. Wo immer das Stammfamiliensystem existiert, hält es für die Brüder ein unterschiedliches Schicksal bereit: Sie sind entweder Erst- oder Nachgeborener, Bauer oder Pfarrer bzw. Soldat, verheiratet oder ledig. Unter den sehr harten Lebensbedingungen in vorindustrieller Zeit waren die Brüder meist in dem Maße ungleich, in dem die Übernahme des Hofes qua Erbrecht ein verbürgtes Privileg war. Diese Familienstruktur, die die Brüder als verschieden ansieht, bereitet den Boden für eine mentale Struktur, die dafür empfänglich macht, die Menschen und die Völker ebenfalls als verschieden wahrzunehmen. Die Ungleichheit der Brüder bietet sogar die Möglichkeit, die Menschen und die Völker ganz offen als ungleich einzustufen, und führt zur Unterscheidung von Auserwählten und Ausgeschlossenen, von Über- und Untermenschen.

Die Familie der Sikhs im Punjab nimmt sich wie eine unvollkommene Form der Stammfamilie aus. Die Erbschaftsregeln sind der Theorie nach egalitär, so wie überhaupt im Norden Indiens, aber die konkrete Untersuchung des Entwicklungszyklus der seßhaften Bauernfamilie fördert zutage, daß in den Haushalten der Sikhs niemals zwei verheiratete Brüder beisammen sind und daß die Beziehung der Söhne zum Vater immer die asymmetrische Form aufweist. Die militärische Spezialisierung dieser Bevölkerung südlich des Himalaja ermöglicht es allen Söhnen, die nicht als Nachfolger eingesetzt sind, auf ihren Erbteil zugunsten eines einzigen Bruders zu verzichten. Der Sikh-Krieger stellt somit lediglich einen besonderen Fall des von der Stammfamilie hervorgebrachten Söldnertums dar.

Im Herzen der jüdischen Tradition, so wie wir ihr in der Bibel begegnen, befindet sich ein Ideal der Unterscheidung zwischen den Brüdern, das zugleich Abbild und Vorbild eines Familientypus darstellt. Die Vorschriften im 5. Buch Mose weisen dem Erstgeborenen eine doppelte Rolle zu, wobei die anderen Söhne nicht von der Erbschaft ausgeschlossen sind. Die biblische Genealogie liefert Anschauungsmaterial für die Funktionsweise dieser besonderen Spielart der Stammfamilie, deren Zweideutigkeit sich im Mythos von Jakob und Esau aufs schönste symbolisch niederschlägt. Die Verbindung zwischen dem Vater Isaak und dem erstgeborenen Sohn Esau (Prinzip der männlichen Primogenitur) wird von der Mutter Rebekka zugunsten des jüngeren Sohnes Jakob zunichte gemacht. Zwar unterstreicht das System die Ungleichheit der Brüder, der Menschen und der Völker, aber es bringt gleichzeitig eine unbesiegbare Bevorzugung der Schwachen – Kinder oder Völker – zum Ausdruck.

Das alte Griechenland ähnelt, was die Beziehungen der Brüder untereinander anbetrifft, eher Israel als Rom. Die wenigen, sehr lückenhaften Angaben, die uns zur Verfügung stehen und die zum Beweis einer strikten Ungleichheit nicht ausreichen, lassen auf eine allgemeine Praxis der Ungleichheit schließen, die dem Bedürfnis entspringt, daß jede Familie einen und nicht mehrere Erbfolger hat. Fustel de Coulanges sucht in Sparta, Theben und Korinth, wo man von dem Gedanken besessen war, eine stabile Stadt müsse sich aus der immer gleichen Zahl von Familien zusammensetzen, den Beweis dafür, daß es ein Verbot der Eigentumsteilung und eine Art von »Erstgeburtsrecht« gegeben haben müsse. In Athen, wo das Erbe aufteilbar ist, glaubt er auf Spuren einer Privilegierung des Erstgeborenen gestoßen zu sein. Aber wahrscheinlich liefert das griechische Modell der Expansion und der Kolonisation weit überzeugender den Beweis dafür, daß es in der hellenistischen Tradition eine Unterscheidung zwischen den Brüdern gegeben hat: Jede Stadt schiebt ihre Nachgeborenen über das Meer ab, ein Migrationsprozeß, der sehr der deutschen Kolonialisation im Mit-

telalter ähnelt. Das ausufernde griechische Söldnertum erinnert an das schweizerische, hessische oder schottische Söldnertum.

Die traditionelle Familienstruktur der englischen Bauern gehört zum Typ Kernfamilie, folgt aber keinem Symmetriegrundsatz. Die Eltern teilen das familiäre Eigentum völlig frei unter Söhnen und Töchtern auf, ohne daß ihnen ein Gebot der Gleichheit irgendeinen Zwang auferlegte. Die Verwendung des Testaments institutionalisiert diese Aufteilbarkeit ohne Zwang zur Gleichheit. Das System definiert die Kinder als voneinander verschiedene, aber nicht als ungleiche, wie dies die deutschen, die japanischen oder die baskischen Familienstrukturen tun.

Die drawidischen Familienstrukturen im Süden Indiens beruhen auf dem Prinzip einer sehr deutlichen Asymmetrie, die sich unmittelbar auf der Ebene des Heiratssystems zeigt. Eine der Regeln, welche ehelichen Verbindungen zu bevorzugen seien, besagt, daß ein Mann die Tochter des Bruders seiner Mutter heiraten soll, das heißt nach der üblichen anthropologischen Terminologie seine matrilaterale Kreuzcousine. Die Parallelcousinen, die Töchter des Bruders des Vaters oder die Töchter der Schwester der Mutter, können hingegen nicht geheiratet werden. Die andere Kreuzcousine, die Tochter der Schwester des Vaters, darf geheiratet werden, wird aber der matrilateralen Kreuzcousine viel seltener vorgezogen. Manche Kasten im Land der Tamilen kennen darüber hinaus noch die präferentielle Regel der »schiefen« Heirat, der zufolge ein Mann die Tochter seiner älteren Schwester heiraten kann oder muß, sofern es der Altersabstand erlaubt. Diese Regel der matrilateralen oder soro-lateralen Verbindung, die die Ehe mit bestimmten Cousinen erlaubt, mit anderen aber verbietet, gestaltet die Wahrnehmung des sozialen Raumes asymmetrisch. In der bloßen Vorstellungswelt scheint die Ungleichheit der Cousinen in der drawidischen Familie als Konzeption sehr viel unbedeutender zu sein als die der Ungleichheit der Brüder, die für die deutsche, baskische oder japanische Stammfamilie typisch ist. Aber die asymmetrischen und zugleich endogamen

Heiratsvorschriften produzieren in der Praxis eine Trennung der Familiengruppen, die automatisch das differentialistische Potential des mentalen Systems vervielfacht. Die über asymmetrische Ketten miteinander verbundenen Familien konstituieren die endogamen Kasten.

Der Begriff der metaphysischen Gewißheit *a priori*

Rom, Spanien, Portugal, Frankreich, Rußland, China, Arabien: sieben Zentren des Universalismus – sieben Familiensysteme, die nach den Geboten der egalitären Erbfolge symmetrisch aufgebaut sind. Jedesmal zieht die Gleichheit der Brüder die der Menschen nach sich.

Griechenland, Israel, Deutschland, Japan, das Baskenland, der Punjab, England, das drawidische Indien: acht Zentren des Differentialismus – acht asymmetrische Familiensysteme, die die Brüder unterschiedlich behandeln. Die detaillierte Analyse zeigt, daß die Intensität des ideologischen Differentialismus von dem Grad der Ungleichheit zwischen den Brüdern abhängt. Mit den Stammfamiliensystemen, die, wie das deutsche, das japanische oder das baskische Modell, ganz offen die Ungleichheit propagieren, korrespondiert der polarisierende Differentialismus, bei dem sich das Universum um ein besonderes Volk herum strukturiert. Der traditionelle jüdische Differentialismus weist das gleiche Modell auf, mit dem Unterschied, daß das zentrale Volk sich eher als beherrscht denn als herrschend versteht – worin sich getreu dasjenige Stammfamiliensystem widerspiegelt, das im Gegensatz zu dem sehr viel häufigeren deutschen, japanischen oder baskischen Modell nicht den Erstgeborenen, sondern den Letztgeborenen privilegiert. Dem drawidischen oder englischen Familiensystem, das nur in wenig ausgeprägter Form Ungleichheit zur Folge hat, entspricht ein nicht-polarisierter Differentialismus, der nicht einem besonderen Volk eine zentrale Rolle zuweist. Die ungenügende Qualität der Daten, die uns zu den Familienstrukturen der Sikhs und

der alten Griechen vorliegen, läßt in beiden Fällen nicht einen solchen Grad der Präzision zu, der es erlaubte, die Verbindungslinien zwischen Familie und Ideologie nachzuzeichnen.

Die Feststellung analoger Strukturen in Familie und Ideologie macht die zeitliche Kontinuität universalistischer oder differentialistischer Einstellungen verständlich. In den vorindustriellen Gesellschaften sind die Familiensysteme über einen langen Zeitraum hinweg stabil. Sie folgen ihrer eigenen Logik und reproduzieren von Generation zu Generation die immer gleichen Prinzipien der Symmetrie oder der Asymmetrie. Ihnen verdanken sich allemal sowohl der implizite Universalismus als auch der implizite Differentialismus. Sie können aber auch – in bestimmten Zeiten des Fortschritts oder der Krise – den Nährboden für das plötzliche Auftreten eines expliziten Universalismus oder eines expliziten Differentialismus bieten.

Den Universalismus oder den Differentialismus auf die Familienstrukturen zurückzuführen bedeutet: Die Vorstellung, ob der Mensch universalen oder vielfältigen Wesens ist, hängt nicht davon ab, wie sich der Kontakt zwischen den Völkern und Ethnien in der konkreten Realität gestaltet. Der Glaube an die Einheit oder an die Verschiedenheit der menschlichen Gattung resultiert nicht aus der empirischen Beobachtung, daß Individuen, die aus dieser oder jener Gegend der Welt kommen, durch ihr Verhalten die Hypothese eines universellen menschlichen Wesens bestätigen oder nicht bestätigen. Die Erziehung bewirkt, daß sich im Unbewußten des Kindes beispielsweise die Annahme festsetzt, von der Gleichheit der Brüder könne auf die Gleichheit der Menschen im allgemeinen geschlossen werden. Mit diesem Wahrnehmungsraster einmal ausgestattet, wird das erwachsene Individuum im konkreten Verhalten eines Fremden nicht die objektive Realität, sondern die Bestätigung dafür suchen, daß die Menschen überall gleich sind. Der von familialen Werten produzierte und ständig reproduzierte Universalismus entzieht sich in gewissem Sinn jeglicher objektiven sozialen Realität. Das gleiche gilt für den Differentialismus; auch er verdankt sich der Erziehung in der privaten Sphäre der

Familie und nicht interethnischen Kontakten, nicht also der Konfrontation mit irgendwelchen voneinander »verschiedenen« Exemplaren der Gattung Mensch. Aus diesem Grund haben der Universalismus wie auch sein Gegenteil, der Differentialismus, für die erwachsenen Individuen, die daran ihr Leben ausrichten, den logischen Status einer *metaphysischen Gewißheit* a priori.

An der Art und Weise, wie die Römer auf die objektiven kulturellen oder physischen Unterschiede reagiert haben, läßt sich die universalistische Geisteshaltung sehr schön illustrieren. Auf seinem Weg zur Weltherrschaft stieß Rom auf Individuen und Völker von irritierender Mannigfaltigkeit. Die Bevölkerungsgruppen des mediterranen Beckens sind zwar kulturell sehr verschieden, von der Physis oder dem Entwicklungsniveau her dem Volk der Eroberer jedoch sehr ähnlich. Römer, Griechen, Karthager, Juden und andere mehr lassen sich als die »kleinen Brünetten, die die Schrift kennen« definieren. Für den Glauben an eine universelle Wesenheit, der es Rom ermöglichte, aus all diesen verschiedenen Menschen römische Bürger zu machen, sowie für die römische Fähigkeit, über Differenzen hinwegzusehen, liefert dieser Fall also noch kein spektakuläres Beispiel. Im Gegensatz dazu verbindet sich bei den oberhalb des Rhônetals anzutreffenden Galliern und Germanen aus römischer Sicht ein monströses physisches Erscheinungsbild mit einer beeindruckenden intellektuellen Unterentwicklung. Sie sind fürchterlich groß, ihre Haut ist weißlich, sie haben helle Haare und häufig seltsam blaue Augen. Zu dieser exotischen Körperlichkeit kommt nun noch das Fehlen der Schrift hinzu, *dem* – nicht nur zu dieser Zeit gültigen – Hinweis auf Nicht-Zivilisation. Ruft man sich zusätzlich solche barbarischen Riten wie Menschenopfer in Erinnerung oder die Angewohnheit der gallischen Häuptlinge, ihre Wohnstätten mit einer Reihe von Totenköpfen zu dekorieren, dann können wir uns eine vage Vorstellung von dem Gefühl physischer und kultureller Fremdheit machen, das die römischen Eroberer verspürt haben mögen, die an ein urbanes Leben, an das fließende Wasser der

Thermen und an Wahlverfahren gewöhnt waren. Und trotzdem: Es bedarf nur weniger Generationen, und die Gallier sind der Kultur einverleibt. Ihre Sprache ist verschwunden. Einmal latinisiert, entsenden sie Senatoren und Literaten nach Rom. Zuvor erinnerte nichts an ihrem Erscheinungsbild oder ihren Sitten an Rom, nichts deutete auf die Möglichkeit hin, sie in normale Bürger verwandeln zu können. Eine andere Haltung ihnen gegenüber, die sie auf ihre Verschiedenheit zurückgeworfen hätte, wäre durchaus denkbar gewesen. Diese andere Haltung läßt sich am Beispiel einer anderen großen Stadt der Antike, am griechischen Marseille illustrieren, einer phönizischen Kolonie, die sich immer geweigert hat, die in ihrem Hinterland wohnenden Gallier als hellenisierbar anzusehen. Das assimilierende Verhalten der Römer läßt sich nicht mit einer einfachen Analyse des Abstandes zwischen Eroberern und Eroberten erklären. Die Römer »wissen«, wenn man so sagen darf, von vornherein, daß die Gallier Menschen wie alle anderen sind; sie wissen es trotz der bei den ersten Kontakten aufkommenden Bangigkeit. Sie beziehen diese Sicherheit aus einer egalitären Erziehung, die ihnen von einem Familiensystem eingeimpft wurde, das seinerseits von interethnischen Kontakten unabhängig ist. Die »internen« Werte, die in der römischen Anthropologie begründet sind, vermitteln auf der Ebene des Bewußtseins, daß alle Brüder gleich sind, und auf der Ebene des Unbewußten, daß alle Menschen gleich sind. Aber wie lassen sich dann die objektiven Unterschiede zwischen den Barbaren und den Römern erklären?

In Cäsars *De bello Gallico* tritt die Form, in der die Römer das Problem der kulturellen Differenz intellektuell bewältigt haben, deutlich zutage: Jede Abweichung wird als Verspätung im Zivilisationsprozeß interpretiert. Je weiter ein Volk von der römischen *Provincia* entfernt ist, desto mehr rechnen die Eroberer damit, dort auf eine exotische Lebensweise zu stoßen. Die Germanen sind deshalb im allgemeinen wilder als die Gallier, die bereits den mediterranen Einflüssen ein wenig ausgesetzt sind. Die Nervier sind der barbarischste, weil am entfern-

testen lebende Menschenschlag in Belgien. Die Bretonen Kents hingegen sind zivilisierter als die anderen, denn sie sind den Galliern sehr viel näher. Cäsar interessiert sich im Grunde kaum für eine ethnographische Analyse, und die wenigen Betrachtungen über die Sitten, die man in *De bello Gallico* finden kann, werden zumeist von griechischen Ethnographen wie etwa Poseidonios übernommen. Im römischen Weltbild gilt der objektive Unterschied nicht als Ausdruck einer unveränderlichen Wesenheit; er kann vielmehr grundsätzlich durch den Fortschritt beseitigt werden. Man kann also in dem Text, der von der Geburt des römischen Galliens berichtet, eine Theorie der Assimilation und des absoluten Fortschritts finden, die mit der der Dritten Republik völlig übereinstimmt.

An der römischen Haltung läßt sich außerdem ablesen, daß die universalistische Haltung »janusköpfig« ist: Die kulturellen Unterschiede werden als kulturelle Rückständigkeit gegenüber dem römischen Volk selbst interpretiert. Die griechische Zivilisation wird als intellektuell überlegen anerkannt, eine Geisteshaltung, die seit den Punischen Kriegen zur systematischen Hellenisierung der römischen Eliten führt. Diese Komponente der universalistischen Mentalität verdient besonders hervorgehoben zu werden, denn es ist heutzutage Mode geworden, den Universalismus per se der Intoleranz gegenüber kultureller Verschiedenheit zu zeihen. Das Beispiel Roms zeigt im Gegenteil, daß der Universalismus in beiden Richtungen funktioniert: Die Gallier nehmen die Zivilisation der Römer an, die ihrerseits ein gut Teil der griechischen Zivilisation übernommen haben.

Aber was können die Römer zur physischen Verschiedenheit sagen? Im Grunde nichts. Zunächst sind sie verblüfft, dann gewöhnen sie sich daran. Dies ist insbesondere ihre Haltung gegenüber dem physischen Unterschied, der üblicherweise als der größte angesehen wird: derjenige, der die schwarzen und die weißen Bevölkerungsgruppen trennt. Lloyd A. Thompson zeigt in *Romans and Blacks* sehr schön, wie das Eintreffen der Schwarzen in der römischen Welt zunächst Reaktionen der

Fremdenfeindlichkeit hervorruft, wie dann aber durch die Gewohnheit die Wahrnehmung der Farbe abstumpft. Der sexuelle Kontakt führt schließlich auf natürliche Weise zur kontinuierlichen Absorbierung der ursprünglich aus Schwarzafrika stammenden Bevölkerung. Thompson stellt zu Recht diese Entwicklung, die von der Feindseligkeit zur Gewöhnung führt, der gegenläufigen Entwicklung entgegen, die man als angelsächsische bezeichnen könnte: Hier steigert sich die Feindseligkeit gegenüber der schwarzen Bevölkerung mit der Dauer des Kontaktes.[5] Das römische Verhalten in der Antike gibt den Prototyp für das romanische Verhalten in allen späteren Epochen ab. Die Fähigkeit, Individuen, die afrikanischen Ursprungs sind, ebenso zu assimilieren wie die Gallier, ergibt sich nicht einfach aus der Tatsache, daß es sich bei Galliern wie bei Schwarzen tatsächlich um Menschen handelt, sondern aus dem Umstand, daß die Römer aus der geistigen Gewißheit handeln, der zufolge die Einheit der menschlichen Gattung *a priori* feststeht; diese Gewißheit wiederum ist im Prinzip der Symmetrie und der Gleichheit verankert, das die römische Familie regiert. Diese Gewißheit, die ihrem Wesen nach metaphysisch ist, gibt den Römern die Zeit, sich an alle konkreten Unterschiede zu gewöhnen, um sie – seien sie kultureller oder physischer Natur – letztlich zu beseitigen.

Verschwinden die Werte der Familienstrukturen?

Die Entdeckung, daß Universalismus und Differentialismus in der familiären Erziehung ihren Ursprung haben, ermöglicht es, die Geschichte der interethnischen Kontakte in der vorindustriellen Welt zu begreifen. Mit dieser einfachen Hypothese ausgerüstet, können wir erklären, weshalb die Römer und die Chinesen Universalisten und die Griechen und die Juden Diffe-

5 Vgl. Lloyd A. Thompson, *Romans and Blacks*, London/Oklahoma: Routledge und Oklahoma University Press 1989, besonders S. 159–162.

rentialisten waren. Die assimilierende Eroberung eines guten Teils der Welt durch den arabischen Islam erhält so ebenfalls einen Sinn, wie umgekehrt auch die Absage, die der deutsche Protestantismus dem katholischen Universalismus erteilt hat. Die Französische Revolution, die Vermischung von Spaniern und Indianern in Lateinamerika, aber auch die englische Ablehnung jeglicher Form von rassischer Vermischung in den USA nehmen sich nicht länger so aus, als seien sie dem historischen Zufall geschuldet, als handle es sich lediglich um kulturelle Abneigungen ohne Sinn. Die Erklärungskraft der Variablen Familie läßt sich auch ohne Schwierigkeiten an Phänomenen des industriellen Zeitalters erproben: Wohl zersetzen sich die Familienstrukturen, doch sie übertragen, mit einer ihnen eigenen Gewalt, die ihnen zugrunde liegenden Werte der Symmetrie oder Asymmetrie, der Gleichheit oder Ungleichheit auf die neue, im Entstehen begriffene Gesellschaft. Wir können damit die Besessenheit der russischen Universalisten in der Ära des Kommunismus, aber auch die differentialistische Hysterie der Deutschen und der Japaner in der ersten Hälfte des 20. Jahrhunderts erklären. Wir können dieses Schema jedoch nicht unreflektiert auf die gegenwärtige Phase interkontinentaler Einwanderungsbewegungen anwenden und behaupten, die Völker mit universalistischer Tradition blieben dieser auch im 21. Jahrhundert treu, und die Völker, die in jüngster oder auch in weiter zurückliegender Vergangenheit differentialistisch waren, würden umgekehrt dies auch bis in alle Ewigkeit sein. Unsicherheiten in bezug auf die Rolle des Staates und der Familienstruktur machen es erforderlich, mehrere Hypothesen in Betracht zu ziehen.

Ohne empirische Verifizierung berechtigt nichts zu der Annahme, die postindustrielle Familie produziere und reproduziere auch weiterhin die traditionellen Werte der Symmetrie oder der Asymmetrie, der Gleichheit oder der Ungleichheit. Der immer größer werdende historische Abstand zur bäuerlichen Welt wirft so gesehen ein besonderes Problem auf: Wo keine Bauernhöfe mehr zu vererben sind, verschwindet die

strikt inegalitäre Erbfolge nach und nach. Ob die Egalitätsvorschriften, die formell verallgemeinert werden, in der postindustriellen Welt auch wirklich Anwendung finden, ist unsicher, zumal das, was den Kindern vererbt wird, von nun an eher aus schwer zu berechnenden Investitionen in Erziehung und Ausbildung besteht als aus materiellen Gütern, deren Wert sich leicht berechnen läßt. Die Erbschaftsregeln können demnach nicht mehr länger als verläßlicher Indikator für typische familiale Einstellungen dienen; an ihnen läßt sich nicht mehr ablesen, ob die Behandlung der Kinder auf dem Prinzip der Symmetrie oder der Asymmetrie basiert. Um heute in Erfahrung zu bringen, ob die Familien unterschwellig die Kinder miteinander gleichsetzen oder unterschiedlich behandeln, muß man die Erziehung der Söhne und Töchter in jedem Land detailliert beschreiben, und zwar danach, wie die Verteilung der väterlichen und der mütterlichen Zuwendung aussieht und ob die Wahl der Ausbildung und der Berufe unter den Kindern vergleichbar oder unterschiedlich ist. Eine vergleichende Studie dieser Art, die technisch nur außerordentlich schwierig zu realisieren wäre, ist nicht zur Hand. Zudem oder vielleicht vor allem führt die sinkende Geburtenrate in der westlichen Welt – die durchschnittliche Zahl der Kinder pro Frau liegt meist unter 2,1 – dazu, daß die Sippen, in denen tatsächlich mehrere Brüder vorhanden sind, praktisch zur Ausnahme werden. Das reale Familienleben der Individuen läßt die Anwendung eines Prinzips der Gleichheit oder der Ungleichheit überflüssig werden. Für das Fortbestehen der traditionellen Werte des Symmetrie oder der Asymmetrie stehen zwei Möglichkeiten offen.

Vom Familiensystem zum anthropologischen System

1. Hypothese: *Das Gebot der Gleichheit oder der Ungleichheit läßt sich nicht unabhängig davon begreifen, wie die realen Beziehungen der Brüder untereinander geregelt sind* und welche Rolle sie im ökonomischen Leben der Familien spielen,

das heißt, wie die Güter durch Erbschaft weitergegeben werden. Das Aussterben des seßhaften agrarischen Lebens und der kinderreichen Sippen, die noch keine Geburtenkontrolle kannten, bedeutet, daß nach einer Phase des Übergangs und des fortschreitenden Schwächerwerdens die grundlegenden Werte der Gleichheit und der Ungleichheit verlöschen. Man muß also, nach Ablauf einer gewissen Zeitspanne, entsprechend mit dem Verschwinden der damit zusammenhängenden menschlichen Beziehungen im allgemeinen rechnen. Somit wäre das Ende des angelsächsischen oder deutschen Differentialismus sowie des spanischen oder französischen Universalismus in gewisser Weise durch die Veränderungen im Familienleben vorprogrammiert.

2. Hypothese: *Die unbewußte Einimpfung der Werte der Gleichheit oder der Ungleichheit durch die Familie vollzieht sich unabhängig von den konkreten Erbschaftsfragen, die selbst lediglich eine besondere Anwendungsform von Werten darstellen, welche unabhängig vom ökonomischen Leben existieren.* Das Aussterben der kinderreichen Sippen und der einfachen nicht-egalitären oder egalitären Erbschaftsregeln geht nicht mit dem Verschwinden der entsprechenden Grundhaltungen einher. Die Familien geben auch fortan die Vorstellungen von Gleichheit und Ungleichheit an ihre Kinder weiter, nicht einfach in bezug auf konkrete Brüder, sondern in bezug auf Brüder, Kinder und Menschen im allgemeinen. Nichts berechtigt dann allerdings zu der Annahme, daß diese Übertragung *auf die Kinder* allein von den Eltern herrührt. Alle Erwachsenen auf einem gegebenen Territorium – Eltern, Onkel und Großeltern, Nachbarn, Lehrer – haben, wenn auch in äußerst unterschiedlichem Maße, Anteil an der Einimpfung der Grundwerte. Das *anthropologische System*, die Gesamtheit aller menschlichen Beziehungen auf einem gegebenen Territorium, spielt somit für die Vermittlung der Werte eine globale Rolle. Das Familiensystem ist lediglich eines seiner Teile, freilich sein Herzstück. *Wenn wir unterstellen, daß weltweit die Begriffe der Gleichheit und der Ungleichheit zwischen den*

Menschen von den Erwachsenen innerhalb eines lokalen Umfeldes an die Kinder weitergegeben werden, so können wir uns vorstellen, daß auch die kollektiven Verhaltensweisen weiterbestehen werden, die aus den interethnischen Beziehungen hervorgehen. Der englische oder deutsche Differentialismus kann demnach in der postindustriellen Gesellschaft genauso überleben wie der französische oder der spanische Universalismus.

Beim gegenwärtigen Forschungsstand ist es unmöglich, direkt die Mechanismen der Wertevermittlung zu beobachten und zu beweisen, daß beispielsweise in dem lokalen Umfeld des Pariser Beckens der Begriff der brüderlichen oder der menschlichen Gleichheit reproduziert und an die Kinder weitergegeben wird oder daß in England und Deutschland auch weiterhin dem kindlichen Verstand die gegenteiligen Werte der Differenz und der Ungleichheit eingeprägt werden. Mir scheint allerdings, daß allein die zweite Hypothese, die innerhalb eines bestimmten Umfeldes das Fortbestehen der Werte der Gleichheit und Ungleichheit in den postindustriellen Gesellschaften und damit das Fortbestehen der gravierenden Unterschiede zwischen Frankreich, England und Deutschland nahelegt; eine Erklärung für gewisse in jüngerer Zeit auftretende Unterschiede in den interethnischen Beziehungen dieser drei Länder bietet. Nur mit Hilfe dieser Hypothese kann man begreifen, weshalb es der amerikanischen Gesellschaft trotz all ihrer bewußten Anstrengungen nicht gelingt, sich von einer rassistischen Konzeption des sozialen Lebens zu befreien. Die Einwanderung von Bevölkerungsgruppen aus der dritten Welt zwingt die entwickelten Gesellschaften dazu, eine universalistische oder eine differentialistische Entscheidung zu treffen. Nun führt aber die detaillierte Analyse des Integrationsprozesses der einwandernden Bevölkerungsgruppen – ein Prozeß, der mal Assimilation, mal Segregation zur Folge hat – zu der Schlußfolgerung, daß die grundlegenden Werte der Gleichheit und der Ungleichheit der Menschen fortbestehen, daß sie gegenwärtig auftauchen, daß sie aber aus einer fernen Vergangenheit stammen. Im Grunde scheint jede der postindustriellen Gesellschaf-

ten in ihrem Verhalten gegenüber dem aus der dritten Welt kommenden Menschen gerade ihre Unfähigkeit unter Beweis zu stellen, im Computerzeitalter jene Matrix hinter sich zu lassen, die sie aus den Zeiten ihr Gründerväter ererbt hat.

Die Hypothese von der Selbstreproduktion des anthropologischen Systems – und nicht nur des Familiensystems – ermöglicht also eine effiziente funktionale Analyse der jüngsten Verhaltensunterschiede zwischen den großen westlichen Nationen. Daß wir augenblicklich nicht in der Lage sind, die exakten Mechanismen der Wertevermittlung, die dieses System begründen – Gleichheit oder Ungleichheit, Symmetrie oder Asymmetrie –, zu beobachten, darf die Untersuchung dennoch nicht hinauszögern. Eine solche Situation ist eigentlich typisch für die klassische Physik, die mathematische Funktionsbeziehungen zwischen den Kräften feststellt, deren Natur ihr entgeht. Die allgemeine Gravitationstheorie ermöglichte eine präzise Beschreibung der Himmelskörper, aber verbot jegliche Spekulation über die Natur der Fernwirkung. Die Sozialwissenschaften können augenscheinlich von der mathematischen Präzision wirklicher Gesetze ohnehin nur träumen, aber es wäre absurd, ihnen ein Verständnis von der absoluten Natur der Dinge abzuverlangen, auf das die exakten Wissenschaften, um sich entwickeln zu können, längst haben verzichten müssen.

2
Differentialismus und Demokratie in Amerika 1630–1840

Die Einwanderer, die im 17. Jahrhundert an verschiedenen Stellen der amerikanischen Küste anlegen, stammen aus unterschiedlichen Regionen Englands und gehören unterschiedlichen religiösen Gruppen an.[1] Die Puritaner von Massachusetts, Anhänger eines strikten Calvinismus, erreichten die USA zwischen 1629 und 1640 und kamen aus East Anglia, aus der Gegend nordöstlich von London. In Virginia ließen sich zwischen 1642 und 1675 Angehörige der anglikanischen Kirche nieder, die im Süden und im Westen ihres Ursprungslandes ansässig waren. Die Gründer Pennsylvaniens ihrerseits waren Quäker und brachen zwischen 1675 und 1725 aus dem Norden der Midlands auf. Bei allen jedoch handelt es sich um Protestanten, die dem gleichen – dem individualistischen und nicht-egalitären – Familiensystem angehören.[2] In allen drei Fällen verläuft der Entwicklungszyklus der Bauernfamilie so, daß nur die Kernfamilie zusammenwohnt. Wenn eines der Kinder heiratet, führt das zur Gründung eines von den Eltern unabhängigen und eigenständigen Hausstandes. Bei der Gruppe, die vielleicht am stärksten das Bild des Amerikaners geprägt

1 Dazu, aus welcher der englischen Regionen die ersten Siedler in Amerika stammten, vgl. die systematische Studie von D. H. Fischer, *Albion's Seed. Four British Folkways in America*, Oxford: Oxford University Press 1989.

2 Die Quäker jedoch dürften, da sie manchmal an die Reinkarnation der Seele glaubten, ein wenig die theoretischen Grenzen des Christentums überschritten haben.

hat – den Puritanern aus Neuengland –, ist das Modell der Kernfamilie radikal, denn hier werden die Jungen von Beginn ihrer Pubertät an in anderen Familien als Domestiken untergebracht.[3] Diese Praxis des *sending out* stammt übrigens aus der englischen Ursprungsregion. In Virginia, wo die Großgrundbesitzer davon träumen, wieder eine Aristokratie zu errichten, ist das Ideal zwar weniger eindeutig an der Kernfamilie orientiert, die Praxis dagegen durchaus.[4] Bei der pennsylvanischen Variante, den Quäkern, trifft man ebenfalls auf den Typus der Kernfamilie; was die Intensität der Normen angeht, nehmen sie jedoch zwischen den beiden zuvor genannten Gruppen eine Zwischenstellung ein.[5]

Keine dieser Varianten des Systems der Kernfamilie definiert die Brüder als gleich. In der Praxis wird zwar das Erbe aufgeteilt, aber man kann immer beobachten, daß der Erstgeborene im Vorteil ist. In Virginia stützt sich die Legitimation dieser nicht-egalitären Praktiken auf das aristokratische Ideal. In Massachusetts und Pennsylvania dient die biblische Regel vom doppelten Anteil des Erstgeborenen dazu, das Prinzip der Ungleichheit zwischen den Brüdern theoretisch zu untermauern.[6] Besonders aufschlußreich ist das Beispiel Massachusetts, denn Puritaner wie etwa John Winthrop äußern sich auch theoretisch über die Frage der Erbschaft. Das von der englischen Aristokratie praktizierte Erstgeburtsrecht wird hier verworfen, ohne daß etwa ein dem römischen Typus entsprechendes Prinzip der Symmetrie an dessen Stelle träte und strikte Gleichheit herbeiführte. Die Protestanten Neuenglands interpretieren die Vorschriften des Deuteronomiums, die die Erbteilung und den doppelten Anteil für den Erstgeborenen miteinander verbinden, als einen Mittelweg (»a middle way«) zwischen aristokratischer Ungleichbehandlung und abstraktem Egalitarismus. In

3 Vgl. D. H. Fischer, *Albion's Seed*, a. a. O., S. 101.
4 Vgl. ebd., S. 274–276.
5 Vgl. ebd., S. 481–483.
6 Vgl. ebd., S. 172, S. 380 f. und S. 568.

Wahrheit dienen alle diese Diskussionen lediglich der Rechtfertigung dafür, daß die in East Anglia üblichen Erbschaftspraktiken auch in Übersee Anwendung finden. Eine weitere angloamerikanische Kontinuität stellt der – sehr häufige – Gebrauch des Testaments dar; die Mehrzahl aller Eigentümer hinterläßt eines. Diese Dokumente folgen dem Prinzip der Erbteilung, das sie auf Jungen wie auf Mädchen anwenden, wobei oft der oder die Erstgeborene bevorzugt wird, das jüngste der Geschwister jedoch häufig das elterliche Haus erbt.[7]

Die feinen Unterschiede, die zwischen den Regionen der amerikanischen Küste existieren, reproduzieren also lediglich jene zwischen den diversen englischen Regionen. In jedem dieser Fälle läßt sich der Status der Kinder als frei, aber ungleich definieren. Der Unterschied zwischen der amerikanischen und der englischen Familie liegt von Anfang an jedoch darin, daß in den USA die Familienstruktur eine ideologische Ausformulierung erfährt. Im 17. Jahrhundert nötigt der experimentelle Charakter der amerikanischen Gesellschaft die verschiedenen Gruppen und Sekten dazu, eine Theorie der idealen Familie zu entwerfen. In England herrscht zwar vorwiegend das gleiche – individualistische und nicht-egalitäre – Familiensystem vor, aber es existiert bloß, unabhängig von jeglicher theoretischen Ausformulierung.

Der biblische Differentialismus

Das Gesetz der Entsprechung von Familienstruktur und Ideologie drückt sich im Fall der Gründerväter Amerikas in einem bewußt differentialistischen Religionssystem aus. Die protestantische Metaphysik projiziert die für das Familiensystem typische Ungleichheit der Brüder auf die ideologische Ebene und verklärt sie zum Prinzip der Ungleichheit der Menschen. So sagt beispielsweise Calvin: »Wir nennen die Prädestination

7 Vgl. ebd., S. 173.

den ewigen Ratschluß Gottes, mit dessen Hilfe er bestimmt, was er mit jedem Menschen vorhatte. Denn er hat sie nicht alle zu gleichen Bedingungen geschaffen, sondern sieht für die einen das ewige Leben und für die anderen die ewige Verdammnis vor.«[8]

Die Mehrheit der religiösen Gruppen, die Amerika gründen, bringt die calvinistische Tradition zur Geltung, auch wenn die meisten von ihnen in der Neuen Welt die Prädestinationslehre schließlich aufgeben. Sie greifen nach einigem Zögern erneut auf den Begriff des freien Willens zurück, der jedem Individuum die Möglichkeit zugesteht, über sein Wohl oder seine Verdammnis selbst zu entscheiden. Allerdings hängen die Puritaner Neuenglands der Prädestinationslehre ein wenig länger an als das alte England. Ihr Glaube an die Allmacht Gottes scheint durch die Überquerung des Atlantiks sogar kurzfristig gestärkt zu sein, denn sie ordnen sich diesem autoritären Dogma im gleichen Moment unter, in dem die puritanischen Gruppen, die in England verblieben sind und unter Cromwell triumphieren, nun die Idee des freien Willens hochhalten. Als typisch in dieser Hinsicht kann der Parteiführer und Theologe John Cotton (1585–1653) gelten, der, noch in England, behauptet, der Mensch könne sich selbst darauf vorbereiten, die Gnade Gottes zu empfangen; nachdem er nach Amerika ausgewandert ist, bekräftigt er jedoch erneut die strikt calvinistische Auffassung, der zufolge der Mensch selbst keinen Einfluß auf seine Auferstehung hat.[9] Man muß jedoch bedenken, daß gegen Ende des 17. Jahrhunderts die überwältigende Mehrheit der amerikanischen Kirchen und Sekten die Vorstellung vom freien Willen teilt. Die Quäker und die Anglikaner, die ein wenig später ankommen als die Puritaner in Massachusetts, haben

8 J. Calvin, *Unterricht in der christlichen Religion – Christianae religionis Institutio*. Nach der letzten Ausgabe übersetzt und überarbeitet von Otto Weber, Neukirchen-Vluyn: Neukirchener Verlag 1988.

9 Vgl. W. A. Speck und L. Billington, »Calvinism in Colonial North America 1630–1715«, in: M. Prestwich (Hg.), *International Calvanism 1541–1715*, Oxford: Clarendon Press 1985, S. 257–283, siehe vor allem S. 260 f.

sich von der Prädestinationslehre bereits losgesagt, als sie in der Neuen Welt eintreffen. Im protestantischen Kontext zieht der Begriff des freien Willens das Prinzip der religiösen Toleranz und den institutionellen Pluralismus nach sich. In allen diesen Entwicklungsstadien entfaltet sich Amerika, wenngleich immer ein wenig hinterherhinkend, in der gleichen Weise wie der revolutionäre Zweig des englischen Protestantismus, insbesondere wie Cromwells *Independents*, die beteuern, daß keine menschliche Institution als unfehlbar gelten darf.[10]

Die fortschreitende Entwicklung dieser liberalen Theologie zeigt sich in einem Prozeß, innerhalb dessen die Vorstellung von Gott dem – von den Familienstrukturen geprägten – Bild des Vaters angeglichen wird. Anfangs wurde die protestantische Prädestinationslehre von solchen Bevölkerungsgruppen aufgegriffen, die, wie die Deutschen oder die Franzosen Okzitaniens, autoritäre Familienstrukturen aufweisen; mit der Zeit weicht sie immer mehr auf, so daß sie auch von Bevölkerungsgruppen adaptiert werden kann, die ein liberales Familienmodell repräsentieren. Bei den Calvinisten in Südfrankreich, die aus einem autoritären Familiensystem hervorgegangen sind, leben freiwillig drei Generationen auf ein und demselben Hof miteinander – Großeltern, Eltern, Kinder; diese Bevölkerungsgruppe bleibt der Vorstellung eines allmächtiges Gottes treu, eines Gottes, der rettet und verdammt, aber mit dem man nicht diskutiert, denn für dieses Gottesbild haben die okzitanischen Väter Modell gestanden. Die englischen und die amerikanischen Väter kontrollieren das konkrete Schicksal ihrer Kinder nicht über das Jugendalter hinaus und können somit auf der unbewußten Ebene das Ideal eines ebenso absoluten Gottes nicht aufrechterhalten. Mit den liberalen Strukturen der amerikanischen Familie verträgt sich eine liberale Heilsvorstellung besser. Wunderbar läßt sich die religiöse Unabhängigkeit der Kinder an konkreten theologischen Debatten über den Status

10 Vgl. W. S. Hudson, *American Protestantism*, Chicago: The University of Chicago Press 1961, S. 14.

der Nachkommen der *sichtbaren Heiligen* (*visible saints*) illustrieren, der Gründerväter der Neuen Welt. Denn der Status eines Auserwählten kann tatsächlich nicht einfach vom Vater auf den Sohn übertragen werden. Jedes Individuum muß jeweils in seiner Generation für sich selbst die Erfahrung einer inneren – von der des Vater unabhängigen – Bekehrung machen. Es ist daher keineswegs eine Selbstverständlichkeit, daß die Mitglieder der Kirchengemeinde bereits ihre Kinder taufen lassen. Diese puristische und strenge Haltung, die nicht einfach nur aus dem Prinzip der Ungleichheit, sondern auch aus dem der Freiheit resultiert, läßt offensichtlich sie soziale Organisation problematisch werden, denn sie gefährdet aufgrund ihrer metaphysischen Prämissen den Erhalt der religiösen Gruppe. Im 17. Jahrhundert findet sich keine generelle Lösung für dieses Problem; den Staaten Massachusetts und Connecticut gelingt es beispielsweise nicht, sich über den religiösen Status der Kinder von Angehörigen einer Kongregation zu einigen.[11]

Diese Entwicklung in Richtung auf einen Liberalismus führt allerdings nicht dazu, daß die amerikanischen Protestanten eine egalitäre Heilsvorstellung, wie sie etwa dem katholischen Typus entspricht, entwickelt hätten. Die Puritaner, die in Amerika ein neues Jerusalem errichten wollen, kehren der Verderbnis der gewöhnlichen Welt, repräsentiert durch England, den Rücken. Sie sind eine selbsterwählte Elite und als solche ebenso revolutionär wie unsensibel – was den Begriff der Gleichheit anbetrifft. Die Vorstellung von der Ungleichheit der Chancen bleibt sehr lebendig: Das Auserwähltsein ist nicht das gemeinsame Los der Menschheit, und nicht jedes Individuum erlebt die notwendige innere Umkehr. Die Kirchen sind freiwillige Zusammenschlüsse und nicht dazu berufen, sich das auf einem Territorium lebende Kollektiv grundsätzlich einzuverleiben. Um 1700 gehören von den 93 000 Einwohnern Neuenglands lediglich ein Fünftel einer Kirche an.

11 Vgl. W. A. Speck und L. Billington, »Calvinism in Colonial North America 1630–1715«, a. a. O., S. 263 f.

War der puritanische Differentialismus ursprünglich gegen das anglikanische oder sich katholisierende England gerichtet, so wendet er sich schon bald gegen die in der Neuen Welt lebenden Eingeborenen. Die Engländer Amerikas lehnen jegliche Vermischung mit der indianischen Bevölkerung ab. Man kann diesen Differentialismus wohl als expliziten bezeichnen, auch wenn er sich in der metaphorischen Sprache der Bibel ausdrückt. Die Puritaner identifizieren sich mit Israel, das aus Ägypten auszieht, um ins gelobte Land zu gelangen. Nun ist aber der Gott des Alten Testaments in dieser Phase des biblischen Berichts ein überzeugter Differentialist:

»Und er sprach: Siehe, Ich will einen Bund machen vor alle deinem Volk, und will Wunder thun, dergleichen nicht geschaffen sind in allen Landen, und unter allen Völkern; und alles Volk, darunter du bist, soll sehen des Herrn Werk; denn wunderlich soll es sein, das Ich bei dir thun werde.
Halte, was ich dir heute gebiete. Siehe, ich will vor dir her ausstoßen die Amoriter, Cananiter, Hethiter, Pheresiter, Heviter und Jebusiter.
Hüte dich, daß du nicht einen Bund machest mit den Einwohnern des Landes, da du einkommst, daß sie dir nicht ein Ärgerniß unter dir werden.
Sondern ihre Altäre sollst du umstürzen, und ihre Götzen zerbrechen, und ihre Haine ausrotten.
Denn du sollst keinen andern Gott anbeten. Denn der Herr heißet ein Eiferer, darum, daß er ein eifriger Gott ist.
Auf daß, wo du einen Bund mit des Landes Einwohnern machest, und wenn sie huren ihren Göttern nach, und opfern ihren Göttern, daß sie dich nicht laden, und du von ihrem Opfer essest;
Und nehmest deinen Söhnen ihre Töchter zu Weibern, und dieselben dann huren ihren Göttern nach, und machen deine Söhne auch ihren Göttern nachhuren.« (2. Mose 34, 10–16)

Wen wundert da der mangelnde Enthusiasmus, den die Engländer der Neuen Welt bei dem Gedanken an den Tag legen, die Frauen der Irokesen, der Cherokee oder der Seminolen zu ehelichen? Die Bedeutung des biblischen Textes darf nicht überbewertet werden: Er kleidet den Differentialismus der an-

gelsächsischen Welt in Worte, dessen Ursprung jedoch in einer Familienstruktur gesucht werden muß, die die Brüder nicht als gleich zu betrachten gestattet und die im Unbewußten a priori die *metaphysische Gewißheit* produziert und reproduziert, der zufolge die Menschen und die Völker nicht gleichwertig sind. Anders als die Puritaner aus Massachusetts geben sich die Anglikaner aus Virginia nicht derart leidenschaftlich der Bibellektüre hin, und sie identifizieren sich auch nicht mit dem Volk Israel; aber auch sie heiraten keine Indianerinnen. Die Haltung der englischen Puritaner gegenüber den Schwarzen läßt sich ebensowenig durch eine mechanische Interpretation der Exodus-Thematik erklären, denn die Europäer selbst haben die Afrikaner aus der Alten in die Neue Welt verpflanzt. Und trotzdem wird im Jahre 1705 in Massachusetts ein Gesetz erlassen, das sexuelle Verbindungen zwischen Individuen verschiedener Rassen unter Strafe stellt und das sich ebenso gegen die Schwarzen wie gegen die Indianer richtet.[12] Bleibt nur noch die Vermutung, daß das wörtliche Festhalten an der Bibel in gewissem Sinne zu einer leichten Verzeichnung des »natürlichen« Differentialismus führt, der mit der angelsächsischen Familienstruktur importiert wurde. Die gewöhnliche englische Familie kennt kein Erstgeburtsrecht und begnügt sich damit, die Ungleichheit der Brüder zu unterstreichen, ohne einen von ihnen als Erstrangigen gegenüber den anderen zu bezeichnen. Normalerweise verficht sie eine Ideologie, in der sich ein nichtpolarisierter Differentialismus ausdrückt: Hier wird kein besonderes Volk ins Zentrum der Welt gestellt. Im Gegensatz dazu präsentiert die Bibel das Modell einer Familienstruktur, in dem die Idee des Erstgeburtsrechts herumspukt, und das Alte Testament beschwört die Geschichte eines besonderen Volkes, das von Gott, dem Ewigen, erwählt wurde. Innerhalb des angelsächsischen Kontextes, bei den Protestanten in Amerika wie bei denen in England, bewirkt der strenge Bibelglaube, daß von dem natürlichen ideologischen System abgewichen wird, daß

12 Vgl. ebd., S. 270.

man von einem nicht-polarisierten zu einem polarisierten Differentialismus übergeht. Sobald in der amerikanischen oder in der englischen Kultur der Einfluß der Bibel sinkt, bedeutet dies eine Rückkehr zum natürlichen Gleichgewicht im nicht-polarisierten ideologischen Familiensystem.

Andere Aspekte der englischen Kolonialgeschichte

Die englische Kolonialgeschichte bietet besonders reichhaltiges Anschauungsmaterial für die Wanderbewegungen angelsächsischer Bevölkerungsgruppen quer über den ganzen Planeten. Bei keiner der Siedlungen in Übersee kam es, wie man feststellen kann, zu einer Vermischung mit der einheimischen Bevölkerung, in welchem Maße auch immer die Emigranten jeweils dem protestantischen Glauben anhingen. Die im 19. Jahrhundert nach Australien deportierten Sträflinge beispielsweise zeichnen sich nicht durch besonders strenge Religiosität aus, aber auch sie vermischen sich nicht mit den Aborigines. Einen anderen Typus von Kolonialherren repräsentieren die Engländer in Hongkong; ihm entspricht eine durchschnittliche Religiosität; und doch läßt sich auch hier das Phänomen der Nicht-Vermischung beobachten. Daß man in Hongkong keine Mischlinge antrifft, steht in frappierendem Kontrast zu den Gegebenheiten auf Macao – der keine hundert Kilometer entfernt liegenden portugiesischen Kolonie; dort hat die Begegnung zwischen den Europäern und den Chinesen von Guangdong eine Gesellschaft hervorgebracht, in der sich die Bevölkerungsgruppen derart vermengt haben, daß man sich in gewisser Weise an den lateinamerikanischen Typus erinnert fühlt.

Die erste Wanderungsbewegung der »Angelsachsen«, von der die Geschichte berichtet, findet im 5. und 6. Jahrhundert n. Chr. statt. In bezug auf die Eroberung Großbritanniens wäre es exakter, von Angeln, Sachsen und Jüten zu sprechen, den germanischen Gruppen, die die gesamte Festlandsküste der

Nordsee zwischen Holland und Jütland besiedelten. Von den Familienstrukturen dieser Gruppen, die – was die Religion anbetrifft – heidnisch waren, wissen wir nichts. Es sind noch keine »Engländer«, da sie nicht bei der normannischen Eroberung unterworfen und somit nicht von der französichen Sprache beeinflußt worden waren. Trotz der etwas mageren historischen Daten kann derjenige, der die interethnischen Beziehungen studiert, von der Art und Weise, wie sich die angelsächsische Eroberung Großbritanniens vollzieht, nur verblüfft sein. Die romanisierten Bretonen werden zur Westküste der Insel hin verdrängt, nach Cornwall, nach Wales und in den Nordwesten Englands, den Westen Schottlands. Daß es zu keinerlei Vermischung gekommen sei, läßt sich unmöglich belegen; sicher ist aber, daß sich in Großbritannien nichts ereignete, was der Fusion vergleichbar wäre, die auf französischem Gebiet zwischen Franken und Galloromanen stattfand. Die Franken werden von einer ihnen überlegenen galloromanischen Zivilisation assimiliert: Sie konvertieren zum Christentum und verlieren ihre germanische Sprache. Die Angelsachsen lehnen es zunächst ab, bekehrt zu werden, und löschen auf dem eroberten Gebiet von der Sprache der Einheimischen jede Spur. Dies ist mit Sicherheit der Grund dafür, daß der Wissenschaftler, der sich im 20. Jahrhundert mit den Familienstrukturen auf den Britischen Inseln befaßt, das Fortbestehen einer geographischen Kluft zwischen keltischer und germanischer Bevölkerung entdecken kann: Für den größten Teil der Insel ist die individualistische und nicht-egalitäre Familienstruktur der Engländer charakteristisch, aber im Westen, von Cornwall über Wales, Lancashire und Cumberland bis hin nach Schottland, lassen sich die Überbleibsel eines anderen Familientypus ausmachen.

Wenn der Kolonialstil solcher Länder wie Spanien, Portugal und Frankreich an den Roms erinnert, so liegt die Annahme nahe, daß auch der Englands auf ein fast ebenso altes angelsächsisches Modell zurückgeht. Freilich erlauben die historischen Daten keine vergleichende statistische Studie darüber,

wie häufig es in den verschiedenen Epochen der Antike zu ethnischen Vermischungen oder Nicht-Vermischungen kam. Aber es ist wichtig zu erkennen, daß die Völker Europas, die Franzosen wie die Engländer, jenseits ihrer gegenwärtigen technologischen Modernität Primitive waren, die lediglich sehr schlichte Vorstellungen von den interethnischen Beziehungen hatten. Man kann nicht ausschließen, daß diese grundlegenden Einstellungen eine historische Kontinuität aufweisen. Insofern muß man sagen, daß die Völker des modernen Europa möglicherweise in bezug auf bestimmte Aspekte ihrer Kulturen primitiv geblieben sind.

Die Unabhängigkeitserklärung und das demokratische Paradox

Die Unabhängigkeitserklärung von 1776 scheint einen Neubeginn der Geschichte der USA und eine neue Vision vom Menschen zu verheißen. Ihr Inhalt ist von der calvinistischen Konzeption des vorangegangenen Jahrhunderts recht weit entfernt; man könnte entsprechend versucht sein, in einer ersten Analyse einen fundamentalen Einschnitt in der amerikanischen Geschichte zu diagnostizieren. In der Unabhängigkeitserklärung, die Jefferson mit Hilfe von John Adams und Benjamin Franklin verfaßt hat, kommt ein Egalitarismus zum Ausdruck, der sich mit der protestantischen Tradition schlecht verträgt.

»Wir halten diese Wahrheiten für in sich einleuchtend; daß alle Menschen gleich geschaffen sind; daß sie von ihrem Schöpfer mit gewissen (*angeborenen und*) unveräußerlichen Rechten ausgestattet sind, darunter Leben, Freiheit und Streben nach Glück; ...«[13]

Niemand vermag exakt zu wissen, welchen Begriff von Gleichheit die Verfasser der Deklaration im Kopf hatten. Aber es steht

13 Thomas Jefferson, »Die Unabhängigkeitserklärung«, in: *Auswahl aus seinen Schriften*. Übersetzt und herausgegeben von Walter Grossmann, Cambridge, Mass.: Schoenhof Publishers 1945, S. 15.

fest, daß diese Passage der Präambel eine der wichtigsten Maximen der amerikanischen Demokratie werden sollte; insbesondere berief man sich auf sie bei der Einführung des allgemeinen Wahlrechts, das vor 1830 in den meisten der Staaten und bis zum Bürgerkrieg dann in allen Staaten für den *weißen* Mann Gültigkeit erlangte. Betrachtet man den Egalitarismus von 1776 aus dem geschichtlichen Abstand, so handelt es sich also offenbar nicht um eine bloße Floskel oder um einen schwachen Reflex von Übersee – einen Reflex der französischen Philosophie der Aufklärung. Es handelt sich vielmehr um ein dynamisches Prinzip, dessen dauerhafte Wirkung sich noch im 19. wie im 20. Jahrhundert nachweisen läßt. Im Jahre 1863 nimmt Präsident Lincoln in seiner Rede von Gettysburg geradezu klassisch auf das in der Unabhängigkeitserklärung enthaltene Gleichheitsprinzip Bezug. Und nach dem Zweiten Weltkrieg sieht das soziologische und politische Nachdenken über die USA sehr häufig in der liberalen und egalitären Unabhängigkeitserklärung *den* Ausgangspunkt der amerikanischen Tradition; der differentialistische Gehalt des Calvinismus wird einfach einer längst verstrichenen Vergangenheit zugeordnet. Entsprechend arbeitet Gunnar Myrdal im Jahre 1944 den Widerspruch heraus, der zwischen den Grundsätzen besteht, die das politische Leben Amerikas beherrschen – die sich vom Gleichheitsideal herleiten –, und der Segregation der Schwarzen, die von diesem politischen Leben praktisch ausgeschlossen sind. Dieses Buch legt nahe, daß die Vereinigten Staaten früher oder später sich dem Problem stellen und die demokratischen Rechte und Sitten auch den Schwarzen zugestehen müssen.[14]

Die gleiche, auf Gedächtnisschwund basierende Vorstellung vom Egalitarismus der Gründerväter läßt sich in dem in den achtziger Jahren erschienenen Essay von Allan Bloom *The*

14 Vgl. Gunnar Myrdal, *An American Dilemma. The Negro Problem and Modern Democracy*, New York: Harper 1944, S. 9–12 speziell über das Christentum.

Closing of the American Mind nachweisen, der ebenfalls in typischer Manier die Tradition der Vereinigten Staaten auf die Unabhängigkeitserklärung reduziert:

»Amerika vermittelt eine Erfahrung: den ungebrochenen, durch nichts aufzuhaltenden Fortschritt von Freiheit und Gleichheit. Seit den Zeiten der ersten Siedler und der politischen Gründungsväter hat es nie Streit darüber gegeben, daß Freiheit und Gleichheit für uns die Quintessenz der Gerechtigkeit sind. Keine ernst zu nehmende oder namhafte Persönlichkeit hat je außerhalb dieses Konsenses gestanden.«[15]

Da kann man nur über die Sicherheit staunen, mit der Bloom die Begriffe der Freiheit und der Gleichheit in den Mittelpunkt der amerikanischen Tradition stellt und dabei an die Bibel erinnert, ohne einen Gedanken darauf zu verschwenden, daß die Vorstellungswelt des ursprünglichen Calvinismus von einer metaphysischen Ungleichheit ausging. Aber wie kommt es, das eine Gesellschaft nach anderthalb Jahrhunderten von einem calvinistisch geprägten, nicht-egalitären Menschenbild, in dem Auserwählte und Verdammte eine Rolle spielen, zu einem völlig gegenteiligen Menschenbild übergeht? Man kann offensichtlich in der Geschichte der Vereinigten Staaten objektive Faktoren benennen, die die Entwicklung einer egalitären sozialen Praxis unterstützt haben mögen. Das gehobene Bildungsniveau der protestantischen Bevölkerung, die bereits sehr früh alphabetisiert war, ist möglicherweise der wichtigste. Die geographische Weitläufigkeit dieser Eroberergesellschaft, die über eine unbegrenzte Menge urbar zu machenden Landes verfügte, ist ein zweiter Faktor der Demokratisierung. Man sieht recht gut, wie solche Faktoren das nicht-egalitäre calvinistische Modell haben aushöhlen können; aber man sieht nicht, wie sie eine *Umkehrung* der metaphysischen Prämissen der amerikanischen Gesellschaft haben bewirken können.

15 Allan Bloom, *Der Niedergang des amerikanischen Geistes. Ein Plädoyer für die Erneuerung der westlichen Kultur.* Aus dem Amerikanischen von Richard Giese, Hamburg: Hoffmann und Campe 1988, S. 63.

Es gibt nur eine logisch befriedigende Begründung für das Problem der Umkehrung der bewußten amerikanischen Werte: *Zwischen 1650 und 1776 wird die* apriorische *metaphysische Gewißheit, der zufolge die Menschen verschieden sind, mehr und mehr an den nicht-europäischen Bevölkerungsgruppen, an den Indianern und den Schwarzen, festgemacht.* Diese Fixierung auf die indianische oder die schwarze Verschiedenheit ermöglicht es, den Unterschied zwischen den weißen Engländern zu tilgen und eine partiell egalitäre Ideologie aus der Taufe zu heben. Man kann diesen Prozeß als eine Externalisierung der Differenz bezeichnen. Diese Lösung ist übrigens in der Unabhängigkeitserklärung selbst bereits vorbereitet, denn sie definiert, nachdem sie die Gleichheit der Menschen behauptet hat, die Indianer als Wilde ohne Erbarmen (*merciless savages*) und hält demnach implizit die Begriffe Weißer und Mensch für austauschbar. Mit Hilfe eines solchen Ansatzes läßt sich auch die Rolle begreifen, welche die Pioniere wie George Mason oder Thomas Jefferson in Virginia bei der Schaffung einer egalitären Ideologie gespielt haben. Zu dieser Zeit besitzt Virginia 40 Prozent aller schwarzen Sklaven in den Vereinigten Staaten, und das Gefühl einer Gleichheit der Weißen ist besonders stark. In dem Kapitel seines Werkes *Über die Demokratie in Amerika*, das sich damit befaßt, wie in den Vereinigten Staaten die Lehre von der Volkssouveränität entstanden ist, wundert sich Tocqueville darüber, daß das Signal für die Demokratisierung ausgerechnet von den weitgehend aristokratischen Staaten im Süden ausgegangen ist.

»So ward, seltsam genug, der demokratische Vormarsch am unwiderstehlichsten in den Staaten, in denen der Adel am stärksten verwurzelt war. Der Staat Maryland, den Großgrundbesitzer geschaffen hatten, verkündete als erster das allgemeine Stimmrecht und führte seiner Regierung durchweg demokratische Formen ein.«[16]

16 Alexis de Tocqueville, *Über die Demokratie in Amerika*. Aus dem Französischen von Hans Zerinden, München 1976, S. 64 f. Tocqueville weist in einer Fußnote darauf hin, daß die Zusätze zur Verfassung von Maryland von 1801 bis 1809 stammen.

Nicht etwa einer perversen Leidenschaft der Aristokratie, sich ihrer eigenen Legitimität zu berauben, verdankt sich allerdings diese Rolle einer treibenden Kraft; eher ist sie auf die Tatsache zurückzuführen, daß die Plantagenwirtschaft, die die Existenz der Aristokratie sichert, auf der Anwesenheit einer breiten schwarzen Bevölkerungsschicht basiert, deren physische Verschiedenheit bei den Weißen die Empfindung der Gleichheit untereinander verstärkt.

Der weitere Aufstieg des demokratischen Ideals scheint in jeder Epoche mit der Bestätigung einer rassistischen Auffassung des sozialen Lebens einherzugehen. Der Mann, der für die Demokratisierung das Symbol schlechthin darstellt, Andrew Jackson – von 1828 bis 1836 Präsident der Vereinigten Staaten –, gibt wegen seines wilden Hasses gegen die Indianer hierfür ein typisches Beispiel ab. In der zweiten Hälfte des 19. Jahrhunderts führt die Eroberung des amerikanischen Westens den Demokratisierungsprozeß gewissermaßen an sein Ende; es entsteht nun, zumindest regional, eine Gesellschaft ohne traditionelle Eliten. Allerdings wird auch diese neuerliche Stärkung des demokratischen Empfindens wie selbstverständlich von einer Entfesselung rassistischer Leidenschaften begleitet. In dem Zeitraum zwischen 1860 und 1890 bricht der amerikanische Differentialismus aufs heftigste aus, weit mörderischer als in den vorangegangenen Epochen: 250 000 Präriendianer werden physisch und sozial vernichtet. Während dieser Phase, in der die amerikanische Demokratie das Licht der Welt erblickt und heranreift, scheint es nicht möglich, zwischen Indianern und Schwarzen überhaupt einen relevanten Unterschied zu finden, da beide zusammen in der Kategorie des nicht-weißen Menschen aufgehen und so die Homogenisierung der europäischen Bevölkerung fördern. In der Folgezeit führt die massenhafte Vernichtung der Indianer dazu, daß diese zu einer nur noch marginalen Gruppe zusammenschrumpfen und sich der Differentialismus ganz auf die Schwarzen konzentriert. Diese restringierte Auffassung von der Gleichheit der Weißen, die aus der Verschiedenheit gegenüber den Schwarzen

und den Indianern erwächst, ist keineswegs völlig unbewußt. Am Vorabend des Bürgerkrieges gibt der Führer der Südstaaten Jefferson Davis zu erkennen, daß ihm das Phänomen völlig bewußt ist, denn er erklärt dem Senat:

»Einer der Gründe, weshalb wir uns mit seiner Existenz [der des schwarzen Sklaven] abfinden, liegt darin, daß er die Weißen auf die gleiche allgemeine Ebene hebt, daß er die Würde aller Weißen, die sich neben der minderwertigen Rassen befinden, erhöht.«[17]

Der Süden scheint aufgrund seines Sklavensystems zu einer gewissen Hellsicht genötigt gewesen zu sein.

Rekapitulieren wir die logische Entwicklung, die von der calvinistischen Ungleichheit zum Egalitarismus von 1776 führt:

- Das anthropologische System definiert die Brüder als nicht gleich.
- Zunächst einmal wird die Ungleichheit der Brüder auf die ideologisch-religiöse Ebene übertragen und erzeugt auf diese Weise die Ungleichheit der Menschen, die zwischen den Auserwählten hier und den Verdammten dort unterscheidet.
- Angesichts der Indianer und der Schwarzen verfestigt sich mehr und mehr die *apriorische* metaphysische Gewißheit, daß die Menschen und die Völker ungleich sind.
- Die weißen Amerikaner werden somit als Auserwählte und untereinander Gleiche definiert; dies ermöglicht die Entstehung des demokratischen Systems.

Hier haben wir nun das Paradox einer Demokratie, die eben nicht auf der grundlegenden Zustimmung zum Ideal der Gleichheit gründet, sondern in der das Gefühl der Gleichheit etwas Abgeleitetes, eine sekundäre Konstruktion ist. Wir können, wenn wir uns der Terminologie der Psychoanalyse bedienen wollen, das amerikanische Modell von 1776 als eine Kombination von bewußter Zustimmung zum Ideal der Gleichheit und unbewußter Anerkennung des Prinzips der menschlichen

17 Jefferson Davis, *Race Relations*, London: Tavistock 1967.

Verschiedenheit definieren. Die anthropologische Analyse gelangt somit zu dem Schluß, daß es sich beim Rassenwahn nicht einfach um eine Unvollkommenheit der amerikanischen Demokratie, sondern um eines ihrer Fundamente handelt. Mit Hilfe dieser Interpretation lassen sich bestimmte Eigenheiten der amerikanischen Demokratie nachvollziehen, nicht zuletzt die Bereitwilligkeit, mit der sie ökonomische Ungleichheit akzeptiert.

Daß das Prinzip der Gleichheit nicht in den anthropologischen Grundlagen verankert ist, erklärt auch, warum die Demokratien, die auf ethnischen oder auf Rassenunterschieden basieren, so harmonisch, das heißt ohne jeglichen revolutionären Maximalismus, funktionieren. In keiner Phase ihrer Existenz wurden die Vereinigten Staaten von einer sozialen Revolution bedroht, in der darum gekämpft worden wäre, daß die juristische und staatsbürgerliche Gleichheit, die das politische System bestimmt, auch auf die ökonomischen Beziehungen ausgedehnt werde. Wir stoßen hier auf einen seit dem 19. Jahrhundert augenfälligen und zugleich typischen Unterschied zwischen der amerikanischen und der französischen Republik. In Paris ließ sich die Idee der Gleichheit vor dem Gesetz nicht derart in Zaum halten, daß sie vor den Toren des ökonomischen Bereichs haltgemacht hätte – schon sehr früh kam es zur Ausarbeitung sozialistischer Lehren und zu einer Flut von Volksaufständen. In den Vereinigten Staaten setzte sich problemlos – ohne daß die Volksmassen von dem Prinzip der bürgerlichen Gleichheit auf den weitreichenderen Begriff der ökonomischen Gleichheit geschlossen hätten – die Lockesche Vorstellung durch, der zufolge Freiheit im absoluten Recht auf Eigentum verankert ist. Daß es der amerikanischen Verfassung gelungen ist, die Definition der bürgerlichen und juristischen Gleichheit (unter den Weißen) derart einzugrenzen, ist nur für den ein Mysterium, der nicht sehen mag, daß das anthropologische System Amerikas, in dem sich im Grunde nur das vom anderen Kontinent stammende englische Urbild niederschlägt, von der Idee der Gleichheit nichts weiß.

So erhalten wir am Ende dieser Analyse also das – vielleicht verblüffende – Bild von einer Demokratie, die deswegen so gut funktioniert, weil sie das »anthropologische« Prinzip der Gleichheit nicht kennt. Der Preis, der für diese Harmonie gezahlt werden muß, besteht offensichtlich darin, daß eine durch ihre Rasse definierte Gruppe existiert, die aus der Sphäre der Demokratie der Weißen ausgestoßen wird. Aber was mag mit einer solchen Demokratie geschehen, wenn sie bewußte Anstrengungen unternimmt, die juristische Gleichheit auch auf ihre nicht-weiße Bevölkerung auszudehnen? Ich werde im 4. Kapitel, das der Ausgrenzung der Schwarzen gewidmet ist, zeigen, daß sie damit scheitert, weil das bewußte politische Handeln sich an den unbewußten differentialistischen Werten des anthropologischen Systems stößt. Ich werde allerdings auch zeigen – und zwar im 5. Kapitel, das sich mit dem Phänomen des Multikulturalismus befaßt –, wie aufgrund der bewußten Dämpfung des rassistischen Gefühls, die man im Lauf der letzten Jahrzehnte in den Vereinigten Staaten hat beobachten können, das Gefühl der Gleichheit unter den Weißen und die demokratischen Mechanismen in gewisser Weise ins Wanken gerieten.

Der Beweis, daß es ein nicht-egalitäres anthropologisches Substrat gibt, scheint mir der Untersuchung von Pierre L. van den Berghe, *Herrenvolk-Demokratie,* eine neue logische Wendung zu geben. In mehreren seiner Werke bestimmt dieser Autor mit seltenem Scharfblick eine soziopolitische Form, die systematisch Demokratie und Rassismus miteinander verbindet, indem sie das Prinzip der Volkssouveränität auf den internen Gebrauch einer weißen Gruppe beschränkt. Van den Berghe hat den Begriff der »Demokratie eines Herrenvolkes« ursprünglich für die Untersuchung Südafrikas entwickelt, einer Modellgesellschaft in zweierlei Hinsicht: das Muster einer liberalen Demokratie in den Augen der Weißen, doch zugleich das Modell der Rassentrennung, wenn man die Gesamtheit der Menschen betrachtet, die in diesem sozialen System leben. Später hat der Autor den Begriff auf die Vereinigten Staaten

angewandt, die er von der Stunde ihres Entstehens bis zum Zweiten Weltkrieg als eine *Herrenvolk democracy* beschreibt.[18] Ein solcher Begriff hat das Verdienst, jene widersprüchliche, aber doch recht verbreitete soziopolitische Form zu erkennen und zu benennen. Die anthropologische Untersuchung ermöglicht es nun, über die Konstatierung der Paradoxie hinauszugehen, indem sie die Quelle der nicht-egalitären Überzeugungen in den vom Familiensystem hervorgebrachten Werten der ursprünglich herrschenden Gruppen aufdeckt. Die Beziehung zwischen demokratischen und rassistischen Vorstellungen erscheint nicht mehr wie ein bloßes Nebeneinander, sondern stellt sich als komplementäres Verhältnis dar. In einem System, das unbewußt die Gleichheit der Brüder und der Menschen von sich weist, schließen sich Demokratie und rassistische Segregation zu einer funktionalen Totalität zusammen. Ohne die Einteilung in Rassen, welche die Externalisierung des Prinzips der menschlichen Verschiedenheit erst ermöglicht, könnte die weiße Demokratie niemals funktionieren; denn die in dem System dominierende Gruppe verfügt nicht über einen Begriff der bürgerlichen Gleichheit, der sich aus einer *apriorischen* Gewißheit, daß alle Menschen gleich sind, herleitete.

In der amerikanischen Geschichte verbinden sich also in der Gesamtheit seiner Bürger Differentialismus und Demokratie, rassistische Ausschließung und das Gefühl der Gleichheit. Eine derartige Kombination war, als sie in den Vereinigten Staaten zwischen 1650 und 1830 aufkam, in der Geschichte keineswegs ein Novum. In Wahrheit handelt es sich vielmehr um eine der hauptsächlichen Grundlagen der griechischen Demokratie, die sich so skizzieren läßt. In Griechenland ist der Egalitarismus ebensowenig wie in den Vereinigten Staaten in die Familienstruktur eingeschrieben, denn die Brüder werden nicht als gleichwertig erachtet.[19] Entsprechend läßt sich an der Entstehung der athenischen Demokratie in besonders offenkundiger

18 Vgl. P. L. van den Berghe, *Race and Racism. A Comparative Perspective*, New York: John Wiley 1967, S. 77.

19 Vgl. hierzu weiter oben, S. 39.

Weise das Zusammenspiel von ethnischem Selbstbewußtsein und dem Gefühl der bürgerlichen Gleichheit aufzeigen. Die Besonderheit Athens und die Homogenität der Bürgerschaft schließen sich auch hier zu einer funktionalen Totalität zusammen. Im Jahre 451 v. Chr. – just in der Phase, in der sich auch die Demokratie durchsetzte – wurde das Recht auf die athenische Bürgerschaft beschränkt, indem man die Kinder ausländischer Mütter davon ausnahm.[20] In der Folge, im 4. Jahrhundert v. Chr., werden Mischehen zwischen Fremden und Athenerinnen ganz einfach verboten. Die Vorstellung einer ethnischen Besonderheit der Athener gibt dem demokratischen Ideal in der größten aller griechischen Städte Auftrieb, so wie der Begriff einer weißen Eigenart den Amerikanern zur Entwicklung eines egalitären Selbstbewußtseins verholfen hat. In der Geschichte des demokratischen Ideals stellen Athen und die Vereinigten Staaten nicht etwa Randerscheinungen, sondern zwei wesentliche Archetypen dar. Zusammen legen sie den Gedanken nahe, daß eine intensive Beziehung zwischen dem ethnischen Selbstbewußtsein und der Entstehung der Demokratie besteht. Wir werden nach der Untersuchung der Differentialismen, die mit der Stammfamilie verbunden sind, Gelegenheit haben, noch weitere Beispiele hierfür zu betrachten. Man wäre jedoch im Irrtum, wenn man glaubte, daß alle Demokratien auf ethnische oder rassistische Unterschiede gegründet seien. Gerade die Französische Revolution focht dafür, die Demokratie mit dem Universellen zu verbinden, das heißt die Idee der Gleichheit der Bürger auf etwas anderes zu stützen als auf die Wahrnehmung der Fremden als von Natur aus verschiedener Wesen. Die Gleichheit der französischen Bürger sollte nichts weiter als ein Sonderfall des allgemeinen Prinzips der menschlichen Gleichheit sein. Das ist das Neue an jener Konzeption, die das antike Modell einer ethnisch fundierten Demokratie zu überwinden sucht. Allerdings wird die detaillierte Untersuchung der französischen Modells zeigen, daß

20 Vgl. hierzu P. Carlie, »Observations sur les nothoi«, in: R. Lonis u. a., *L'Étranger dans le monde grec*, a. a. O., S. 107–125, insbesondere S. 113–116.

auch hier eine ethnozentrische Komponente existiert, die zwar nur von untergeordneter Bedeutung, jedoch notwendig ist.

Im Falle Athens sollte man eher von einer ethnischen und nicht von einer rassistischen Konzeption sprechen. Bleibt noch anzumerken, daß sich in Athen wie in den Vereinigten Staaten die Bestimmung der Bürgerschaft letztlich auf den Begriff der Endogamie stützt, das heißt auf die Heirat ausschließlich innerhalb eine sozialen Kategorie. Die athenische Endogamie legt die vollständige Abschließung der Gruppe der »Gleichen« fest, denn nur männlichen und weiblichen Bürgern ist es vorbehalten, gemeinsam neue Bürger zu zeugen. Die Rassenendogamie der Amerikaner hält hingegen einen dehnbaren Begriff von Bürgerschaft bereit, denn die Kategorie der »Weißen« geht weit über die der »Angelsachsen« hinaus. Der Begriff der Rasse ist dem Anschein nach äußerst rigide, denn er klassifiziert und teilt die Individuen nach biologischen Kriterien ein, die dem Willen völlig entzogen sind. Aber in der Praxis wirft er ebensoviel zusammen, wie er voneinander trennt. Er macht es möglich, fiktive Ähnlichkeiten zwischen Ethnien zu konstruieren, die sich voneinander durch die Sprache, die Religion, das kulturelle Niveau und die Sitten unterscheiden. Der Begriff der Rasse begünstigt somit zugleich Segregation und Assimilation. Im Falle der USA hat die Definition der Kategorie der Weißen außerordentlich weitreichende Erfahrungen mit einer ethnischen Verschmelzung ermöglicht, wie sie niemals zuvor in der Geschichte der Menschheit stattgefunden hat. Zwischen 1840 und 1930 schien die Einwanderung von Europäern aus den unterschiedlichsten Ländern den englischen Ursprung Amerikas vergessen zu machen. Untersucht man jedoch den Prozeß der Assimilation, so erweist sich, wie sich das anthropologische System der Gründerväter erhalten konnte: Es sog systematisch all die objektiv sehr unterschiedlichen Sitten, die die Einwanderer jeweils mitbrachten, auf. Die Vereinigten Staaten, die selbst aus einem gigantischen Wanderungsprozeß hervorgegangen sind, geben ein erstes spektakuläres Beispiel für das Allmachtsprinzip der aufnehmenden Gesellschaft ab.

3
Die Assimilation der Weißen in den Vereinigten Staaten

Die Entwicklung der amerikanischen Demokratie, die zwischen 1630 und 1840 auf einem Wandel vom Calvinismus zu einer Demokratie der Weißen beruht, betrifft eine Bevölkerung, die in überwiegender Mehrheit englischer Herkunft ist. Etwa in der Mitte des 19. Jahrhunderts kommt es jedoch zu einer Masseneinwanderung, deren Ursprungsland nicht mehr in erster Linie England ist und die einen Assimilationsprozeß größeren Ausmaßes in Gang setzt. Der Grundsatz der Gleichheit der Weißen wird peu à peu auf die unterschiedlichsten europäischen Gruppen ausgedehnt, die zwischen 1840 und 1930 einwandern. Zu den Hauptzentren, von denen aus zwischen 1840 und 1880 die Emigration in die Vereinigten Staaten stattfindet, zählen Irland, Deutschland und die skandinavischen Länder. Zwischen 1890 und 1920 schwappen dann von Ost- und Südeuropa her neue Wellen hinüber, die an die Stelle der Einwanderung aus dem Nordwesten Europas treten; den größten Teil davon stellen Juden aus dem zaristischen Rußland sowie Polen und Italiener. Die restriktiven Gesetze von 1921 und 1924, die erst ab 1929 vollständig angewendet werden, lassen ein Moratorium in der amerikanischen Einwanderungsgeschichte entstehen: Ein Quotensystem, das den Ländern Nordwesteuropas den Vorzug gibt, friert die Zahl der Ankommenden theoretisch auf das Maximum von 150 000 Individuen pro Jahr ein. In den sechziger und siebziger Jahren kehren die USA immer stärker zu einer Politik der Öffnung zurück, die auch nicht mehr vornehmlich auf Europa ausgerichtet ist, son-

dern letztlich auf die ganze Welt. Asien wird nun zum größten Zentrum der interkontinentalen Auswanderung nach Amerika. Filipinos, Koreaner und Chinesen scheinen Amerika seiner europäischen und weißen Identität zu berauben. Ebenso wie die Mexikaner, die aus einer Verschmelzung von präkolumbianischen Indianern und Spaniern entstanden sind. Die Vereinigten Staaten, selbst das Produkt einer immensen Wanderungsbewegung, geben ein wunderschönes Beispiel für das Prinzip der *Allmacht der aufnehmenden Gesellschaft* ab, die jederzeit dazu in der Lage ist, den Immigranten *ihre* Vorstellungen von Familie und Religion, *ihren way of life* zu oktroyieren, welcher Natur und Solidität die Kultur der Einwanderer auch immer sei. Allerdings erstreckt sich der Prozeß der Assimilation auf drei oder vier Generationen. Bei den europäischen Einwanderern ist er mittlerweile vollendet, bei den erst vor kurzem eingewanderten Asiaten und Mexikanern jedoch noch lange nicht.

Die Europäer, die nach 1840 einander folgen, verkörpern keineswegs alle die englische Variante des anthropologischen Systems, die auf der Ebene der Familie mit Individualismus, auf der religiösen mit Protestantismus einhergeht. Eigentlich können lediglich einige Dänen und Holländer für sich geltend machen, daß sie ähnliche Familienstrukturen aufweisen und einer ähnlichen Religion anhängen wie die Engländer. Eine nicht geringe Zahl der einwandernden Nationalitäten ist katholisch, wie die Iren, die Italiener und ein großer Teil der Deutschen. Unter den Katholiken finden sich praktizierende Gläubige wie die Iren und die Deutschen; andere jedoch sind dem Christentum weitgehend entfremdet, wie beispielsweise die Italiener, die aus dem Süden der Halbinsel stammen, wo es kaum Priester gibt und wo der offizielle Katholizismus seit der zweiten Hälfte des 18. Jahrhunderts lediglich eine religiöse Gleichgültigkeit kaschiert, in die sich heidnische Rituale mischen. Die Norweger und die Schweden sind zwar Protestanten, doch gehören ihre Familienstrukturen zum Typus der Stammfamilie: Im Gegensatz zum traditionellen angloamerikanischen Modell ermutigen sie die Kinder nicht frühzeitig

zur Unabhängigkeit, sondern fördern es, daß ein verheirateter Erbe den Fortbestand des heimischen Herdes sichert, indem sie komplexe Hausstände, die drei Generationen umfassen, etablieren.

Ein solches System, das noch die erwachsenen und verheirateten Männer der Autorität der Eltern unterstellt, impliziert eine autoritäre Vorstellung vom Familienleben sowie besondere Erziehungsmethoden. Die *Stammfamilie* ist ganz offen nicht-egalitär, denn sie ernennt ein Kind zum Erben und enterbt alle anderen. Das amerikanische System der *absoluten Kernfamilie* begnügt sich damit, zu behaupten, daß die Brüder verschieden seien, ohne daß es sie hierarchisch einstufte. Auf den autoritären und nicht-egalitären Typus der Stammfamilie stößt man bei den Iren und den Deutschen, seien diese nun katholisch oder protestantisch. Die gleiche Ausrichtung am Familienstamm, der jedoch eine gewisse Anpassungsfähigkeit beigemischt ist, findet sich bei der jüdischen Bevölkerung, die aus dem zaristischen Rußland oder aus Österreich kommt. Die Süditaliener hingegen sind im Hinblick auf das Familiensystem individualistisch, denn sie ermutigen die Kinder nach der Heirat zu einem eigenen Hausstand – eine Haltung, die sie den Angelsachsen ähnlich macht; aber sie sind zugleich Vertreter egalitärer Erbgewohnheiten, die dem römischen Typus entsprechen und ein Reflex der rechtlichen Gleichstellung der Brüder sind. Ihr Familiensystem gehört dem Typus der *egalitären Kernfamilie* an; dieser ist liberal, was das Verhältnis zwischen Eltern und Kindern anbetrifft, egalitär, was die Beziehung der Brüder untereinander angeht, und er steht der französischen Variante des Pariser Beckens, der kastilischen und der andalusischen nahe.

Die ursprünglichen Familientypen der Einwanderergruppen

	Zeitpunkt des hauptsächlichen Zustroms	*Familientypus*	*Eltern-Kind-Beziehung*	*Beziehung zwischen Brüdern*	*Beziehung zwischen Vettern und Cousinen*
Iren	1840–1915	Stammfamilie	starke Bindung	asymmetrisch	nein
Deutsche	1870–1910	Stammfamilie	starke Bindung	asymmetrisch	nein
Schweden/Norweger	1870–1910	Stammfamilie	starke Bindung	asymmetrisch	nein
Polen	1900–1915	Kernfamilie	Autonomie	symmetrisch	nein
Juden	1900–1915	Stammfamilie	starke Bindung	asymmetrisch	ja
Italiener	1900–1920	egalitäre Kernfamilie	Autonomie	symmetrisch	nein
Chinesen	1870–82, 1970–90	gemeinschaftlich	starke Bindung	symmetrisch (schwach)	nein
Japaner	1900–1920	Stammfamilie	starke Bindung	asymmetrisch	ja
Koreaner	1970–1990	Stammfamilie	starke Bindung	asymmetrisch	nein
Filipinos	1970–1990	Kernfamilie	Autonomie	nichtsymmetrisch	nein
Iraner	1980–1990	gemeinschaftlich	starke Bindung	symmetrisch	ja

Die Einwanderungswelle in den Jahren zwischen 1840 und 1900, die vor allem Irländer, Skandinavier und Deutsche mit sich bringt, besteht demnach mehrheitlich aus Vertretern des

Systems der nicht-individualistischen Stammfamilie. Die hohe Importquote dieses autoritären anthropologischen Systems erklärt wahrscheinlich auch den prozentualen Anstieg der Haushalte, in denen drei Generationen zusammenleben, von 2,4 % auf 7,3 %, den die amerikanischen Volkszählungen zwischen 1850 und 1880 belegen.[1] In der Folge reichern auch die Japaner, die Juden und die Koreaner die amerikanische Gesellschaft zusätzlich mit den Werten der Stammfamilie an. Und trotzdem, auf lange Sicht kommt es nicht dazu, daß die grundlegenden Werte der Stammfamilie den Strukturen der amerikanischen Familie ihren Stempel aufdrücken, obgleich sich ihr Fortbestehen, bis heute, kurz vor der Jahrtausendwende, an der Organisation der Gesellschaften ablesen läßt, aus denen die irischen, schwedischen, deutschen, japanischen oder koreanischen Einwanderer ursprünglich kamen. Bevor wir detaillierter dem Phänomen der recht brutalen Assimilation nachgehen, deren sich die amerikanische Gesellschaft bediente, um die Werte der Stammfamilie zu zerstören, betrachten wir kurz das Überleben dieser Werte in den modernsten postindustriellen Gesellschaften: in Deutschland, in Schweden und in Japan.

Die Kontinuität des Stammfamiliensystems in der postindustriellen Gesellschaft: Deutschland, Schweden und Japan

Dort, wo der Typus der Stammfamilie die bäuerliche Kultur geprägt hatte, tragen Industrialisierung und Verstädterung allemal dazu bei, daß die Zahl der Haushalte, in denen drei Generationen zusammenwohnen, stark abnimmt. Daß der Vater und der verheiratete Sohn unter einem Dach leben, war für die Übergabe des in Familienbesitz befindlichen Hofes oder der Werkstatt gut geeignet; im industriellen und städtischen Milieu

1 Vgl. I. L. Reiss und G. R. Lee, *Family Systems in America*, New York: Holt, Rinehart and Winston 1988, S. 362.

gibt es hierfür keinen Grund mehr. Im 20. Jahrhundert herrscht in den Städten Deutschlands, Schwedens und Japans – wie im anthropologischen System der Kernfamilie – der *Kernhaushalt* vor, der lediglich die Eltern und die unverheirateten Kinder umfaßt. Das Verschwinden solcher Drei-Generationen-Haushalte bedeutet jedoch noch keineswegs, daß auch die grundlegenden Werte des linearen Familientypus wegfielen; im Gegenteil: Sie überleben oder leben erneut auf, wie sich an vielen anderen Formen des Familienlebens oder an vielfältigen Erscheinungsformen im sozialen Leben ablesen läßt. Auf der Ebene des Familienlebens drückt sich das Fortbestehen dieser Werte darin aus, daß zwischen den Eltern und den verheirateten Kindern enge Bindungen bestehenbleiben; es gibt ein Verwandschaftsnetz, das über den Rahmen der engen Kernfamilie hinausgeht. Die Familiensolidarität ermöglicht die gegenseitige Unterstützung auf finanzieller Ebene oder bei der Kindererziehung. Vor allem im Inneren des Haushalts, der zunächst wie der einer Kleinfamilie wirkt, werden die Werte der Stammfamilie weiter aufrechterhalten: Die Erziehung legt das Schwergewicht auf Werte wie Autorität und Disziplin, und Begriffe der Übergabe und der Erweiterung des Erbes behalten ihre Bedeutung in bezug auf das Bildungsniveau oder den beruflichen Status der Familie. Das Prinzip der Kontinuität, der Linie, das im Zentrum des Stammfamiliensystems steht, wird im Rahmen der sozioökonomischen Veränderungen eher abgewandelt als zerstört. Innerhalb der bäuerlichen Welt ging es, durch alle Zeiten hindurch, immer darum, von Generation zu Generation den Hof zu vererben und auszubauen. Im industriellen oder postindustriellen Zeitalter findet das Prinzip der Stammfamilie andere Anwendungsbereiche: Jede Familie trägt sich mit einem langfristigen Projekt, bei dem es sich auch um die Gründung oder Erhaltung eines Betriebs oder Geschäfts handeln kann. Mit der Zeit wird das Projekt der Stammfamilie jedoch zunehmend immaterieller: In der postindustriellen Welt, in der das intellektuelle und technische Niveau immer weiter wächst, drückt sich der Wunsch nach sozialem Aufstieg vor allem in der

Produktion gutausgebildeter Kinder aus. Um dieses Ziel zu erreichen, schränkt die moderne Stammfamilie, die weniger durch den Drei-Generationen-Haushalt als durch ein mentales System charakterisiert ist, sehr häufig ihre Nachkommenschaft auf ein einziges Kind ein, dem dann die ganze Aufmerksamkeit und Hilfe der Eltern zukommt. In Deutschland, Japan und im Südwesten Frankreichs – drei Regionen, in denen die bäuerliche Stammfamilie angesiedelt war – geht heute eine sehr niedrige Geburtenrate mit hervorragenden schulischen Leistungen der Kinder einher. An die Stelle des in früheren Zeiten wichtigen einzigen Erben ist nun der einzige Sohn oder die einzige Tochter getreten. Zu Zeiten des Ancien régime – und dessen damaligen demographischen Bedingungen – hätte die Geburt eines einzigen Kindes aller Wahrscheinlichkeit nach das Überleben der Familie nicht garantieren können. Bei einer Kindersterblichkeitsrate zwischen 20 und 30 % kam eine zahlreiche Nachkommenschaft einer Sicherheitsmaßnahme gleich, war doch jedes Kind vom allzu frühen Tod bedroht. Wenn mehrere Nachkommen überlebten, wurde ein einziger Nachfolger zum Erben des Hofes bestimmt. Heute, wo die Kindersterblichkeitsrate unter 1 % gesunken ist, ermöglicht die Zeugung eines einzigen Kindes den Fortbestand der Familie. Für den gesellschaftlichen Erhalt allerdings reicht dies nicht; zwar können Eltern mit einem Kind ihre Familie erhalten, die Gesellschaft jedoch benötigt, um fortzubestehen, zwei Kinder (rechnet man die Sterblichkeitsrate ein: 2,1).

Die Stammfamilie kann mithin – als mentale Struktur und als Wertesystem – in der Form der häuslichen Organisation überleben. Aber wie auch immer ihr künftiges Schicksal aussehen mag – was in der Praxis schwer zu analysieren ist –, allemal hat die bäuerliche Stammfamilie die für sie charakteristischen Werte der Autorität und der Ungleichheit auf die industriellen Gesellschaften übertragen, die sich im 19. und 20. Jahrhundert bildeten. Die ursprünglich für die Familie gültige Hierarchievorstellung wird zu einer sozialen. Nach einer Übergangskrise, die im Falle Deutschlands und Japans sehr heftig, im kleinen

Land Schweden weniger deutlich spürbar war, definiert sich die Gesellschaft neu – als modern und ordnungsliebend zugleich: Sie zeichnet sich durch eine hohe Produktivität, ein hohes Maß an Arbeitsdisziplin und Perfektion, durch Autoritätshörigkeit im Betrieb wie auch gegenüber dem Staat, durch die weitgehende Anerkennung sozialer Unterschiede, durch recht stabiles Wählerverhalten und durch ein Machtsystem aus, das meist von einer selten ins Wanken geratenden Partei beherrscht wird. Diese drei *auf dem Stammfamiliensystem fußenden Gesellschaften* haben für den Besucher, der aus einer individualistischeren Kultur kommt, das Flair einer Familie. Hinter dem sichtbaren Wohlstand und der ebenso sichtbaren Sauberkeit stößt man auf eine unmittelbar spürbare Disziplin im Verhalten; typischer Ausdruck hierfür ist der Respekt der Fußgänger vor der roten Ampel, auch wenn kein Auto zu sehen ist, eine Verhaltensweise, die ebenso typisch für Tokyo wie für Stockholm, für Westberlin wie für Ostberlin ist, denn dieser recht eigentlich anthropologische Parameter wurde dort, wo er Geltung besaß, von der titanischen, aber oberflächlichen Konfrontation zwischen Liberalismus und Kommunismus nicht weiter berührt.

Was also ist letzten Endes eine auf dem Stammfamiliensystem fußende Gesellschaft? Es handelt sich um ein postindustrielles Universum, das – trotz der schwerwiegenden Probleme, die durch die Zerstörung der besonders stabilen und tief verwurzelten bäuerlichen Welt erzeugt wurden – eine für die traditionelle Stammfamilie typische Eigenschaft zu bewahren wußte: nämlich die starke Einbindung des Individuums in eine Gruppe. Die auf dem Stammfamiliensystem fußende Gesellschaft ist mithin die postindustrielle Übersetzung der *Gemeinschaft*, die Ferdinand Tönnies so in Ehren hielt, eine geschlossene und hierarchische Welt, die man zu Unrecht nur in einem hauptsächlich bäuerlichen Universum für realisierbar hielt.

Auch heute noch, nach anderthalb Jahrhunderten Einwanderung von Gruppen, die häufig dem für die Stammfamilie typischen mentalen System anhingen, haben die Vereinigten

Staaten nichts von einer *Gemeinschaft*. Die amerikanische Gesellschaft auf der einen Seite, die japanische und die deutsche auf der anderen werden immer deutlicher als Repräsentanten zweier unterschiedlicher Arten von postindustrieller Gesellschaft wahrgenommen. Der für das japanisch-deutsche Modell typischen starken Einbindung des Individuums steht der absolute Individualismus des amerikanischen Modells gegenüber. Dieser Individualismus, der sich an den ökonomischen und sozialen Beziehungen leicht ablesen läßt, ist ebenso auf der Ebene der Familie nachweisbar. Man hätte jedoch durchaus erwarten können, daß die Einwanderung der Deutschen, Schweden, Norweger, Iren, Juden, Japaner und Koreaner, die allesamt Strukturen der Stammfamilie aufweisen, eine Veränderung der amerikanischen Familienstrukturen bewirkt hätte, die sich in einer Stärkung der Solidarität zwischen den Generationen, der Autoritätshörigkeit und der autoritären Erziehung niedergeschlagen hätte. Die empirische Untersuchung der Gesamtbevölkerung sowie einzelner, aussagekräftiger Gemeinden zeigt jedoch, daß über einen Zeitraum von drei Generationen nichts dergleichen stattfand. *Das hyperindividualistische Modell der amerikanischen Familie setzt sich bei den neuen Bevölkerungsgruppen schließlich immer wieder durch – nach einer kürzeren oder längeren Phase des Übergangs, die zeitweise zu einer Stärkung des ursprünglichen Verwandtschaftssystems der Einwanderer führen mag*. Aber letzten Endes trägt die absolute Kernfamilie, das heißt der primitive englische Typus, immer den Sieg davon. Jenseits der häuslichen Organisation, die unübersehbar die der Kernfamilie ist, läßt sich auch das Fortbestehen jener mentalen Struktur konstatieren, die dem Typus der »absoluten Kernfamilie« entspricht und mit einem Wertesystem einhergeht, das die radikale Autonomie der Kinder predigt.

Die moderne amerikanische Familie

Kurz nach dem Zweiten Weltkrieg entwickeln die Soziologen, allen voran Talcott Parsons, die Theorie der amerikanischen Familie: Sie beschreiben den Typus der Kernfamilie, der von jeglichem Verwandschaftsgeflecht abgeschnitten ist. Parsons verknüpft ganz explizit Kernfamilie mit Modernität, den familienbedingten Individualimus mit der sozialen Mobilität der Amerikaner.[2] Der ideale Hausstand umfaßt lediglich ein verheiratetes Paar und dessen Kinder. Aber über den bloßen Hausstand hinaus impliziert das System der Kernfamilie noch mehr. Die Familie muß das Kind auf die Freiheit vorbereiten, und der Vater soll entsprechend für seinen Sohn eher einen Kameraden als eine Autoritätsfigur abgeben. Das Erziehungssystem ermuntert die Kinder dazu, sich ihrer *peer group* anzuschließen und sich so rasch wie möglich von ihrer Familie zu emanzipieren. *Der amerikanischen Familienstruktur ist im 20. Jahrhundert das Prinzip der Dissoziation der Individuen eingeschrieben*, ein Prinzip, das sich an seinen mechanischen Auswirkungen statistisch ablesen läßt. Das Gebot der Trennung bringt die enorme geographische Mobilität der amerikanischen Bevölkerung hervor. Zwischen 1975 und 1980 beispielsweise wechseln 46 % der Amerikaner ihre Wohnung. Im ganzen wechseln 10 % den Distrikt und 10 % den Staat.[3] Eine derartige Mobilität wäre undenkbar, wenn nicht die Familien insofern darauf vorbereiten würden, als sie die Vorstellung weitergeben, daß Eltern und Kinder da sind, um sich zu trennen, und daß die Trennung mehr als nur die formale Autonomie des jungen Paares bedeutet. Der verheiratete Sohn und die verheiratete Tochter sollen nicht Nachbarn ihrer Eltern sein. Zu guter Letzt

2 Vgl. zum Beispiel Talcott Parsons, »Das Verwandtschaftssystem in den Vereinigten Staaten« (1943), in: ders., *Beiträge zur soziologischen Theorie*. Herausgegeben und eingeleitet von Dietrich Rüschemeyer. Aus dem Englischen von Brigitta Mitschell in Zusammenarbeit mit Dietrich Rüschemeyer, Darmstadt: Luchterhand 1964, S. 84–108.

3 Vgl. *Statistical Abstract of the United States* 1984, S. 16.

kommen die Eltern möglicherweise in einer Altenwohnanlage unter.[4]

Wir können in diesem Ideal der extremen Kernfamilie die postindustrielle Variante der englischen oder amerikanischen Familie des 17. und 18. Jahrhundert wiedererkennen. Seitdem kennzeichnet die Praxis des *sending out* vom Moment der Pubertät an die Trennung als einen positiven Wert. Im Falle Amerikas wie auch in Japan, Deutschland oder Schweden führen die industrielle Revolution und die Verstädterung eben offenbar nicht das Ende der anthropologischen Familienstrukturen herbei. In Japan, Deutschland und Schweden sorgen die besonderen Erziehungstechniken dafür, daß sich das mentale System der Linearität erhält, welches sich in dauerhaften Beziehungen zwischen den Eltern und den erwachsenen Kindern ausdrückt. In Amerika gehen das Gebot der Dissoziation der Generationen sowie die Obsession der psychischen Autonomie der Kinder weit über die bloß häusliche Rationalität hinaus.

Die amerikanischen Erbgepflogenheiten, an denen sich das Verhältnis zwischen Brüdern und Schwestern ablesen läßt, werden durch die sozioökonomische Umgestaltung in den Jahren zwischen 1850 und 1950 nicht grundlegend verändert. Sie sind formal egalitär im Falle der Erbfolge ohne Testament. Außer in Louisiana und in Puerto Rico, wo in der Gesetzgebung noch Elemente des römischen Egalitarismus überleben, bleibt es den Eltern jedoch völlig freigestellt, von einem Testament Gebrauch zu machen und so nach Gutdünken ihr Vermögen zu verteilen und eventuell auch ihre Kinder zu enterben. In der Praxis führen der Grundsatz der Generationentrennung und die heutige Langlebigkeit der Individuen dazu, daß die tatsächliche Erbschaft zu einem zweitrangigen Element des Familien-

4 Zu der Frage, nach welchen Mechanismen die Trennung der Generationen in der modernen amerikanischen Familie funktioniert, vgl. die sehr gute Darstellung von H. Varenne, »*Love and Liberty*: la famille américaine contemporaine«, in: A. Burguière, C. Klapisch-Zuber u. a., *Histoire de la famille*, Bd. II, Paris: Armand Colin, S. 413–435.

systems wird. Die Verpflichtungen der Eltern gehen nicht über die Finanzierung der Ausbildung ihrer Kinder hinaus; diese wird allerdings keineswegs vom Prinzip der Gleichheit regiert. Daß die Interaktion und die Solidarität zwischen den Brüdern sich lediglich auf recht niedrigem Niveau befinden, bleibt eines der stabilsten und typischsten Elemente des amerikanischen Familiensystems. Die wenigen kulturell standardisierten Vorstellungen, die sich mit der Geschwistergruppe befassen, interessieren sich für die Bindungen zwischen Bruder und Schwester; die erstgeborene Schwester als Gebieterin nimmt in der amerikanischen Vorstellungswelt einen besonderen Platz ein.[5] Wie in der drawidischen Familie in Südindien, so gestaltet sich auch hier – wenngleich abgeschwächt – das Band zwischen Bruder und Schwester in nicht-symmetrischer Form, weil es implizit die natürliche Symmetrieachse zwischen den von Natur aus ähnlichen Brüdern leugnet. In Amerika ist die Bindung zwischen Bruder und Schwester unbedeutend, in Südindien hingegen sehr bedeutend. Die Tamilen müssen, wenn möglich, die Tochter ihrer erstgeborenen Schwester heiraten. Für die Amerikaner spielt die erstgeborene Schwester keine Rolle mehr, sobald sie die Phase der Adoleszenz hinter sich gelassen hat.

Diese besondere Stellung der großen Schwester läßt sich von einem anderen grundlegenden Charakterzug der amerikanischen Familie, nämlich von der Vorherrschaft der Mutter her, begreifen. Die privilegierte Stellung der amerikanischen Frauen ist eine althergebrachte Eigentümlichkeit, von der bereits de Tocqueville in der ersten Hälfte des 19. Jahrhunderts zu berichten wußte.[6] Allerdings muß man bis zur englischen Kultur des 17. Jahrhunderts oder sogar noch weiter zurückgehen, um den Ursprung dieses Familienmodells zu entdecken, das der Frau

5 Über die ideale amerikanische Familie gegen Ende der vierziger Jahre vgl. G. Gorer, *Die Amerikaner. Eine völkerpsychologische Studie*. Aus dem Amerikanischen von Harry Kahn, Hamburg: Rowohlt 1962, S. 60.

6 Vgl. A. de Tocqueville, *Über die Demokratie in Amerika*, a. a. O., 3. Teil, S. 689–694.

eine derart wichtige Rolle zuweist. Man kann den Prozeß, der den Status der Frau mehr und mehr aufwertet, etappenweise durch die ganze Geschichte der Vereinigten Staaten hindurch verfolgen, bis hin zur Entwicklung der feministischen Ideologie.[7]

Ganz allgemein legt der Vergleich zwischen der amerikanischen Familie des 20. Jahrhunderts und der englischen Familie des 17. Jahrhunderts den Schluß nahe, daß sich die ursprünglichen Merkmale ein wenig anders akzentuiert haben, nicht aber, daß sie durch die Einwanderung aus Europa und Asien und das damit importierte Stammfamiliensystem abgeschwächt worden wären. Die Familie in den Vereinigten Staaten wird offenbar immer bewußter individualistisch, der Hausstand reduziert sich mehr und mehr auf die Kernfamilie, der Zusammenhalt der Geschwister wird immer schwächer und die Rolle der Frauen immer gewichtiger. Die einzige verwandtschaftliche Bindung, die unter gewissen Umständen die Phase der Adoleszenz der Kinder anscheinend überdauert, ist die Beziehung zwischen Tochter und Mutter, mit Sicherheit die elementarste Bindung, die das biologische Prinzip der Reproduktion selbst verkörpert und die in Zeiten individueller Krisen als erste reaktiviert wird. Aber es handelt sich noch immer um das anthropologische System der englischen Gründerväter, und man hat nicht den Eindruck, daß die Einwanderer mit ihrem System der Stammfamilie auf die Dauer die Entwicklung der amerikanischen Familienstrukturen beeinflußt hätten. Am Fortbestehen einer Eigenschaft läßt sich das Fortbestehen des ganzen Systems ablesen: In der geographischen Mobilität, die nahezu mechanisch von einem Familiensystem erzeugt wird, das die Mitglieder der Kernfamilie voneinander trennt, reproduziert sich die außergewöhnliche Mobilität der englischen Bauern im 17. Jahrhundert, die in ihren Dörfer genausowenig seßhaft waren wie die Amerikaner in ihren Städten im 20. Jahrhundert.

7 Über die amerikanischen Frauen und Mütter siehe G. Gorer, *Die Amerikaner,* a. a. O., S. 27–41.

Nichts scheint heute mehr von jener – irischen, norwegischen, deutschen, schwedischen und jüdischen – Tradition übriggeblieben zu sein, die in der Familie nicht bloß eine zeitlich begrenzt zusammenhaltende Gruppe von Eltern und Kindern sah, sondern sie als eine Abstammungslinie betrachtete, die mindestens drei Generationen umfaßte und deren verwandtschaftliche Bande weit über die der Kernfamilie hinausgingen.

Die Stammfamilie und die sozioökonomische Anpassung

Die Zerstörung der (irischen, deutschen, skandinavischen oder jüdischen) Familienstrukturen, die durch starke Bande zwischen den Generationen zusammengehalten wurden, scheint im amerikanischen Umfeld unabwendbar gewesen zu sein, und sie wiederholt sich zwischen 1950 und 1990 bei den Japanern, Koreanern und Chinesen. Innerhalb des Anpassungsprozesses der Einwanderer stellt das Familiensystem jedoch kein passives Element dar. Die menschlichen Gruppen, die die aufnehmende Gesellschaft für assimilierbar hält, werden auch alle assimiliert (Prinzip der Allmacht); gleichwohl verläuft dieser Prozeß auf jeweils unterschiedlichen Bahnen – was weitestgehend vom jeweiligen ursprünglichen Familiensystem abhängt. Dem Typus der Stammfamilie entspricht daher häufig eine spezifische Entwicklungslinie: Die starke ethnische Identität führt meist zu einer etwas verzögerten Assimilation, sie geht jedoch Hand in Hand mit einer Assimilation auf relativ hohem Niveau auf der beruflichen und sozialen Skala. Die Stammfamilie zeichnet sich durch zwei grundlegende Charakterzüge aus: den starken Zusammenhalt zwischen den Generationen und die Ungleichheit zwischen den Brüdern. Sie gewährt den Individuen, die den mit der Einwanderung einhergehenden Schock erlebt haben, einen doppelten Schutz: indem sie zum einen für Ausbildung und berufliche Qualifikation, zum anderen für die entsprechende Ideologie sorgt.

Schutz durch Ausbildung und berufliche Qualifikation: Die

Größe und der Zusammenhalt der Familien erleichtern der ersten Generation, die noch außerhalb der USA geboren ist, Tätigkeiten als Kleinunternehmer, so daß sie der Lohnarbeit in der Fabrik entgeht. Der jüdische Schneider in New York, der japanische Gärtner in Kalifornien, der koreanische Gemüsehändler im Osten wie im Westen Amerikas, sie alle entkommen einem Absinken ins Proletariat. Sie gehören noch nicht der Mittelschicht an, aber sie vermeiden eine Integration auf der unteren Gesellschaftsstufe, etwa als einfache Industriearbeiter. Die Tätigkeit als Kleinunternehmer versetzt sie in eine Art Warteposition und ermöglicht ihnen die Anhäufung von Sparguthaben, die wiederum für die Ausbildung der Kinder verwendet werden können. In der zweiten Generation genießen die Kinder, auf amerikanischem Boden geboren und englischsprachig, die Intensität der Eltern-Kind-Beziehung. Das Prinzip des Familienerhalts wird zum Erziehungs- und Ausbildungsprojekt. Die elterliche Fürsorge ermuntert die Kinder und erleichtert ihnen das Lernen, auch wenn die Eltern selbst weit davon entfernt sind, die Sprachen des Aufnahmelandes perfekt zu beherrschen. In einem kulturell offenen System vom amerikanischen Typus resultieren aus dem Zusammenhalt der Stammfamilie die schulischen Erfolge der Kinder, seien sie jüdischen oder japanischen Ursprungs. Auf der Skala des Typus der Stammfamilie weisen die jüdische und die japanische Variante den stärksten Familienzusammenhalt auf. Die Verschiedenheit der Brüder erzeugt nicht ihre Dissoziation, sondern ihre Kooperation, eine generelle Haltung, die sich im traditionellen Umfeld symbolisch in der Heirat zwischen Cousins und Cousinen ersten Grades ausdrückt, also zwischen den Kindern zweier Brüder.[8] Die traditionelle Achtung der jüdischen und

8 Zur traditionellen Praxis der Verwandtenehe in Japan und zu ihrem Verschwinden in jüngerer Zeit siehe beispielsweise Y. Imaizumi und R. Kaneko, »Trends of mate selection in Japan«, in: *Jinko Mondai Kenkyu*, Nr. 173, Januar 1985, S. 1–21, sowie Y. Imaizumi, »Parental consanguinity in two generations in Japan«, in: *Journal of Biosocial Science*, Bd. 20, Nr. 2, April 1988, S. 235–243. Zu den Juden vgl. weiter unten, 10. Kapitel.

der japanischen Kultur vor dem Geschriebenen und der geistigen Tätigkeit sowie eine Familienstruktur, die darauf eingerichtet ist, beruflichen oder kulturellen Erfolg weiterzugeben, führen dazu, daß sich zwischen 1930 und 1950 massenhaft Studenten jüdischer Herkunft, zwischen 1970 und 1990 Studenten japanischen Ursprungs an den amerikanischen Universitäten einschreiben.

Selbständige in den Vereinigten Staaten um 1980

Koreaner	16,5 %	Mexikaner	4,4 %
Japaner	11,1 %	Hawaiianer	3,9 %
Chinesen	9,0 %	Filipinos	3,6 %
»Weiße«	7,4 %	»Schwarze«	3,0 %
Inder	6,6 %		

Quelle: A. Hacker, *Two Nations. Black and White, Separate, Hostile, Unequal*, New York: Charles Scribner's Sons 1992, S. 109.

Die zweite Art des Schutzes, die Ideologie, ergibt sich aus der Anthropologie der Stammfamilie. Das Prinzip der Ungleichheit der Brüder verwandelt sich in die Ungleichwertigkeit der Menschen und der Völker und läßt ein differentialistisches geistiges Universum entstehen. Über die Familie hinaus bietet die ethnische Gruppe als ganze ein gewisses Maß an Zusammenhalt. In der Phase des Übergangs stellt sie sich symbolisch wie praktisch als eine Art schützender Panzer dar. Da die ethnische Zugehörigkeit identitätsstiftend und identitätsstärkend wirkt, hilft sie über individuelle Erniedrigungen hinweg, die aus der Situation des Einwanderers und des Beherrschten hervorgehen. Konkreter gesprochen: Sie schafft eine Sphäre gegenseitigen Beistands, der noch über die erweiterte Familie hinausgeht, der aber auch, dank beruflicher Verbindungen, den ökonomischen Erfolg des Individuums erleichtert.

Wir brauchen hier nicht weiterzugehen, um die sehr effiziente Anpassung sowohl der jüdischen als auch der japanischen Bevölkerung an die amerikanische Gesellschaft nachvollziehen

zu können – trotz der anfänglichen Feindseligkeit der aufnehmenden Gesellschaft gegenüber den zwar weißen, aber nichtchristlichen Juden und trotz der Hysterie gegenüber den nichtweißen Japanern. Diese beiden Entwicklungsprozesse lassen sich besonders einfach analysieren, denn sie finden gegenwärtig oder fanden erst in jüngerer Zeit statt; die Untersuchung weiter zurückliegender Anpassungsprozesse von Stammfamiliensystemen – der deutschen oder schwedischen Protestanten – fördert jedoch bestimmte Gemeinsamkeiten zutage. In einer weitgehend agrarischen Gesellschaft, in der es nur wenige Universitäten gab, gestaltete sich der Verlauf der Integration völlig anders. Aber auch hier kann man häufig, nach einer Phase selbständiger agrarischer oder handwerklicher Tätigkeiten, eine recht erfolgreiche Integration in die Mittelschicht der amerikanischen Gesellschaft beobachten. Das Beispiel der Iren widerspricht zum Teil dieser schematischen Darstellung einer idealen Assimilation, die mit dem System der Stammfamilie einhergeht. Der traditionelle Katholizismus, der die irische Kultur stark geprägt hat, begünstigte schulische und universitäre Leistungen nicht sonderlich – ein regressiver Zug, der bestimmte Schwierigkeiten der betroffenen Bevölkerungsgruppen erklärt. Die Tatsache jedoch, daß viele Iren bei der Polizei, in der amerikanischen katholischen Kirche und im Parteiapparat der Demokraten untergekommen sind, zeugt durchaus von einem gewissen Erfolg, Zugang zur Mittelschicht zu erlangen; dadurch unterscheiden sich die Iren von anderen ethnischen Einwanderergruppen wie den – zu verschiedenen Zeiten eingewanderten – Italienern, Filipinos und Mexikanern, die vom System der Kernfamilie geprägt sind. Zwar passen sich auch die Vertreter dieser individualistischen anthropologischen Systeme an, jedoch verläuft bei ihnen der Prozeß anders, und sie integrieren sich auf einer anderen Stufe der amerikanischen Gesellschaft. Weder das kleine Privatunternehmen noch der Zugang zu höherer Bildung spielen in ihrem Fall eine bedeutende Rolle. Obgleich sie von vornherein der Struktur der amerikanischen Standardfamilie, die ja selbst auf der Kernfamilie

beruht, weit näher stehen, gelingt es ihnen jedoch nur sehr viel langsamer, das Niveau der Mittelschicht zu erreichen. Die ideale Entwicklungslinie ihrer Angleichung an die amerikanische Gesellschaft verläuft so, daß sie zunächst der Welt der Arbeiter angehören oder, allgemeiner, wenig qualifizierte Arbeit leisten.

Es wäre absurd, das geschönte Bild einer Stammfamilie zu entwerfen, die an jedem Ort und zu jeder Zeit dazu in der Lage wäre, eine kulturelle und ökonomische Dynamik in Gang zu setzen. Im Gegenteil, in dem jeweiligen Ursprungsland können die anthropologischen Systeme der Stammfamilie unter gewissen historischen Umständen sehr heftig jegliche Entwicklung blockieren. Zwar sind die vorteilhaften Eigenschaften dieses Modells – die Sorge um die Ausbildung der Kinder, die Fähigkeit, Fachkenntnisse weiterzureichen, und die Zusammenhalt stiftenden beruflichen Beziehungen – dort die gleichen wie in der Situation als Eingewanderte, doch treten ihnen als Gegengewicht spezifische Nachteile entgegen: In einer traditionell geschlossenen Gesellschaft, sei sie bäuerlich oder städtisch, sind die Individuen aufgrund der vielfältigen Bindungen, auf denen das Stammfamiliensystem gründet, sehr eng miteinander verknüpft, und dies führt mitunter dazu, daß jeglicher Unternehmergeist lahmgelegt wird. Ein soziales System, das sich nur aus stark integrierten Familien zusammensetzt, kann sich durch ein Übermaß an Zusammenhalt blockieren, und manchmal versinkt es in einem hartgesottenen Konservativismus. Wenn die Stammfamilie, wie in Irland, auch noch mit dem Katholizismus verbunden ist, so erweist sie sich möglicherweise als ein enormes Hindernis für die Modernisierung. Und selbst in einer Gesellschaft, die wie Deutschland zu zwei Dritteln protestantisch ist, kann sie durch ein Übermaß an Integration und Kontinuität eine sozioökonomische Lähmung erzeugen. So hat sich Deutschland bis in die siebziger Jahre des 19. Jahrhunderts – trotz vollständiger Alphabetisierung – der industriellen Revolution widersetzt: Seine Bauern, seine Handwerker und sein Adel lehnten die von der Fabrik und der modernen Stadt verursachte Entwurzelung ab. Wenn die Stamm-

familie aber als Minderheit in eine individualistische und mobile Gesellschaft amerikanischen Typs versetzt wird, befreit sie sich von ihren eigenen negativen Implikationen. Sie setzt ein enormes dynamisches Potential frei. Die sehr gut ausgebildeten Kinder können die Tradition ablegen. Sie können Unternehmer, Mediziner oder Hochschullehrer werden. Umgeben von absoluten Kernfamilien des angelsächsischen Typus, die ihre Kinder kaum über die Pubertät hinaus unterstützen, haben diejenigen Einwandererkinder, die aus einer Stammfamilie kommen, sogar gewisse Vorteile gegenüber der Mehrheit der Bevölkerung. Daher beispielsweise die Schwierigkeiten der WASP (White Anglo-Saxon Protestants), sich in verschiedenen Phasen des 20. Jahrhunderts gegenüber der jüdischen oder der japanischen Universitätskonkurrenz zu behaupten. Dieser Vorteil besteht nicht ewig, da sich das Stammfamiliensystem in diesem Prozeß selbst zerstört. Bereits innerhalb der dritten Generation weisen die Familiendisziplin und die Ausbildungstradition der Ursprungskultur Risse auf. Die vierte Generation gleicht sich dann ganz den amerikanischen Sitten der Mehrheit an.

Das anthropologische Stammfamiliensystem bringt eine paradoxe Entwicklungslinie der Assimilation hervor. Anfangs erzeugt es einen starken Zusammenhalt innerhalb der ethnischen Gruppe, der die Assimilierung in die aufnehmende Gesellschaft gewissermaßen bremst. Aber da es den Individuen im ökonomischen und schulischen Wettbewerb einige Vorteile bietet, sichert es ihnen einen beruflichen und sozialen Aufstieg. Wenn sich schließlich das Familiensystem in seiner Umgebung auflöst, weil die traditionelle Eltern-Kind-Bindung verblaßt und weil mittlerweile matrimonialer Tausch stattfindet, nehmen die Individuen bereits einen guten Platz in der sozioökonomischen Schichtung ein, und ihre Anpassung an die Aufnahmegesellschaft scheint augenblicklich perfekt. Der kulturelle Widerstand erzeugt somit eine verspätete, aber um so perfektere Assimilation.

Die Verschmelzung der weißen Nationen

Die kulturelle Anpassung der eingewanderten weißen Bevölkerungsgruppen geht der Verschmelzung durch Heirat voraus. Alle Gruppen europäischen Ursprungs betreten, eine nach der anderen, ein einheitliches matrimoniales Universum. Die Protestanten sind die ersten, die mit den Angelsachsen, von denen sie kein religiöser Unterschied trennt, in matrimonialen Tausch treten. Es folgen die katholischen Deutschen, Iren, Polen und Italiener, deren religiöse Besonderheit nach und nach verblaßt. Schließlich sind auch die Juden an der Reihe, auch sie gehen in der amerikanischen Gesellschaft auf, obgleich ihr traditionelles anthropologisches System Endogamie bevorzugt, das heißt die Verheiratung innerhalb der religiösen Gruppe, manchmal sogar innerhalb der Verwandtschaftsgruppe.[9]

Bis etwa 1965 hat sich die jüdische Endogamie in den Vereinigten Staaten gut behaupten können; zu dieser Zeit waren lediglich 11 % aller jüdisch geborenen Individuen mit einer Person verheiratet, die nicht der jüdischen Religion angehörte. Aber die Exogamierate steigt zwischen 1965 und 1974 auf 31 % der Verheirateten und zwischen 1985 und 1990 auf 57 % der Heiraten pro Jahr.[10] Die Rate der exogamen Ehen in der jüdischen Bevölkerung steigt mit dem Bildungsniveau und erreicht ihren höchsten Wert bei Individuen mit Universitätsausbildung. Die Schicht der Handarbeiter und der Handwerker bleibt relativ konservativ. Die Zunahme der Exogamie folgt also dem Aufstieg der Gruppe in der sozioprofessionellen Schichtung Amerikas.[11] Aufgrund des Ausmaßes der Vermischung von jüdischer und nicht-jüdischer Bevölkerung kann

9 Zur traditionellen jüdischen Endogamie vgl. weiter unten, 10. Kapitel.

10 Vgl. S. Goldstein, »Profile of American Jewry: Insights from the 1990 National Jewish Population Survey«, New York: North American Jewish Data Bank, *Occasional Papers*, Nr. 6, Mai 1993, S. 126 ff.

11 Vgl. P. R. Spickard, *Mixed Blood: Intermarriage and Ethnic Identity in Twentieth Century America*, Madison: The University Wisconsin Press 1989, S. 200–203.

man sich indirekt *a minima* eine Vorstellung davon machen, wie die Vermischung zwischen den diversen christlichen Bevölkerungsgruppen untereinander ausgesehen haben mag: Die Katholiken und Protestanten, die Angelsachsen, die Iren, die Polen, die Italiener und die Deutschen – sie alle nähern sich einer völligen, alle Unterschiede beseitigenden Vermischung.

Gegenwärtig geht die allgemeine Tendenz dahin, daß der Assimilationsprozeß durch Heirat eine letzte Beschleunigung erfährt. Eine vor noch nicht allzu langer Zeit erschienene Studie, die auf die Daten der Volkszählung von 1960 zurückgreift, vergleicht drei Generationen miteinander – diejenige, die vor 1930 heiratete, jene, die zwischen 1930 und 1945, und die, die zwischen 1945 und 1960 sich verehelichte; die Studie weist nach, daß mit der Zeit die Rate der exogamen Ehen in der zweiten Generation, in der Generation der Einwandererkinder, ansteigt. Diese Beschleunigung läßt sich bei allen Gruppen, jüdischen oder nicht-jüdischen, beobachten – außer bei den Iren.[12] Vor diesem Hintergrund nimmt sich die Untersuchung der ethnischen Herkunft, wie sie die amerikanische Volkszählung vorsieht, als ein irreales Unterfangen aus, denn die Mehrheit der Individuen ist vielfachen Ursprungs.[13]

Einwanderung und Fortbestehen der anthropologischen Homogenität

Der Zustrom von kulturell sehr verschiedenen Bevölkerungsgruppen in die Vereinigten Staaten – von Gruppen, die sich hinsichtlich der Familienorganisation wie auch hinsichtlich der

12 Vgl. M. Kalmijn, »Spouse selection among the children of European immigrants: a comparison of marriage cohorts in the 1960 census«, in: *International Migration Review*, Bd. 27, Nr. 1, Frühjahr 1993, S. 51–78.

13 Eine Untersuchung zum Begriff des vielfachen Ursprungs [*multiple ancestry*] in der Volkszählung von 1980 siehe das Buch von M. C. Waters, *Ethnic Options. Choosing Identities in America*, Berkeley/Los Angeles: University of California Press 1990.

religiösen Tradition unterscheiden – hat also nicht verhindert, daß sich eine recht homogene Gesellschaft entwickelte. Die Beseitigung der Unterschiede geht weit über die sprachliche Assimilation hinaus. Die nicht-individualistischen oder egalitären Familiensysteme sind nach einigen Generationen zerstört. Die religiösen Glaubensüberzeugungen zerbröseln unterderhand. Diese Homogenisierung nimmt sich um so erstaunlicher aus, als der ursprünglich englische anthropologische Code überhaupt nicht universalistisch war und die *apriorische* Existenz eines universalen Menschen nicht kannte. Einzig die Idee der Freiheit rechtfertigt auf ideologischem Gebiet die Öffnung der Neuen Welt gegenüber den diversen Kategorien von Europäern. Wie konnten die Iren, die Deutschen, die Skandinavier, die Italiener und die Juden den Nachkommen der Gründerväter als gleich erscheinen? Aufgrund des gleichen Mechanismus, der es ermöglichte, daß zwischen 1630 und 1840 sich die Demokratie ausbreitete, ohne daß in den anthropologischen Grund ein Gleichheitsprinzip eingeschrieben gewesen wäre. Die Verschiedenheit der Schwarzen hatte die Unterschiede zwischen den sozialen Klassen in Vergessenheit geraten lassen, und in der Folge ist sie es auch, die die familiären und religiösen Unterschiede, die die weißen Emigranten mit ins Land brachten, zu beseitigen hilft. Kurz, die Segregration der Schwarzen ermöglicht die Assimilation der Weißen.

4
Die Segregation der Schwarzen in den Vereinigten Staaten

Was die Ablehnung einer Ehe zwischen Weißen und Schwarzen anbetrifft, hat sich in Amerika seit seiner Gründung kaum etwas geändert. Zwar änderte sich im Laufe der Zeit in den einzelnen Staaten das Ausmaß, in dem Mischehen offiziell verboten waren; in der Praxis jedoch blieb der Prozentsatz der Mischehen gleichermaßen niedrig. Nach dem Zweiten Weltkrieg wurden schrittweise jene Rechtsvorschriften abgeschafft, die die Eheschließung zwischen Individuen untersagten, die man als Angehörige verschiedener Rassen kategorisiert hatte; und im Juni 1967 erklärte der Supreme Court derartige Rechtsvorschriften grundsätzlich für verfassungswidrig. Doch noch immer bleibt der Prozentsatz der Mischehen sehr niedrig, auch wenn in den letzten zwanzig Jahren ein leichter Anstieg zu verzeichnen ist. Im Jahr 1992 waren 95,4 % aller schwarzen amerikanischen Männer und 97,7 % aller schwarzen amerikanischen Frauen endogam, das heißt innerhalb ihrer Rasse verheiratet.[1] Wenn man die Perspektive wechselt, erhält man eine Exogamierate von 4,6 % bei den schwarzen Männern und von lediglich 2,3 % bei den schwarzen Frauen. *Eine der grundlegendsten Eigenheiten der amerikanischen Endogamie liegt in der Asymmetrie begründet, die vor allem die Heirat mit einer schwarzen Frau aufs allerstrengste untersagt.* An manchen Or-

1 Vgl. *Household and Family Characteristics. Current Population Reports*, hg. von Bureau of the Census, Serie P-20, Nr. 366, März 1980, und Nr. 467, März 1992.

ten und zu manchen Zeiten kann man einen signifikanten Anstieg bei der Anzahl der schwarzen Männer verzeichnen, die eine weiße Frau heiraten, er kann sogar – bei den Männern dieser Rasse – bis zu einer Exogamierate von über 10 % führen. Aber solche Höchstwerte ändern nichts an dem strengen Tabu, das auf der Heirat zwischen einem weißen Mann und einer schwarzen Frau lastet. So erreichte in Boston, einem der Zentren des Kampfes gegen die Sklaverei, zwischen 1900 und 1904 der Prozentsatz der schwarzen Männer, die eine weiße Frau heirateten, 13,7; aber die Exogamierate der schwarzen Frauen schien bei 1,1 % eingefroren zu sein.[2] In der Zeit von 1914 bis 1938 sinkt der Prozentsatz der schwarzen Männer, die aus der Rassenendogamie ausbrechen, wieder auf 3,2, der der schwarzen Frauen auf 0,7. Das Verbot, das der stigmatisierten Gruppe gilt, wird zeitweise für den Mann etwas gelockert, das auf der Frau lastende jedoch jederzeit eingehalten; derartige asymmetrische Schwankungen treten in den Vereinigten Staaten auch heute noch auf, besonders deutlich in einer der liberalsten der amerikanischen Regionalgesellschaften – in Kalifornien. Laut der Volkszählung von 1980 lebten dort 10 % der schwarzen Männer, aber nur 3 % der schwarzen Frauen mit einem Partner (resp. einer Partnerin) zusammen, der (die) einer anderen – in der überwiegenden Mehrheit der Fälle: der weißen – Rasse angehörte.[3] Diese statistischen Daten weisen auch darauf hin, daß die Endogamie gegenüber der Frau der Paria-Gruppe mit immenser Rigidität durchgesetzt wird, während man dem Mann einen gewissen Spielraum zugesteht – der allerdings nicht überschätzt werden sollte. Der Anstieg der Exogamierate unter den schwarzen Männern – sei es um 1980 in Los Angeles oder um 1900 in Boston – stellt allemal ein zeitlich begrenztes Phänomen dar. Eine detaillierte Studie über den Bezirk von Los Angeles zeigt, daß es sich bei den exogamen schwarzen Männer

2 Vgl. D. H. Heer, »Negro-White marriage in the United States«, in: *Journal of Marriage and the Family*, August 1966, S. 262–273.

3 Vgl. R. M. Jiobu, *Ethnicity and Assimilation*, a. a. O., S. 161.

zumeist um Personen handelt, die kürzlich erst den Wohnsitz gewechselt haben und die entweder aus dem Osten Amerikas oder aus dem Ausland gekommen sind. Der relativ hohe Prozentsatz betrifft also nicht *den* männlichen Anteil der schwarzen Bevölkerung, der sich schon seit langem dort niedergelassen hat – was nahelegt, daß die Risse in der Rassenendogamie lediglich ein vorübergehendes, mit der Mobilität zusammenhängendes Phänomen darstellen und daß ihnen eine neuerliche Abschottung folgen wird.[4] Immerhin gibt es eine gewisse, meist lokal und zeitlich begrenzte Durchlässigkeit, die den Männern zugute kommt – ein Phänomen, das sich bei den Frauen nicht beobachten läßt.

Selbstbildnis der Vereinigten Staaten, unterschieden nach Rassen
Die amerikanische Bevölkerung nach der Volkszählung von 1990 (in Tausend)

Bevölkerung der Vereinigten Staaten	248 710
Weiße	199 686
Schwarze	29 986
Indianer aus Amerika, Eskimos und Bewohner der Aleuten	1 959
Asiaten und Bewohner der Pazifikinseln	7 274
Personen hispanischer Herkunft	22 354
Personen nicht-hispanischer Herkunft*	226 356

* Die Individuen nicht-hispanischer Herkunft können jeder beliebigen Rasse angehören.

Was die schwarzen Amerikaner anbetrifft, die eine weiße Amerikanerin heiraten, so wird zwischen 1970 und 1992 für ganz Amerika ein Anwachsen des Prozentsatzes von 1,2 auf 4,6

4 Vgl. M. B. Tucker und C. Mitchell-Kernan, »New trends in Black American interracial marriage: the social structural context«, in: *Journal of Marriage and the Family*, Februar 1990, S. 209–218, insbesondere S. 214.

verzeichnet. Indessen bleibt die Asymmetrie beim matrimonialen Tausch bestehen. Der leichte prozentuale Anstieg von 0,7 % auf 2,3 % bei den schwarzen Frauen, die mit einem weißen Mann zusammenleben, ist – bedenkt man den Niedergang der Ehen und der Paarbindungen in der schwarzen Gemeinde – lediglich eine von der Statistik erzeugte Illusion. Wenn man sich daran hält, die Individuen nur in schwarz und weiß einzuteilen, ohne andere Kategorien von Rasse zu berücksichtigen, so steigt im Jahr 1971 die Zahl der schwarzen Frauen, die mit einem weißen Mann verheiratet sind, um 24 000 auf 3 324 000 und im Jahre 1993 um 83 000 auf 3 598 000. Diese Veränderung versperrt jedoch die Sicht auf das entscheidende Phänomen dieser Epoche: den enormen Anstieg des Prozentsatzes schwarzer Amerikanerinnen, die überhaupt keinen Ehemann haben – weder einen schwarzen noch einen weißen. Wenn man einmal die Gesamtzahl der verheirateten und der alleinstehenden Frauen betrachtet, so kann man ein weit realistischeres Bild vom ehelichen Schicksal der schwarzen Amerikanerinnen erhalten. Im Jahr 1970 haben 70,5 % einen schwarzen Partner, 29 % sind ledige Mütter, und 0,5 % leben mit einem weißen Amerikaner zusammen. Im Jahr 1992 haben 48,9 % einen schwarzen Partner, 49,8 % sind ledige Mütter, und 1,2 % leben mit einem weißen Amerikaner zusammen. Diese bei 1,2 % liegende Exogamierate der schwarzen Frauen ist außerordentlich niedrig; und sie markiert zugleich eine der undurchlässigsten Endogamiegrenzen, die hier in diesem Buch betrachtet werden. Man kann sie lediglich noch mit der Endogamie der türkischen Frauen in Deutschland oder mit der Endogamie der europäischen Männer und Frauen in Algerien zur Zeit der Kolonialherrschaft vergleichen. Die Weigerung einer herrschenden Gruppe, in diesem Falle der weißen Amerikaner, eine Frau aus der beherrschten Gruppe, hier also eine schwarze Amerikanerin, zu nehmen, stellt wahrscheinlich den denkbar besten Indikator für impliziten Differentialismus dar.

Der Familienstand der schwarzen Frauen in den Vereinigten Staaten

Familienstand	*1970*		*1980*		*1992*	
	Tsd	%	Tsd	%	Tsd	%
mit einem Schwarzen verheiratet	3300	70,5	3277	56,2	3515	48,9
mit einem Weißen verheiratet	24	0,5	46	0,8	83	1,2
mit »anderen« verheiratet	–	–	14	0,2	10	0,1
ledige Mütter	1358	29,0	2495	42,8	3582	49,8
Summe	4682	100	5832	100	7190	100
mit einem *Hispanic* verheiratet			53		80	

Quelle: *Household and Family Characterstics*, hg. vom Bureau of the Census, März 1980 und März 1991.

Die Asiatinnen werden weiß

Die Rassenstruktur der amerikanischen Gesellschaft darf nicht so betrachtet werden, als habe es seit eh und je lediglich die Dichotomie von Schwarzen und Weißen gegeben. Zwischen dem 17. und dem 19. Jahrhundert sind die Indianer, ebenso wie die Schwarzen und manchmal noch stärker als diese, das Objekt einer nahezu absoluten matrimonialen Segregation. Als Tocqueville »die drei Rassen in den Vereinigten Staaten« untersuchte, beschrieb er ein dreigeteiltes System, in dem die Schwarzen noch nicht all das abdeckten, wessen die Angelsachsen *a priori* bedurften, um unterschiedliche menschliche Wesenheiten wahrzunehmen. An den Chinesen, die in den Jahren zwischen 1870 und 1882 an der Westküste landen, um dort für

den Eisenbahnbau eingesetzt zu werden, macht sich regional die Wahrnehmung des Rassenunterschiedes fest – in Ermangelung einer ausreichend zahlreichen schwarzen Bevölkerung, die diese Funktion erfüllen könnte. Von 1882 an verbietet man ihre Einwanderung. Aber während der ganzen achtziger Jahre des 19. Jahrhunderts sind die chinesischen Gemeinden das Opfer regelrechter Pogrome. Die Chinesen stellen das Objekt einer rigorosen Ausgrenzung, einer Ausgrenzung, die wesentlich auf der Phobie vor Eheschließungen zwischen den Rassen basiert. Gegen die Chinesen werden die Gesetze angewandt, die die Vermischung der Rassen (*miscegenation*) verbieten. Kalifornien, in vorderster Front, unternimmt besondere gesetzliche Anstrengungen, um Mischehen zwischen Weißen und Asiaten zu verhindern. Im Jahre 1907 erläßt der Kongreß seinerseits ein Gesetz, dem zufolge jede amerikanische Frau, die einen Ausländer heiratet (und lediglich die Asiaten gelten als wirkliche Ausländer, die es auch weiterhin bleiben müssen, denn die Einbürgerung wird ihnen noch immer verwehrt), automatisch die amerikanische Staatsbürgerschaft verwirkt und statt dessen die ihres Mannes annehmen muß.[5] Nicht anders ergeht es den Japanern, die wenig später auf die Chinesen folgen. Die Wahrnehmung rassischer Unterschiede erreicht ihren Höhepunkt und erschüttert sogar die Definition dessen, was ein Weißer ist. So zögern die amerikanischen Bürger zu Beginn des 20. Jahrhunderts beispielsweise, die ersten Italiener, die sich an der Ostküste niederlassen, als »weiß« einzustufen.[6]

Während der Jahrzehnte, die auf den Zweiten Weltkrieg folgen, ändert die ihrem Ursprung nach europäische Bevölkerung offensichtlich ihr Verhalten gegenüber Indianern und Asiaten: Der Begriff der roten und der gelben Rasse verschwin-

5 Vgl. L. H. Fuchs, *The American Kaleidoscope*, a. a. O., S. 115. Dieses Gesetz wurde 1922 zwar außer Kraft gesetzt, es scheint jedoch bis 1931 immer noch angewandt worden zu sein.

6 Vgl. M. C. Waters, *Ethnic Options. Choosing Identities in America*, a. a. O., S. 76.

det – theoretisch wie praktisch.[7] Die Nachkommen der Rothäute, deren Anzahl sich laut der Volkszählung von 1990 auf 1,9 Millionen beläuft, werden nun zu vollwertigen Mitgliedern der amerikanischen Gemeinschaft umdefiniert: 54 % der Frauen indianischen Ursprungs sind mittlerweile mit weißen Männern verheiratet.[8] Was die Quantität anbetrifft, so ist die Anerkennung der Asiaten ein noch imposanteres Phänomen. Ihre Einwanderung nimmt ständig zu. Zwischen 1960 und 1990 lassen sich 825 000 chinesische, 650 000 koreanische, 950 000 philippinische, 130 000 japanische und 530 000 vietnamesische Einwanderer in den Vereinigten Staaten nieder.[9] Die entsprechenden ethnischen Gruppen erhalten Zutritt zum matrimonialen Universum des weißen Amerika: Im Jahr 1980 liegt in Kalifornien die Rate von Mischehen in den asiatischen Bevölkerungsgruppen überall über 10 %, außer im Falle der koreanischen und der vietnamesischen Männer. Die prozentualen Unterschiede zwischen den verschiedenen Gruppen hängen zum Teil mit den unterschiedlichen Zeitpunkten ihrer Ansiedlung zusammen – die höchsten Quoten korrespondieren mit der am weitesten zurückliegenden, die niedrigsten Quoten mit der erst kürzlich vollzogenen Einwanderung. Bei den Vietnamesen, die zum überwiegenden Teil nach dem Debakel von 1975 in den USA eingetroffen sind, beläuft sich die Exogamierate der Männer auf lediglich 4 %, die der Frauen jedoch schon auf 19 %. Die Japaner, deren Einwanderung insgesamt bereits am längsten zurückliegt, haben mit 17 % exogamen Ehen bei den Männern und 36 % bei den Frauen bereits jenes Stadium erreicht, in dem sie als Gruppe in der zentralen amerikanischen Gesellschaft aufgehen. Die aufgeschlüsselten Daten, die die Ehen der Amerikaner japanischen Ursprungs zu dem kulturellen Niveau in Korrelation setzen, legen den Gedanken nahe,

7 Ich benutze absichtlich eine archaische Klassifikation. Die Indianer stammen in Wirklichkeit selbst von asiatischen Völkern ab.

8 Vgl. M. B. Tucker und C. Mitchell-Kernan, »New trend in Black American interracial marriage: the social structural context«, a. a. O., S. 209.

9 Vgl. *Statistical Abstract of the United States* 1992, S. 11.

daß die Mechanismen, die zur Auflösung der Gruppe durch Exogamie führen, denjenigen der jüdischen Bevölkerung sehr ähnlich sind: Die Häufigkeit gemischter Paare nimmt in der Regel mit dem Bildungsniveau zu; bei Personen, die eine Hochschulausbildung absolviert haben, ist die Rate der Mischehen am höchsten.[10] Anders als man bei den Schwarzen feststellen kann, liegt bei allen asiatischen Gruppen die Exogamierate der Frauen höher als die der Männer. Der Niedergang des impliziten Differentialismus zeigt sich in dem Bestreben der herrschenden Bevölkerungsgruppe, eher von der minoritären Gruppe Frauen zu nehmen, als ihr welche zu überlassen.

Prozentsatz der Personen, die sich außerhalb ihrer ethnischen Gruppe oder Rasse verheiratet haben: Kalifornien 1980

	Männer	*Frauen*
Japaner	17	36
Koreaner	6	27
Filipinos	20	27
Mexikaner	18	22
Vietnamesen	4	19
Chinesen	11	14
Schwarze	10	3

Quelle: R. M. Jiobu, *Ethnicity and Assimilation*, New York: SUNY Press 1988, S. 161, nach einem Sample aus der Volkszählung von 1980.

Die Rassenvorstellungen in Amerika sind demnach keineswegs beständig. Zunächst hatte der Differentialismus mehrere Rassen für tabu erklärt, die mit konventionellen Farben bezeichnet

10 Vgl. P. R. Spickard, *Mixed Blood: Intermarriage and Ethnic Identity in Twentieth Century America*, a. a. O., S. 88. Dieses Buch, das die exogamen Ehen bei der japanischen, der jüdischen und der amerikanischen Bevölkerung in den Vereinigten Staaten untersucht, weist starke Parallelen zwischen der Assimilation der Japaner und der Juden nach.

wurden: Rot, Schwarz, Gelb. Die neuere Entwicklung in den Verhaltensweisen läßt nun bestimmte Gruppen als akzeptabel erscheinen, wobei quantitativ das »Gelb« am wichtigsten ist, zumal gegenwärtig die Einwanderung aus Asien wieder zunimmt. Aber in symbolischer Hinsicht noch bedeutungsvoller ist es, daß die Isolierung der Indianer aufgesprengt wurde. Nach der Assimilation der Rothäute, die dem amerikanischen Differentialismus am längsten als Zielscheibe dienten, tragen seither als einzige Bevölkerungsgruppe die Schwarzen das Zeichen der Differenz.

Von der Sklaverei zur Segregation

Die Untersuchung der objektiven anthropologischen Daten, insbesondere der Mischehenrate, erweckt den Anschein, als wäre die Einstellung Amerikas gegenüber der schwarzen Bevölkerung recht gleichförmig; zwar lassen sich einige Schwankungen verzeichnen, die Mechanismen der Segregation als solche stellen sie jedoch nicht in Frage. Im Gegensatz dazu bringt die Untersuchung des politischen und ideologischen Lebens Amerikas zwischen 1776 und 1994 zwei große Reformwellen zum Vorschein. In den Jahren 1830 bis 1840 beginnen die Debatten über die Sklaverei, die schließlich zum Bürgerkrieg und zur Emanzipation im Jahre 1863 führen. Mit Erstaunen kann man feststellen, daß just um 1830 herum, also in dem Moment, in dem sich die Demokratie der Weißen konsolidiert hat, die Sklaverei in Frage gestellt wird – als wäre das Prinzip der Gleichheit – wie im Modell Myrdals – bestrebt gewesen, sich sozusagen nach dem Prinzip der Trägheit der Masse von der Sphäre der weißen auf die Sphäre der nicht-weißen Bevölkerung auszudehnen, als wären die demokratischen Forderungen in die Forderungen nach Abschaffung der Sklaverei übergegangen. Der gesellschaftliche Wiederaufbau, der auf den Bürgerkrieg folgt, macht jedoch die emanzipierten Schwarzen keineswegs zu normalen Bürgern. Die Weißen im Süden

gewinnen sehr rasch wieder die Kontrolle über ihre Gesellschaft und sorgen für eine segregationistische Gesetzgebung: In juristischer Hinsicht sind die Schwarzen zwar befreit, faktisch jedoch sind sie des Wahlrechts beraubt und von den Bildungsinstitutionen der Weißen ausgeschlossen. Aber der bedeutsamste Trend der Jahre zwischen 1863 und 1900 dürfte darin liegen, daß in dem Moment, in dem die Schwarzen das Recht auf Freizügigkeit haben und zu den Industriestandorten im Norden auswandern, sich nun *im abolitionistischen Teil* des Landes separatistische Einstellungen entwickeln. Nachdem die Einwohner des unionistischen Nordens für die Emanzipation der Schwarzen im Süden gesorgt und ihnen grundsätzlich das Menschsein bescheinigt haben, ertragen sie nur schlecht die Einwanderung der ehemaligen Sklaven in ihre industrielle Welt. Sie verweigern jeglichen Kontakt und lassen die Entstehung von Ghettos unvermeidlich werden. Der abstrakte Schwarze im Süden war ein Mensch. Der konkrete Schwarze im Norden jedoch fällt, auch wenn er Arbeiter und frei ist, nicht unter die Kategorie »universaler Mensch«. Dieser erste Emanzipationsversuch der Schwarzen bringt einen Konflikt zwischen einer *bewußt universalistischen* und einer *unbewußt differentialistischen Schicht* in der amerikanischen Mentalität zum Vorschein. Auf der bewußten Ebene funktioniert eine egalitäre Dynamik, aber sie scheitert an einem festgefügten Bündel unbewußter Einstellungen. Zwischen 1880 und 1920 übernimmt das Unbewußte wieder die Kontrolle über das Bewußte, denn die herrschenden politischen Theorien legitimieren aufs neue eine nach Rassen differenzierte Vorstellung der Gesellschaft: Im Jahre 1896 erklärt eine Entscheidung des Supreme Court (Plessy gegen Ferguson) – auf nationaler und nicht etwa nur auf südstaatlicher Ebene – offiziell die Idee für rechtsgültig, der zufolge es zwei *getrennte, aber gleichwertige* Gemeinschaften gibt. Heute würde man dies als *Apartheid* bezeichnen.

Ich will mich über das Scheitern des ersten Emanzipationsversuchs der amerikanischen Schwarzen nicht allzusehr auslas-

sen – nicht weil er schon zu lange zurückläge, sondern weil die egalitären Ziele der Politiker des Nordens zu keiner Zeit sehr entschieden und reflektiert gewesen sind. Noch im Jahre 1858, in einem berühmten Streitgespräch mit Douglas, scheint Lincoln – und vorsichtiger kann man es kaum formulieren – von der Gleichartigkeit der menschlichen Gattung keineswegs sehr überzeugt gewesen zu sein: »Ich bin und ich war niemals ein Verfechter der Idee, daß die soziale und politische Gleichheit zwischen der weißen und der schwarzen Rasse – in welcher Weise auch immer – herbeigeführt werden müsse; ich bin und ich war niemals ein Verfechter der Idee, daß man die Schwarzen zu Wählern oder Geschworenen machen solle. [...] Ich füge hinzu, daß es einen physischen Unterschied zwischen der weißen und der schwarzen Rasse gibt, der es meines Erachtens immer verbieten wird, daß die beiden Rassen in sozialer und politischer Gleichheit zusammen leben werden.«[11] Allgemeiner gesagt legt die Bevölkerung des Nordens, noch vor der Emanzipation der Schwarzen, ein Gefühl der Angst und des Hasses an den Tag, das man als veritable *Negrophobie* bezeichnen muß und das sich in direkten physischen Attacken niederschlägt. Seit dem Ende der zwanziger Jahre des 19. Jahrhunderts setzt im Norden, obwohl es dort zu dieser Zeit noch kaum Schwarze gibt, eine Serie von Pogromen ein. Im Jahr 1829 führt ein Angriff auf das Schwarzenviertel in Cincinnati dazu, daß die Hälfte seiner Bewohner in Richtung Kanada flüchtet. Und obwohl Philadelphia das Zentrum der abolitionistischen Quäker ist, werden dort während der zwei folgenden Jahrzehnte die meisten Aggressionen gegen Schwarze verzeichnet.[12] Der Haß auf die Sklaverei, der in den Jahren vor dem Bürgerkrieg im Norden wirklich vorhanden ist, stützt sich, wenn man einmal von einem Kreis militanter Abolitionisten

11 Zitiert nach P. L. van den Berghe, *Race and Racism. A Comparative Perspective*, a. a. O., S. 79.

12 Vgl. H. Roger, »Conclusion and overview«, in: J. D. Klier und S. Lambroza (Hg.), *Pogroms. Anti-Jewish Violence in Modern Russian History*, Cambridge: Cambridge University Press 1992, S. 314–372, vor allem S. 352 f.

absieht, offenbar nicht auf den Glauben an die Gleichheit der Schwarzen. Mögen auch noch so viele Einwohner von New York, Boston oder Philadelphia es abgelehnt haben, von den neuen Staaten im Westen die Institution der Sklaverei zu übernehmen, allemal ging es ihnen jedoch darum, die Verbreitung der schwarzen Bevölkerung quer durch die Vereinigten Staaten zu verhindern.

Ohne die humanitären Gefühle der überzeugtesten Abolitionisten anzweifeln zu wollen, so hat man doch manchmal den Eindruck, daß die Bevölkerung des Nordens vor allem deshalb gegen die Sklaverei protestiert, weil diese die Anwesenheit der Schwarzen überhaupt erst ermöglicht und weil sie zu einer sehr engen Interaktion zwischen Schwarzen und Weißen führt. Den Abolitionisten zufolge besteht das Unrecht der Sklaverei darin, die sexuelle Ausbeutung der schwarzen Sklaven durch die weißen Herren zu fördern. Bewußt beruft sich dieses Argument auf das universalistische Prinzip, dem zufolge auch der Schwarze das Recht auf Achtung hat. Unbewußt drückt sich darin jedoch die differentialistische Ablehnung sexueller Kontakte zwischen der schwarzen und der weißen Bevölkerung aus. Im Sklavensystem der Südstaaten verband sich die Ablehnung von Mischehen mit der Toleranz gegenüber sexuellen Beziehungen zwischen weißen Herren und schwarzen Sklavinnen. Selbstverständlich erwuchsen aus diesen sexuellen Beziehungen Mischlingskinder, die von ihren Vätern nicht anerkannt und von dem amerikanischen Begriffssystem automatisch als »schwarz« eingestuft wurden. Ein erstes Paradox in der Geschichte des Verhältnisses der amerikanischen Rassen untereinander besteht demnach darin, daß die Abschaffung der Sklaverei, indem sie die Plantagenwirtschaft zerstörte, zum ersten Mal in der Geschichte des Kontinents eine radikale, das heißt eine sexuelle und genetische Trennung zwischen der »schwarzen« und der »weißen« Bevölkerung schuf.

Das Scheitern des – in seinem Egalitarismus unentschlossenen und widersprüchlichen – Abolitionismus in den Jahren 1840 bis 1880 liefert somit demjenigen, der die Konfronta-

tion bewußter und unbewußter Rassenvorstellungen im ideologischen Leben Amerikas untersuchen möchte, keinen überzeugenden Befund. Hingegen ist jene für die Gleichheit der Schwarzen kämpfende Bewegung, die während des Zweiten Weltkriegs einsetzt, Anfang der sechziger Jahre aufblüht und in den Jahren zwischen 1965 und 1990 letztlich fehlschlägt, in ihrer theoretischen Vollkommenheit geradezu mustergültig.

Das demokratische Gewissen in Aktion: 1940–1990

Die amerikanische Armee, die im Jahre 1944 Westeuropa von der nationalsozialistischen Besatzung befreit, praktiziert systematisch Segregation. Die schwarzen und die weißen Einheiten sind getrennt, und jede militärische Organisation versucht die Trennung der verschiedenen Gruppen aufrechtzuerhalten, ob es sich nun um die Unterbringung, die Freizeitgestaltung oder den Kampf handelt. Die Konfrontation mit dem Nationalsozialismus, dem monströsen Produkt einer anderen rassistischen Vorstellung vom sozialen Leben, löst in den Vereinigten Staaten jedoch eine Welle universalistischer Gefühle aus. Während des kalten Krieges ermuntert auch die weltweite Konkurrenz mit dem kommunistischen Universalismus die Vereinigten Staaten dazu, einen Schritt über ihre begrenzte Vorstellung von der weißen Gleichheit hinauszugehen. Eine zweite Emanzipationswelle setzt ein, diesmal eine, die vollkommen kohärent zu sein scheint – insbesondere dank der Untersuchungen Gunnar Myrdals zur Schwarzenfrage. Myrdal präsentiert deren bürgerliche Gleichheit, als handele es sich um ein Ziel, das logisch aus dem amerikanischen Glauben an die Demokratie hervorgeht. Von Lincolns Zaudern vor dem Begriff der menschlichen Gleichheit sind wir nun allerdings bereits weit entfernt. Diejenigen Amerikaner, welcher Hautfarbe auch immer, die für Ausdehnung der Bürgerrechte auf die Schwarzen kämpfen, behaupten explizit und ohne Einschränkungen, daß die Menschen gleich sind und die menschliche

Gattung homogen ist. Ihren ersten wichtigen Erfolg erringen sie zweifellos im Juni 1941, als Präsident Roosevelt per Dekret jegliche Rassendiskriminierung in der Kriegsindustrie und in der staatlichen Administration untersagt. Im Jahre 1948 schafft Präsident Truman die Rassentrennung in der Armee ab. 1954 erklärt der Supreme Court die schulische Rassentrennung für verfassungswidrig und verwirft offiziell die Theorie des »separate but equal«. In den Jahren 1955 und 1956 setzen die Schwarzen von Montgomery in Alabama am Ende eines 381 Tage dauernden Boykotts durch, daß die Rassentrennung in den öffentlichen Verkehrsmitteln beseitigt wird. Zwischen 1956 und 1963 verbreitert sich der Kampf um die Bürgerrechte der Schwarzen; die beiden grundsätzlichen Forderungen sind zum einen der Zugang zu allen Ausbildungsinstitutionen und zum andern das tatsächliche Wahlrecht. Gestützt auf die Meinung der Mehrheit im Lande, ist die Bundesregierung sogar dazu bereit, die Südstaaten zur Aufhebung der Rassentrennung in Politik und Ausbildung zu zwingen – nötigenfalls mit Hilfe der Armee.

Um 1990, nach Anstrengungen von fast dreißig Jahren, nehmen sich die politischen und schulischen Resultate des Kampfes beeindruckend aus. Auch wenn sie insgesamt nicht in dem Umfang repräsentiert sind, der ihrem Anteil an der Bevölkerung entspräche, treten die schwarzen Amerikaner mittlerweile doch immerhin aus dem politischen Nichts hervor. In Städten wie Detroit, Atlanta, Washington, Chicago, Los Angeles, Philadelphia und New Orleans werden schwarze Bürgermeister gewählt. Die Erfolge auf dem Ausbildungssektor sind enorm. Der Prozentsatz von Schwarzen, die eine weiterführende Schulbildung absolviert haben, steigt von 12 % im Jahre 1940 auf 82 % im Jahre 1989; davon nehmen zu diesem Zeitpunkt 12 % an einer vierjährigen oder noch längeren universitären Ausbildung teil, im Gegensatz zu 1,6 % dreißig Jahre zuvor.[13] Ein

13 Vgl. A. Hacker, *Two Nations. Black and White, Separate, Hostile, Unequal*, New York: Charles Scribner's Sons 1992, S. 234.

derartiger Anstieg kann jedoch nicht allein der Aufhebung der schulischen Rassentrennung zugeschrieben werden; er hängt vielmehr mit einer Veränderung zusammen, die sich kontinuierlich durch das ganze Jahrhundert hindurchzieht. Zwischen 1870 und 1930, also zur Zeit der politischen Rassentrennung, steigt der Prozentsatz der alphabetisierten Schwarzen von 20 auf 84.[14] In Wirklichkeit ist es also die Höhe des kulturellen Niveaus der schwarzen Bevölkerung, die – als ein unabhängiges Phänomen – das System der Rassentrennung hat brüchig werden lassen, im Ausbildungs- wie im politischen Sektor.

Eine ganze Serie von Meinungsumfragen ermöglicht es, über einen langen Zeitraum hinweg die Abschwächung der Rassentrennungsdoktrin unter den weißen Amerikanern nachzuvollziehen. Im Jahre 1942 waren nur 32 % von ihnen der Ansicht, daß Schwarze und Weiße die gleichen Schulen besuchen sollten; im Jahre 1982 akzeptieren 90 % das Prinzip der schulischen Integration. Im Jahre 1942 mißbilligten 46 % der Weißen die Rassentrennung in den öffentlichen Verkehrsmitteln, im Jahre 1970 waren es 88 %. 1963 sprachen sich lediglich 38 % der weißen Amerikaner gegen das Gesetz aus, das Mischehen untersagte; im Jahre 1987 waren es 73 %.[15] Mittlerweile lehnen die Weißen auch mehrheitlich die Rechtsvorstellung ab, der zufolge Schwarze in besonderen Wohngebieten gehalten werden dürfen: 59 % waren es 1972, 78 % im Jahre 1989.[16] Auf der bewußten Ebene scheint der Erfolg des Universalismus unaufhaltsam zu sein.

14 Vgl. C. M. Cipolla, *Literacy and Development in the West*, London: Peguin 1969, S. 99.

15 Zu allen diesen Zahlen vgl. H. Schumann, C. Steeh und L. Bobo, *Racial Attitudes in America*, Cambridge (Mass.): Harvard University Press 1988, S. 74 f. und XII f.

16 Vgl. F. W. Wood u. a., *An American Profile – Opinions and Behavior 1972–1989*, Detroit und New York: Gale Research Inc. 1990, S. 479.

Die Reaktion des differentialistischen Unbewußten

Diese Meinungsumfragen erfassen die bewußten Schichten der amerikanischen Geisteshaltungen. Wenn man jedoch von der Meinungsvariablen zu Verhaltensvariablen überwechselt, so bemerkt man, daß die segregationistische Zwangsvorstellung immer noch lebendig ist. Die Ankunft der Schwarzen in den Wohngebieten und Schulen, die bislang Weißen vorbehalten waren, löst noch immer die Flucht ebender weißen Individuen aus, die in ihren Antworten auf Meinungsumfragen dem Prinzip der menschlichen Gleichheit, auch bei physischer Ungleichheit, zustimmen. Die Ghettos bleiben bestehen oder bilden sich in den Zentren der großen Städte neu. Das öffentliche Schulsystem, nunmehr für Schwarze zugänglich, bricht zusammen, weil die Kinder der weißen Mittelschichten zum Schutz vor der Rassenvermischung in Privatschulen geschickt werden. Die weißen und schwarzen Kinder dürfen sich nicht begegnen, nicht als Nachbarn und nicht als Klassenkameraden. Da das Aufkommen jeglicher Vertrautheit faktisch weiterhin verhindert wird, bleiben sich die Jugendlichen auch in Zukunft fremd, unfähig, einander zu heiraten. *Nachbarschaft*, *Schule* und *Heirat* stellen von Natur aus jene anthropologischen Variablen dar, durch deren Kombination das Feld der konkreten zwischenmenschlichen Beziehungen des einzelnen abgesteckt wird. Das Fortbestehen der Ghettos, die Ablehnung der weißen Amerikaner gegenüber einer tatsächlichen Aufhebung der schulischen Rassentrennung und die Stabilität der Rassenendogamie legen den Schluß nahe, daß sich das differentialistische Modell Amerikas auf der Ebene des anthropologischen Systems bis in alle Ewigkeit so fortsetzt. Hierin drückt sich das Unbewußte aus, das Unbewußte, das eben nicht an die Gleichheit der Menschen und die Einheit der menschlichen Gattung glaubt. Zwischen 1940 und 1990 bietet uns die amerikanische Gesellschaft einen erstaunlichen Anblick: den einer kollektiven psychischen Dissoziation, eines Konfliktes zwischen kollektivem Bewußtsein und kollektivem Unbewußten.

Um die Intensität dieses Konflikts richtig einschätzen zu können, muß man sich darüber im klaren sein, daß die beiden Gegner – das Bewußtsein und das Unbewußte – stark sind. Der Kampf um die Bürgerrechte war keineswegs ein Alibi, sondern wirklich ein dramatischer Augenblick in der amerikanischen Geschichte, der eine generelle Umstrukturierung der gesetzgebenden Institutionen und den Einsatz der Bundesarmee nach sich zog. Zur Durchsetzung der sozialen Reform hatte man sich radikale Maßnahmen ausgedacht: So sollten die Schüler mit Hilfe der obligatorischen Schulbusse (*busing*) durcheinandergemischt werden; eine bestimmte Zahl von schwarzen Kindern wurde mit Omnibussen in benachbarte Distrikte mit weißen Schulkindern gebracht. Die weiße Bevölkerung hat dies niemals wirklich akzeptiert; die darauf drangen, waren die rechtsprechenden Autoritäten, und die es durchsetzte, war die Exekutivgewalt. Ähnlich fand auch die *affirmative action* – der Versuch, die Benachteiligung der Schwarzen zu verringern, indem man sie auf beruflichem Gebiet oder beim Studium bevorzugte – niemals wirklich vollen Rückhalt bei der Mehrheit der Bevölkerung, auch wenn dieser Versuch ausführlich erprobt wurde, erst im öffentlichen Dienst, dann in den privaten Unternehmen, die für einen Bundesstaat arbeiten, und schließlich sogar in einem recht großen Teil des rein privatwirtschaftlichen Sektors. Man kann sich kaum gezieltere bewußte Versuche denken, um die Mechanismen der Rassentrennung in einer Gesellschaft zu beseitigen. Die Mobilisierung des demokratischen Gewissens Amerikas war massiv und kostspielig.

Die umgekehrte Mobilmachung des differentialistischen Unbewußten stand dem jedoch in nichts nach. Für die weiße Bevölkerung stellt es gar keine leichte Aufgabe dar, die Rassentrennung an einem bestimmten, konkreten Ort aufrechtzuerhalten. Van den Berghe berührt einen aus soziologischer Sicht wesentlichen Punkt, wenn er die Rassentrennung als monomanische Zeitverschwendung bezeichnet. Der Aufwand an individueller und sozialer Energie, der vergeudet wird, damit die beiden Rassen voneinander getrennt bleiben, ist gewaltig. Wir

müssen uns Millionen von weißen Familien vorstellen, die alle auf der Stelle umzuziehen bereit sind, falls sich einige schwarze Familien in ihrem Wohnviertel niederlassen sollten, und die ebensorasch ihre Kinder aus dem öffentlichen Schulsystem herausnehmen würden, trotz der finanziellen Kosten, die eine solche Entscheidung nach sich zieht. Die Summe dieser millionenfachen familiären Beschlüsse läßt die amerikanischen Städte implodieren; übrig bleiben ihre verlassenen und nur noch für die ghettoisierte schwarze Bevölkerung offenstehenden Zentren. Dieses Unternehmen, das auf der Ebene einer Nation stattfindet, die immerhin einen ganzen Kontinent bevölkert, verdiente es sicherlich, auch ökonomisch analysiert zu werden. Zwar handelt es sich beim amerikanischen Differentialismus um eine mentale Struktur; gleichwohl ist diese durchaus in der Lage, spektakuläre makrosoziologische Effekte zu erzeugen.

Das physische Erscheinungsbild als einzige Determinante

Die Untersuchung der statistischen Daten, die die amerikanischen Schwarzen betreffen, läßt demnach erkennen, daß zwei verschiedene Typen von Parametern nebeneinander existieren, wovon bestimmte konstant und andere variabel sind.

- Die Endogamie sowie die räumliche und die schulische Trennung stecken – von einigen Schwankungen abgesehen – ein recht stabiles anthropologisches Feld ab: Über einen langen Zeitraum hinweg wird die als schwarz klassifizierte amerikanische Bevölkerung von der sich als weiß einstufenden Bevölkerung quasi eingesperrt.
- Das Bildungsniveau, der Zugang zu verschiedenen Berufssparten und die Partizipation an der Politik ermöglichen die Bestimmung einer historischen Entwicklungslinie, auf der die allemal bemerkenswerten Erfolge abgetragen werden können: Im Jahre 1870 waren die schwarzen Amerikaner noch weitgehend Analphabeten, im Jahre 1990 besucht die Mehrheit höhere Schulen. Manche drängen bis zur Universi-

tät, und eine große Zahl schwarzer Politiker wird in wichtige Funktionen gewählt.

Diese beiden Gesichter der Realität werden gewöhnlich zwar wahrgenommen, aber als positive und negative Seiten ein und derselben Bilanz, wobei Indizes der Segregation wie der Assimilation auf der gleichen begrifflichen Ebene auftauchen. Einer solchen Vorstellung gemäß scheint das Amerika der achtziger und neunziger Jahre durch eine Mischung aus Niederlagen und Erfolgen charakterisiert zu sein, wobei die Bilanz für manchen sicher insgesamt positiv, für andere eher negativ ist. Hierbei jedoch handelt es sich um einen Interpretationsfehler. *Parameter wie Stabilität und Mobilität, Assimilation und Segregation sind keine Äquivalente. Sie gleichen einander nicht aus, sondern definieren sich gegenseitig: Der Ausbildungserfolg verändert die Bedeutung der Segregation – in bezug auf die Eheschließungen, auf den Wohnort und auf die Schule.*

Die ursprünglichen schwarzen Bevölkerungsgruppen, die aus dem am wenigsten entwickelten Kontinent, aus Afrika, kamen, waren ohne Schriftsystem und insofern auch zu 100% Analphabeten; zwischen dem 17. und dem 19. Jahrhundert konnte man sie – aus der Perspektive der Europäer – »verständlicherweise« als andersartig wahrnehmen. Die weißen Amerikaner, in der Mehrheit Protestanten, stellten zu diesem Zeitpunkt die am weitesten fortgeschrittene Bevölkerung auf der Welt dar. Wenn man nur den europäischen Anteil an ihrer Bevölkerung in Betracht zieht, so waren die Vereinigten Staaten noch um 1850 herum, was die Bildung anbetrifft, eines der entwickeltsten Länder der Welt, dessen Alphabetisierungsrate zwischen 85 und 90% lag und mit dem allenfalls Schweden oder bestimmte Regionen in Deutschland konkurrieren konnten.[17] Der physische und der kulturelle Unterschied zwischen Afrikanern und Europäern, zwischen schwarzen Analphabeten und den alphabetisierten Weißen, war demnach objektiv er-

17 Vgl. C. M. Cipolla, *Literacy and Development in the West*, a. a. O., S. 94.

staunlich und konnte einen empirisch gesättigten Begriff von der menschlichen Verschiedenheit hervorbringen, der einen Zusammenhang zwischen kulturellem Rückstand und biologischem Substrat herstellte.

Bis zum Bürgerkrieg haben die Südstaaten das Analphabetentum der schwarzen Bevölkerung künstlich aufrechterhalten, indem sie den Zugang der Sklaven zur Schrift untersagten. Aber von 1870 an verläuft die schulische Entwicklung der schwarzen Bevölkerung derart rasant, daß sich nun auch die problemrelevanten Daten verändern. Zwischen 1870 und 1900 steigt der Anteil der alphabetisierten Schwarzen von 20 auf 55 %. In Italien ist der Fortschritt deutlich weniger rasant, denn in diesem europäischen und weißen Land wächst die Alphabetisierungsrate zwischen 1871 und 1901 lediglich von 31 auf 53 %. Diese ungleichen Entwicklungsgeschwindigkeiten erklären, weshalb die Alphabetisierungsrate der Italiener, die zwischen 1900 und 1914 in die Vereinigten Staaten einwandern, *unter* derjenigen der amerikanischen Schwarzen liegt.[18] Als sich, nach einigem Zögern, die »weißen« Amerikaner dazu entschlossen, die nicht-alphabetisierten Italiener als weiß einzustufen, empfanden sie eine menschliche Gruppe als ihnen sehr viel näherstehend, zu der sie, zumindest in Hinblick auf den Bildungsgrad, einen sehr viel größeren Abstand hatten als zu den Schwarzen. Das Kriterium der physischen Differenz löst sich vom kulturellen. Die Vorstellung vom Unterschied erhält ihre letzte und wirkliche Gestalt: Es zeigt sich, daß es eben nicht ausreicht, wenn die Schwarzen – damit ihr Menschsein anerkannt werde – unter Beweis stellen, daß sie in der Lage sind, sich zu zivilisieren, daß sie zum Beispiel lesen und schreiben lernen können. Die weitere Entwicklung im Bereich der Ausbildung bestätigt, daß das kulturelle Kriterium verworfen und daß die für die amerikanische Gesellschaft grundlegende Definition der menschlichen Verschiedenheit allein auf dem physischen Erscheinungsbild beruht. Nach einem Jahrhundert

18 Vgl. ebd., S. 94, S. 96 f. und S. 127.

permanenter Bildungsfortschritte auf seiten der Schwarzen bieten die amerikanischen Universitäten heute das Bild einer rein formalen Aufhebung der Rassentrennung: Zwar sind die schwarzen Studenten dort reichlich vertreten, aber die zwischenmenschlichen Kontakte der weißen und der schwarzen Studenten untereinander sind äußerst lose und, wenn man Allan Bloom glauben will, auf die Einhaltung der gewöhnlichen Höflichkeitsregeln beschränkt; Freundschaft zwischen weißen und schwarzen Studenten ist deshalb als absolute Ausnahme zu betrachten.[19] Um 1990 haben 80 % der amerikanischen Schwarzen eine weiterführende Schulbildung absolviert, ohne daß diese massiven Bemühungen ihrer Ausgrenzung – als Heiratspartner oder als Nachbar – ein Ende bereitet hätten. Man könnte den autonomen Charakter der differentialistischen Mechanik kaum besser unter Beweis stellen; es bedarf, damit sie funktioniert, noch nicht einmal einer objektiven Rechtfertigung, die aus der soziokulturellen Realität abgeleitet ist. Man trifft von nun an in Amerika auf gebildete und gutsituierte Schwarze, deren Ansiedlung in diesem oder jenem Viertel auch weiterhin die weiße Bevölkerung zur Flucht veranlaßt. Es bedarf mittlerweile der Entstehung von Reichenghettos, um diese Schwarzen aufnehmen zu können.[20] Am Ende von vier Jahrhunderten kultureller Angleichung wird man schließlich der Tatsache gewahr, daß im Falle der Schwarzen das physische Erscheinungsbild unüberwindlich zu sein scheint.

Soziale Pathologien: die Produktion neuer Unterschiede

Die Verbindung von Assimilation und Segregation, die die Vereinigten Staaten in den Jahren zwischen 1945 und 1990 kennzeichnet, hat die schwarzen Amerikaner in eine neue hi-

19 Vgl. Allan Bloom, *Der Niedergang des amerikanischen Geistes*, a. a. O., S. 113 ff.
20 Zu den wohlhabenden Schwarzenghettos vgl. A. Hacker, *Two Nations. Black and White, Separate, Hostile, Unequal*, a. a. O., S. 35.

storische Situation versetzt und zugleich eine ganz besondere Art sozialer Pathologie hervorgebracht. Die ausgegrenzten Bevölkerungsteile können nicht mehr länger als unterentwickelt betrachtet werden: Aufgrund ihres relativ gehobenen kulturellen Niveaus erleben und leben sie ihre Entfremdung voll und ganz bewußt – in einem System, das sie faktisch zu anders artigen Wesen abstempelt. Gebildet und zugleich abgelehnt, müssen die amerikanischen Schwarzen seither mit der Vorstellung ihrer Minderwertigkeit leben, die um so sonderbarer ist, als sie sich lediglich durch das oberflächliche Kriterium des physischen Erscheinungsbildes definiert. Um 1990 stellen die Schwarzen lediglich 12% der amerikanischen Bevölkerung; eine kollektive Revolte ist realistischerweise nirgends absehbar. Bleibt nur noch die Möglichkeit des psychischen und moralischen Verfalls der Individuen, dessen offenkundigstes Symptom sich in der Zersetzung der familiären Bindungen zeigt.

Zwischen 1950 und 1960 ähnelte die schwarze amerikanische Familie meist den in der Karibik vorherrschenden Familientypen, die aus der Sklaverei hervorgegangen waren. Dabei geht die Vorherrschaft der Kernfamilie mit einer gewissen Instabilität der ehelichen Bindungen einher – was sich daran zeigt, daß in 20 bis 25 % der Familien nur ein Elternteil vorhanden ist.[21] Um 1960, ein Jahrhundert nach der Emanzipation, lebten in den Vereinigten Staaten mehr als 80% der schwarzen Kinder mit ihren beiden Eltern zusammen.[22] Die anhaltende Ausgrenzung hat jedoch – gerade im Zusammenhang mit dem mittlerweile sehr hohen kulturellen Niveau – zu einer vollständigen Zerrüttung der schwarzen amerikanischen Familie geführt; die alleinstehende Mutter avancierte zu der die Statistik beherrschenden Norm. Der Prozentsatz schwarzer Kinder, die wohl mit ihrer Mutter, nicht aber mit ihrem Vater zusammenleben, stieg von 19,9% im Jahr 1960 auf 51,2% im Jahr 1990.

21 Über die Familiensysteme in der Karibik vgl. auch das 6. Kapitel.

22 Vgl. A. Hacker, *Two Nations. Black and White, Separate, Hostile, Unequal*, a. a. O., S. 231.

Als Menschen, denen die sie beherrschende Gesellschaft die Menschlichkeit abspricht, haben die Schwarzen aufgehört, sich wie Ehegatten und Väter zu verhalten. Das Verschwinden der Väter zieht eine gewisse Renaissance der Großmütter nach sich, denn die vereinsamten Mütter flüchten häufig genug zu ihrer eigenen Mutter zurück. Aus diesem Grund gibt es bei den amerikanischen Schwarzen zahlreiche Haushalte, die um eine verwandte Person, die nicht zur Kernfamilie gehört, erweitert sind – um 1980 herum 15 %, im Gegensatz zu 3 % bei der weißen Bevölkerung.[23] Wenn man die Vorherrschaft der alleinstehenden Mütter und die Ausweitung bestimmter Haushalte auf drei Generationen miteinander verbindet, erhält man das Bild von einer weiblichen Generationenfolge (*lignage*), die eine Frau, ihre Kinder und ihre Enkelkinder miteinander verbindet. Aber man zögert, dies als eine Struktur, als ein System zu betrachten – diese Form, die sich aus dem Verschwinden der Männer ergibt. Auf keinen Fall kann diese matrifokale Familie der schwarzen Amerikaner als autonome kulturelle Form aufgefaßt werden, denn manche ihrer Eigenheiten spiegeln, wenn auch überdimensioniert, die grundlegenden amerikanischen Werte wider. Bei der Zunahme von Familien, in denen nur ein Elternteil lebt, handelt es sich um ein Phänomen, das ebenfalls, wenn auch in geringerem Maße, die weiße Mehrheit der Bevölkerung tangiert. Zwischen 1960 und 1990 steigt der Prozentsatz der als weiß eingestuften Kinder, die mit einer alleinstehenden Mutter zusammenleben, von 6,1 % auf 14,2 %. In dem Maße, in dem die Achse Mutter–Tochter das einzige Band von Blutsverwandtschaft darstellt, das in der Organisation der weißen amerikanischen Familie noch eine gewisse Beständigkeit garantiert, wirkt die Reorganisation des schwarzen Haushalts um ebendiese Achse eher wie ein Zerrbild der amerikanischen Matrilinearität, nicht so sehr wie eine Rückkehr zu der Fragilität der ehelichen Bindungen in den Zeiten der Sklaverei.

23 Vgl. I. L. Reiss und G. R. Lee, *Family Systems in America*, a. a. O., S. 365 f.

Es ist nicht schwer, auf die Zerrüttung der schwarzen Familien eine Vielzahl abgeleiteter »Differenzen« zurückzuführen, sowohl auf medizinischem als auch auf demographischem Gebiet. Im Jahr 1990 liegt bei den weißen Amerikanern die Rate der Kindersterblichkeit bei 8,1 pro Tausend lebend geborener Säuglinge, bei den schwarzen Amerikanern bei 16,5. In Washington, einer zu 65 % von Schwarzen bewohnten Stadt, erreichte die Kindersterblichkeitsrate im Jahr 1988 23,2‰. Um die Bedeutung solcher Unterschiede einschätzen zu können, können wir diese Zahlen mit einigen regionalen Daten aus Frankreich vergleichen, die sich auf die Teilpopulationen europäischen und afrikanischen Ursprungs beziehen. Auf dem Gebiet des französischen Mutterlandes lag 1989 die Kindersterblichkeitsrate bei 7,5‰, auf Martinique bei 9‰ und auf Guadeloupe bei 10‰. Am Fall der überseeischen französischen Departements läßt sich ablesen, wie einfach es im Grunde ist, eine relativ gleichartige medizinische Versorgung auf dem ganzen nationalen Territorium sicherzustellen, und in welchem Maße die konstatierten Unterschiede in den Vereinigten Staaten den sozialen Strukturen geschuldet sind.[24]

Der Zerfall der familiären Bindungen, jenes Rahmens, in dem die Entwicklung der Persönlichkeit einsetzt, zieht die Entstehung einer spezifischen sozialen Pathologie und den Anstieg von aggressivem und selbstdestruktivem Verhalten innerhalb der schwarzen Bevölkerung nach sich. Bei der gesellschaftlich ausgegrenzten Gruppe lag um 1980 die Sterblichkeit aufgrund von Alkohol 2,8mal, die Sterblichkeit aufgrund von Vergiftung 2,2mal und die Sterblichkeit aufgrund von Tuberkulose um das Siebenfache höher als bei der Mehrheit der Bevölkerung.[25] Die Selbstmordrate der Männer liegt im Jahr 1989 bei den weißen Amerikanern bei 8,2 pro 100 000 Einwohner und bei 61,1 bei den schwarzen Amerikanern.[26] Eine Bestandsaufnahme all der

24 Vgl. als Quelle die Statistischen Jahrbücher Amerikas und Frankreichs.

25 Alle diese Zahlen finden sich bei A. Hacker, *Two Nations. Black and White, Separate, Hostile, Unequal*, a. a. O., S. 231.

26 Vgl. *Statistical Abstract of the United States 1992*, S. 89.

die schwarze Bevölkerung betreffenden Unterschiede anzufertigen wäre ein schier endloses, allerdings leicht durchzuführendes Unterfangen; es wäre umgekehrt hingegen unmöglich, eine Bestandsaufnahme der objektiven Unterschiede zwischen den weißen, einander ähnlichen ethnischen Gruppen zu machen; denn diese existieren nicht länger, sie sind irreversibel in der dominanten amerikanischen Kultur aufgegangen.

In diesem Stadium der sozialen Entwicklung, das zwischen 1975 und 1990 erreicht wurde, ist der Boden dafür bereitet, daß neue Ideologen der Differenz die Bühne betreten, Ideologen, die in der sozialen Realität der statistischen Indikatoren wiederum die Existenz eines irreduziblen Unterschieds der Schwarzen entdecken wollen. Der Kreis schließt sich: Die *apriorische* Bestimmung der Schwarzen als andersartig hat andersartige Verhaltensweisen erzeugt, die es ermöglichen, daß die Wahrnehmung der Schwarzen als andersartig gerechtfertigt erscheint. In Wirklichkeit liefern das Leiden und das selbstmörderische Verhalten der schwarzen Bevölkerung nur den letzten Beweis für ihr Nicht-Anderssein, für ihr normales Menschsein. Eine Gruppe, die kulturell rasante Fortschritte gemacht hätte, aber zugleich der Aussicht, auf ewig eingesperrt zu sein, ohne Angst begegnet wäre, eine solche Gruppe wäre sehr fremdartig, sehr wenig menschlich.

5
Die multikulturalistische Illusion

Das Erklärungsmodell, das in den drei vorhergehenden Kapiteln ausgeführt wurde, definiert das amerikanische mentale und soziale System als grundlegend differentialistisch, da es aus der Asymmetrie der Brüder die unüberwindliche Gewißheit einer Ungleichwertigkeit der Menschen ableitet. Die Bestimmung einer oder mehrerer Gruppen als per definitionem verschieden – Schwarze, Rote, Gelbe – erlaubt zunächst der weißen Menschheit die Realisierung einer begrenzten Gleichheit, eines »universalen Weißen«. Dieser abgeleitete Egalitarismus hat eine Eigendynamik zur Folge: Amerika bemüht sich, seine Vorstellung vom universalen Menschen auf Individuen nichteuropäischen Ursprungs auszuweiten. Alle verfügbaren statistischen Indikatoren legen nahe, daß die Asiaten, ob schon länger oder erst kürzlich eingewandert, wie auch die überlebenden Indianer schließlich als weiß umdefiniert und durch Eheschließung assimiliert werden. Aber das anthropologische System bindet den Begriff der Ungleichheit letztlich an die Kategorie der »schwarzen« Bevölkerung und erzwingt, daß die Segregation einer Paria-Gruppe beibehalten wird. Dem ideologischen System gelingt es also nicht, sich von seiner anthropologischen Matrix zu lösen.

Wenn es jedoch dem bewußten Kampf der Jahre 1950–1990 nicht gelungen ist, auch auf der Ebene des Unbewußten die Idee des gleichberechtigten schwarzen Amerikaners akzeptabel zu machen, so wurde dennoch erreicht, daß die abgeleitete Konzeption der Gleichheit unter den Weißen ernstlich durcheinandergeriet. Der Versuch, die Augen vor der Realität des »Schwarzen« zu verschließen, stört die egalitäre Wahrneh-

mung innerhalb der Welt der Weißen. Der vordemokratische Differentialismus taucht wieder auf. Aus einer vergleichenden Analyse zwischen Iren, Italienern, Juden, Schwarzen und Puertoricanern in New York ziehen Nathan Glazer und Patrick Moynihan 1963 in *Beyond the Melting Pot* den Schluß, daß die Ursprungskulturen der unterschiedlichen Typen von Amerikanern nicht aufeinander reduzierbar seien.[1] Als wissenschaftliches Projekt ist dieser Essay vielleicht einer der absurdesten, die je über die Frage der Assimilation und der Segregation geschrieben wurden. Er prognostiziert den Fortbestand der unterschiedlichen »weißen« Sitten in dem Moment, in dem sie gerade verschwinden. Aber als ideologisches Manifest hat dieses Buch großen Erfolg, da es die Debatte und die Mode der Ethnizität auslöst. Ausschlaggebend ist das Datum seiner Veröffentlichung: im Jahr 1963, als der Kampf um die schwarzen Bürgerrechte mit fast 700 Kundgebungen in den Vereinigten Staaten seinen Höhepunkt erreicht hat.[2] *Beyond the Melting Pot* ist ein Symptom und ein Symbol: Wenn Amerika den Schwarzen die Gleichheit einräumt, verschwindet der allgemeine Begriff der Gleichheit; wenn der Schwarze den Status eines universalen Menschen erhält, verschwindet der Begriff des universalen Menschen. In politischer Hinsicht bringt die Ausweitung des Bürgerrechts auf die Schwarzen den Begriff des Bürgerrechts durcheinander. Die Verabschiedung des *Voting Rights Act* von 1965 ist ein bedeutender Moment in der Geschichte der politischen Emanzipation der schwarzen Amerikaner. Er öffnet ihnen den Zugang zu den politischen Bürgerrechten im segregationistischen Süden. In dem Moment aber, in dem die Schwarzen im Süden anfangen zu wählen, sinkt die Wahlbeteiligung der Weißen. Von 62,6 % der Bevölkerung im

1 Vgl. N. Glazer und D. P. Moynihan, *Beyond the Melting Pot. The Negroes, Puerto Ricans, Jews, Italians, and Irish of New York City*, 1963. Ich verwende die zweite Auflage, die von 1970 datiert.

2 Vgl. H. Schuman, C. Steeh und L. Bobo, *Racial Attitudes in America*, a. a. O., S. 27, Abbildung.

wahlberechtigten Alter im Jahr 1960 sinkt die Wahlbeteiligung bei den Präsidentschaftswahlen von 1988 auf 49,1 %.[3] Das Gefühl der politischen Gleichheit der Weißen wird durch den bewußten Versuch, die Schwarzen in das Projekt einer Gesellschaft gleichberechtigter Bürger einzubinden, geschwächt. In ökonomischer Hinsicht ist der Zeitraum der schwarzen Emanzipation durch eine Verschärfung der Einkommensdifferenzen innerhalb der weißen Bevölkerung charakterisiert. Zwischen 1964 und 1989 steigt der Prozentsatz der weißen Amerikaner, die über ein Einkommen verfügen, das mehr als doppelt so hoch ist wie der nationale Durchschnitt, von 12,9 auf 16 %.[4] Ebenso steigt der Prozentsatz der Einkommen, die niedriger liegen als die Hälfte des Durchschnittseinkommens, nämlich von 15,5 auf 18,8 %. Die Mittelschicht, die über ein Einkommen im Bereich zwischen der Hälfte und dem Doppelten des nationalen Durchschnitts verfügt, fällt von 71,6 auf 65,3 %. Die wirtschaftliche Ungleichheit unter den Weißen nimmt also während des Zeitraums der schwarzen Emanzipation deutlich zu. Die multikulturalistische Ideologie wird der Erschütterung des egalitären Gefühls der Weißen einen »positiven« Charakter geben.

In den Jahren 1965 bis 1990 führt ein Aufblühen der Idee des Differentialismus zu einem Erstarken der Vorstellung der *Ethnizität*. Das weiße Universum scheint plötzlich nach Fragmentierung zu streben. Jeder muß seiner Unterschiedlichkeit Ausdruck verleihen, seine italienischen, jüdischen oder irischen Wurzeln wiederentdecken. 1974 verabschiedet der Kongreß den *Ethnic Heritage Studies Program Act*, »um ein besseres Verständnis des ethnischen Ursprungs und der Wurzeln aller amerikanischen Bürger zu fördern«. 1977 nimmt sich die Fluggesellschaft *Pan American* der Idee der »Wurzeln« an und

3 Vgl. D. Mc Kay, *American Politics and Society*, Oxford: Blackwell 1989, S. 107.

4 Vgl. Bureau of the Census, »Trends in Relative Income: 1964 to 1989«, in: *Current Population Reports*, Serie P-60, Nr. 177, 1991.

lanciert eine Werbekampage, die die Amerikaner ermutigen soll, die Länder ihrer Vorfahren zu besuchen.[5]

Das Verlangen nach Differenz geht über die klassischen ethnischen Kategorien hinaus, da die Zugehörigkeit zum weiblichen Geschlecht oder selbst eine unterschiedliche sexuelle Präferenz nun plötzlich spezifische menschliche Gruppen definieren. Der Feminismus und die militante Homosexualität berufen sich auf *das* grundlegende differentialistische Postulat: die Existenz unüberwindlicher wesensmäßiger Verschiedenheiten zwischen den Menschen. Eine italienische oder jüdische Herkunft, die Zugehörigkeit zum weiblichen Geschlecht, die Präferenz homosexueller Beziehungen hören auf, zweitrangige Attribute zu sein, und werden als wesentliches Merkmal für die Identität und die Existenz des Subjekts betrachtet. Der Gedanke der Assimilation nimmt negative Konnotationen an: Der Ausgleich von Differenzen wird zur Sünde für diese Neue Welt, die danach strebt, sie zu verewigen. Amerika exportiert diese multikulturalistische Ideologie, die seine Akademiker mitunter in Zusammenarbeit mit ihren britischen oder australischen Kollegen seit Mitte der sechziger Jahre in der ganzen Welt mit einem naiven und vielleicht verheerenden Enthusiasmus verbreiten. Japan oder Deutschland, zwei Gesellschaften mit Stammfamiliensystem, in denen, wie man sehen wird, die Neigung zum Differentialismus mit dem gewaltsamen Streben nach einer Einheit der Gesellschaft koexistiert, müssen sich von amerikanischen Professoren zu multikulturalistischen Tugend ermahnen lassen. Deutschland wird empfohlen, die Entwicklung einer eigenständigen türkischen Kultur zu akzeptieren, und Japan wird vorgeworfen, daß es seine Koreaner und Ainus, ein primitives Volk von der Insel Hokkaido, assimiliert.[6]

5 Ich entnehme diese beiden Indizien für die Popularität der ethnischen Thematik aus L. Fuchs, *The American Kaleidoscope*, a. a. O., S. 337.

6 Vgl. R. C. Rist, *Die ungewisse Zukunft der Gastarbeiter. Eingewanderte Bevölkerungsgruppen verändern Wirtschaft und Gesellschaft.* Aus dem Amerikanischen von Gerda Binning, Stuttgart: Klett-Cotta 1980; J. B. Cornell, »Ainu assimilation and cultural extinction: acculturation policy in Hokkai-

Frankreich, Ursprungsland des Gedankens vom universalen Menschen, verdient besondere Aufmerksamkeit, da seine traditionelle Ablehnung ethnischer oder religiöser Differenzen zu einer Konfrontation mit dem Multikulturalismus führen könnte.[7] Der unausweichliche Konflikt wird jedoch abgeschwächt. Wir werden später sehen, daß in Frankreich zwar ein echter Universalismus dominiert, daß aber einige Landesteile einen vom Stammfamiliensystem geprägten Differentialismus hervorzubringen vermochten. Dessen Mischung mit dem angelsächsischen Multikulturalismus hat zwischen 1965 und 1990 hybride Formen erzeugt, die amerikanische wie Maurassche Thematiken zu einem sehr seltsamen und glücklicherweise instabilen Ganzen zusammengefügt haben.

Die Nichtexistenz weißer Kulturen

Auf die weißen Amerikaner europäischen Ursprungs bezogen, bringt der Multikulturalismus eine nostalgische Realitätsverkehrung zum Ausdruck, da die Feier der Ethnizität genau in dem Moment ihren Höhepunkt erreicht, in dem die objektiven ethnischen Unterschiede immer rascher verblassen.

Als noch das Ideal der Assimilation der weißen – irischen, italienischen, polnischen oder jüdischen – Bevölkerung vorherrschte, war es ein leichtes, ethnisch geprägte Wohnviertel, divergierende Familientraditionen, einen hohen Grad an Endogamie sowie unterschiedliche religiöse Überzeugungen zu identifizieren. Nun bricht aber die Welle des Multikulturalismus über die euro-amerikanische Welt in der Endphase ihrer Homogenisierung herein: Meinungsumfragen zeigen, wie hohl und substanzlos die ethnischen Identifikationen eigentlich sind. Die Amerikaner, die diesem Multikulturalismus anhän-

do«, in: *Ethnology*, Juli 1964, S. 287–304. Pyong Gap Min, »A comparison of the Korean minorities in China and Japan«, in: *International Migration Review*, Frühling 1992, S. 4–21.

7 Siehe weiter unten, 10. Kapitel.

gen, haben oft gar keine wirkliche Kenntnis der traditionellen irischen, italienischen, polnischen oder jüdischen Kultur mehr und klammern sich an Stereotype, die von der Aufnahmegesellschaft entwickelt wurden, um ihre eigene Ethnizität zu definieren. Eine wunderbare Studie von Mary C. Waters, *Ethnic Options*, die sich mit den Antworten beschäftigt, die bei der Volkszählung von 1980 auf die Frage nach der Herkunft (*ancestry*) gegeben wurden, erlaubt es, die Natur des Phänomens besser zu verstehen. Sie lenkt das Augenmerk darauf, daß die ethnische Zugehörigkeit für die Weißen, deren Vorfahren häufig mehreren europäischen Nationalitäten angehörten, nicht tief verwurzelt, sondern eher die Frage einer Option ist.[8] Zu den englischen oder schottischen Wurzeln, die für eine kühle und ernste Mentalität stehen, bekennen sich nur wenige.[9] Als ideal gilt eine italienische Abstammung, die auf ein großes familiäres Umfeld und gemütliche Gastronomie verweist.[10] Das durch den Nationalsozialismus entwertete deutsche Erbe wird verdrängt. Die einzigen lebendigen »ethnischen« Spuren sind meist irgendwelche Ernährungstraditionen. So führt der Wille zur Identifikation mit der einen oder anderen Gruppe selten über die Zubereitung eines typischen Gerichts hinaus. In diesem Zusammenhang zitiert Mary C. Waters den Fall einer Amerikanerin irischen Ursprungs, die ihre ethnische Identität durch die Zubereitung von Sauerkraut zelebriert.[11]

Die Nichtexistenz einer schwarzen Kultur

Zwischen 1945 und 1963 wurde der Kampf der Schwarzen um Bürgerrechte von Führern wie Martin Luther King im Namen einer universalistischen Ideologie geführt. Im Sinne der von

8 Vgl. M. C. Waters, *Ethnic Options. Choosing identities in America*, a. a. O.
9 Vgl. ebd., S. 82 f., S. 93.
10 Vgl. ebd., S. 135.
11 Vgl. ebd., S. 121.

Myrdal skizzierten Perspektive verlangte er die Ausweitung der allgemeinen Prinzipien der amerikanischen Unabhängigkeitserklärung auf die Schwarzen.

Die Tumulte der Jahre 1965–1968 in den Großstädten markieren einen Wendepunkt mit dem Auftauchen von Gruppen, Führern und Themen, die Anspruch auf eine schwarze Spezifität erheben. Black Power, Black Panther Party, »Black is beautiful«: drei frühe Beispiele für das Auftauchen eines schwarzen Differentialismus. Anfang der siebziger Jahre läßt Jesse Jackson, damals noch ein junger Agitator, sein studentisches Publikum in Chicago wiederholen: »Vielleicht habe ich die Hoffnung verloren, aber ich *bin* jemand, ich bin ein Schwarzer, schön, stolz, ich muß respektiert werden.«[12] Am Ende dieses Prozesses der Identitätsfestigung in den achtziger Jahren sind die Schwarzen wieder zu *African-Americans* geworden, und die Ideologen entwerfen eine mythische Geschichte Afrikas, des Mutterlandes der Künste, der Waffen und der Gesetze. Ägypten wird als schwarzes Land klassifiziert, die westafrikanischen Reiche werden zu Großmächten der Weltgeschichte.[13] »Schwarze« Erziehungspsychologen verlangen besondere schulische Programme, die es erlauben, die besonderen Fähigkeiten der *African-Americans* zur Geltung zu bringen. Es hat etwas Erschreckendes, zu beobachten, wie sich intellektuelle Schwarze auf die alte Verbindung zwischen biologischem Substrat und psychischer Organisation berufen, die den Kern der europäischen Rassenlehren der Jahre 1880–1945 ausmachte.[14] Freilich spielen sie nur das Spiel, das ihnen von dem dominierenden anthropologischen und ideologischen System aufgezwungen wird. Die gebildeten Schwarzen, von denen es immer mehr gibt, die aber immer noch ausgegrenzt bleiben, bewegen sich, wie von dem System ferngesteuert, auf diese logische

12 Zitiert nach L. Fuchs, *The American Caleidoscope*, a. a. O., S. 186.

13 Zu all diesen Punkten vgl. A. M. Schlesinger Jr, *The Disuniting of America. Reflections on a Multicultural Society*, New York: Norton 1992, S. 45–72.

14 Vgl. ebd., S. 63 f.

Lösung hin. Es ist also fast normal, daß es zur Bildung dieses neuen Differentialismus kommt, der bis in seine lächerlichsten Aspekte eigentlich eher amerikanisch als schwarz anmutet. Die Verbindung zwischen weißer Hautfarbe und intellektueller Überlegenheit – eine der Grundideen des angelsächsischen mentalen Systems – ist nicht weniger komisch als ihre Umkehrung, welche die schwarze Hautfarbe mit afrikanischer Größe verbindet. Die menschliche Geschichte erstreckt sich seit der Erfindung der Schrift in Mesopotamien und in Ägypten um 3000 v. Chr. über ungefähr fünftausend Jahre. Die Tatsache, daß die Angelsachsen die Fähigkeit des Lesens und Schreibens erst spät, ungefähr im 7. Jahrhundert n. Chr., erworben haben, führt zu dem Schluß, daß die hellhäutigsten Vertreter der menschlichen Spezies *zusammen* mit den dunkelsten Repräsentanten des Menschengeschlechts dreieinhalbtausend Jahre lang zu den rückständigsten Bevölkerungsgruppen der ganzen Welt gehörten. Die gegenwärtige Mythologisierung der schwarzen Geschichte durch die »afroamerikanischen« Differentialisten ist nur eine logische Nebenerscheinung der Mythologisierung der »weißen« Geschichte durch die angelsächsische Tradition.

Das grundlegende Problem der schwarzen »ethnischen« Forderungen besteht darin, daß es nicht leicht ist, im amerikanischen Kontext eine »schwarze« Geschichte und Kultur unabhängig von der zentralen Erfahrung der Rassenunterdrückung zu definieren. Der Versuch Lawrence W. Levines, den Fortbestand von Merkmalen afrikanischer Kultur trotz der Entwurzelung und Versklavung zu beweisen, gehört eher in den Bereich ideologischer Erfindungen als in den der Sozialanthropologie.[15] Wenn eine schwarze Population erst spät in die Vereinigten Staaten einwandert und selbst Träger einer authentischen, von der amerikanischen Tradition verschiedenen Kultur ist, wird seine Ethnizität vom amerikanischen System rasch

15 Vgl. L. W. Levine, *Black Culture and Black Consciousness*, New York: Oxford Press 1977.

zerstört, wie es zum Beispiel mit den Jamaikanern geschah, die vor 1925 eingewandert sind.[16] Als sie in New York von Bord gingen, zeichneten sie sich durch ein kulturelles und ökonomisches Verhalten aus, das sich von dem der amerikanischen Schwarzen unterschied, einschließlich eines offensichtlichen Aufstiegswillens.[17] Bei ihnen findet sich alles, was Einwanderer normalerweise tun, um integriert zu werden: Gründung von Kleinunternehmen, Sparsamkeit, erhöhte Bildungsanstrengungen, Hauserwerb. Sehr schnell nahmen die karibischen Einwanderer unter den schwarzen Amerikanern Führungspositionen ein. Man schätzt, daß um 1930 ein Drittel der »schwarzamerikanischen« Selbständigen im Ausland geboren wurde. Diese besondere Dynamik, die ihre Grundlage in einer Kultur findet, die von Rassenfragen weniger besessen ist, war jedoch nicht aufrechtzuerhalten. Denn für Amerika sind die Jamaikaner einfach Schwarze, und ihre Kinder werden kulturell entwurzelte Schwarzamerikaner sein, die den ursprünglichen Akzent der Sprache ihres Herkunftslandes ebenso verloren haben wie den Willen zum Erfolg. Nicht anders werden die frankophonen Haitianer, die erst vor kurzem eingewandert sind, zu Opfern einer *negativen Assimilation*: ihre amerikanisierten Kinder werden Schwarze werden wie die anderen. Das Beispiel der Jamaikaner zeigt einmal mehr, daß im amerikanischen Kontext die physische Wahrnehmung immer über die kulturelle Wahrnehmung siegt. Genauso macht es deutlich, daß die Unterscheidung von Hautfarben ein wesentlicher Teil des Mechanismus ist, der die Resorption der objektiven kulturellen Unterschiede garantiert, für die wenigen schwarzen Einwanderer genauso wie für die zahlreichen weißen oder asiatischen Immigranten. Ob nun mit multikulturalistischer Ideologie

16 Zu den Jamaikanern siehe auch das nachfolgende Kapitel, das England gewidmet ist.

17 Zu den anfänglichen Erfolgen und zur Rassenanpassung der Jamaikaner in New York vgl. N. Glazer und D. P. Moynihan, *Beyond the Melting Pot. The Negroes, Puerto Ricans, Jews, Italians and Irish of New York City*, a. a. O., S. 34–36.

oder ohne sie ist Amerika eine riesige Maschine zur Zermalmung von Unterschieden, um nur einen zu erhalten, die schwarze Differenz, die nicht kulturell bedingt ist. Familien mit nur einem Elternteil wie auch die Mordquote in den Ghettos sind nur das Negativ der zentralen amerikanischen Kultur. Im Fall der Schwarzen ist der amerikanische Multikulturalismus die Hülle eines klassischen und beständigen Rassenunterschieds.

Die hispanische Kultur als Sand im Getriebe

Die multikulturalistische Ideologie, die sich die weißen Amerikaner zu eigen gemacht haben, erweist sich als recht harmlose Fiktion. Von den Schwarzen übernommen, erscheint sie insoweit nützlich, als sie die Eliten der Paria-Gruppe dahin bringt, ihrerseits ihre Andersartigkeit zu betonen, was wiederum zur Folge hat, daß die sozialen Kosten der Rassensegregation sinken. Die Anwendung des Multikulturalismus auf die Hispanoamerikaner kann auf den ersten Blick als bedeutungslos oder funktional erscheinen. Als Nachkommen von Indios, die sich mit den Spaniern vermischt haben, scheinen die *Hispanics*, die in den statistischen Auswertungen allgegenwärtig sind, Amerika zu seiner traditionellen Dreiteilung zurückzuführen. Auf die Trilogie des 18. und 19. Jahrhunderts – Weiße/Schwarze/Indianer – scheint, einer heimlichen Kontinuität entsprechend, das Dreieck Weiße/Schwarze/Hispanier zu folgen. Aber das Auftauchen dieser dritten Kategorie, von der man noch nicht so genau weiß, ob sie im Unterbewußtsein der weißen Amerikaner eine sprachliche oder eine rassische ist, ist für die amerikanische Gesellschaft zutiefst dysfunktional, da es ja in nächster Nachbarschaft eine mexikanische Kultur gibt, die in der glanzvollen Geschichte der iberischen Welt und des Aztekenreiches ihren festen Platz hat.

1980 lebten 14,6 Millionen »Hispanos« in den Vereinigten Staaten, 1990 waren es 22 Millionen: ein Anstieg von 50%

innerhalb von zehn Jahren. 13,5 % von ihnen sind mexikanischen Ursprungs; sie leben besonders zahlreich in den südwestamerikanischen Staaten, zwischen Texas und Südkalifornien. Von Bedeutung sind noch zwei weitere Gruppen. Die zahlreichen in Florida ansässigen Kubaner (1 Million) repräsentieren insbesondere die weißen Eliten der Insel, die nach der Castroschen Revolution ausgewandert sind. Die in New York zentrierten Puertoricaner (2,7 Millionen) sind das Produkt einer typisch hispanischen Rassenmischung, gemischt aus Weißen und Schwarzen in allen möglichen Abstufungen. Zu diesen drei Hauptkomponenten fügen sich die Einwanderer, die aus allen restlichen Ländern Lateinamerikas stammen. Aber die Analyse der hispanischen Frage muß sich aufgrund ihrer numerischen Bedeutung und wegen der unmittelbaren territorialen Nachbarschaft zunächst mit den Mexikanern befassen.

Die Mexikaner, die im 20. Jahrhundert einwanderten, wurden nicht wie die Indianer der vorherigen Jahrhunderte behandelt. Die Feindseligkeit, mit der sie seitens der anglophonen Bevölkerung konfrontiert wurden, scheint vergleichbar mit derjenigen, welche die Iren oder die Italiener in einer früheren Phase der amerikanischen Geschichte zu spüren bekamen; in Texas war sie vielleicht sogar noch etwas stärker, weil der Kampf gegen Mexiko wesentlich zum Ursprungsmythos des Landes gehört. Wenn man den Zeitraum zwischen 1960 und 1990 betrachtet, scheinen die *Hispanics* mexikanischer Herkunft keine besondere Segregation zu erfahren, was Wohnverhältnisse, Schulen und Eheschließungen betrifft.[18] 1980 hatten 25,4 % der Männer mexikanischer Abstammung eine nicht-hispanische Ehefrau, 18,9 % der Frauen einen nicht-hispani-

18 Zum Grad der objektiven Integration der Hispanoamerikaner vgl. L. Chavez, *Out of the Barrio. Toward a New Politics of Hispanic Assimilation*, New York: Basic Books 1991, insbesondere S. 58. Zur Segregation im schulischen Bereich und in den Wohnverhältnissen in der Region von Los Angeles vgl. P. Garcia, »Immigration Issues in Urban Ecology: The Case of Los Angeles«, in: L. Maldonado und J. Moore, *Urban Ethnicity in the United States, New Immigrants and Old Minorities*, Beverly Hills: Sage 1985, S. 73–100.

schen Ehemann.[19] Für eine Immigration, die insgesamt erst vor kurzer Zeit erfolgt ist, sind diese Werte recht hoch und zeigen, daß eine matrimoniale Segregation nicht besteht. Die weibliche Exogamierate nähert sich im Laufe der Zeit derjenigen der Männer an; es gibt kein spezifisches Tabu, das auf den Mexikanern läge. Die ökonomischen Leistungen der Mexikaner bleiben hinter denen der Asiaten zurück, sind jedoch mit denen der Italiener vergleichbar, die zwischen 1900 und 1920 immigrierten. Mit diesen haben sie, bedingt durch zahlreiche anthropologische Charakteristika, durch die Familienorganisation sowie durch religiöse Traditionen, eine gewisse Ähnlichkeit. Einige Spuren des indianischen Hintergrundes sollten uns zur Vorsicht mahnen; man kann jedoch festhalten, daß das Familiensystem der mexikanischen Einwanderer der kastilischen Variante der egalitären Kernfamilie nahekommt, welche wiederum mit der Süditaliens vergleichbar ist. Ihr im wesentlichen bilaterales Verwandtschaftssystem behält unterdessen eine leichte patrilineare Modifikation indianischen Ursprungs bei. In religiöser Hinsicht fallen die Mexikaner wie die Süditaliener in die Kategorie nichtpraktizierender Katholiken mit einer antiklerikalen Nuance. Um 1990 lassen die üblichen soziodemographischen Indikatoren keine marginalisierte Gruppe erkennen, die auf familiärer Ebene so zerrüttet wäre wie die schwarze Bevölkerung. Der Prozentsatz der Haushalte, denen eine Frau vorsteht, meist Familien alleinerziehender Mütter, lag um 1990 bei 17,3 % für »weiße Amerikaner«, bei 18,5 % für Mexikaner und bei 56,2 % für Schwarze. Noch geringer ist der Anteil der Frauen, die einem Haushalt vorstehen, bei den Kubanern, er liegt bei nur 16,1 %. Bei den Puertoricanern finden wir eine familiäre Desintegration des »schwarzen« Typus mit einem Anteil von 44 % Frauen als Familienoberhaupt.[20] Aus einer Welt kommend, in der sich Europäer und

19 Vgl. Bureau of the Census, *Household and Familiy Characteristics*, März 1980, a. a. O.

20 Vgl. A. Hacker, *Two Nations. Black and White, Seperate, Hostile, Unequal*, a. a. O., S. 231.

Afrikaner ohne große Hemmungen vermischen, werden die Puertoricaner in New York und anderswo nach den amerikanischen Rassennormen brutal in schwarz und weiß aufgeteilt. Die genetischen Zufälligkeiten lassen in den mestizischen Familien Kinder von sehr unterschiedlicher Hautfarbe vorkommen – Schwarz, Weiß, Kaffeebraun in allen Nuancen. Die dichotomische angelsächsische Klassifizierung zerreißt die Eltern- und Geschwisterbeziehungen in den puertoricanischen Familien, indem sie den einen Bruder als weiß bezeichnet, den anderen als schwarz. Keine Kultur hält ein solches Recycling von Individuen aus. Die Puertoricaner stellen jedoch nur 12 % aller *Hispanics*. Keine der anderen Untergruppen weist den Einfluß einer ähnlichen Pathologie der familiären Situation auf. Die Rate der Kindersterblichkeit bei den *Hispanics* lag 1987 weltweit bei nur 7,9 von 1000 Lebendgeburten im Vergleich zu 8,6‰ bei den Weißen. Zu diesem Zeitpunkt lag die der Schwarzen bei 17,9‰.[21] Die bessere Ziffer bei den *Hispanics* beruht unter Umständen auf dem traditionellen und beschützenden Charakter ihres Familienlebens, das einen größeren Prozentsatz von Frauen im Hause hält.

Anfang der sechziger Jahre hätte man die Mexikaner als Immigranten auf dem Weg zur Assimilation beschreiben können. In der zweiten Hälfte der sechziger Jahre wurden sie zusammen mit den anderen *Hispanics* von der differentialistischen Welle eingeholt, die die Gesamtheit der amerikanischen Gesellschaft ergriffen hatte. Nach Linda Chavez war es im Jahr 1968, als die Gemeindeführer mit dem Assimilationismus brachen, um nunmehr die Aufrechterhaltung ihrer ethnischen Identität zu reklamieren. Der hispanische Differentialismus ist eine Erfindung der angelsächsischen Kultur, die von den amerikanisierten Eliten in seine jetzige Form gebracht wurde. Schon seine Chronologie – Beginn gegen Ende der sechziger Jahre,

21 Vgl. C. B. Hale, »Infant Mortality: an American Tragedy«, in: Population Reference Bureau, *Population Trends and Public Policy*, Nr. 18, April 1990, S. 6.

Blütezeit in den siebziger Jahren – läßt eher an amerikanische als an mexikanische Ursprünge denken. Die detaillierte Geschichte dieses kulturellen Erwachens verdeutlicht die entscheidende Rolle von Institutionen wie der Ford Foundation, die sich seit 1968 sehr um die Bildung eines hispanischen Bewußtseins bemühte.[22] Die amerikanische Kultur der siebziger Jahre verlangt Differenzen. Sehr schnell wird die Frage der Sprache zum zentralen Thema: Sie führt zur Forderung nach Wahlberechtigung und nach zweisprachiger Erziehung. Hier erscheint die Ethnizität nicht mehr unter dem liebenswürdigen Aspekt einer zurückhaltenden Identitätsversicherung auf der Basis von Sauerkraut und Spaghetti, weil sie sich auf die Existenz einer spanischsprachigen Bevölkerung in der Neuen Welt stützt, die 1993 außerhalb der Vereinigten Staaten 285 Millionen Personen umfaßt. Die *Hispanics* haben es nicht nötig, sich eine Geschichte zu erfinden, um als ethnische Gruppe zu existieren.

Genährt durch ein erhebliches Gefälle der Geburtenraten zwischen Mexiko (3,5 Kinder pro Frau 1990) und den Vereinigten Staaten (2,0), dauert die Einwanderung der Mexikaner nach Kalifornien, Texas, New Mexico und Arizona weiter an, massiv und unkontrollierbar, genauso real, wie der Einfall von Immigranten aus dem Maghreb in Frankreich fiktiv ist. Diese Einwanderung nimmt sich wie die Rückeroberung einstmals spanischer Territorien aus, deren Ortsnamen in einem hohen Maß spanisch geblieben sind. Nach der Volkszählung von 1990 stellen die Hispanoamerikaner 25,8 % der Bevölkerung Kaliforniens und 25,5 % der texanischen. Diese Duchschnittsziffern auf der Ebene eines Gesamtstaates verdecken die viel höhere Konzentration nahe der mexikanischen Grenze. Im Bezirk von Los Angeles erreicht der Anteil der *Hispanics* 37,8 %, im Vergleich zu 40,8 % »Anglos« (Weiße europäischen Ursprungs, gemäß der neuen Terminologie), 10,8 % Asiaten und

22 Vgl. L. Chavez, *Out of the Barrio. Toward a New Politics of Hispanic Assimilation*, a. a. O., S. 77–83.

11,2 % Schwarzen.[23] Im Bezirk von Bexar, der auch die Stadt San Antonio in Texas umfaßt, stellen die *Hispanics* 49,7 % der Bevölkerung, 41,9 % sind Anglos und 7,1 % Schwarze. Die demographische Dynamik Mexikos und der vollkommen poröse Charakter der Grenze erzeugen spontan diese Konzentrationsgrade, unabhängig von jeglichem Segregationswillen seitens der weißen Amerikaner oder jedem Wunsch nach kulturellem Überleben seitens der mexikanischen Einwanderer. Und man hätte unrecht, wenn man einzig aus der zahlenmäßigen und territorialen Expansion auf ein ethnisches Beharren schlösse. Denn nicht alle *Hispanics*, die von den amerikanischen Statistiken erfaßt werden, sprechen in Wirklichkeit Spanisch. Wie Linda Chavez gezeigt hat, waren die Kinder, die an bilingualen Erziehungsprogrammen teilgenommen haben, im Zuge der Amerikanisierung oft bereits anglophon.[24] Detaillierte Studien decken auf, daß in der dritten Generation, das heißt in der Generation der Enkelkinder der Einwanderer, 84 % der »hispanischen« Familien zu Hause Englisch sprechen.[25] Die mexikanschen Immigranten, die bis zu den sechziger Jahren einwanderten, wollten in den USA ihren Lebensunterhalt verdienen und waren, von der Macht der aufnehmenden Kultur in den Bann gezogen, am Weiterleben ihrer Kultur kaum interessiert. Aber die Akkumulation neuer Einwanderer entlang der Grenze am äußeren Rand Mexikos, die sich mit dem multikulturalistischen Anspruch verbindet, den die amerikanische Gesellschaft erhebt, hat zwischen 1980 und 1990 die Randbedingungen des hispanischen Problems verändert.

Es ist momentan schwierig zu sagen, welche der beiden Ten-

23 Die Kategorien der Volkszählung verbinden physische und sprachliche Kriterien: Die Hispanos können schwarz, weiß, indianisch etc. sein.

24 Vgl. L. Chavez, *Out of the Barrio. Toward a New Politics of Hispanic Assimilation*, a. a. O., S. 37.

25 Vgl. F. D. Bean, J. Chapa, R. Berg und K. Sowards, *Educational and Sociodemographic Incorporation among Hispanic Immigrants to the United States*, Texas Population Research Center Papers, Nr. 12.10, 1990/1991, S. 6.

denzen, die separatistische oder die assimilationistische, sich bei der Bevölkerung mexikanischen Ursprungs durchsetzen wird. In Erziehungs- und Ausbildungsfragen sind die Eltern hispanischer Schüler selbst unsicher. Sie akzeptieren alles in allem die Forderungen ihrer Gemeindeführer, wollen indes nicht, daß das Erlernen der spanischen Sprache das Erlernen der englischen behindert. Um 1988 wollten 78 % der mexikanischen Eltern auf gar keinen Fall eine Verringerung der Zeit, die dem Englischunterricht gewidmet war.[26] Neuere Erziehungsstatistiken zeigen jedoch, daß die Integration der *Hispanics* durch die Schule einen grundlegenden Wandel erfährt. Die Entwicklung ist besonders frappierend, wenn man die schulischen Leistungen über Generationen hinweg betrachtet. Die Durchschnittswerte verdeutlichen einen normalen Fortschritt von der ersten zur zweiten Generation, aber ein relatives Abfallen bei der dritten Generation.[27] Dieses Abfallen betrifft den Eintritt in die Universität – im amerikanischen Kontext die letzte Etappe des Integrationsprozesses durch Erziehung und Ausbildung. Diese Fakten sind schwierig zu interpretieren, legen aber doch die Vermutung nahe, daß ein gewisser Widerstand gegen die Assimilation besteht. Das mangelnde Interesse der Hispanoamerikaner an der Einbürgerung ist ein weiteres Zeichen des Zögerns. Bis 1985 scheint nur ein Drittel der lateinamerikanischen Einwanderer Bürger der Vereinigten Staaten geworden zu sein. Zwischen 1980 und 1992 schließlich scheinen die Exogamieraten zu fallen: die der Männer sank von 25,4 auf 14,6 %, die der Frauen von 18,9 auf 15,2 %.[28] Die verfügbaren statistischen Daten zeigen demnach widersprüchliche Ergebnisse auf: zum einen den Willen, sich definitiv in den

26 Vgl. L. Chavez, *Out of the Barrio. Toward a New Politics of Hispanic Assimilation*, a. a. O., S. 29.

27 Vgl. F. D. Bean, J. Chapa, R. Berg und K. Sowards, *Educational and Sociodemographic Incorporation among Hispanic Immigrants to the United States*, a. a. O., S. 20 sowie die Tabellen 8 und 9.

28 Vgl. Bureau of the Census, *Household and Family Characteristics*, März 1992, a. a. O.

Vereinigten Staaten niederzulassen und Englisch zu lernen, zum anderen eine gewisse Indifferenz hinsichtlich der nationalen Zugehörigkeit zu Amerika sowie eine Unterstützung der differentialistischen Thesen der Gemeindeführer. Das Absinken der Exogamierate bedeutet noch keinen Meinungsumschwung, rührt aber ohne Zweifel von der wachsenden Zahl selbstbezogener Einwanderer her, die ein bestimmtes Territorium entlang der Südgrenze der Vereinigten Staaten einnehmen.

Daß die mexikanische Kultur eigentlich universalistisch ist, trägt noch zusätzlich zu der intellektuellen und sozialen Verwirrung bei, die vom amerikanischen Multikulturalismus verursacht wird. Mexiko, der ethnischen oder rassischen Differenz gegenüber feindlich gesonnen, versteht sich selbst als »Bronze-Nation«, entstanden aus der Fusion von Völkern, die von ihrem Ursprung her unterschiedliche physische Merkmale aufweisen. Von der Vermischung der Spanier mit den Indios ist häufig die Rede. Weniger bekannt ist jedoch, daß Mexiko eine der wenigen Nationen auf der Welt ist, die eine Bevölkerung afrikanischen Ursprungs völlig in sich aufgesogen hat. Das Land zählte bis zu 10,8 % »Afromestizen« mit afrikanischem Vater und indianischer Mutter.[29] Mehr noch als Brasilien repräsentiert Mexiko nach L. van den Berghe das Urbild eines romanischen Landes, das nur wenig von Fragen der Rassenvermischung geängstigt wird – das genaue Gegenteil der Vereinigten Staaten. Das ist ohne Zweifel einer der Gründe, warum 50 % der *Hispanics* in Kalifornien und 41 % derer in Texas sich bei der Volkszählung von 1990 geweigert haben, sich in das amerikanische System der Rassenklassifikation einzusortieren. Nur 45 % bzw. 57 % sind bereit, sich selbst als Weiße zu definieren. Die Weigerung, sich einer bestimmten Rasse zuzuordnen, findet sich auch bei muslimischen Immigranten.[30] Die

29 Vgl. P. L. van den Berghe, *Race and Racism. A Comparative Perspective*, a. a. O., Kapitel 2, S. 52.

30 Vgl. A. Hacker, *Two Nations. Black and White, Separate, Hostile, Unequal*, a. a. O., S. 6 und S. 227.

Akzeptanz amerikanischer Rassennormen, insbesondere der Klassifizierung Weiße/Schwarze, wäre ein Zeichen unzweifelhafter Assimilation. Aber der Multikulturalismus erweist sich hier als dysfunktional für die amerikanische Gesellschaft, da er zur Erhaltung einer tatsächlich existierenden Kultur ermutigt, die sich zum Teil über die Weigerung definiert, sich in jene Rassenkategorien einzuordnen, welche die amerikanische Gesellschaft insgesamt strukturieren.

Die Grenzen der Freiheit

Mit dem Multikulturalismus vollendet Amerika einen weitläufigen ideologischen Kreislauf, der vom religiösen Differentialismus des 17. Jahrhunderts zum ethnischen Differentialismus am Ende des 20. Jahrhunderts führte. Die Protestanten interessierten sich für die Differenz zwischen Auserwählten und Verdammten. Die Multikulturalisten befassen sich mit der Differenz zwischen Schwarzen und Weißen, Anglos und *Hispanics*, Männern und Frauen, Juden und Christen, Italienern und Schotten, Homosexuellen und Heterosexuellen. Der erste amerikanische Differentialismus stützte sich auf eine Dichotomie, der jüngste vervielfacht die Kriterien, deren Kombination ein unendlich fragmentiertes, manchen zufolge kaleidoskopisches Bild der amerikanischen Gesellschaft erzeugt. Dieses Bild ist eine ideologische Illusion, da auf dem Niveau der objektiven Verhaltensweisen die elementaren menschlichen Beziehungen – Nachbarschaft, Erziehung, Heirat – vom Fortbestehen nur zweier Gruppen zeugen: der Weißen und der Schwarzen, der Auserwählten und der Verdammten. Die Unfähigkeit der amerikanischen Gesellschaft, trotz ihrer Versuche, die Grenzen ihrer eigenen Rassenkategorien zu überschreiten, beweist die Kraft der anthropologischen Determination. Die Werte der Freiheit und der Ungleichheit, die die Ursprungsfamilie strukturieren, werden durch die kulturelle, ökonomische und soziale Entwicklung der Vereinigten Staaten nicht modifiziert,

geschweige denn zerstört. Zwischen 1940 und 1990 gelang es der ersten postindustriellen Gesellschaft nicht, die Schwarzen zu gleichwertigen Menschen zu machen. Im Computerzeitalter überlebt eine primitive anthropologische Matrix, die eine Bevölkerung von 250 Millionen Menschen nach denselben Wesensmerkmalen aufteilt, wie es jene Handvoll Gemeinschaften tat, die von den englischen Emigranten des 17. Jahrhunderts gegründet wurden.

Die Existenz einer solchen primitiven Matrix erklärt auch den unerschütterlichen Charakter des amerikanischen Freiheitsideals, das fähig ist, allen Herausforderungen, allen ökonomischen, sozialen oder politischen Krisen des 20. Jahrhunderts zu trotzen. Aber keiner bewußten, moralischen oder logischen Anstrengung ist es gelungen, den Glauben an die Unterschiedlichkeit der Menschen abzutöten. Die Brüder sind keine symmetrischen Vertreter der gleichen Art: Demnach können die Menschen nicht gleich sein. Wir erreichen hier eine der Grenzen der amerikanischen Freiheit. Die Bürger der Vereinigten Staaten genießen eine erstaunliche politische, ökonomische und soziale Freiheit. Aber sie sind nicht frei, zu einem egalitären und universalistischen Bewußtsein zu gelangen. Sie sind Gefangene einer anthropologischen Determination, die sich ihnen entzieht.

6
England: Klassendifferentialismus kontra Rassendifferentialismus

Der Vergleich der englischen und der amerikanischen Konzeption interethnischer Beziehungen ist von besonderem Interesse. Die ursprüngliche anthropologische Matrix der beiden Nationen ist die gleiche, denn die absolute, liberale, aber der Idee der Gleichheit gegenüber indifferente Kernfamilie beherrscht das bäuerliche England genauso wie die Kolonien der Neuen Welt. In beiden Fällen läßt sich ein differentialistisches Grundapriori erkennen. Im Gegensatz zu den Vereinigten Staaten blieb England jedoch bis in jüngste Zeit eine homogene weiße Nation, wenn man von einigen tausend Schwarzen absieht, die sich als Domestiken im London des 18. Jahrhunderts verdingten, oder von ehemaligen Seeleuten, die sich im 19. Jahrhundert im Hafen von Liverpool oder Cardiff ansiedelten. Die Insel Großbritannien kann freilich nicht als »ethnisch« homogen definiert werden, da man dort noch regionale Minderheiten findet, wie in Schottland und insbesondere in Wales, wo nach der Volkszählung 1981 noch eine halbe Million Menschen das ursprüngliche Keltisch sprach. Auch das eigentliche England stellt kein geschlossenes ethnisches System dar, da sich dort ab Mitte des 19. Jahrhunderts eine bedeutende irische Einwanderungswelle sowie zwischen 1880 und 1906 eine beträchtliche jüdische Immigration osteuropäischen Ursprungs beobachten läßt. Diese beiden Strömungen haben im übrigen ihre Entsprechung in der Geschichte der Vereinigten Staaten. Unmittelbar nach dem zweiten Weltkrieg beginnt in England jedoch eine interkontinentale Einwanderung, die sich in den fünfziger und sechziger Jahren beschleunigt und dazu führt, daß sich Jamaikaner, Paki-

stani und Inder in den englischen Städten ansiedeln und dem einheitlich weißen Charakter Großbritanniens ein Ende setzen.

In den Vereinigten Staaten wurde eine Bevölkerung angelsächsischen Ursprungs frühzeitig mit der kulturellen oder physischen Differenz konfrontiert. Der Fall Englands stellt eine Art Gegenbeispiel dar, mit einer Bevölkerung, die viel später erst die Existenz einer nicht-europäischen Menschheit entdeckte. Der Vergleich der englischen und amerikanischen Reaktionen läßt starke Ähnlichkeiten offenbar werden, die nicht historisch erklärbar sind. Erst die These von einem gemeinsamen anthropologischen System erlaubt es, diese Parallelität der Einstellungen gegenüber dem Problem der interethnischen oder interrassischen Beziehungen zu verstehen. Die Einwanderung farbiger Völker bringt die Existenz einer latenten *Negrophobie* in England zum Vorschein, die durchaus an die der weißen amerikanischen Bevölkerung erinnert. Die Farbe der Haut wird schnell zur grundlegenden Determinante der ethnischen Zugehörigkeit. Der Kontakt zwischen den Rassen führt in England wie in den Vereinigten Staaten zum Aufblühen einer aggressiven multikulturalistischen Ideologie, die die Erhaltung der Einwandererkulturen fordert. Und man wird Zeuge, wie diese Ideologie zur Bildung sichtbarer und organisierter Minderheiten beiträgt, die mitunter in städtischen Gebieten Enklaven bilden, welche in manchen Zügen an die amerikanischen Ghettos erinnern. Man findet in England jedoch keine so strikte Rassentrennung wie in den Vereinigten Staaten, was die hohe Rate an Eheschließungen zwischen »Schwarzen« und »Weißen« bezeugt. Die Existenz eines besonders starken Klassendifferentialismus, eines Erbes der Industrialisierung der Jahre von 1750 bis 1850, blockiert auf der britischen Insel, wo das moderne Proletariat entstand, die Entwicklung eines kohärenten Rassendifferentialismus.

Der innere Differentialismus

Im gleichen Moment, da sich Amerika auf den demokratischen Weg begibt, schlägt England den gegensätzlichen Weg der sozialen Polarisierung ein. Man kann in den Vereinigten Staaten vom Ende des 17. Jahrhunderts bis in die dreißiger Jahre des 18. Jahrhunderts das kontinuierliche Erstarken eines weißen egalitären Gefühls verfolgen, das sich auf die Idee einer Unterlegenheit der Indianer oder der Schwarzen stützt und damit die benötigte Differenz sozusagen exteriorisiert. Der weiße Egalitarismus führt zum Entstehen des demokratischen Amerika eines Jesse Jackson.

England behält während der gleichen Zeit seine »europäische« ethnische Homogenität bei, vollzieht aber eine doppelte ökonomische Transformation: Agrarrevolution und industrielle Revolution folgen aufeinander, um zur Bildung eines großen Proletariats zu führen. Zwischen 1750 und 1850 haben Bevölkerungszuwachs und Landflucht zur Bildung einer mehrheitlich industriellen und urbanen berufstätigen Bevölkerung geführt. Es entsteht eine Arbeiterklasse, die sich in den Bergbau- und Textilregionen im Norden Englands, im Süden von Wales und im schottischen Zentralgraben konzentriert. Die Bedeutung der Kohle während dieser ersten industriellen Revolution sichert den Bergarbeitern eine besondere Rolle. Ihre warmherzigen und engen Gemeinschaften bilden den Ausgangspunkt für die Entwicklung einer spezifischen Arbeiterkultur. Seit 1841 beschäftigen die Bereiche des Bergbaus, der verarbeitenden Industrie, der Bauindustrie und des Transportwesens 51 % der berufstätigen Bevölkerung Englands. Die landwirtschaftiche Bevölkerung erreicht dagegen nur noch einen Anteil von 28 %. Im gleichen Zeitraum sind noch 69 % der amerikanischen berufstätigen Bevölkerung in der Landwirtschaft tätig.

Im 19. Jahrhundert konzentriert sich der *apriorische* Differentialismus auf diese objektive sozioökonomische Polarisierung, wie er sich in den Vereinigten Staaten auf die objektive

Existenz von Indianern und Schwarzen konzentriert. Der Arbeiter wird für die englische Mittelklasse »der andere«, der seinem Wesen nach andersartige Mensch. Der Aristokrat wird als Modell einer anderen Differenz gewählt, einer positiven. Quer durch die englische Gesellschaft entwickelt sich durch die Dialekte und Soziolekte eine Sprachgrenze von erstaunlicher Stärke, welche die Differenzierung der ethnischen Gruppen sichert. Kein anderes europäisches Land, sei es universalistisch oder differentialistisch geprägt, kennt heute eine solche sprachliche Aufteilung. Deutschland, wo eine autoritäre differentialistische Kultur vorherrscht und wo sich die Integration der Arbeiterklasse in das nationale politische Leben dennoch nicht ohne Schwierigkeiten vollzog, ist fragmentiert durch die Existenz verschiedener regionaler Dialekte. Aber diese beziehen die lokale Arbeiterklasse in die – vertikal integrierten – Sprachsysteme ein und spielen daher, was die soziale Schichtung angeht, eine einigende Rolle. Dies ist ohne Zweifel einer der Gründe, warum dem deutschen sozialdemokratischen Bundeskanzler Helmut Schmidt England so tief in seinem Klassensystem verfangen erschien.[1] Man verdankt Benjamin Disraeli, dem konservativen Premierminister unter Königin Viktoria, eine der stärksten zeitgenössischen Beschreibungen der Spaltung der englischen Gesellschaft in der zweiten Hälfte des 19. Jahrhunderts: »Zwei Nationen, zwischen denen es weder Beziehungen noch Sympathie gibt; von denen eine die Gewohnheiten, Gedanken und Gefühle der anderen nicht kennt, als ob beide in unterschiedlichen Zonen oder auf unterschiedlichen Planeten lebten.«

Die Soziolinguistik, eine Disziplin, die in den Vereinigten Staaten mit den Arbeiten von William Labov begründet wurde, bemüht sich um die Definition der linguistischen Unterschiede zwischen den sozialen Gruppen einer Nation, die theoretisch die gleiche Sprache sprechen. Die Existenz von wichtigen Ab-

1 Zitiert nach P. Jenkins in: *Mrs Thatcher's Revolution*, London: Pan Books 1988, S. 48.

weichungen in der Praxis des Englischen erlaubt es, wahrhaft soziale und nicht nur regionale Dialekte auszumachen, wie sie uns auf dem europäischen Kontinent vertraut sind. Einige jener Elemente, die für die Differenzierung charakteristisch sind, finden sich auf beiden Seiten des Atlantiks wieder und ermöglichen so, diese Dialekte vom Standardenglisch zu unterscheiden. Zu den relevantesten gehören das Weglassen des Schluß-*s* der dritten Person Singular bei der Konjugation der Verben – *he know, he don't* anstelle von *he knows, he doesn't* – und die doppelte Verneinung – *I can't eat nothing*. Die systematische Analyse verrät, daß der fundamentale sprachliche Schnitt, der in den Vereinigten Staaten die Schwarzen von den Weißen trennt, in England die Gesellschaft in Handarbeiter und Nicht-Handarbeiter teilt. Eine Studie, die in Norwich durchgeführt wurde, zeigt, daß das *s* in der dritten Person des Verbs bei 70 % der oberen Unterklasse, bei 87 % der mittleren Unterklasse und bei 97 % der unteren Unterklasse entfällt. In der unteren Mittelklasse wird das *s* nur von 2 %, in der mittleren Mittelklasse von 0 % weggelassen. Eine vergleichbare Studie, die in Detroit in den Vereinigten Staaten durchgeführt wurde, offenbart, daß der Verzicht auf das *s* in der dritten Person des Verbs typisch ist für das lokale *Negro English*.[2] Die gesprochene Sprache – eine anthropologische Variable von höchster Bedeutung, da sie konkrete Interaktionen zwischen den Individuen ausdrückt – definiert in den Vereinigten Staaten einen wichtigen Rassenunterschied, in England einen Klassenunterschied. Aber die Begriffe von Rasse und Klasse können, wie im englischen Fall, völlig gegensätzlich sein. Für die englischen Mittelklassen waren die Arbeiter im 19. Jahrhundert fast zu einer fremden Rasse geworden. Es ist frappierend, festzustellen, bis zu welchem Punkt noch heute die Begriffe Rasse und Klasse fast automatisch assoziiert und von britischen Intellektuellen und Romanciers als gängiges Syntagma (»class and race«) verwandt wer-

2 Zu all diesen Aspekten vgl. P. Trudgill, *Sociolinguistics*, Harmondsworth: Penguin Books 1974.

den. Es ist diese von einem Klassendifferentialismus streng segmentierte Gesellschaft, in der kurz nach dem Zweiten Weltkrieg »nicht-weiße« Arbeitsimmigranten eintreffen.

Die Einwanderung der Jahre 1948–1990

Die Einwanderung aus der Dritten Welt beginnt in Großbritannien eindeutig früher als in Frankreich. Aber wie in Frankreich stammt die Mehrzahl der Einwanderer aus dem zerfallenden Kolonialreich. Seit Beginn der fünfziger Jahre wandern in beträchtlicher Anzahl Bewohner der Antillen, vornehmlich Jamaikaner, ein. Nach den Zahlen des Home Office kamen im Laufe des Jahres 1952 2200 Personen nach Großbritannien, 9200 im Jahr 1954, 30 370 im Jahr 1955. Der Zustrom beginnt sich auf diesem Niveau bis 1959 zu stabilisieren, dann beobachtet man ein erneutes Ansteigen auf 57 170 im Jahr 1960 und schließlich auf 74 590 im Jahr 1961, den höchsten Wert, der später nie mehr überschritten wurde. 1962 bremsen legislative Maßnahmen und die Unabhängigkeit Jamaikas den Migrationsstrom. Seit 1969 gleicht sich die Zahl der von den Antillen stammenden Personen, die Großbritannien wieder verlassen, mit der Zahl derer, die sich in England niederlassen, aus. Die Migrationsbilanz tendiert gegen Null.

Die Einwanderung von Arbeitern indischer Herkunft kommt langsamer in Gang. Zwischen 1955 und 1960 beträgt der Anteil der Inder an der jährlichen Immigration im Schnitt 5500, der der Pakistanis 2800, der der Jamaikaner etwa 27 000.[3] Der Zustrom aus Südasien wird erst 1961 relevant, kurz vor den restriktiven Maßnahmen, die durch den *Commonwealth Immigrant Act* vom 1. Juli 1962 eingeführt wur-

3 Vgl. S. Patterson, *Immigration and Race Relations in Britain 1960–1967*, Institute of Race Relations: Oxford University Press 1969, S. 3. Diese Werte betreffen die *Wanderungsbilanz*, das heißt den Saldo von Ein- und Auswanderern. Die weiter oben zitierten Ziffern betreffen nur die Immigranten.

den. Die indische Nettoeinwanderung beläuft sich zwischen Januar 1961 und Juli 1962 auf 42 800 Personen, die pakistanische auf 50 180 Personen. Anders als bei den Jamaikanern folgt auf den abrupten Zusammenbruch von 1962 bei den Indern und den Pakistani ein bedeutender Wiederanstieg der Einwandererzahlen, der sich bis in die Mitte der siebziger Jahre fortsetzt. Immer strengere restriktive Maßnahmen, die sich schließlich gegen bestimmte Möglichkeiten der Familienzusammenführung richten, führen zur allmählichen Abnahme der Immigration aus dem nichteuropäischen Teil des ehemaligen Kolonialreichs, von 55 000 Einwanderern im Jahr 1976 bis auf wenig mehr als 20 000 zwischen 1986 und 1988.

Die Immigration aus der Karibik ist also die älteste. Von den dorther stammenden Personen, die sich 1984 in Großbritannien aufhielten, aber außerhalb der Insel geboren wurden, sind 68 % vor 1964 eingewandert, aber nur 39 % der Inder, 24 % der Pakistani und 13 % Bangladeshi. Die Bildung der jamaikanischen Gemeinde in England geht zurück auf die fünfziger Jahre, die der indischen und pakistanischen Gemeinden auf die Jahre zwischen 1960 und 1970.

Die gesetzlichen Einschränkungen, die 1962 begannen und mit dem *British Nationality Act* von 1964, dem *Commonwealth Immigrant Act* von 1968, dem *Immigrant Appeals Act* von 1969, dem *Immigrant Act* von 1971 und dem *British Nationality Act* von 1981 rasch aufeinanderfolgten, stellen die Rechte der Immigranten, die sich auf britischem Boden niedergelassen haben, nicht in Frage; aber sie korrigieren Schritt für Schritt die großzügige Konzeption des *Nationality Act* von 1948, der allen Bewohnern des Commonwealth, das heißt des ehemaligen Kolonialreiches, großzügig ein Recht auf Einreise in das Vereinigte Königreich einräumte. Diese Maßnahmen, die sich eindeutig gegen die »farbigen Immigranten« – *coloured immigrants* nach jener Terminologie, die sich in Großbritannien durchgesetzt hat – richteten, schlossen das Land gegenüber der Massenimmigration aus der dritten Welt. Das Territorialprinzip (*ius soli*), das die englische Konzeption von

Nationalität prägt, wurde dadurch jedoch nicht aufgehoben. Durch den Erwerb der Staatsbürgerschaft oder durch die Geburt auf britischem Territorium werden die legalen Einwanderer und ihre Kinder zu Bürgern und Wählern in Großbritannien.

Eher die Hautfarbe als die Kultur

Das Vorgehen der diversen Regierungen, ob Konservative oder Labour Party, die in London aufeinanderfolgten und sich bemühten, den Migrationsstrom zu unterbrechen, spiegelt die Unruhe der englischen Bevölkerung, die sehr schnell ihre Feindseligkeit gegenüber der farbigen Bevölkerung offenbar werden läßt. Seit 1948, als der erste schwerwiegende Rassenzwischenfall der Nachkriegszeit in Liverpool stattfindet, attakkieren weiße Aufrührer die schwarze Bevölkerung. Weitere Übergriffe werden in den Jahren 1949 und 1954 aus London gemeldet. Die größeren Unruhen von 1958, die Nottingham und von neuem London betrafen, leiteten einen Meinungsumschwung der Regierung und den Beginn der restriktiven Maßnahmen gegen die Einwanderung ein.

Das erste, was bei diesen Ereignissen befremdet, ist ihr frühzeitiges Einsetzen: Die farbige Bevölkerung ist zu diesem Zeitpunkt noch recht unbedeutend; die karibischen, afrikanischen, indischen und pakistanischen Gruppen stellen zusammen weniger als 1 % der Einwohner Großbritanniens. Das zweite charakteristische Element ist die unmittelbare Fixierung auf den Begriff der Hautfarbe. Denn ganz offensichtlich ist es die physische Erscheinung der Einwanderer, welche die einheimische Bevölkerung schockiert. Je dunkler ein Einwanderer ist, desto bedrohlicher erscheint er. Aus diesem Grund erzeugen die karibischen Einwanderer die meiste Angst, obwohl sie in ihrer Anzahl von den Indern und den Pakistani weit übertroffen werden. Diese besondere Rolle der Schwarzen im kollektiven englischen Bewußtsein behauptet sich während der gesamten

sechziger Jahre. In den achtziger Jahren ist die englische soziologische Literatur der Meinung, der typische »problematische« Einwanderer in Großbritannien sei eher der Schwarze als der Südasiat. Dies ist eine erstaunliche Wahrnehmung für einen Franzosen, der an den »braunen Moslem« als Objekt der Fixierung gewöhnt ist. Die Obsession der Hautfarbe zeigt sich besonders deutlich in Veröffentlichungen zu dem Bereich von Erziehung und Ausbildung. In den »multiethnischen« oder »multirassischen« Schulen werden die schwarzen Kinder von ihren Lehrern als besonders aggressiv und gewalttätig wahrgenommen. Diese Fixierung auf die Schwarzen schützt die Immigranten südasiatischen Ursprungs, die gemeinhin als »farbig« klassifiziert werden, nicht vor jedweder Feindseligkeit. Wenn junge Engländer proletarischen Ursprungs von rassistischen Gefühlen gepackt werden, verprügeln sie lieber die schmächti-

»Ethnische« Gruppen in Großbritannien

	1985–1987 in Tausend	*in Prozent*	*davon in GB geboren*
Weiße	51 333	94,4 %	96 %
Alle Minderheiten	2 473	4,5 %	43 %
Jamaikaner	521	1,0 %	53 %
Afrikaner	105	0,2 %	37 %
Inder	745	1,4 %	37 %
Pakistani	404	0,7 %	43 %
Bangladeshi	111	0,2 %	31 %
Chinesen	120	0,2 %	26 %
Araber	71	0,1 %	13 %
»Mischlinge«	255	0,5 %	76 %
Andere	141	0,3 %	36 %
unbestimmte Herkunft	570	1,0 %	70 %

Quelle: J. Haskey, »The ethnic minority populations of Great Britain: their size and characteristics«, in: *Population Trends*, Nr. 54, Winter 1988, S. 29–31.

geren Inder oder Pakistani – eine fast ritualisierte Übung unter der Bezeichnung *Paki-bashing*.

Nach dreißig Jahren des »interethnischen« Kontakts werden die Einwanderer und ihre Kinder seit Mitte der achtziger Jahre in der offiziellen statistischen Literatur explizit nach rassischen Kategorien sortiert. Eine grundlegende dichotomische Kategorisierung stellt die Weißen den Nicht-Weißen gegenüber, die ihrerseits auf der Basis eines sekundären kulturellen Kriteriums in diverse Ethnien unterteilt werden. Die Kinder farbiger Einwanderer werden, obgleich sie britische Bürger sind, zu Mitgliedern ethnischer Minderheiten, deren soziale und demographische Merkmale von den Publikationen des Office of Population Censuses and Surveys gesondert analysiert werden. Die Aussicht auf eine Zunahme der farbigen Minderheiten wird von den Studien mit Sorge betrachtet; daß sich die Kinder oder Enkelkinder der Einwanderer vollständig und endgültig in normale Briten verwandeln, erscheint ihnen fast undenkbar. Die Konzentration der überwältigenden Mehrheit der Immigranten, die aus dem New Commonwealth gekommen sind, in bestimmten Gebieten, nämlich in den großen Städten des Südens und der Mitte von England, führt zur Entstehung von ethnischen Enklaven, deren Dichte und Homogenität allerdings niemals die der schwarzen amerikanischen Ghettos erreicht.[4] Die Feindseligkeit der englischen Aufnahmebevölkerung und ihre Tendenz, die Stadtzentren zu verlassen, wo sich die farbigen Minderheiten niederlassen, erklären dieses Phänomen der territorialen Separation.

Die vornehmliche Fixierung auf die Hautfarbe führt die englische Bevölkerung dazu, die wirkliche kulturelle Distanz, die sie von den diversen Einwanderergemeinschaften trennt, nicht wahrzunehmen. Keine Gruppe kann zwar als »von englischer Kultur« betrachtet werden, im umfassenden anthropologischen Sinn des Wortes »Kultur«. Aber die Jamaikaner, welche die Mehrheit der schwarzen Immigranten stellen, sind

4 Vgl. D. Coleman und J. Salt, *The British Population*, a. a. O., S. 489–491.

von allen Gruppen gewiß diejenige, die der Aufnahmegesellschaft in ihren Sitten und Gebräuchen am nächsten kommt. Sie sprechen Englisch und sind Christen wie die Briten, obwohl ihre religiöse Praxis in ihrem Ursprungsland viel intensiver ist als die der Einwohner der Städte in Süd- und Mittelengland kurz nach dem Zweiten Weltkrieg. Die Einwanderer südostasiatischer Herkunft dagegen, die physisch gesehen den Engländern näherstehen, sind geradezu exotisch hinsichtlich ihrer Gebräuche. 60 bis 80 % der Inder sind nach den Schätzungen Sikhs, sprechen Punjabi als Muttersprache und sind Anhänger einer spezifischen Religion, die zwar monotheistisch, aber vom Hinduismus abgeleitet ist. Die übrigen 20 bis 40 % stammen aus Gujarat und sind demnach Polytheisten. Die Pakistani, von denen die Mehrheit aus der kleinen Region von Mirpur kommt, sind Muslime, sprechen aber Punjabi wie die Sikhs. Unabhängig von jeder Sprachfrage lenkt auch die Alphabetisierungsrate der Herkunftsländer die Aufmerksamkeit auf die relative Nähe zu den Jamaikanern. Um 1960 liegt die Anzahl der Personen, die lesen und schreiben können, in Jamaika bei 82 %, im indischen Punjab jedoch nur bei 31 % und in Pakistan bei 15 %.

Wenn man zu dem viel tieferen anthropologischen Niveau der Familienstrukturen übergeht, scheinen die Jamaikaner trotz gewichtiger Unterschiede den Engländern viel näher als die Sikhs oder die Pakistani, insbesondere was den traditionellen Status der Frau betrifft – ein essentielles Element im interethnischen Kontakt. Keines der Familiensysteme der Einwanderer gehört zu dem Typus der absoluten, liberalen und nichtegalitären Kernfamilie. Die jamaikanische Familie, »eine Kernfamilie mit matriarchalischer Tendenz«, müßte jedoch, von England aus betrachtet, die objektiv am wenigsten fremde sein. Selbst im erweiterten Haushalt, der eine Mutter, ihre Töchter und deren eigene Nachkommen umfaßt, weist dieser Familientyp keinen autoritären Beziehungsstil zwischen Eltern und Kindern auf. Die relativ nachgeordnete Stellung der Männer sichert den Frauen ein Höchstmaß an Autonomie zu, ein

strukturelles Element, das seine Entsprechung in der englischen Familie findet. Das wenig autoritäre und recht feministische anthropologische System Jamaikas ist zwar eigenständig, aber gut kompatibel mit dem System der absoluten englischen Kernfamilie. Und dies um so mehr, als sich die Jamaikaner, die sich in London niederließen, zu Beginn offenbar dafür entschieden haben, die Kompatibilität bis zur Angleichung zu treiben, indem sie ihr Familienleben dem Stil ihrer englischen Umgebung anglichen. So scheint die nichteheliche Lebensgemeinschaft, ein Charakteristikum des jamaikanischen Lebens, aufgegeben worden zu sein. Die Rate der offiziellen Eheschließungen der karibischen Einwanderer in England stieg in den ersten Jahren des Prozesses der Familienzusammenführung merklich an.[5] Die pakistanischen und indischen Familiensysteme sind dagegen antiindividualistisch und benachteiligen die Frauen. Im traditionellen ländlichen Leben im Punjab, ob muslimisch oder von der Sikh-Religion geprägt, äußert sich die Autorität der Eltern in der starren Norm eines gemeinsamen Wohnsitzes der erwachsenen Generationen; der verheiratete Sohn schuldet seinem Vater Gehorsam. Die Eheschließung wird von den Eltern arrangiert; im endogenen pakistanischen System wird als Partnerin eine Cousine bevorzugt; bei den Sikhs, deren System zum nordindischen exogamen Typ gehört, kommt die Partnerin dagegen stets von außerhalb der Verwandtschaftsgruppe. Diese beiden Familientypen sind strikt patrilinear. Das pakistanische Modell läßt alle Söhne in der Erbfolge zu (Entwicklungszyklus der gemeinschaftlichen Familie), das Modell der Sikhs dagegen in der Praxis nur einen (Entwicklungszyklus der Stammfamilie), die anderen Söhne sind häufig gezwungen, eine Anstellung als Handwerker oder Soldat zu finden.[6] Im nördlichen Teil des indischen Subkontinents, sei es in

5 N. Forner, »The Jamaicans«, in: J. L. Watson, *Between Two Cultures: Migrants and Minorities in Britain*, Oxford: Blackwell 1977, S. 120–150, insbesondere S. 140.

6 Zur pakistanischen Gemeinschaftsfamilie vgl. V. Saifullah Khan, »The Pakistanis: Mirpuri villagers at home and in Bradford«, in: J. L. Watson,

der muslimischen oder der indischen Zone, hat die Frau einen untergeordneten Status, der mit der englischen Tradition, einer der am stärksten feministischen der westlichen Welt, völlig unvereinbar erscheint.

Trotz oder vielleicht sogar wegen ihrer relativen kulturellen Nähe werden die Schwarzen als Immigranten mit typischen Problemen bezeichnet. Nichts ist im Endeffekt beängstigender für eine differentialistische Aufnahmegesellschaft als eine Gruppe von Einwanderern, die *in ihrer physischen Erscheinung sehr unterschiedlich, in ihren Sitten aber sehr ähnlich* ist, da ihre Existenz der apriorischen metaphysischen Gewißheit einer essentiellen Verschiedenartigkeit der Menschen zu widersprechen scheint. Aufgrund ihrer familiären und religiösen Traditionen nehmen sich die Sikhs und die Pakistani fremder, physisch gesehen aber weniger »anders« aus als die karibischen Einwanderer, und so werden sie insgesamt als weniger bedrohlich wahrgenommen, da sie normaler, also mit dem *differentialistischen Apriori* besser kompatibel scheinen: In physischer wie in kultureller Hinsicht sind sie anders, doch ihre umfassende harmonisierende Fremdheit produziert keine intellektuelle Beunruhigung. Die Abstufungen in der Einstellung zur Hautfarbe dürfen uns aber nicht vergessen lassen, daß die Hauptgruppen der Einwanderer aus der dritten Welt in Großbritannien alle als »nicht-weiß« wahrgenommen und klassifiziert werden, ob sie von den Antillen kommen oder Inder oder Pakistani sind. Die Gesamtheit der Daten suggeriert eine allgemeine Fixierung auf den Begriff der Rasse, bei dem die Hautfarbe als die entscheidende Markierung des menschlichen Unterschieds erscheint. Wir werden sehen, daß eine solche, den Engländern und den Amerikanern gemeinsame Auffassung nicht nur im Gegensatz zu derjenigen der Franzosen steht, die einzig kulturellen Differenzen gegenüber sensibel sind, sondern auch zu derjenigen der Deutschen, die imstande sind, über

Between Two Cultures: Migrants and Minorities in Britain, a. a. O., S. 57–89. Zur Stammfamilie der Sikhs siehe weiter oben, S. 38.

Unterschiede zu erschrecken, die nicht in irgendeiner objektiven Andersartigkeit der äußeren Erscheinung oder der Sitten bestehen. Bei ihnen findet die Differenz ihre ideale, rein abstrakte Form im religiösen, inneren, unsichtbaren Unterschied. In England macht sich die Angst demnach in erster Linie an physischen Differenzen fest, selbst wenn dieser Unterschied zur Reorganisation des ideologischen Systems führt, das vorgibt, von der Kultur zu sprechen.

Die ideologische Neuanpassung: von der Hautfarbe zum Multikulturalismus

Kurz nach dem Zweiten Weltkrieg beginnen die Eliten und die politischen Parteien Englands, ohne intensiv darüber nachgedacht zu haben, sich mit dem Problem der Immigration aus nicht-europäischen Ländern zu befassen, wobei sie von universalistischen Voraussetzungen ausgehen. In einem Land, das eine entscheidende historische Rolle bei der Niederschlagung des Nationalsozialismus gespielt hat, ist der Glaube an die Einheit des Menschengeschlechts unantastbar. Von der Rassentrennung, wie sie bei den ankommenden amerikanischen Truppen herrschte, waren viele Engländer während des Krieges überrascht und schockiert. Auch die Entwicklung massiver rassistischer Gefühle in der Gesamtbevölkerung war für die Regierungen des Landes, linke wie rechte, eine böse Überraschung, insbesondere in dem optimistischen Klima der Jahre 1950 bis 1960. England erschien als untadeliges Musterland, was die Einstellung zu ethnischen und Rassenfragen angeht. Es galt als ein Modell der Toleranz, das fähig war, Hitler die Stirn zu bieten und nach dem Krieg seine wichtigsten Kolonien im einem nahezu schmerzlosen Prozeß in die Unabhängigkeit zu entlassen.

Seit dem Ende der sechziger Jahre, das heißt gut fünfzehn Jahre vor Auftauchen der Bewegung um Le Pen in Frankreich, wird Enoch Powell, ein konservativer Parlamentarier, zum

Sprachrohr der »weißen« Angst. Im April 1968 verleiht Powell dieser Angst erstmals öffentlichen Ausdruck. In einer Rede in Birmingham erklärt er, das eigentliche Problem liege nicht in der Diskriminierung, der die Einwanderer ausgesetzt waren, sondern in den Nachteilen, welche die einheimischen Briten durch die Einwanderung hinnehmen müßten. Er äußerte den berüchtigten Satz: »Wenn ich in die Zukunft schaue, bin ich voller Befürchtungen. So wie der Römer habe ich das Gefühl, den Tiber mit Blut überschäumt zu sehen.« In den darauffolgenden Tagen kommen 110 000 Briefe in seinem parlamentarischen Büro an; abgesehen von 2300 pflichten ihm alle bei. Eine Meinungsumfrage zeigt, daß 82% der Briten es für richtig erachten, daß Powell diese Rede hielt, und daß 74% ihm »im großen und ganzen« recht gaben. Der Stil von Enoch Powell macht ihn in einem Land wie Großbritannien in der gebildeten Gesellschaft, ob rechts- oder linksgerichtet, unmöglich. Die konservative Partei übernimmt jedoch sehr schnell die Idee einer Einwanderungskontrolle, auch wenn Enoch Powell wegen seiner ungeschliffenen Formulierungen aus dem Schattenkabinett ausscheiden muß. Das England der siebziger Jahre wird, wie das Frankreich der achtziger, beherrscht von der Einwanderungsfrage. Die *National Front*, eine dem französischen *Front national* erstaunlich ähnliche rechtsextreme Organisation mit neofaschistischen oder neonazistischen Funktionären und einwanderungsfeindlichen Sympathisanten, scheint in den Jahren 1973–1974 vor einem Durchbruch bei den Wahlen zu stehen. 1973 erhält sie bei der Nachwahl von West Bromwich 16,2% der abgegebenen Stimmen. Ihre Ergebnisse bei den Lokalwahlen von 1976 und 1977 sind beachtlich.[7] Durch ihren Erfolg im Arbeitermilieu erscheint sie einen Augenblick lang wie eine Vorahnung ihres französischen Pendants. Jedenfalls partizipiert sie an der Zerstörung der englischen Arbeiterbewegung, so wie später der *Front national* zum

7 Vgl. J. Solomos, *Race and Racism in Contemporary Britain*, London: Macmillan 1989, S. 132.

Niedergang der Kommunistischen Partei Frankreichs beiträgt. Aber im Januar 1978 erschüttert Margaret Thatcher in einem Fernsehinterview die Gemüter mit einer sehr klaren Äußerung über die Immigration:

»Die Menschen haben wirklich Angst, daß das Land von Menschen einer anderen Kultur überschwemmt werden könnte. [...] Sie wissen, daß die britische Persönlichkeit auf der ganzen Welt sehr viel für die Demokratie und für das Recht getan hat; und wenn sie befürchten, sie könnte überschwemmt werden, werden die Leute reagieren und den Einwanderern eher feindselig gegenüberstehen.«[8]

Bei den Wahlen von 1979 triumphiert die konservative Partei, und die *National Front* verschwindet. Die Obsession der Immigration bleibt bestehen. Trotz der wachsenden Ablehnung der grundlegenden Prinzipien ihrer Wirtschafts- und Sozialpolitik durch die Mehrheit der Bevölkerung gewinnt die konservative Partei die Wahlen von 1979, 1983, 1987 und selbst die von 1992. Unausgesprochen wurde sie zum Verteidiger einer neuen weißen Identität und blieb in dieser Rolle ungefährdet, da sich die Labour Party auf die Verteidigung der farbigen Minderheiten spezialisierte.

Die positive Reaktion der Massen auf die einwanderungsfeindlichen Thesen stellte die Labour Party, die eine Zeitlang dem öffentlichen Druck widerstand, vor ein großes moralisches Problem. Während der gesamten fünfziger Jahre verweigerte sie sich dem Prinzip der Einwanderungskontrolle im Namen der Universalität des Menschen. Gestützt auf die Prinzipien, die sie während des Kampfes gegen den Nationalsozialismus vertreten hatte, leugnete sie die Existenz fundamentaler Unterschiede zwischen menschlichen Wesen unterschiedlicher physischer Erscheinung. Nach der Verabschiedung des *Commonwealth Immigrant Act* von 1962 gab Labour allerdings nach, schrittweise, aber vollständig. Die britische Linke konvertierte zu einem Differentialismus, den man als militant be-

8 Zitiert nach D. Hiro, *Black British, White British*, a. a. O., S. IX.

zeichnen kann. Im Mai 1966 definierte Roy Jenkins, seinerzeit Innenminister, »die Integration nicht als Prozeß der Angleichung durch Assimilation, sondern als eine Gleichheit der Chancen, die mit kultureller Vielfalt in einer Atmosphäre gegenseitiger Toleranz einhergeht«. Die Labour Party akzeptierte demnach die Vorstellung irreduzibler Differenzen, welche die menschlichen Gruppen voneinander trennen. Sie bemühte sich weiterhin um den Kampf gegen die Rassendiskriminierung, hatte aber de facto das Prinzip der unbedingten Existenz von Rassen übernommen: Sie gab die Idee auf, daß die beobachteten »Rassen«, soweit sie durch spezifische physische Erscheinung definiert sind, nur vorübergehende Phänomene darstellen, die durch die historische Isolation der Völker entstanden sind und die im übrigen durch Mischehen und Zeugung von Kindern, in deren äußerer Erscheinung und Hautfarbe sich die unterschiedlichen Merkmale vermischen, beseitigt und aufgelöst werden können.

Die Vertreter der Labour Party geben ihre »progressive« Haltung nicht vollständig auf, da legislative Maßnahmen versprechen müssen, gegen die Rassendiskriminierung zu kämpfen: die *Race Relations Acts* von 1965, 1968 und 1976. Im Jahr 1977 wird eine *Commission for Racial Equality* eingesetzt. Im Rahmen des Möglichen bemüht sie sich darum, Diskriminierungen im Alltag, bei der Arbeit oder im Wohnviertel, einzudämmen. Aber solche Formulierungen machen den Begriff der Rasse unabdingbar. In der Realität impliziert der Begriff der Rassengleichheit, logisch betrachtet, etwas, das stark dem »separate but equal« der Blütezeit der amerikanischen Segregation ähnelt, selbst wenn es eigentlich das Ziel dieser Politik ist, die separierte Gruppe zu beschützen und nicht zu unterdrücken. Die Commission for Racial Equality, ein Vermächtnis der Labour Party an die Konservativen, die 1979 wieder an die Macht kommen, interessiert sich von 1981 an für die Probleme der Schulen. Es geht darum, eine Lösung für die schulischen Schwierigkeiten der Kinder karibischer Ab- stammung zu finden. Das Prinzip einer einheitlichen und assimilierenden Erzie-

hung wird schrittweise aufgegeben. Der 1985 veröffentlichte Swann-Bericht fordert die Umsetzung einer multikulturellen Erziehung, die es den farbigen, *in England geborenen* Kindern erlaubt, das Trauma eines Bruchs mit ihrer ursprünglichen Kultur zu vermeiden. Er schlägt vor, die Zahl der Unterrichtsstunden, die ausschließlich den ethnischen Minderheiten zugute kommen, zu erhöhen und die Muttersprachen der Kinder zu fördern. 1988 haben 77 von 115 Local Education Authorities bereits das Prinzip der multiethnischen Erziehung angenommen. Die regierenden Konservativen sind von diesem Ansatz nicht begeistert und erscheinen im Vergleich zu der multikulturalistischen Linken, die den Stadtrat von Groß-London dominiert, wie die zaghaften und schwachen Verteidiger unitarischer und assimilationistischer Konzepte aus der unmittelbaren Nachkriegszeit.[9] Ihr Universalismus ist zu einem großen Teil eine Illusion. Gerade die Konservativen, die stark an der Idee einer Anpassung der Einwanderer an das traditionelle englische Leben festhalten, sind es ja, die frühzeitig die Schließung der Grenzen befürworteten. Die Labour Party, die viel länger für eine Öffnung der nationalen Grenzen eintrat, bemühte sich schließlich mit großer Energie, Grenzen innerhalb der englischen Gesellschaft zu bestimmen. Die Diskrepanz zwischen dem rechten und dem linken Flügel des britischen differentialistischen Systems dreht sich nur um die Frage, wo die Demarkationslinie zu ziehen ist: rund um Großbritannien oder an der Peripherie der Stadtzentren.

Die Rolle der radikalen Linken bei der Definition des Multikulturalismus darf nicht unterschätzt werden. Die linke Agenda verteidigt das Prinzip einer positiven Einschätzung der Einwandererkulturen und meint, daß nur ethnischer Stolz gute Schulleistungen der Kinder aus Minderheitengruppen ermögliche. Manche Paralogismen in der Argumentation führen zu

9 Zu den Parteien und zum Swann-Bericht vgl. D. Hiro, ebd., S. 227–232, und Roy Todd, *Education in a Multicultural Society*, London: Cassell 1991, S. 56–60 und S. 73 f.

verblüffenden Entwicklungen; diverse Bücher erwähnen mit vollem Ernst den kulturell einseitigen Charakter der Mathematik[10]: Die historischen Geschichten über »weiße« Gelehrte wie Pascal und Pythagoras förderten die schwarze Entfremdung. Man kommt nicht umhin, angesichts dieser Beschwörung einer eurozentrischen Mathematik an die »jüdische Wissenschaft« aus der großen Zeit des Antisemitismus zu denken. Die Ablehnung einer universalen menschlichen Vernunft, ideal verkörpert in der Mathematik, ist ebenso typisch für die nationalsozialistische Ideologie wie für einige Texte von Oswald Spengler aus den zwanziger Jahren.[11] Solche Äußerungen markieren eine Grenze, jenseits deren die Billigung einer »rassischen« Konzeption des sozialen Lebens sich nicht mehr hinter guten Absichten verstecken kann.

Die Labour Party wird schließlich zum treuen Verteidiger der ethnischen Minderheiten – eine Rolle, die in den Vereinigten Staaten die Demokratische Partei für die Schwarzen spielt. Kurz vor den Wahlen von 1979 zeigt eine Meinungsumfrage, daß 46 % der weißen Wähler, 25 % der indischen oder pakistanischen Südasiaten und 13 % der karibischen Bevölkerung beabsichtigen, ihre Stimme den Konservativen zu geben.[12] Anfang der achtziger Jahre fördern die radikalen Londoner Linken die Einrichtung »schwarzer Sektionen« innerhalb der Partei, obgleich die Führung der Labour Party sich dagegen ausspricht.[13] Bei den allgemeinen Wahlen von 1987 erreicht der linke Differentialismus seinen Höhepunkt: Vier farbige Parlamentarier werden in den Wahlkreisen mit einer starken ethnischen Komponente gewählt: drei Schwarze und ein Inder katholischen Glaubens.[14] Der Differentialismus der Linken oder extremen Linken in England verwendet ganz einfach die

10 Dazu E. Todd, ebd., S. 69–71.

11 Oswald Spengler, *Der Untergang des Abendlandes. Umrisse einer Morphologie der Weltgeschichte*, München: dtv 1972.

12 D. Hiro, *Black British, White British*, a. a. O., S. 78.

13 Vgl. ebd., S. 95 f.

14 Vgl. ebd., S. 102.

Hautfarbe als grundlegendes Merkmal, das es ermöglicht, die Menschheit in unterschiedliche Kategorien aufzuteilen. Er unterscheidet sich jedoch von der zentralen Tradition des angelsächsischen Differentialismus durch eine eigentümliche Verwendung der Farbtöne.

Englische Statistiken ordnen alle Gruppen von Immigranten, die aus der dritten Welt gekommen sind – Einwanderer aus der Karibik, Inder, Pakistani, Bangladeshi, Afrikaner, Chinesen oder Araber –, der Kategorie »nicht-weiß« zu. Dies geschieht im Rahmen sehr weit gefaßter Kriterien, die zudem den Klassifikationen der traditionellen physischen Anthropologie widersprechen, für die die Nordinder, Pakistani und Araber weiß sind. Einige militante »Antirassisten« aus Großbritannien gehen sogar so weit, Inder und Pakistani als »schwarz« einzuordnen. Diese unterschiedlichen farblichen Einordnungen der Populationen, die aus Südasien oder aus dem Nahen Osten stammen, lassen sich nicht aus dem objektiven Abstand ableiten, der zwischen dem weißrosa Teint der Engländer und der unterschiedlich schattierten dunklen Haut der Pakistani, Inder oder Araber besteht. Die differentialistische Ideologie entspringt einer *apriorischen* metaphysischen Gewißheit, die in den nicht-egalitären anthropologischen Strukturen der Aufnahmegesellschaft verankert ist. Sie berücksichtigt zwar die sichtbaren Merkmale, gestaltet die Wahrnehmung jedoch gemäß ihren *apriorischen* Bedürfnissen. Wenn es wahr ist, daß die Anwesenheit einer schwarzen Bevölkerung in England die Möglichkeit eines Rassendifferentialismus eröffnet, ist es dennoch evident, daß die 1,2 % der 1985 im Vereinigten Königreich erfaßten karibischen oder afrikanischen Bevölkerung kein zureichendes mythisches Objekt abgeben. Der englische Differentialismus bemüht sich also, die Kategorie der Nicht-Weißen über die Grenzen dessen hinaus zu erweitern, was anderswo als normal gilt. Zusammengenommen zählen die Jamaikaner, Afrikaner, Inder, Pakistani, Bangladeshi, Chinesen, Araber usw. Mitte der achtziger Jahre nur etwas weniger als 2,5 Millionen Menschen und stellen 4,5 % der britischen

Bevölkerung. Ein solcher Prozentsatz ist schon besser geeignet, Aufmerksamkeit auf sich zu ziehen. Der amerikanische Differentialismus, der über 12,1 % Schwarze verfügt, hat eine derartige Erweiterung nicht nötig und hat daher nie in Betracht gezogen, seine Mexikaner und Inder als »schwarz« anzusehen. Die Wahrnehmung des »Unterschieds« ist eine Notwendigkeit des anthropologischen Systems, das, gewissen unumgänglichen Zwängen gehorchend, ein Objekt konstruieren muß, auf das es sich fixieren kann. Aber die Logik des Differentialismus führt zu einer subjektiven Deutung der physischen oder kulturellen Identität.

Die detaillierte Untersuchung der ethnischen Gruppen Großbritanniens zeigt jedoch, daß die Konstruktion einer »nichtweißen« Kategorie durch die differentialistische Ideologie keiner anthropologischen Realität entspricht, daß vielmehr jede der drei Hauptgruppen, Jamaikaner, Pakistani und Sikhs, in der britischen Gesellschaft einen eigenen Weg geht. Die Sikhs bevorzugen den Weg einer langfristigen Assimilation, der nicht ausschließt, daß sie zwischenzeitlich ihre Andersheit ausdrücklich hervorheben. Die Pakistani scheinen dafür bestimmt zu sein, recht lange als Gemeinschaft zu überleben, ohne jedoch eine dichte endogame Gruppe zu bilden. Die karibischen Einwanderer lassen alle Anzeichen einer spezifischen Entfremdung erkennen, die jedoch nicht zu einer matrimonialen Segregation amerikanischen Typs führt. Der rassische oder ethnische Differentialismus, der in der statistischen Literatur so offensiv auftritt, existiert bei den einfachen Leuten, die mit den Einwanderern aus der dritten Welt den meisten Kontakt haben, durchaus. Dieser volkstümliche Differentialismus zwingt die unterschiedlichen Immigranten zu spezifischen Reaktionen, die das Prinzip der Omnipotenz der Aufnahmegesellschaft am Beispiel Englands illustrieren. Aber er funktioniert schlecht und führt aufgrund der impliziten Konkurrenz mit dem Klassendifferentialismus nicht zu einer langfristigen Segregation. Man kann in Großbritannien nicht von der Existenz *eines* weißen Volkes sprechen, das um seine Homogenität besorgt und das fähig

wäre, präzise Rassennormen zu deren Erhaltung festzusetzen. Die sozialen Klassen sind in England quasi-ethnische Gruppen, von denen einige kulturell weit genug von den vorherrschenden Mittelschichten entfernt sind, um deren Vorstellungen von Rassenreinheit nicht zu ernst zu nehmen.

Der Wandel der Minderheiten

Die Jamaikaner, Sikhs oder Pakistani – zunächst fast immer alleinstehende Männer, die in den fünfziger Jahren nach England kommen –, sind Träger ihrer jeweiligen Kulturen, aber nicht unbedingt bestrebt, ihre Herkunftskultur am Leben zu halten. Unter dem demographischen Druck ihrer Heimatländer und zugleich von der starken Nachfrage der britischen Industrie nach Arbeitskräften angezogen, kommen sie, um ihren Lebensunterhalt zu bestreiten. Wenngleich die Migration zunächst als zeitlich begrenzte Erscheinung aufgefaßt wurde, erweist sie sich – zur Überraschung der Engländer wie wohl auch der Einwanderer selbst – oft als endgültig. Frauen und Kinder stoßen zu den Männern, alleinstehenden Arbeitern, die nun plötzlich Familienoberhäupter sind. Die 1962 beginnende Schließung der Grenzen beschleunigt die Stabilisierung der Immigration. Von diesem Zeitpunkt an ist es nicht mehr möglich, über Weggehen oder Rückkehr nachzudenken: Man muß sich entscheiden, wegzugehen oder zu bleiben. Die ersten Immigranten, die aus der dritten Welt in die Industriegesellschaft gekommen sind, müssen einen Kulturschock bewältigen und sind psychologisch zur Assimilation bereit. Die karibischen Einwanderer beginnen, wie man gesehen hat, damit, ihre freien Verbindungen durch offizielle Eheschließungen legalisieren zu lassen. Die Sikhs entledigen sich ihrer Turbane, rasieren sich Kopf- und Barthaar und verzichten somit auf die grundlegenden Zeichen ihrer religiösen Zugehörigkeit.[15]

15 Vgl. ebd., S. 128.

Die Feindseligkeit der englischen Bevölkerung modifiziert diese Haltung. Der Differentialismus wird den Einwanderergemeinschaften letztlich aufgebürdet und verhilft ihnen zu einer Art erzwungener Rückkehr zu ihrer Herkunftskultur. Jamaikaner, Sikhs und Pakistani werden alle mit einer Situation der Ablehnung konfrontiert. In diesem Stadium spielt jedoch der Inhalt der Herkunftskultur beim Anpassungsprozeß eine Rolle. Nicht alle Gruppen verfügen über die gleichen Mittel und die gleichen Abwehrstrategien, um sich zu wehren und an dieses von Ablehnung geprägte Umfeld anzupassen.

Die Anpassung ethnischer Gruppen in England

	Alphabetisierung des Herkunftslandes	*Schulische Leistung in London*[16] *(ILEA examination score)*	*Geburtenrate des Herkunftslandes um 1960*	*Geburtenrate in England 1990*	*Familien mit nur einem Elternteil (1987/1989)*
Jamaikaner	82 %	13,6	6,0	1,6	49 %
Inder	31 %	24,5	6,0*	2,2	6 %
Pakistani	15 %	21,3	6,0	4,7	8 %
»Weiße«	99 %	15,2	2,7	1,8	15 %

*Schätzung.

16 Vgl. D. Gillborn, »Race«, in: *Ethnicity and Education*, a. a. O., S. 11.

Die Sikhs zwischen zwei Formen des Differentialismus

Die monotheistische Sikh-Religion, die ihre Anhänger als auserwähltes Volk betrachtet, entstand im 16. Jahrhundert aus dem Kontakt zwischen dem Hinduismus und dem Islam. Ihr heiliges Buch ist der *Granth*. Sie nimmt das hinduistische Prinzip der Reinkarnation wieder auf, glaubt aber ebenso an die Möglichkeit einer endgültigen Rettung in einer Art Paradies, dem *Sach Kand*, Ort des ewigen Glücks. Das religiöse System der Sikhs hat eine kriegerische Dimension: So wird von orthodoxen Sikhs ein kleiner Dolch als Erkennungszeichen getragen, eine Gewohnheit, die in England aufgegeben wurde. Obwohl sie das Kastensystem ablehnen, ist die Religion der Sikhs dennoch differentialistisch: Gegenüber der Außenwelt sind die Sikhs in der Theorie gleich.

Im Punjab, einer Welt, die nicht vollständig vom hinduistischen differentialistischen Universum getrennt ist, bleiben die Kasten jedoch bestehen. Ein autoritäres und nicht-egalitäres Stammfamiliensystem unterstützt und nährt den Differentialismus der Sikhs. Die Erbschaftsregeln sind formal egalitär, aber in der Praxis folgt nur ein Sohn seinem Vater auf dem elterlichen Hof, die anderen Kinder sind zum Wegzug gezwungen.[17] Einer der Charakterzüge der Punjab-Kultur, ob nun geprägt von der Religion der Sikhs oder nicht, scheint ein starker Antagonismus zwischen Brüdern zu sein.[18] Aber in einigen Regionen des Punjab, in denen die Sikh-Religion erst in neuerer Zeit und unvollkommen aufgenommen wurde, überleben einige Spuren eines älteren polyandrischen Systems. So räumen einige ältere Brüder den jüngeren das Recht ein, sexuellen Kontakt mit ihrer Ehefrau zu unterhalten, eine Praxis, die an das geographisch nahe Tibet erinnert. Die Stammfamilie des

17 Vgl. M. J. Leaf, *Information and Behavior in a Sikh Village*, a. a. O., S. 185 f.

18 Vgl. P. Hershman, *Punjabi Kinship and Marriage*, Delhi: Hindustan Publishing Corporation 1981, S. 66.

Punjab ist stark patrilinear: Wie im übrigen Teil Nordindiens und wie in der arabisch-muslimischen Tradition sind die Frauen zweitrangige Wesen. Eines der demographischen und anthropologischen Merkmale des traditionellen Punjab ist die Tötung weiblicher Neugeborener, was bei verschiedenen Volkszählungen bis in jüngste Zeit an einer ungewöhnlich hohen Anzahl von Männern ablesbar ist. Im indischen Punjab kommen im Jahr 1961 statistisch nur 864 Frauen auf 1000 Männer.[19] Der durchschnittliche Altersunterschied zwischen Ehemann und Frau von 3,1 Jahren im Jahr 1971 ist jedoch nicht sehr groß. Dies ist vielleicht ein Zeichen für einen Rest an weiblicher Autonomie.

Die Sikhs beziehen ihre Identität aus ihrer Andersartigkeit. Aus diesem Grund sind die von der englischen Bevölkerung zurückgewiesenen Immigranten perfekt gewappnet, fast darauf vorbereitet, eine Phase der Marginalisierung durchzumachen. Die Reise von Indien nach England ist der Übergang von einem differentialistischen Umfeld in ein anderes. Die Stammfamilie, die gleichzeitig großen ethnischen Stolz, ein starkes Bildungspotential und eine gute Befähigung zum Kleinunternehmertum impliziert, schützt die Individuen in der Minderheit vor kulturellen und psychologischen Aggressionen, die von der dominierenden Gesellschaft ausgehen. Die Ablehnung der Sikhs führt in England zunächst zur Entstehung einer recht prosperierenden Enklavenkultur. Seit den sechziger Jahren lassen die Sikh-Männer ihren Bart und die Haare wieder wachsen und kehren zur Benutzung des Turbans zurück. Die Ankunft geflüchteter Sikhs aus den ehemaligen englischen Kolonien in Ostafrika beschleunigt diesen Prozeß: Stark anglifiziert, haben sie die separatistischen Normen der englischen Kultur bereits verinnerlicht.[20] Diese Rückkehr zum Turban behauptet sich bei

19 Vgl. D. Natarajan, »Changes in Sex Ratio«, in: *Census of India 1971*, Neu-Delhi, S. 8.

20 Vgl. R. Ballard und C. Ballard, »The development of South Asian settlements in Britain«, in: J. L. Watson, *Between Two Cultures: Migrants and Minorities in Britain*, a. a. O., S. 21–56, insbesondere S. 37.

den jungen Sikhs der zweiten, in England geborenen Generation. Gegen Ende der sechziger Jahre haben die Sikhs schon um die vierzig Kultorte (*gurdwaras*) im Land eingerichtet.[21]

Keine dieser Anpassungen läßt sich schlicht und einfach als Kontinuität interpretieren. So ist die Rückkehr zum Turban nicht nur ein Zeichen für die Beständigkeit eines traditionellen Glaubens. Der Turban wird ebensosehr zum Merkmal der ethnischen Zugehörigkeit wie der Religiosität. Die Religion ist ein soziales Band, nicht anders als ein metaphysischer Glaube. Aber man kann sagen, daß die Sikhs ihre Identität in England immer weniger metaphysisch als ethnisch interpretieren. Die Sikh-Familie, die zwischen 1970 und 1980 in England lebt, ist selbst bereits eine leicht modifizierte Form des ursprünglichen punjabischen Modells, beeinflußt durch englische Werte, wie die Autonomie der Frauen und die Freiheit der Kinder. Die Ehefrauen beginnen zu arbeiten, Söhnen und Töchtern wird in der fortbestehenden Prozedur der arrangierten Eheschließung eine Art Vetorecht eingeräumt.[22] Die Geburtenkontrolle wird schnell und vollständig angenommen. Seit 1981 liegt die Geburtenrate sämtlicher in Indien geborenen Frauen bei 3,1; 1990 liegt sie bei 2,2. Damit hat die Gruppe der Sikhs ein durch und durch modernes westliches Niveau erreicht. Eine flexible Form der Stammfamilie setzt sich durch, die einige Formen der Verhandlung – zwischen Mann und Frau, zwischen Eltern und Kindern – erlaubt. Befreit von dem patriarchalischen Druck, der auf der lokalen Gesellschaft des Punjab lastet, entwickelt die Stammfamilie der Sikhs ein ökonomisches und kulturelles Anpassungspotential, das an jenes der in die Vereinigten Staaten immigrierten Juden und Japaner erinnert. 1990 gleicht sich die indische Kindersterblichkeit dem sehr niedrigen Niveau der aufnehmenden Gesellschaft an: 7,4 Todesfälle vor Erreichen des ersten Lebensjahres auf 1000 Kinder von Müttern, die in

21 Vgl. D. Hiro, *Black British, White British*, a. a. O., S. 128.

22 Vgl. R. Ballard und C. Ballard, »The development of South Asian settlements in Britain«, a. a. O., S. 48–56.

Indien geboren wurden, gegenüber einem britischen Mittelwert von 7,5. Viele Sikhs werden Kleinunternehmer. Ihre Kinder zeigen ausgezeichnete schulische Leistungen, die jene der weißen Engländer übertreffen.[23] Ende der achtziger Jahre erreicht der Prozentsatz der Mitglieder der indischen Bevölkerungsgruppe zwischen 16 und 64 Jahren, die studiert haben, 15 % und übertrifft damit den der »Weißen« von nur 13 %.[24] Diese Werte berücksichtigen nicht die Unterschiede zwischen den einzelnen Studiengängen und belegen auch nicht, daß die Inder zu den Universitäten, die als die besten gelten und die das Herzstück des britischen kulturellen Systems ausmachen, leichter Zugang fänden. Aber selbst im Bereich der technischen Zweige belegen die Zahlen eine beachtliche Energie der Sikh-Kultur. Die Kombination einer vertikal integrierten Familienstruktur und einer starken ethnischen Identität erlaubt trotz der separatistischen Haltung der weißen Engländer eine positive Anpassung. Diese Anpassungsdynamik hält *die Möglichkeit einer späteren Assimilation der Sikhs, vergleichbar mit derjenigen der Juden und der Japaner in den Vereinigten Staaten, offen.* Dies zeigt die Analyse der Mischehen, die in der ersten Einwanderergeneration noch sehr rar waren und in der zweiten Generation schon zahlreicher. Zwischen 1985 und 1988 hatten nur 5 % der Männer indischer Herkunft, die außerhalb des Vereinten Königreichs geboren wurden, eine »weiße« Ehefrau oder Partnerin. Für die zweite, in England geborene Generation beträgt der Satz 16 %.[25] Im Fall der indischen Gemeinschaft, die sich mit einer Geburtenrate von 2,2 Kindern pro Frau auf lange Periode allenfalls reproduzieren, aber nicht vermehren kann, würde schon eine konstante Rate von 16 % Mischehen in einigen Generationen zum Verschwinden der

23 Vgl. D. Gilborn, »Race«, in: *Ethnicity and Education*, a. a. O., S. 111.

24 Vgl. R. Skellington, »Race«, in: *Britain Today*, London: Sage 1992, S. 130.

25 Vgl. D. A. Coleman, »Trends in fertility and intermarriage among immigrant populations in Western Europe as measures of integration«, in: *Journal of Biosocial Science*, Band 37, Nr. 1, Januar 1994, S.107–136.

ethnischen Gruppe führen: schlicht und einfach zur Assimilation. Der anfängliche Differentialismus der Sikhs, einer ebenso dynamischen wie beherrschten Gruppe, führt vielleicht zur erfolgreichsten aller Assimilationen.

Die Pakistani: Beständigkeit und Fundamentalismus

Die Pakistani, die sich in England niedergelassen haben, sind sunnitische Muslime. Ihr Familiensystem kann als patrilineares und endogames Gemeinschaftssystem bezeichnet werden.[26] Zur traditionellen bäuerlichen Familie gehören ein Vater, seine verheirateten Söhne und eine umfangreiche Hausgemeinschaft. Die Söhne besetzen in diesem System symmetrische Positionen: Beim Tod des Vaters haben sie gleiches Anrecht auf das Erbe. Die Töchter sind von der Erbschaft ausgeschlossen, die Regeln des Korans werden in diesem Bereich nicht respektiert.[27] Der traditionelle pakistanische Punjab scheint fast genau wie der indische Punjab die Tötung von Neugeborenen weiblichen Geschlechts zu praktizieren; 1951 kamen dort auf 1000 Männer 869 Frauen.[28] Das Heiratssystem ist patrilokal: Die Männer bleiben in ihrer Herkunftsfamilie, die Frauen müssen dagegen nach der Heirat umziehen, um sich in die Gemeinschaftsgruppe ihres Ehemanns zu integrieren. Die Entwurzelung der Töchter wird wie im strukturell identischen arabischen Familiensystem durch die Bevorzugung einer Heirat zwischen Cousins und Cousinen abgeschwächt. Ein Mann

26 Eine Beschreibung der Familienstruktur der Einwohner der Mirpur-Region, aus der die Mehrheit der englischen Pakistani stammt, gibt V. Saifullah Khan, *The Pakistanis: Mirpuri villagers at home and in Bradford*, a.a.O., S. 59 bis 62.

27 Zur Enterbung der Frauen im pakistanischen Punjab vgl. A. Rauf, »Rural women and the family: a study of a Punjabi village in Pakistan«, in: *Journal of Comparative Family Studies*, Band 18, Nr. 3, Herbst 1987, S. 402–415, insbesondere S. 404–406.

28 Vgl. *Census of Pakistan 1951*, Band 1, S. 60.

muß, wenn möglich, seine patrilineare Parallelcousine heiraten, daß heißt die Tochter des Bruders seines Vaters. Dieses Ideal wird aus einer Menge von demographischen Gründen – statistisch gesehen – nur noch in einer Minderzahl der Fälle verwirklicht. Wenn es keine Cousine ersten Grades gibt, sucht man im Bereich des zweiten Grades, dann in der entfernteren Verwandtschaft. Die auf familiärem Niveau symmetrisierte pakistanische Kultur ist in ideologischer und religiöser Hinsicht von universalistischem Typus. Der Gleichheit der Brüder entspricht eine Gleichheit der Menschen überhaupt. Pakistan ist ein Teil der muslimischen *umma*, der Gemeinschaft der Gläubigen. Freilich läßt sich ein innerer Widerspruch im arabisch-muslimischen Menschenbild zwischen dem Prinzip der Universalität und der Präferenz für die Endogamie beobachten. Die Gleichheit der Brüder begünstigt die ideologische Wahrnehmung einer homogenen Menschheit, während die Endogamie dazu beiträgt, daß sich eine konkrete Gruppe in sich selbst einschließt, sei diese Gruppe nun eine Familie, ein Stamm oder eine Nation.[29]

Im englischen differentialistischen Kontext ist die Anpassung der pakistanischen Immigranten demnach weniger natürlich als die der Sikhs, die für die Separation kulturell prädestiniert sind. Der islamische Universalismus, der besagt, daß alle Menschen einander gleich sind, stellt sich der englischen Wesensart entgegen, welche die Menschen als unterschiedlich betrachtet. Im zwischenmenschlichem Bereich des Familienlebens ist dieser Widerspruch weniger deutlich. Die muslimische Endogamie führt zu gesonderten lokalen Gruppen und kann auf ihre Weise zum harmonischen Funktionieren des britischen sozialen Separatismus beitragen. Der englische Differentialismus verletzt die ursprüngliche Ideologie der Pakistani mehr, als er ihr konkretes Leben beeinträchtigt. Die pakistanische Fami-

29 Zu diesem zentralen Widerspruch der arabisch-muslimischen Kultur vgl. das 11. Kapitel, das die Assimilation der Maghrebbewohner in Frankreich behandelt.

lienstruktur ist nicht zerfallen, sondern scheint, im Gegensatz zu der der Sikhs, der Anpassung mehr Widerstand entgegenzusetzen. Die Stellung der Frau verändert sich nicht so sehr in einem fortschrittlichen Sinne, da man in der Phase unmittelbar nach der Ankunft in England eine Verschärfung der weiblichen Zurückgezogenheit beobachtet, der charakteristischen *purdah* des nördlichen Teils des indischen Subkontinents.[30] Die wirtschaftlichen Leistungen und die Bildungserfolge sind keineswegs gering, aber weniger bedeutend als die der Sikhs. Betrachtet man die demographischen Zahlen, kann man nicht sagen, daß sich die Pakistani eindeutig auf die Verhaltensweisen der Moderne umgestellt hätten. Die Kindersterblichkeit bleibt doppelt so hoch wie der nationale Durchschnitt, mit 14,2 Todesfällen auf 1000 Lebendgeburten im Jahr 1990. Die Fruchtbarkeit bleibt, trotz eines gewissen Rückgangs, auf hohem Niveau. Die Geburtenrate der in Pakistan geborenen Frauen sinkt von 6,3 im Jahr 1981 auf 5,3 im Jahr 1984. Nach diesem Zeitpunkt unterscheidet die Statistik nicht mehr zwischen pakistanischen Frauen und Frauen aus Bangladesh; 1990 liegt die Ziffer bei 4,7. Betrachtet man nur die Pakistanerinnen, so liegt die Quote bei mindestens vier Kindern pro Frau und damit doppelt so hoch wie bei den Sikhs.[31]

Die Kontinuität dieser hohen Fruchtbarkeit muß, wie der Anstieg der Fruchtbarkeit der türkischen Frauen in Deutschland seit 1985, mit der Entwicklung eines fundamentalistischen Islam zusammengebracht werden, der sich nicht nur der Treue zur überkommenen Religion, sondern auch dem differentialistischen Klima verdankt. Es entsteht ein britischer Islam, mit seiner Hauptstadt Bradford, einer Stadt, in der die Pakistani etwa dreiviertel einer »ethnischen« Bevölkerung von 68 000 Personen stellen. Beeinflußt durch seinen Kontakt mit der westlichen Welt, nimmt dieser Islam eigenartige Züge an:

30 Vgl. V. Saifullah Khan, *The Pakistanis: Mirpuri villagers at home and in Bradford*, a. a. O., S. 77.

31 Die Zahl der Pakistani ist viermal so hoch wie die der Bangladeshi.

Die britischen Muslime, ursprünglich Sunniten, geraten durch ihre kämpferische Haltung in die Nähe des Irans unter Khomeini. Im September 1988 veröffentlicht Salman Rushdie *Die Satanischen Verse*, ein Buch, in dem Mohammed als falscher Prophet erscheint, der imstande ist, in den Koran Verse einzufügen, die vom Satan inspiriert sind. Im Dezember 1988 beginnen die Kundgebungen der britischen Muslime, die ein Verbot der Buches fordern – Kundgebungen, bei denen Exemplare verbrannt werden. Im Februar 1989 empört man sich in Islamabad über Rushdie. Die Führer der britischen Muslime senden die beanstandeten Passagen des Buches von Rushdie an die Botschaften der 45 Mitgliedstaaten der Islamischen Konferenz. Nur der Iran reagiert deutlich: Am 14. Februar 1989 fordert Khomeini die Tötung des Autors sowie aller Verleger der *Satanischen Verse*, was zu einer weiteren Krise zwischen seinem Land und dem Westen führt. Die Demonstranten pakistanischer Herkunft schwenken daraufhin Khomeini-Porträts.[32] Die Anpassung der sunnitischen Muslime Englands an die iranischen Schiiten ist ein Zeichen für einen Zustand der religiösen und ideologischen Krise. Die Einkapselung ihrer Gemeinschaft in die englische Gesellschaft wird von den Pakistani nicht als ein glückliches und günstiges Phänomen empfunden. Es resultiert aus dem Zögern der Aufnahmegesellschaft, die Kinder der Einwanderer zu integrieren: Zurückgeworfen auf ihre ursprüngliche Religion, die sie nicht mehr richtig verstehen, müssen sie diese neu interpretieren. Am Ende des Prozesses erscheint England zwar nicht als der Ort einer Bewahrung des Islam, aber als ein kleines fundamentalistisches Zentrum. Die englische ethnische Intoleranz hat die pakistanische religiöse Intoleranz hervorgebracht. Aber, es sei noch einmal gesagt: Man kann nicht von einer radikalen Abgeschlossenheit der Pakistani sprechen, wie die Analyse der Exogamierate zeigt. Von 5 % für die in Pakistan geborenen Männer steigt sie

32 Zu all diesen Begebenheiten vgl. D. Hiro, *Black British, White British*, a. a. O., Kapitel 10.

bei der zweiten, in England geborenen Generation auf 19 % in den Jahren 1985 bis 1987. Diese Rate ist zwar etwas höher als die der zweiten indischen Generation, kann aber allein nicht die Auflösung der ethnischen Gruppe herbeiführen. Die Geburtenrate der pakistanischen Frauen, mit durchschnittlich vier Kindern pro Frau, würde, sofern sie konstant bleibt, den Verlust eines Fünftels der Individuen pro Generation mehr als kompensieren.

Die Jamaikaner: die moralische Zerstörung

Die Jamaikaner, als schwarz redefiniert und vom englischen Differentialismus ausgegrenzt, verfügen nicht über eine schützende Identität. Ihre Sprache ist das Englische, ihre Religion das Christentum. Die karibischen Frauen genießen wie die englischen Frauen einen traditionell liberalen Status. Die Sikhs und die Pakistani können sich, einmal ausgegrenzt, hinter dem anfänglichen Gefühl der Fremdheit verschanzen, das sie bei der Ankunft in England befiel: Abgewiesen von der aufnehmenden Gesellschaft, können sie im Namen ihrer eigenen Kultur die religiöse Indifferenz der Engländer, die Schamlosigkeit von deren Frauen und die Undiszipliniertheit von deren Kindern zurückweisen. Den Jamaikanern, die mit den meisten Aspekten der englischen Sitten und Gebräuche vertraut sind, steht kein solcher Ausweg offen, abgesehen vielleicht von der sehr schwach ausgeprägten religiösen Praxis. Die Verwandlung der karibischen Einwanderer in eine ethnische Minderheit bedeutet eine tiefe Verletzung, die nicht mit dem Schock vergleichbar ist, den die Pakistani oder die Sikhs erlitten haben. Das Ergebnis dieser Ausgrenzung durch ihre eigene Bezugskultur besteht buchstäblich in ihrer moralischen Zerstörung. Ihre Reaktionen wiederholen, in beschleunigter Form, die Reaktionen der amerikanischen Schwarzen: Zerfall der Familie, Versagen in der Schule, Kriminalität, verzweifelter Versuch der Konstruktion einer schützenden ethnischen Identität.

Nach einer Anfangsphase, in der die karibischen Einwanderer vermehrt heirateten, um sich der dominierenden englischen Praxis anzupassen, zerfällt das karibische Paar. Die Menschen, denen das kulturelle System den Status des Menschen verweigert, werden von dem Familiensystem selbst marginalisiert. Die Anzahl der Familien mit nur einem Elternteil erhöht sich und nähert sich den Ziffern der schwarzen Amerikaner. Der Anteil der Familien mit nur einem Elternteil erreicht im Zeitraum zwischen 1987 und 1989 49 %; 44 % dieser Familien setzen sich aus alleinstehenden Müttern mit ihren Kindern zusammen.[33] Diese Werte stellen eine Verdopplung im Vergleich zu dem Prozentsatz der Familien mit nur einem Elternteil in Jamaika dar, der dort zwischen 20 und 25 % liegt. Solche Kinder sind für schulisches Versagen geradezu prädestiniert. Vielleicht sind Erziehung und Ausbildung derjenige Bereich, in dem sich die zerstörerische Handlungsweise der Aufnahmegesellschaft am deutlichsten offenbart und in dem die Analyse der englischen Entwicklung am ehesten die des amerikanischen Modells ergänzt. Im Fall der Vereinigten Staaten war es unmöglich, ein ursprüngliches kulturelles Potential der segregierten Gruppe zu bestimmen, da die Bevölkerung afrikanischen Ursprungs seit dem 17. Jahrhundert, eingeschlossen von der europäischen Gruppe, in einer Enklave lebte. Im Fall der karibischen Einwanderer kann man das kulturelle Ausgangsniveau der schwarzen Bevölkerung, die mit der englischen Kultur in Kontakt getreten ist, genau angeben: Es ist das Jamaikas um die Mitte des 20. Jahrhunderts. Mit einer Alphabetisierungsrate von 85 % ist die Insel zu dieser Zeit schon dabei, sich von der Unterentwicklung loszureißen, und Bildung stellt einen ihrer zentralen Werte dar.[34] Das schulische Versagen der Kin-

33 Vgl. J. Haskey, »Estimated numbers and demographic characteristics of one parent-families in Great Britain«, in: *Population Trends*, Nr. 65, August 1991, S. 35–47, hier S. 38.

34 Zur finanziellen und psychologischen Bedeutung der erzieherischen Investition in Jamaika vgl. N. Forner, *The Jamaicans*, a. a. O., S. 134–138. Forner erörtert auch den Verlust der jamaikanischen Bildungswerte in England.

der karibischer Einwanderer und das Verschwinden der jamaikanischen Bildungswerte in England erscheinen demnach als ein Effekt, der von der Aufnahmegesellschaft selbst induziert wurde: unmittelbar durch die Marginalisierung der schwarzen Heranwachsenden, mittelbar durch die Zerstörung ihrer Familie als Kernzelle der Gesellschaft.

Die sich bildende schwarze Identität hat keine eigene Logik wie die Identität der Sikhs oder der Pakistani, definiert sich aber vollständig durch die Negierung einiger Aspekte der dominierenden englischen Kultur, zu der die Antillenbewohner gehören, von der sie aber zurückgestoßen werden. Marihuana, Alkohol und überhaupt die Nichtachtung der Gesetze sind für die jungen Arbeitslosen aus der Karibik zentrale Elemente einer Gegenkultur – besser: einer Antikultur. Zu den Aspekten schlichter Kriminalität kommt, wie in den Vereinigten Staaten, eine phantastische Umdeutung der afrikanischen Geschichte hinzu: Auf das Äthiopien unter Haile Selassie richten sich die Träume der »Rasta«-Ideologie, einer millenaristischen Bewegung, die sich auf die biblische Thematik von Exil und Erlösung gründet. Der Rasta-Kult bemüht sich, den vollständig von der westlichen Welt geprägten Jugendlichen eine afrikanische Identität aufzudrücken.

Seit Anfang der achtziger Jahre werden die schwarzen Viertel von London, und insbesondere Brixton, zu Austragungsorten regelmäßiger Konfrontationen zwischen Polizei und Jugendlichen. Eine Entwicklung amerikanischen Typs scheint in Großbritannien einzusetzen, wenngleich in viel kleinerem Maßstab, entsprechend der Größe der karibischen Einwanderergruppe. Die englische Gesellschaft reproduziert in beschleunigter Form den gleichen historischen Kreislauf der Marginalisierung, wie ihn schon die amerikanische durchlaufen hat: Eine solche Parallelität läßt an eine anthropologische Determination denken, die den Gesellschaften angelsächsischen Typs eigen ist und die, unabhängig von der Geschichte, aus einer *apriorischen* Konzeption der menschlichen Differenz resultiert. Die schwarzen Analphabeten, die vom kolonialen

Amerika als Sklaven importiert wurden, und die relativ gebildeten, von England aufgenommenen Einwanderer sind am Ende eines mehr oder weniger brutalen Anpassungsprozesses beidemal durch ihre Hautfarbe definierte marginale Gruppen. Es lassen sich jedoch wichtige Unterschiede zwischen den Schwarzen der demokratischen amerikanischen Kultur und den Schwarzen der englischen aristokratischen Kultur feststellen. Die kulturelle Heterogenität Englands schützt im Endeffekt die karibischen Einwanderer vor einer absoluten Segregation.

Klasse gegen Rasse

Das steigende Anzahl von Familien mit nur einem Elternteil sollte Anlaß geben, die Rate der Mischehen, die ja nur einen Teil der Bevölkerung im heiratsfähigen Alter umfaßt, mit Vorsicht zu betrachten. Die vorliegenden britischen Daten zeigen jedoch, daß seit der ersten Einwanderergeneration der Prozentsatz der jamaikanischen Männer, die mit einer weißen Frau zusammenleben, beträchtlich ist, in der Größenordnung von 18 % für die erfaßten Personen in den Jahren 1987–1989, wohingegen der Anteil der auf den Antillen geborenen Frauen, die mit einem weißen Mann zusammenleben, nur 13 % beträgt.[35] In der Phase der zweiten, in Großbritannien geborenen Generation steigt die Exogamierate bei Männern sehr stark an und erreicht schließlich 40 %.[36] Wir sind hier weit entfernt von dem Prozentsatz der Rassenexogamie von nur 4,6 %, der 1990 bei den schwarzen amerikanischen Männern zu finden ist. Der herangezogene Artikel nennt keine Exogamierate für die schwarzen Frauen in England, aber man kann aus dem hohen

35 Vgl. D. A. Coleman, »Trends in fertility and intermarriage among immigrant populations in Western Europe as measures of integration«, a. a. O., S. 127.

36 Vgl. ebd. Der Artikel gibt den Anteil der Mischehen bei Frauen der zweiten Generation nicht an.

Prozentsatz der alleinstehenden Mütter schließen, daß sie, wie in den Vereinigten Staaten, deutlich unter derjenigen der Männer liegt. Trotz dieser Asymmetrie des matrimonialen Tauschs zwischen den Geschlechtern – einer Asymmetrie, in der sich das englische und das amerikanische Modell gleichen – kann man sagen, daß das englische Modell der Rassenbeziehungen mit einem Prozentsatz von Mischehen, der bei den männlichen Schwarzen mehr als neunmal höher liegt als der entsprechende amerikanische Prozentsatz, sehr auffällig ist. Die beiden Gesellschaften eigene multikulturalistische Doktrin, von Ideologen auf beiden Seiten des Atlantiks in derselben Sprache entwickelt, verdeckt einen Unterschied im Verhalten, der von einer Strukturdifferenz zwischen der englischen und der amerikanischen Gesellschaft herrührt. Die weiße amerikanische Bevölkerung stellt eine homogene Masse dar, die unter ihrer multikulturalistischen Ideologie objektiv monokulturell ist. Die weiße britische Bevölkerung dagegen zeigt einen gewissen Grad an objektiver kultureller Heterogenität. Durch die Sprache, vielleicht sogar durch die weniger puritanischen als matriarchalischen Sitten unterscheidet sich die englische Arbeiterklasse von der Mittelklasse. Die Welt der Handarbeiter ist ihrerseits geschichtet. Die Eheschließung zwischen Weißen und Schwarzen kann in der proletarischen Welt vorkommen, weil dort eine ausreichende Zahl von Individuen durch ihre Klassenidentität von dem Gefühl einer weißen Identität befreit ist. Eine solche Überlegung bedeutet jedoch nicht, daß das hohe Niveau des matrimonialen Tauschs Grund für einen optimistischen Ausblick geben könnte. Die Konkurrenz zwischen Klassen- und Rassendifferentialismus führt nicht zu einem Universalismus. Die schwarzen Männer, die mit weißen Frauen verheiratet sind, werden nicht Teil der englischen Gesellschaft, sondern nur der untersten Schicht der englischen Gesellschaft, geprägt durch einen *Cockney*-Akzent, der durch seine Abweichung vom Standardenglisch stark an das *Negro English* erinnert, das die amerikanischen Schwarzen verwenden. Dilip Hiro geht in seinem klassischen Werk über die farbigen Min-

derheiten in Großbritannien so weit, zu konstatieren, daß der »weiße« Teil des gemischten Paares von der schwarzen Gemeinschaft aufgenommen wird und in Wirklichkeit eine sozial deklassierte Person ist. Die Kinder werden von der Gesamtheit der Gesellschaft als schwarz wahrgenommen und auch so erzogen.[37] Der Prozentsatz der Familien mit nur einem Elternteil in der ethnischen Gruppe, die aus Personen gemischtrassischer Herkunft besteht – »mixed« gemäß der englischen Verwaltungsterminologie –, legt in der Tat den Gedanken nahe, daß die Mischehe zu einer sozialen Untergruppe führt, die in hohem Maße durch familiären und kulturellen Verfall gekennzeichnet ist. 33 % der Familien, deren Familienoberhaupt unter die Kategorie »mixed« fällt, sind Familien mit nur einem Elternteil.[38] Wenn man von dieser Gesamtgruppe die relativ wenigen Personen angloindischer oder anglopakistanischer Abstammung mit festerer Familienstruktur subtrahieren könnte, würde man sehr wahrscheinlich einen Anteil von 40 % für Personen anglokaribischer Abstammung erhalten, einen Prozentsatz, der demjenigen der Einwanderer karibischer Herkunft sehr nahekommt. Die Ähnlichkeit der Familienstruktur in einer Gesellschaft, in welcher der durchschnittliche Anteil der Familien mit nur einem Elternteil bei 15 % liegt, belegt Dilip Hiros Hypothese einer Anpassung der Mischlinge an die Gruppe der Schwarzen.

Abschließend kann festgehalten werden, daß man im Falle Englands nicht von einer Rassenendogamie reden kann. Die soziale und kulturelle Schichtung des Landes verhindert das Aufkommen einer Einstellung, die allein aus der weißen Identität heraus entwickelt wäre. Die Analyse des amerikanischen Modells der Rassenbeziehungen hat den funktionellen Zusammenhang zwischen Demokratie und Rassenorganisation erwiesen, in einer Gesellschaft, in der das grundlegende anthro-

37 Vgl. D. Hiro, *Black British, White British*, a. a. O., S. 309 f.

38 Vgl. J. Haskey, »Estimated numbers and demographic characteristics of one parent-families in Great Britain«, a. a. O., S. 38.

pologische System den Wert der Gleichheit nicht kennt. Von Anfang an nähren die Unterschiede der Indianer und der Schwarzen in den Vereinigten Staaten die Vermutung, daß die Gleichheit der Weißen ein abgeleitetes Gefühl ist. Den anthropologischen Strukturen Englands fehlt es nicht minder an einem festverankerten Prinzip der Gleichheit. Aber seine Klassendifferenzen, die sich in den Sitten verfestigten, noch ehe der Kontakt mit den nicht-europäischen Völkern begann, schützen England vor einer dauerhaften Organisation nach Rassenunterschieden.

7
Das Stammfamiliensystem: die Wahrnehmung der Differenz und der Traum von der Einheit

Wenn wir nun von England nach Deutschland übergehen, bedeutet dies nicht, daß wir damit das differentialistische Universum verließen; wohl aber entdecken wir eine strenge Unterscheidung zwischen zwei Formen des Differentialismus.

Die nicht-egalitären, aber liberalen Werte der absoluten Kernfamilie in England prägen die *eine* grundsätzliche Vorstellung von der Unterschiedlichkeit der Menschen. Eine *andere*, sehr viel brutalere, aber zugleich auch widersprüchliche bringen die mit der deutschen Stammfamilie verbundenen Werte – Autorität und Ungleichheit – hervor. Erneut wird man jedoch sehen können, wie ein anthropologisches System ein bestimmtes Menschenbild prägt, das den konkreten Kontakt mit anderen Ethnien oder Rassen wesentlich beeinflußt, dessen innerste Logik sich der tatsächlichen sozialen Umgebung entzieht. Man kann die Situation der Einwanderer, die sich seit dem Zweiten Weltkrieg in Deutschland angesiedelt haben, nicht begreifen, ohne die *apriorische* Logik des Differentialismus nachzuvollziehen, die zum Teil die Geschichte des Landes mitgeprägt hat. Da Deutschland in der Geschichte des mörderischen Differentialismus einen besonderen Platz einnimmt, muß man die Frage nach der Assimilation oder der Segregation der eingewanderten Türken in einen historischen Zusammenhang stellen, der auch die Assimilation und die spätere Vernichtung der Juden mit einschließt, und den Versuch unternehmen, die Shoah anthropologisch zu interpretieren. Die an der anthropologischen

Familienforschung ausgerichtete Untersuchung bewahrt im übrigen davor, den vom Stammfamiliensystem hervorgebrachten Differentialismus in Deutschland für ein Unikat zu halten. Man steht also nicht vor der Alternative, entweder die Deutschen zu dämonisieren oder aber völlig unrealistisch jegliche deutsche Besonderheit zu leugnen. Wenn es einerseits nicht vernünftig ist, Behauptungen aufzustellen wie »Der Schrecken des Nationalsozialismus war ein geschichtlicher Zufall, der sich in jedem Land hätte ereignen können«, so ist es nicht weniger absurd, die Vorstellung von einem Deutschland zu entwickeln, das sich durch sein mörderisches Tun jeglicher historischen Gesetzlichkeit entzöge. Indem man aufzeigt, wie sich die Verwandtschaft verschiedener differentialistischer Geisteshaltungen aus dem Stammfamiliensystem erklärt – sei es das okzitanische, das japanische oder das baskische –, sprengt man die Isolierung Deutschlands; es erscheint dann lediglich als eine zwar sehr extreme, aber doch als eine Variante dieses allgemeineren Typus.

Zwei grundlegende Werte gestalten die Stammfamilie – Autorität und Ungleichheit; gemeinsam stecken sie ein System der linearen Vererbung der materiellen und kulturellen Güter ab. In jeder Generation wird ein Erbe ausgesucht, zumeist der erstgeborene Sohn, der unter der Autorität des Vaters verbleibt; die anderen Kinder sind vom Erbe ausgeschlossen. Die Verbindung von Autorität und Ungleichheit ermöglicht ein kohärentes Familiensystem, das aus dem Prinzip einer einzigen Hierarchie hervorzugehen scheint: Der Vater steht über dem Sohn, der erstgeborene Sohn über den anderen Kindern. Die Abbildung dieser Werte auf die Ebene der ideologischen Vorstellungen erzeugt allerdings kein harmonisches System, das frei von jeglichem Widerspruch wäre. Es ist sicher nicht schwer, die auf dem Stammfamiliensystem beruhenden Gesellschaften als mathematisch geordnete Hierarchien aufzufassen, so daß im Idealfall jeder einzelne in der Stufenfolge der Höher-niedriger-Relation eine eindeutig definierte Stelle zugewiesen bekäme. Aber die Verbindung zwischen der vertikalen Integration, die

sich aus dem Prinzip der Autorität ergibt, und dem Differentialismus, der sich von dem Prinzip der Ungleichheit herleitet, erzeugt eine spezifische Spannung zwischen der Hoffnung auf Einheit und der Tendenz zur Fragmentierung, die wir in der Geschichte der meisten »Stammfamiliengesellschaften« beobachten können. *Die Unterscheidung zwischen den Brüdern vermittelt dem Unbewußten, daß die Menschen verschieden sind und getrennt werden müssen; aber die Autorität des Vaters gibt dem Unbewußten den Gedanken ein, daß die Menschen einer zentralen Gewalt zu unterwerfen und insofern zu vereinigen seien. Dieser grundlegende Widerspruch erzeugt Spannungen, die sich manchmal in einem Differentialismus entladen, der zum Mittel der Vertreibung oder gar der Vernichtung greift; er ist deutlich von dem segregativen Differentialismus der angelsächsischen Gesellschaften zu unterscheiden, der sich aus dem anthropologischen Typus der absoluten Kernfamilie herleitet.*

Morphologie der vorindustriellen Gesellschaften mit Stammfamiliensystem

In vorindustriellen Gesellschaften erzeugt und reproduziert die Stammfamilie eine spezifische soziale Morphologie – in Deutschland wie in Japan oder wie im okzitanischen Südwesten von Frankreich. Das Ideal der Familie, autoritär und ungleich, dient in der ideologischen Vorstellungswelt als Modell sehr viel komplexerer menschlicher Gruppen – seien diese nun sozioprofessioneller, religiöser oder ethnischer Art. Der Wert der Autorität führt zu einer Vorstellung vom Individuum, das fest in eine Gruppe eingebunden ist; der Wert der Ungleichheit hingegen richtet die Wahrnehmung darauf aus, die Gruppen nicht nur als verschiedenartig anzusehen, sondern sie auch in ein Ordnungsschema zu bringen, das systematisch die übergeordneten von den untergeordneten unterscheidet. Die vorindustriellen »Stammfamiliengesellschaften« sind also typischer-

weise hierarchische »Ständegesellschaften«, die sich aus den »Ständen« Klerus, Adel und Bauern zusammensetzen und in denen jedes einzelne Individuum peinlich genau seinen Platz angewiesen bekommt. Solche Gesellschaften, die sich um die Begriffe der Abstammung und der Hierarchie strukturieren, bringen, sofern dies ihr landwirtschaftlicher Reichtum zuläßt, einen kleinen, aber im Überfluß lebenden Adel hervor: Der *Cadet* der Gascogne, der japanische *Samurai* und der deutsche *Ritter*, sie alle sind Produkte sehr ähnlicher anthropologischer Strukturen.

Die Stammfamilie bevorzugt sowohl in der Praxis als auch in der Ideologie die Segmentierung der Gesellschaft. Jede Familiengruppe – bäuerlich oder adlig – begreift sich als ein Stamm, dessen Fortexistenz sie sehr konkret zu garantieren sucht. Die dauerhafte Trennung der Stände wird dadurch sichergestellt, daß jede Linie sich neben den anderen in die Zukunft zu verlängern trachtet. In Europa ist man häufig – praktisch wie ideologisch – auf den Begriff der Reinheit des Blutes fixiert, der sich in langen Ahnenreihen niederschlägt. So legt auch das Blut die »Adelsgeschlechter« fest. Im Südwesten Frankreichs hat die Obsession des Blutes, die mit Beginn des 15. Jahrhunderts um sich greift, sogar im universitären Bereich ihre Spuren hinterlassen: in der Spezialisierung der Universität Toulouse auf die Untersuchung von Blutarten, die sich ab und an in dem Bemühen verirrt, mittels Blutgruppen den Unterschied zwischen Basken und anderen Bevölkerungsgruppen zu bestimmen. In Japan hingegen ist das Fortbestehen einer – durch Land und Wappen ausgezeichneten – Familie relativ unabhängig von primitiven genetischen Begriffen: Die Häufigkeit, mit der Adoptionen vorkommen, legt sogar eine gewisse Indifferenz gegenüber dem Begriff des Blutes nahe. Der Stamm kann versuchen, die materiellen und kulturellen Güter unabhängig von jeglicher biologischen Rechtfertigung weiterzuvererben.

Besessen von der menschlichen Verschiedenheit, von sozialen und religiösen Rangordnungen, können die traditionell auf

dem Stammfamiliensystem beruhenden Gesellschaften demnach auf ideologischer Ebene als inegalitär beschrieben werden. Aber in der Praxis geht mit der Stammfamilie häufig eine Verteilung der ökonomischen Güter einher, die gar nicht allzu inegalitär ist, die sogar – in der Epoche des Ancien régime – relativ egalitär wirkt. Jede Familie – ob adlig, bäuerlich oder der Handwerkerschaft zugehörig – bemüht sich darum, von Generation zu Generation ihr Gut intakt weiterzugeben. Der Mechanismus der Unteilbarkeit verhindert, daß sich das Land in den Händen einiger Großgrundbesitzer und Aristokraten konzentriert. Die agrarischen Gesellschaften, in denen ein solches System funktioniert, werden daher im allgemeinen von einer durchschnittlich recht stabilen Bauernschaft getragen. Ihre ökonomische Struktur ist objektiv demokratisch, auch wenn den zwischen den einzelnen Bauernfamilien existierenden Unterschieden – seien sie materieller Natur oder solche des Prestiges – lokal meist eine wesentlich größere Bedeutung beigemessen wird.

Auf der Seite des Adels läßt sich eine analoge Schichtung nachweisen: Die Länder mit Stammfamiliensystem werden eher von einer Vielzahl kleinerer Adliger beherrscht als von einer allmächtigen, aber quantitativ geringfügigen Aristokratie. Im Universum der Stammfamilie, in dem die zwanghafte Suche nach Differenzen sich häufig an winzigen Nuancen festmacht, ist der Unterschied zwischen Kleinadligen und reichen Bauern im übrigen oft nur gering. Sofern eine solche Gesellschaft auf kargem Boden angesiedelt ist, beispielsweise im Gebirge, wird die Abschöpfung eines agrarischen Überschusses faktisch unmöglich. Er entgeht also schlicht dem Zugriff des Adels: Die symbolische Ungleichheit zwischen dem Erstgeborenen und seinen jüngeren Brüdern geht mit einer tatsächlichen Gleichheit der Familien einher. In den Pyrenäen oder den Alpen nehmen solche Gemeinschaften das Aussehen einer bäuerlichen Demokratie an, wie in der Schweiz, im Baskenland oder im Béarn – einer Demokratie, die paradoxerweise auf einer radikal autoritären und inegalitären Familienstruktur aufsitzt.

In diesen »Demokratien« ist, wie Tocqueville im Falle der Schweiz sehr richtig empfunden hat, die Atmosphäre keineswegs liberal.[1]

Die deutschen Juden, die japanischen *Burakumin* und die Béarner *Cagots*

In den traditionellen Gesellschaften mit Stammfamiliensystem richtet sich das *apriorische* Bedürfnis, Unterschiede zwischen den Menschen wahrzunehmen, ebenso auf das Außen wie auf das Innen der lokalen Gesellschaft: Außerhalb des eigenen Landstrichs sind die Menschen anders. Die Stände sind somit durch das Gefühl der Zugehörigkeit zu einer Provinz miteinander verbunden. Viele der Gesellschaften am Rande Frankreichs legen einen besonderen und zugleich partikularistischen Regionalstolz an den Tag: Basken, Bretonen, die Bewohner des Béarn, der Auvergne und Savoyens halten an ihrer jeweiligen provinziellen Identität fest. Sie alle sind Produkte des anthropologischen Universums der Stammfamilie. Gegenüber einer als anders wahrgenommenen äußeren Welt weisen die auf dem Stammfamiliensystem beruhenden Gesellschaften demnach eine innere Einheit auf – trotz ihrer Unterteilung in Stände. Aus der empirischen Untersuchung der vorindustriellen Gesellschaften mit Stammfamiliensystem geht jedoch hervor, daß ihr *Bedürfnis*, Unterschiede zwischen den Menschen wahrzunehmen, keineswegs vollständig befriedigt wird – weder durch die innere Untergliederung in Stände noch durch die Außenwahrnehmung einer »fremden«, weil weit entfernt und abstrakt verbleibenden Bevölkerung. Innerhalb des differentialistischen Universums stößt man häufig auf eine besondere Kategorie von Menschen, die beiden Sphären zugleich zugeordnet werden müssen: dem Innen und dem Außen; sie leben zwar in dem

1 Vgl. Alexis de Tocqueville, *Voyages en Angleterre, Irlande, Suisse et Algérie*, in: *Œuvres complètes*, Bd. V, 2, Paris: Gallimard 1958, S. 176 f.

jeweiligen Gebiet, gehören aber ethnisch oder territorial »nicht dazu«.

Die Juden, die auf deutschem Gebiet siedelten und durch ihren Beruf als Geldverleiher und Händler in die Gesellschaft integriert waren, geben hierfür ein charakteristisches, wenn auch kein absolut überzeugendes Beispiel ab. Denn vom Mittelalter bis zum Ancien régime kommt der jüdischen Kultur und ihrer religiösen Besonderheit eine objektive Realität zu, die sich nicht allein darauf zurückführen läßt, daß die deutschen Christen von einer Abgrenzungsdynamik beherrscht wurden und der Stigmatisierung einer Gruppe bedurften, die die Idee der Differenz verkörperte. Im Gegensatz dazu sind die Beispiele Japans und des Südwestens Frankreichs von exemplarischer Reinheit.

Im traditionellen Japan galten die *Burakumin*, die auf das Fleischer- und Lederhandwerk spezialisiert waren, der buddhistischen Moral gemäß als unrein. Als Randgruppe lebten sie in Symbiose mit bäuerlichen Gemeinschaften, waren aber vom matrimonialen Tausch ausgegrenzt. In ihren Weilern verkörperten sie ganz konkret die Idee der Differenz.[2] Sie, die zu Beginn der Meiji-Zeit im Jahre 1868 wahrscheinlich 2,2 % der japanischen Bevölkerung ausmachten, »zeugten« von der Ungleichheit der Menschen. Trotz vielfältiger juristischer Anstrengungen, die *Burakumin* insgesamt in die japanische Gesellschaft zu integrieren, ist das Problem um 1990 herum noch immer nicht gelöst.

Die bis zum 17. Jahrhundert im Südwesten Frankreichs auf dem linken Ufer der Garonne lebenden *Cagots*, die auf Holzbearbeitungsberufe spezialisiert waren, haben exakt die gleiche Bedeutung wie die japanischen *Burakumin*. Selbst wenn sie absolut gesund waren, sagte man ihnen nach, daß sie von Leprakranken abstammten. Da sie als unrein galten, lebten sie in Weilern, heirateten nur untereinander, durften nicht auf den christlichen Friedhöfen begraben werden und bekamen in der

2 Zu den *Burakumin*: J.-F. Sabouret, *L'Autre Japon: les burakumins*, a. a. O.

Kirche besondere Plätze zugewiesen. Ebenso wie bei den *Burakumin* lassen sich auch in ihrem Falle keinerlei Unterschiede in den Sitten oder in der Religion beobachten. Diese Unreinen gehörten zu der lokalen Kultur. Die *Cagots* waren häufig Schreiner oder Zimmerleute, und es ist verwirrend, sie aufgrund ihres Berufes dem irdischen Vater Christi so nahe zu sehen: Daß ihre Isolierung ausgerechnet mit ihrem Beruf gerechtfertigt wird, gibt ihrer Zugehörigkeit zu diesem religiösen System eine besonders dramatische Note. Sie tauchen in der Geschichte des 14. Jahrhunderts auf; Mitte des 16. Jahrhunderts ändern sie ihren Namen und beginnen sich *Gésitains*, *Cagots* oder *Capots* zu nennen, ohne daß man sagen könnte, daß diese terminologischen Veränderungen mit dem protestantischen Vorstoß in Verbindung stünden, der zu dieser Zeit den Südwesten erreicht und den Begriff des göttlichen Stigmas, der calvinistischen Terminologie zufolge: der Prädestination, wiederbelebt. Der in der ersten Hälfte des 18. Jahrhunderts erfolgende Einbruch in ihre Endogamie setzt dem Ausgrenzungsmechanismus schließlich ein Ende. Die Befreiung der *Cagots* verdankt sich allerdings eher dem Einfluß der französischen Zentralkultur als einem eigenständigen Fortschritt in der Geisteshaltung der Region. Schon die geographischen Daten dieses Phänomens setzen es zum Stammfamiliensystem in Beziehung. Innerhalb der südwestlichen Provinzen angesiedelt, tritt es vor allem dort auf, wo das Stammfamiliensystem besonders stark ausgeprägt ist; so machen im Béarn und im Armagnac die *Cagots* ein bis zwei Prozent der Bevölkerung aus.

Die Stammfamilie wirkt sich hier auf zwei Ebenen aus. Auf der ideologischen führt der mit ihr zusammenhängende Wert der Ungleichheit zur Wahrnehmung unsichtbarer Unterschiede. Auf der praktischen erleichtert die zwanghafte Vorstellung der Abstammungslinie es bestimmten Familien, über Generationen hinweg charakteristische Kennzeichen und immaterielle Wesenseigenschaften zu tradieren. Jedoch führen alle Werte der Stammfamilie nicht zu einer harmonischen Abgrenzung der menschlichen Gruppen, zu einer friedfertigen und gesell-

schaftlich akzeptierten Gliederung. Das Prinzip der Autorität, das die Eltern-Kind-Beziehung prägt, vereint auch die ungleichen Individuen und zieht eine vertikale Integration der Gruppe nach sich. Das Bedürfnis nach Fragmentierung wird von einer Hoffnung auf Einheit begleitet. Im vorindustriellen Zusammenhang läßt sich dieses Prinzip der Einheit an verschiedenen Aspekten des sozialen Lebens beobachten, aber es sticht nirgends so deutlich ins Auge wie im religiösen Bereich.

Einheit gegen Vielfalt: die Stammfamilie und der Monotheismus

Das Vorhandensein einer der Stammfamilie entsprechenden Familienstruktur scheint vorzugsweise mit der religiösen Neigung zum Monotheismus und mit der Vorstellung von einem einzigen und allmächtigen Gott einherzugehen – unabhängig davon, in welchem theologischen Kontext diese Neigung ursprünglich entstand, ob es sich um den antiken Polytheismus, um den Hinduismus oder den Buddhismus handelte. Im anthropologischen Universum der Stammfamilie leitet sich vom Bild des starken Vaters die unbewußte Vorstellung einer transzendenten Autorität her, die dem – aus der Ungleichheit der Brüder resultierenden – Prinzip der Fragmentierung der Menschheit entgegensteht. Aber auch das Prinzip der Ungleichheit wirkt sich durchaus auf religiöser Ebene aus; es bringt dort den Begriff der Auserwähltheit hervor, die Vorstellung, der zufolge bestimmte Menschen erwählt und andere verdammt sind.

Der antike Judaismus gibt ein erstes Beispiel dafür ab, wie im Zusammenhang mit dem anthropologischen Typus der Stammfamilie ein Monotheismus zusammen mit der Vorstellung entsteht, ein bestimmtes Volk sei von Gott auserwählt. In der jüdischen Religion existiert eine charakteristische Spannung zwischen Universalismus und Partikularismus: Sie verkörpert sich im Gegensatz von Jesaja, der im 8. Jahrhundert

vor unserer Zeitrechnung die endgültige Bekehrung aller feindlichen Völker weissagt, und Esra, der im 5. Jahrhundert für die Abschaffung aller Mischehen kämpft. In den Prophezeiungen Jesajas verbinden sich Einigungsbestrebungen mit der Tendenz zur Ungleichheit, denn es geht ihm um die Unterwerfung der fremden Völker – und namentlich hat er hier Ägypten im Auge – unter den Gott Israels. Als *Unitarismus* ließe sich eine Vorstellung von der Menschheit als ganzer bezeichnen, die nicht die Hierarchie unter den Völkern beseitigt, sondern eines davon mit der Aufgabe betraut, die Welt zu einigen. Entsprechend unterscheidet sich der Unitarismus, das Prinzip der vertikalen Integration, vom Universalismus, dem Prinzip der horizontalen Integration, das von der Gleichheit der Menschen und Völker ausgeht.

Bei der Religion der Sikhs, die ebenfalls die Existenz eines einzigen Gottes annimmt, handelt es sich um ein zweites verblüffendes Beispiel für eine monotheistische Religion, die mit dem Stammfamiliensystem verbunden ist. Aber dieser Unitarismus, der sich in der Praxis mehr schlecht als recht vom hinduistischen Polytheismus gelöst hat, geht in seinem Entwurf einer Einheit der Sikh-Gesellschaft nicht über die Opposition zum Kastenwesen der indischen Welt hinaus. Insoweit das Entstehen einer monotheistischen Religion bei den Sikhs allgemein als die hinduistische Reaktion auf den radikalen Monotheismus des Islam angesehen wird, ist es schwierig, den Beweis dafür anzutreten, daß bei der Entstehung des monotheistischen Weltbildes der Sikhs die Familienstruktur eine besondere Rolle gespielt hat – auch wenn seine Existenz die Annahme, daß der Monotheismus mit dem Stammfamiliensystem in Verbindung steht, durchaus stärkt.

Das schlagendste Beispiel liefert die historische Entwicklung des japanischen Buddhismus. Weit entfernt von der christlichen Welt und innerhalb einer Gesellschaft, die im Prinzip an die Reinkarnation sowie an Götter glaubt, die mit den Naturgewalten in Verbindung stehen, kommt zwischen dem 12. und dem 16. Jahrhundert eine monotheistische Lehre auf, die

schließlich auch gesellschaftlich an Einfluß gewinnt und die in manchen ihrer Vorstellungen geradezu verblüffend an den deutschen Protestantismus erinnert. Die Predigten von Honen (1133–1212) und danach die seines Schülers Shinran (1173 bis 1262) stellen das erste Stadium der Ausarbeitung der Lehre dar: Aus der Menge sich wiederholender und zyklischer Bilder von Buddha taucht die Gestalt des Amida auf, des einzigartigen Retters, aus dessen Gnade allein die Menschen zur reinen Erde gelangen können – jener fernöstlichen Vorstellung, die dem christlichen Paradies sehr nahekommt. Wie der Gott der Hebräer und wie der Gott Luthers erwählt Amida eher jene, die er errettet, als daß er von ihnen erwählt würde: Seine Gnade hat die Qualität einer Gabe, die von oben kommt.

Die japanische Familienstruktur entspricht dem Stammfamiliensystem, und es fällt schwer, in Amida nicht eine metaphysische Projektion des japanischen Vaters zu sehen, den das anthropologische System als einzige und zentrale Autorität vorsieht. Daß es vom 12. bis zum 15. Jahrhundert zwischen der jüdisch-christlichen Welt und der japanischen keinerlei historische Beziehungen gibt, verleiht diesem Beispiel besonderes Gewicht. Das Stammfamiliensystem kommt in Europa recht häufig vor, weltweit gesehen ist es jedoch eher selten: Die Tatsache, daß die Japaner aus dem kulturellen Erbe des Buddhismus heraus einen Monotheismus entwickeln, der mit seinen Grundbegriffen gewissen Aspekten der jüdisch-christlichen Tradition dermaßen nahekommt, läßt sich nur mit einer Ähnlichkeit der Familienstrukturen erklären.

Die protestantische Reformation, die im Jahre 1517 und somit kurz nach der Verwandlung des japanischen Buddhismus einsetzt, läßt sich als eine Art Wiedereinsetzung des Monotheismus im Christentum interpretieren. Der mittelalterliche Katholizismus, in dem sich eine immer größere Menge von heiligen Fürsprechern angesammelt hatte – angefangen bei der Jungfrau Maria und der Verdopplung des Gottesbildes in Gott und Christus –, ähnelt in eigenartiger Weise eher einem Polytheismus, der es nicht wagt, sich als solcher zu bekennen.

Luther beseitigt die Heiligen und die Jungfrau. Er unterdrückt nicht die Gestalt Christi, aber er macht aus dessen Leiden einen Beweis für die Macht des Vaters. Die Calvinisten werden schließlich die Rolle des Gottessohnes herunterspielen und als Hauptquelle ihrer Inspiration eher auf das Alte Testament als auf das Evangelium zurückgreifen. In allen seinen Varianten jedenfalls etabliert der Protestantismus aufs neue das Bild von einem einzigen Gott. Im lutherischen Deutschland wie im calvinistischen Okzitanien faßt er in Ländern mit Stammfamiliensystem Fuß: Dort, wo die Autorität des irdischen Vaters sehr groß ist, wird die Einzigkeit und Allmacht Gottes leicht akzeptiert. Aber im Luthertum drückt sich außerdem ein religiöser Differentialismus aus, dessen eingestandenes Ziel es ist, Deutschland von der Universalkirche loszulösen. Mit einem Aufruf *An den christlichen Adel deutscher Nation* tritt Luther den protestantischen Aufstand los, der also eine Stärkung des Monotheismus mit ethnischem Separatismus verbindet und dem es schließlich gelingt, ein geläutertes Bild Gottes zu schaffen und zugleich die Religion des christlichen Europa zu spalten.

Die deutschen Landeskirchen und die angelsächsischen Mitgliedskirchen

Die Menschen voneinander zu unterscheiden ist ein gemeinsames Merkmal aller protestantischen Metaphysik. Die angloamerikanische Familie, die dem Typus der absoluten Kernfamilie zuzurechnen ist, begnügt sich damit, die Brüder als verschieden zu definieren; die deutsche Stammfamilie macht aus ihnen ungleiche Wesen. In beiden Fällen aber wird die Wahrnehmung auf essentielle Unterschiede zwischen den Menschen gelenkt: auf ihr Erwählt- oder ihr Verdammtsein. Das englische oder amerikanische Familiensystem, das einen liberalen Vater kennt, mündet nicht notwendig in die Vorstellung von einem autoritären und einigenden Gott. Die protestanti-

schen Sekten Englands und Amerikas streben deshalb auch nicht danach, die Welt zu vereinheitlichen, noch nicht einmal – was ja ein viel bescheidenerer Wunsch wäre – auf ihrem Territorium eine einheitliche Gemeinschaft zu bilden. Die selbsternannten Erwählten müssen eine *gathered church* gründen, und es ist nicht deren Aufgabe, möglichst alle Einwohner einer Gemeinde zu umfassen.[3] Deshalb entspricht der Mentalität der protestantischen Angelsachsen eher das Sektenwesen, die Existenz recht flexibler religiöser Gruppen, die sich voneinander unterscheiden, ohne sich zu bekämpfen, und die keine stabile territoriale Organisation bilden.

Die Mentalität der deutschen Gläubigen kommt mit solch lockerem Gefüge nur schlecht zurecht. Zwar vertritt Luther die Auffassung, daß es sich bei der Mehrheit der Menschen, die ihn umgeben, nicht um wahre Christen, sondern um Verdammte handelt, die nur formell getauft sind. Gleichwohl sind die lutherischen Kirchen, die im 16. Jahrhundert in Norddeutschland Fuß fassen und im 17. Jahrhundert zu einer stabilen Macht werden, *Landeskirchen*, denen die Aufgabe zukommt, das religiöse Leben der gesamten Bevölkerung eines Gebiets zu verwalten – ganz im Sinne einer staatlichen Institution. Das aus der deutschen Stammfamilie heraus geborene Prinzip der Ungleichheit ist sehr ausgeprägt, und darum neigt sie – weit eher als die absolute Kernfamilie der Angelsachsen, die keine hierarchische Ordnung der Unterschiede aufstellt – in gewissem Sinne dazu, die Vorstellung von der Ungleichheit der Brüder, der Dörfer oder der Völker und folglich eine Fragmentierung der Menschheit zu erzeugen. Aber in Deutschland stößt sich die Idee der Ungleichheit am Prinzip der vertikalen Integration,

3 Zu dem Begriff der *gathered church* und der Schwäche überregionaler Kirchenorganisationen in den Vereinigten Staaten siehe W. S. Hudson, *American Protestantism*, a. a. O., S. 28 f. Zu der Organisation der lutherischen Kirche vgl. B. Vogler, *Le Monde germanique et helvétique à l'époque des Réformes 1517–1618*, Paris: Sedes 1981, Bd. 1, S. 105–114. Zu der fließenden Geographie des englischen Protestantismus vgl. das Kartenmaterial bei J. D. Gay, *The Geography of Religion in England*, London: Duckworth 1971.

das von der enormen Autorität des Vaters in der Stammfamilie herrührt. Deshalb verfestigt sich hier mit der Reformation die territoriale Organisation, die zwar horizontal das Land unter verschiedenen Kirchen aufteilt, vertikal aber die Bevölkerungsgruppen in die Kirchen integriert. Insgesamt trägt das Prinzip der horizontalen Fragmentierung allerdings den Sieg über das Prinzip der vertikalen Integration davon: Die Trennung von Rom und das Entstehen von religiösen Kleinstaaten stellt allemal einen Sieg des Differentialismus über den Unitarismus dar.

In jenen Gebieten Deutschlands, die dem Katholizismus treu bleiben, setzt sich umgekehrt das Prinzip der vertikalen Integration gegenüber der horizontalen Fragmentierung durch; ihr verdankt sich auf der weltlichen Ebene die Stabilität der österreichischen Monarchie und auf der geistlichen die Tatsache, daß weiterhin gut die Hälfte der deutschen Territorien der Macht Roms unterstehen. Kaiser und Papst bilden die Schlußsteine eines einheitlichen Systems, das sich nicht aus dem Postulat der Gleichheit der Menschen, sondern umgekehrt aus dem Ideal der Hierarchie herleitet. In der Habsburgermonarchie verstärken sich der politische und der religiöse Unitarismus gegenseitig. Außerhalb dieses homogenen Bereichs trägt der Katholizismus auf seine Art zur Fragmentierung der politischen Sphäre in Deutschland bei, indem er tausenderlei lokale Partikularismen schützt – in Bayern wie im Rheinland oder in den Urkantonen der Schweiz.

Vertikale Integration und horizontale Fragmentierung in der deutschen Geschichte

Auch außerhalb der religiösen Sphäre zeigt die Geschichte des deutschen Differentialismus, daß das horizontale Prinzip der Fragmentierung, das im Nachbarn den andersgearteten Menschen sieht, und das vertikale Prinzip der Vereinigung, das alle einer einzigen Macht unterwerfen möchte, miteinander rivalisieren. Das mittelalterliche Deutschland ist kaiserlich – und

hängt als solches der Vorstellung von einer vereinheitlichten Welt an; zugleich aber ist es in unzählige Fürstentümer, freie Reichsstädte und Bistümer aufgeteilt. An dieser Uneinheitlichkeit geht das Heilige Römische Reich Deutscher Nation letzten Endes zugrunde. Das einigende Prinzip, das bereits bei der Geburt der deutschen Zivilisation zerstört wurde, überlebt allerdings in den östlichen Siedlungsgebieten in Form der österreichischen Monarchie.

Während des ganzen 19. Jahrhunderts träumt die politische Philosophie der Deutschen, in der Nachfolge Hegels, von der staatlichen Einigung, die schließlich von Preußen gewaltsam gegen die lokalen Partikularismen durchgesetzt wird. Man kann entsprechend die Jahre zwischen 1870 und 1945 als eine Phase interpretieren, in der das Prinzip der Einheit an die Macht gelangt und das Prinzip der Fragmentierung beseitigt wird. Der Pangermanismus und dann der Nationalsozialismus greifen auf die Vorstellung von einem imperialen Deutschland zurück, das die ganze, in ungleiche Völker geteilte Welt zu einer Einheit schmiedet. In der Tat geben sich die Ideologien, die zwischen 1914 und 1945 in Deutschland virulent sind, nicht damit zufrieden, die Ungleichheit der menschlichen Gruppen zu bekräftigen; sie wollen dem Ganzen eine einheitliche Struktur oktroyieren.[4] Zwischen 1946 und 1990 gestattet die Bundesrepublik aufs neue die Rückkehr des Prinzips der Differenzierung in Form der *Bundesländer*; dies bedeutet nicht nur die Aufteilung der Territoriums in Untereinheiten, die über recht weitgehende Kompetenzen verfügen, sondern auch die Koexistenz völlig ungleicher Verwaltungseinheiten, beispielsweise von Kleinstaaten wie Bayern und Niedersachsen und Hansestädten wie Hamburg und Bremen. Ein Partikularismus hat sich allerdings seit dem Ende des Mittelalters erfolgreich und ohne Unterbrechung dem deutschen Unitarismus widersetzt: derjenige der alemannischen Schweiz. Die Unabhängigkeit der

4 Zu der Bedeutung des Begriffs der universellen Souveränität in der deutschen Vorstellung von den internationalen Beziehungen vgl. Louis Dumont, *L'Idéologie allemande*, Paris: Gallimard 1991, S. 40 f.

Helvetischen Konföderation sowie die Autonomie der Kantone von höchst unterschiedlicher Größe repräsentieren das Prinzip der Fragmentierung schlechthin.

Eine der Paradoxien, die sich aus der anthropologischen Analyse ergibt, lautet also: Die kulturelle Sphäre Deutschlands weist eine starke Tendenz zur politischen Fragmentierung auf, aber ebenso eine weitgehende Einheitlichkeit der Familienstrukturen. Einige anthropologische Nuancen lassen sich wohl aufzeigen: So gilt das Prinzip der Ungleichheit im Rheinland nur in eingeschränktem Maße und wird immer bestimmender, je weiter man nach Osten gelangt. Überall jedoch dominiert die Stammfamilie, nicht nur in Deutschland selbst, sondern ebenfalls in Österreich und in der alemannischen Schweiz. Diese politische und religiöse Mannigfaltigkeit auf der Grundlage einer anthropologischen Homogenität ist kein Zufall. Denn es ist ebendiese relativ einförmige Stammfamilie, die – aufgrund der Ungleichheit der Brüder – überall dem Unbewußten suggeriert, die Menschen und Gruppen seien ungleich – was dann eben zur territorialen Fragmentierung führt. Die deutsche Kultur gibt sich keineswegs damit zufrieden, minimale oder überhaupt nicht vorhandene Unterschiede zwischen Bayern, Sachsen, Franken, Preußen und Österreichern zu konstatieren. Ihr obsessives Differenzdenken drückt sich unter anderem, jenseits der institutionellen Fragmentierung, in einem Kult um die Dialekte aus, der Unterschiede am Leben erhält, die auf der anthropologischen Ebene der Familie oder der Sitten nicht wahrgenommen werden können.

Von der Ungleichheit der Brüder zur Demokratie

Die Werte der Autorität und der Ungleichheit, welche die traditionell auf dem Stammfamiliensystem basierenden Gesellschaften strukturieren, verhindern nicht den Prozeß der Demokratisierung – wenn man hier den Begriff in seiner weitesten Bedeutung als Zugang der Massen zum ideologischen Leben

faßt. Legt man einmal eine solche Definition an, die die liberale und die repräsentative Seite der Demokratie beiseite läßt, so ist Deutschland sogar das erste Land, in dem sich eine Vorform von Demokratisierung entfaltet, nämlich das religiöse Gewissen. Die lutherische Reformation vertritt eine direkte Beziehung zwischen Gott und den Menschen, ohne die Vermittlung einer Priesterkaste. Sie fordert einen direkten Zugang der Gläubigen zu den religiösen Texten. Aus diesem Grund bewirkt der Protestantismus die Alphabetisierung breiter Bevölkerungsschichten mit enormer Geschwindigkeit. Die Reformation verwirklicht somit eine der praktischen Voraussetzungen der politischen Demokratie: die Gleichheit vor dem geschriebenen Wort.

In den Vereinigten Staaten sind es die protestantischen und zugleich alphabetisierten Bevölkerungsgruppen, die schrittweise zwischen 1630 und 1840 das allgemeine Wahlrecht für die Weißen durchsetzen. In der angelsächsischen Welt, die anthropologisch auf der absoluten Kernfamilie basiert, bietet die Alphabetisierung die Möglichkeit, liberale und nicht-egalitäre ideologische Wertvorstellungen verstärkt zu vertreten. Die liberale Komponente dieser Familienstruktur bevorzugt die Autonomie des Individuums, ermutigt zur Meinungsäußerung und ermöglicht den Aufstieg der repräsentativen Demokratie. Ihre nicht-egalitäre Komponente sträubt sich gegen die Idee der politischen Gleichheit der Bürger, denn sie impft dem Unbewußten ein, daß die Menschen *a priori* verschieden seien. Aber wie ich bereits im zweiten Kapitel gezeigt habe, führt die Andersartigkeit der indianischen oder der schwarzen Rasse zur Überwindung der Unterschiede zwischen den Weißen, die – gegenüber den nicht-weißen Bevölkerungsgruppen – untereinander ein Gefühl der Gleichheit entwickeln. Die Gemeinschaft der freien Bürger betont ihre Homogenität, indem sie sich von den als fremd betrachteten Gruppen abgrenzt. Aus diesem Grund kann man im Falle der Vereinigten Staaten von einer ethnischen oder auch von einer Rassendemokratie sprechen.

In Deutschland trifft die Alphabetisierung auf eine Bevölkerung, deren familiale Werte autoritär und inegalitär sind. Ein solches Substrat führt natürlich nicht zur Entstehung einer repräsentativen Demokratie. In einem anthropologischen System, das auf einer starken Autoritätshörigkeit gründet, dient die Teilnahme der Massen am politischen Leben eher dazu, das Ideal der Unterwerfung zu bekräftigen – unter Gott, während der Zeit der protestantischen Reformation, oder unter den Staat, in den jüngeren Phasen der deutschen Geschichte. Daß der Familienstruktur selbst das Ideal der Gleichheit fremd ist, verhindert jedoch weder in Deutschland noch in den Vereinigten Staaten die Entstehung einer gewissen Konzeption von Gleichheit. Das Staatsvolk, das sich hier eher aus Untertanen denn aus Bürgern zusammensetzt, kann durchaus dahin gelangen, daß es sich selbst als homogen definiert. Noch deutlicher als in den Vereinigten Staaten jedoch ist in Deutschland diese Gleichheit ein lediglich abgeleitetes Phänomen, das sich aus dem Prozeß der Externalisierung der Differenz ergibt. Die Wahrnehmung der Andersartigkeit der anderen erzeugt bei den Mitgliedern des Stammfamiliensystems das Selbstverständnis, einander gleich zu sein. Es handelt sich um denselben Mechanismus wie im Falle Amerikas, aber er funktioniert auf einem sehr viel höheren Spannungsniveau: Nicht die *Nicht-Gleichheit* der Bürger, sondern die *Ungleichheit* der Untertanen gilt es zu überwinden. Die ausgegrenzten Gruppen werden daher ausdrücklich als unterlegen und nicht nur einfach als anders bestimmt. Ein überspanntes ethnisches Bewußtsein muß das starke Bedürfnis nach Hierarchisierung niederkämpfen, das die Gesellschaft in ihrem Inneren durchdringt. Man kann daher in bestimmten auf dem Stammfamiliensystem beruhenden Gesellschaften historische Phasen klar nachzeichnen, in denen ein Demokratisierungsschub und der Aufstieg eines intensiven ethnozentrischen Nationalismus Hand in Hand gehen.

Der Nationalsozialismus: Demokratie und Herrenvolk

Das gemeinsame Auftreten von Demokratie und Ethnozentrismus läßt sich in der deutschen Geschichte am Beispiel zweier Epochen studieren: an der Reformation, die eine Demokratisierung des religiösen Gewissens einläutet und zugleich die deutsche Identität stärkt, und – in weit spektakulärerer Weise – an der Nazizeit. Ein weiteres Mal müssen wir hier die liberale Seite der Demokratie, wie sie sich in der angelsächsischen oder der französischen Tradition entwickelt hat, außer acht lassen. Der amerikanische Historiker David Schoenbaum hat sehr einleuchtend aufgezeigt, inwieweit der Nationalsozialismus die eigentliche demokratische Wende in der deutschen Geschichte darstellt.[5] In ebendieser Periode werden die traditionellen Klassenunterschiede beseitigt, die gesellschaftlichen Gruppen vereinen sich in dem gemeinsamen Glauben an die Nation oder gar an das Ideal des arischen Menschen. Mag die nationalsozialistische Ideologie die Rückkehr zur Scholle oder das mittelalterliche Deutschland der Krieger und Feudalherren glorifizieren; in Wirklichkeit beseitigt das Regime praktisch die Unterschiede zwischen den Klassen und verhilft dem Kleinbürgertum zur Macht. Indem der Nationalsozialismus die Wehrmacht und das preußische Offizierskorps zusammenzwingt, gelingt ihm eine Form der Demokratisierung, an der die Weimarer Republik gescheitert war. In den Kantinen der SS saßen Aristokraten, Krämer und Arbeiter am gleichen Tisch und symbolisierten diese neue Art von Demokratie. Im Zentrum der Revolution Hitlers steht der Begriff der *Gleichschaltung*, mit dessen Hilfe das Regime alle Individuen und Bevölkerungsgruppen einander gleichmacht. Diese interne Angleichung, die durch eine absolute Macht von oben durchgesetzt wird, stützt sich in besonders augenfälliger Weise auf einen Prozeß der Externa-

5 Vgl. David Schoenbaum, *Die braune Revolution. Eine Sozialgeschichte des Dritten Reiches.* Aus dem Amerikanischen von Tamara Schoenbaum-Holtermann, Köln: Kiepenheuer & Witsch 1980.

lisierung der Differenz: Die Existenz minderwertiger Gruppen wie der Juden oder der Slawen garantiert oder schafft vielmehr die innere Gleichheit des *Herrenvolks*. Denn es ist in Wahrheit Deutschland, dem sich der Begriff des *Herrenvolks* verdankt, jener Begriff, den Pierre L. van den Berghe für seine Untersuchung der südafrikanischen oder amerikanischen Rassendemokratie verwendet. Der Nationalsozialismus definiert eine ethnisch aggressive Demokratie: Er transformiert das hierarchische alte Deutschland in eine egalitäre und eroberungssüchtige Nation.

Das deutsche *Herrenvolk* ist ein Kind der Moderne und des 20. Jahrhunderts, aber es ist nicht das erste seiner Art. Die inegalitären und autoritären Werte der Stammfamilie haben schon im vorindustriellen Zeitalter Herrenvölker geschaffen, Bevölkerungsgruppen, die der Idee der Ungleichheit anhingen, jedoch in der Minderwertigkeit der äußeren Welt die Rechtfertigung einer inneren Gleichheit fanden. Zur Zeit des Ancien régime wird das Baskenland von einem sehr reinen Typus der Stammfamilie beherrscht. Dank der Idealisierung des Adels wird auch hier die Menschheit in Minderwertige und Höherstehende unterteilt. Aber in den Provinzen Biscaya und Guipuzcoa gelten *alle Basken* als adlig. Sie stellen, lange bevor in Deutschland der Nationalsozialismus ausbricht, ein Herrenvolk dar. Im Begriff des Adels mag zwar sehr wohl eine Zustimmung zur Idee der Ungleichheit zwischen den Menschen zum Ausdruck kommen; jedoch wird hier die Ungleichheit nicht innerhalb, sondern außerhalb der lokalen Gesellschaft angesiedelt. Der baskische Differentialismus stellt also eine Art von ethnischer Protodemokratie dar.

Das sichtbare und das unsichtbare Stigma der Ausgegrenzten

Dem angelsächsischen und dem deutschen Differentialismus entsprechen zwei unterschiedliche Typen stigmatisierter Völker, die von der Bevölkerungsmehrheit dazu ausersehen sind,

die Idee der Differenz zu verkörpern. Die Eigenschaften, die in den Augen der Deutschen den Juden und die in den Augen der Amerikaner den Schwarzen ausmachen, sind keineswegs die gleichen: Der Vergleich dieser beiden Kategorien ist äußerst verräterisch in Hinblick auf die Mentalität der Völker mit Stammfamiliensystem sowie derjenigen mit absoluter Kernfamilie.

Der amerikanische Differentialismus macht sich am physischen Erscheinungsbild, insbesondere an der Hautfarbe, fest. Für die Kultur interessiert er sich nur wenig. Da es in Deutschland keine ausreichend große Zahl an schwarz- oder gelbhäutigen Einwanderern gibt, läßt sich kein systematischer Vergleich der Reaktionen auf die Hautfarbe anstellen. Daß allerdings auch Deutschland bei Bedarf das physische Merkmal »schwarz« als Begriff für die menschliche Verschiedenheit zu gebrauchen weiß, ist sehr wahrscheinlich, wenn man sich der sehr gewalttätigen Ausfälle der deutschen Bevölkerung wie ihrer ideologischen Scharfmacher nach dem Ersten Weltkrieg erinnert, die sich dagegen empörten, daß Frankreich bei der Besetzung des Rheinlandes senegalesische Infanteristen einsetzte – aber auch, wenn man an die wiederholten Aggressionen gegenüber schwarzen US-Soldaten im Jahr 1994 denkt. Die Feindseligkeit gegenüber den eingewanderten Vietnamesen, zu denen es kurz nach dem Fall des Eisernen Vorhangs in der ehemaligen DDR kam, künden ihrerseits von einer gewissen Feindseligkeit gegenüber der »gelben Rasse«. Die nationalsozialistische Lehre von Arier- und Judentum unternimmt einige Anstrengungen, der Differenz physische Gestalt zu verleihen, indem sie den großen blonden Arier mit dem kleinen dunkleren Semiten kontrastiert. Diese physische Charakterisierung läßt sich allerdings nicht logisch durchgängig anwenden: Denn auch unter den Deutschen gibt es, wie man an Hitler sehen kann, kleine Menschen dunkleren Typs und keineswegs nur solche, die physisch dem Ideal des Ariers gleichen. Hingegen sind viele der als rassisch minderwertig abgestempelten Slawen blond. Die Juden wiederum lassen sich manchmal an

ihrem äußeren Erscheinungsbild erkennen, manchmal aber auch nicht. Was die Kinder anbetrifft, die aus jüdisch-christlichen Mischehen hervorgegangen sind, so entsprechen sie häufig dem typischen Deutschen, in der ganzen Bedeutungsvielfalt, die der Ausdruck »typisch deutsch« umfaßt. Und wie gar läßt sich das deutsch-japanische Bündnis mit der propagierten prinzipiellen Feindschaft gegenüber der »gelben Rasse« unter einen Hut bringen, das just im gleichen Moment gefeiert wird, in dem die amerikanischen Wochenschauen die im Pazifik kämpfenden Japaner als »Menschenaffen« bezeichnen? In Amerika ist das physische Erscheinungsbild *das* Kriterium für die Kategorisierung, es ist einfach, und es ist real. Die Menschen, die man als Gelbe oder Schwarze bezeichnet, kann man als gelbe oder schwarze wahrnehmen. Und ein Individuum, das sowohl schwarze als auch weiße Vorfahren hat, aber eher weiß wirkt, wird im Zuge des *passing* auch als weiß eingeordnet werden. Der deutsche Differentialismus macht mit seinen Klassifikationsversuchen nicht bei den sichtbaren Unterschieden, nicht bei der äußeren Hülle der Lebewesen halt. Er rekurriert auch auf unsichtbare Unterschiede; so gilt beispielsweise das jüdische Wesen als besonders boshaft. Man kann diese Neigung, an einen physisch unsichtbaren Unterschied zu glauben, nicht verstehen, wenn man sich nicht den Begriff des inneren Menschen vergegenwärtigt, der für die deutsche Geistesgeschichte absolut zentral ist. Die zwanghafte Vorstellung vom inneren Menschen hat durchaus etwas mit der – aus der Erziehung in der Stammfamilie resultierenden – durchschnittlichen seelischen Verfassung zu tun; allerdings ist sie nicht für alle Stammfamiliengesellschaften typisch.

Zu Beginn des 14. Jahrhunderts entwickelt Meister Eckart (ca. 1260 bis ca. 1327), einer der größten rheinischen Mystiker, in seiner Abhandlung *Von der Abgeschiedenheit* die Idee des »inneren Menschen«, der sich vom »äußeren Menschen« unterscheidet.[6] Dieses Gegensatzpaar greift Luther 1520 in seiner

6 Vgl. Meister Eckart, *Mystische Schriften*, übersetzt von Gustav Landauer,

Schrift *Von der Freiheit eines Christenmenschen* wieder auf: Der »inwendige« oder »innerliche« Mensch ist Gott ergeben, der äußere Mensch der Welt.[7] Zwischen dem 17. und dem 18. Jahrhundert systematisiert der deutsche Pietismus, der sich in den protestantischen Kleinstaaten autokratischer Fürsten entfaltet, die Vorstellung vom innerlich freien und äußerlich dem Fürsten unterworfenen Menschen. In der Folge feiern die nationalistisch gesinnten deutschen Philosophen und Denker die Innerlichkeit als eine wesentliche Eigenschaft der deutschen Seele; so etwa Hegel zu Beginn des 19. Jahrhunderts in seinen *Vorlesungen über die Geschichte der Philosophie*.[8] Abgesehen von gelehrten Äußerungen eines Meister Eckart, eines Luther oder eines Hegel scheint der Begriff der Innerlichkeit ein kultureller Gemeinplatz zu sein, den die Mehrheit der Bevölkerung als brauchbare – ideale und zugleich normale – Beschreibung deutscher Verhaltensweisen anerkennt. Es ist nicht allzu schwierig, nachzuweisen, daß die vom Stammfamiliensystem hervorgebrachte Erziehung für eine dualistische Wahrnehmung empfänglich macht, die den inneren Menschen in Gegensatz zum äußeren setzt. In Deutschland erzeugt die Alphabetisierung eine geistige Umwälzung. Aber die hierarchischen Werte der Stammfamilie erlegen dem Individuum eine soziale Disziplin auf, die zu mißachten wortwörtlich undenkbar ist. Der innere Mensch mag denken, was er will – der äußere paßt sich an. Was jeder für sich erlebt, wird auf die äußere Umgebung projiziert. In einer Gesellschaft, in der jedes Individuum in ein äußeres Erscheinungsbild und eine innere Realität zerfällt, kann das Innere negativ oder positiv ausge-

Berlin: Karl Schnabel (Axel Junckers Buchhandlung) 1903, hier zitiert nach der Ausgabe Frankfurt am Main: Insel 1991, S. 144.

7 Vgl. Martin Luther, »Von der Freiheit eines Christenmenschen«, in: *Ausgewählte Schriften*, Bd. 1, hg. von Karin Bornkamm und Gerhard Ebeling, Frankfurt am Main: Insel 1982, S. 238–263, hier S. 239.

8 Vgl. G. W. F. Hegel, *Vorlesungen über die Geschichte der Philosophie*, Werkausgabe, Band 12, Frankfurt am Main: Suhrkamp 1970, beispielsweise S. 494. [Bei Hegel lautet der Begriff *Innigkeit*; A. d. Ü.]

deutet werden. Der deutsche Differentialismus bedarf demnach keines hervorstechenden physischen Unterschiedes. Er macht sich am Juden fest, und der wird in allererster Linie durch seine Religion definiert, das heißt durch ein geistiges, innerliches, unsichtbares Merkmal.

Die ideologische Behandlung der Rassenvermischung

Café-au-lait oder jüdisch-christlich – Mischlingsblut ruft in einer differentialistischen Umgebung eher Beklemmung als Erleichterung hervor. Tatsächlich widerspricht seine Existenz dem *Apriori* einer unveränderbaren menschlichen Verschiedenheit. Innerhalb des amerikanischen Systems der absoluten Kernfamilie werden die Kinder, die aus einer schwarz-weißen Mischehe hervorgehen, als schwarz eingestuft und ausgegrenzt. Die Rassenstrukturen der Gesellschaft funktionieren nach einer Regel, der zufolge Individuen entweder A oder B sein dürfen, aber in keinem Fall AB. Diese dichotomische Einteilung steht im Gegensatz zum »romanischen« Modell, das den Begriff des Mestizen kennt und dabei die Hautfarbe keineswegs ignoriert, sondern sich damit auseinandersetzt, indem es eine genaue, alle Farbschattierungen zwischen Weiß und Schwarz aufgreifende Beschreibung liefert. Die Beharrlichkeit, mit der in der angelsächsischen Kultur die Generationen auseinandergehalten werden, trägt wesentlich zum Funktionieren des dichotomisch wirkenden Mechanismus bei, denn sie verhindert, so gut sie kann, daß die »weißen« Merkmale symbolisch auf die Kinder übertragen werden, die aus einer sexuellen Verbindung zwischen Weißen und Schwarzen hervorgegangen sind. Der deutsche Differentialismus gelangt niemals, nicht einmal in seiner wahnhaften Übersteigerung während des Nationalsozialismus, zu einer einfach gestrickten Rassenorganisation des amerikanischen Typs. Auch hier erzeugt das anthropologische System der Stammfamilie widersprüchliche ideologische Effekte. Die Ungleichheit der Brüder führt zwar

zu einer Konzeption von der Ungleichheit der Menschen, der Völker und der Rassen. Aber die Eltern-Kind-Bindung macht eine Trennung zwischen den Vätern und den Kindern, die aus einer sexuellen Beziehung zwischen verschiedenen Rassen stammen, schwierig. Das Zögern der Nazis, wie sie die Kinder aus einer christlich-jüdischen Ehe einordnen sollten, ist hierfür ein charakteristisches Beispiel. Im April 1933 wird jedes Individuum als Jude definiert, das mindestens einen jüdischen Großvater hat. Diese einfache Vererbungsregel, die drei Generationen berücksichtigt und typisch für die Logik des Stammfamiliensystems ist, scheint zunächst praktikabel zu sein. Doch die Nürnberger Rassengesetze von 1935 machen sich eine neue, engere und abgestufte Definition zu eigen, die nicht mehr dichotomisch ist. Demnach gilt jedes Individuum dann als Jude, wenn es mindestens drei jüdische Großeltern hat oder wenn es zwei jüdische Großeltern hat und zugleich Mitglied der Jüdischen Gemeinde oder mit einer Jüdin (resp. einem Juden) verheiratet ist. Nicht als Juden gelten alle Individuen, die nur einen jüdischen Urgoßvater haben. Zwischen diesen beiden Polen werden zwei Sorten von *Mischlingen* definiert. Der Mischling ersten Grades hat zwei jüdische Großeltern, ist aber nicht Mitglied der Jüdischen Gemeinde und nicht mit einer Jüdin (resp. einem Juden) verheiratet; der Mischling zweiten Grades hat lediglich einen jüdischen Großvater.[9] Die Unschlüssigkeit der Nazis rührt nicht allein daher, daß die Zahl der aus Mischehen stammenden Individuen sehr groß und es somit häufig unmöglich ist, eine physische Bestimmung der reinen »Arier« vorzunehmen. Sie rührt auch daher, daß die für die Stammfamilie typische Mentalität, anders als die der absoluten Kernfamilie, nicht zu vergessen vermag, daß der Mischling, der aufgrund eines Teils seiner Vorfahren auf ewig der arischen Rasse fremd sein soll, aufgrund eines anderen Teils seiner Vorfahren ebenso auf ewig Mitglied der arischen Be-

9 Vgl. Lucy S. Dawidowicz, *Der Krieg gegen die Juden: 1933–1945*, München: Kindler 1979, S. 66–73.

völkerungsgruppe ist. Das Abstammungsprinzip liefert zugleich das Argument für und gegen die Rejudaisierung der Mischlinge. Aus diesem Grund mündet die nationalsozialistische Lehre schließlich in einer Institutionalisierung des Begriffs *Mischling*.

Von der Ausgrenzung zur Vernichtung

Die Kombination der beiden für das Stammfamiliensystem typischen Werte – Ungleichheit und Autorität – führt zu einem Nebeneinander zweier widersprüchlicher Zielsetzungen: Die Ungleichheit zielt auf Unterscheidung, die Autorität auf Einheit. Wenn man die Unterschiede für unauflöslich hält, zugleich aber von Homogenität träumt, dann kann man auf die Idee verfallen, daß die Eliminierung der als »andersartig« stigmatisierten Bevölkerungsgruppe eine mögliche Lösung wäre. In bestimmten historischen – vor allem religiösen oder ökonomischen – Krisenzeiten kann diese logische Schlußfolgerung zur Vertreibung oder zur Vernichtung einer Bevölkerungsgruppe führen, an der sich der Begriff der Differenz festgemacht hat. Wir rühren hier an den Kern des Problems des Nationalsozialismus und des anthropologischen Mechanismus, der zur Vernichtung der jüdischen Bevölkerung auf dem europäischen Kontinent geführt hat. Deutschland hat versucht, Homogenität herzustellen, indem es die als unhintergehbar eingestufte Differenz vernichtet hat. Der Kontrast zum angelsächsischen Differentialismus sticht ins Auge. Das Prinzip der Unterscheidung zwischen den Brüdern hat die Bevölkerungsgruppen der Vereinigten Staaten dazu veranlaßt, die Menschen *a priori* als unterschiedlich anzusehen und schließlich die Schwarzen zum stigmatisierten Volk zu machen, zur Inkarnation der Differenz. Aber in einem anthropologischen System, das nicht von vertikaler Integration träumt und das nicht auf die Verwirklichung einer transzendenten Einheit hofft, erzeugt die Existenz einer separierten Gruppe nicht derart dramatische Spannungen,

wenngleich auch hier die Aufrechterhaltung der Segregation in der Realität beträchtliche Probleme schafft. Wenn sich das Stammfamiliensystem von einer Krise bedroht fühlt und der Homogenisierungsdruck zunimmt, kann es geschehen, daß das stigmatisierte Volk das Schicksal der Vertreibung oder gar Ermordung erleidet. Der Antisemitismus wird hier also als eine – extreme – Auswirkung jenes Widerspruchs gedeutet, der aus der Wahrnehmung der Differenz und dem Traum von der Einheit resultiert, den man, manches Mal sehr bedrohlich, in allen Stammfamiliensystemen antreffen kann.

Die extreme Pathologie der deutschen Familie im 19. Jahrhundert

Dieser Konflikt zeigt sich bei den meisten der interethnischen Kontakte, in denen ein Volk mit Stammfamiliensystem die dominierende Stellung hat. Aber es gibt unterschiedliche Möglichkeiten, in einer Gesellschaft Homogenität herzustellen. In der Welt der Stammfamilie, die theoretisch von Assimilation nichts wissen will, kann es gleichwohl zur praktischen Assimilierung von Bevölkerungsteilen kommen, wenn deren tatsächliche Herkunft in Vergessenheit gerät. Diese recht häufig vorkommende Lösung hat Deutschland beispielsweise während eines großen Teils seiner Geschichte gegenüber den Slawen praktiziert, und heute bedienen sich ihrer die Japaner in ihrem Umgang mit den Koreanern, die zwischen den beiden Weltkriegen eingewandert sind, sowie mit den primitiven Ainu von der Insel Hokkaido. Bei der Verteibung handelt es sich um eine sehr viel gewalttätigere, aber auch seltener vorkommende Lösung. Der mörderische Differentialismus der Nationalsozialisten hingegen ist einzigartig und resultiert aus einer besonderen Eigenheit des anthropologischen Systems in Deutschland.

Die deutsche Familie scheint allen anderen Modellen des Stammfamiliensystems – dem schwedischen, japanischen, okzitanischen oder jüdischen – zu ähneln, sofern man lediglich

den grundlegenden Mechanismus betrachtet, dem zufolge einer der Söhne zum Erben bestimmt wird. Mit der Angabe dieses zentralen Prinzips ist dieser anthropologische Typus allerdings noch nicht hinreichend beschrieben. Im 19. Jahrhundert bringt die deutsche Familie eine autoritäre Erziehungsideologie hervor, die ihrerseits, in einem spiralförmigen Prozeß, die Autorität *in* der Familie selbst stärkt. Einen parallelen, allerdings gegenläufigen Mechanismus kann man in den Vereinigten Staaten beobachten, wo das individualistische Familiensystem schließlich eine ultraliberale Erziehungstheorie erzeugt hat, die wiederum ihrerseits zu einer Steigerung des Individualismus *in* der Familie geführt hat. In diesen beiden Gesellschaften, den beiden wichtigsten Ideologieproduzenten, hat das Herumexperimentieren im Bereich der Erziehung zu einer Übersteigerung der grundlegenden anthropologischen Werte geführt – der Autorität in Deutschland, der Freiheit in den Vereinigten Staaten.

Die Erziehungsgrundsätze, die Johann Gottlieb Fichte in seinen *Reden an die Deutsche Nation* von 1807/1808 darlegt, können als der Ausgangspunkt einer Entwicklung betrachtet werden, der zur Betonung der autoritären Komponente in der deutschen Stammfamilie führt:

»[...] daß gerade in diesem Anerkennen, und in diesem Rechnen auf einen freien Willen des Zöglings der erste Irrtum der bisherigen Erziehung, und das deutliche Bekenntnis ihrer Ohnmacht und Nichtigkeit liege. [...] Dagegen würde die neue Erziehung gerade darin bestehen müssen, daß sie auf dem Boden, dessen Bearbeitung sie übernähme, die Freiheit des Willens gänzlich vernichtete, und dagegen strenge Notwendigkeit der Erschließungen, und die Unmöglichkeit des Entgegengesetzten in dem Willen hervorbrächte, auf welchen Willen man nunmehro sicher rechnen und auf ihn sich verlassen könnte.«[10]

Deutsche Pädagogen und Mediziner bringen seit Mitte des 19. Jahrhunderts eine Literatur ganz eigener Art hervor; hier

10 Johann Gottlieb Fichte, *Reden an die Deutsche Nation*, Hamburg: Meiner 1978, S. 28.

werden methodische Praktiken zur Formung der kindlichen Persönlichkeit, ganz den Fichteschen Prinzipien entsprechend, ausgearbeitet, wobei mit bemerkenswerter Hartnäckigkeit auf Disziplin und körperlichen Drill Wert gelegt wird. In dieser Hinsicht charakteristisch ist das Werk des Arztes Daniel Gottlieb Moritz Schreber (1808–1861), eines glühenden Eiferers, der für seine Methode, Kinder mit Hilfe von gymnastischen Übungen zu dressieren, viel Anerkennung erhielt; er war der Vater des berühmten Psychotikers Daniel Paul Schreber (1942 bis 1911), dem Autor der mittlerweile als klassisch geltenden *Denkwürdigkeiten eines Nervenkranken.*[11] Aus heutiger Sicht scheint es völlig unstrittig, daß die vom Vater populär gemachten Erziehungstechniken sowohl für die Demenz Daniel Pauls als auch für den Selbstmord seines älteren Bruders verantwortlich waren. Der Vater Schreber war ein einflußreicher Mann, eines seiner Bücher erlebte vierzig Auflagen hintereinander; und so dürften seine Söhne nicht die einzigen Opfer seiner pädagogischen Maßregeln gewesen sein. Es läßt sich allerdings auf der Grundlage derart zufälliger Daten nur schwer der Nachweis führen, daß der in der durchschnittlichen deutschen Familie herrschende Autoritarismus durch die Entwicklung einer experimentellen Pädagogik noch gesteigert wurde. Ein demographischer Indikator wie die Kindersterblichkeitsrate ermöglicht hingegen eine Quantifizierung und macht die These plausibel, daß man von einer pathologischen Abhärtung der deutschen Stammfamilie im Laufe des 19. Jahrhunderts sprechen kann.

In Schweden, einer Region mit Stammfamiliensystem und lutherischer Religion, sinkt die Kindersterblichkeitsrate in den

11 Zu Vater und Sohn Schreber sowie über den Zusammenhang zwischen pädagogischer Entwicklung und autoritärer Abhärtung in Deutschland siehe Morton Schatzman, *Die Angst vor dem Vater. Langzeitwirkungen einer Erziehungsmethode. Eine Analyse am Fall Schreber.* Deutsch von Nils Thomas Lindquist, Hamburg: Rowohlt 1971. Vgl. ebenfalls Daniel Paul Schreber, *Denkwürdigkeiten eines Nervenkranken*, Leipzig: Oswald Mutze 1903; Nachdruck Frankfurt/Berlin/Wien: Ullstein 1973.

Jahren zwischen 1816–1820 und 1871–1875 von 176 auf 134 Todesfälle bei 1000 Lebendgeburten. In Preußen steigt im gleichen Zeitraum die Kindersterblichkeitsrate von 168 auf 224. In Bayern, einer Region mit Stammfamiliensystem und katholischer Tradition, erreicht die Kindersterblichkeit, die zwischen 1836 und 1840 bereits sehr hoch ist, zwischen 1861 und 1865 mit 332 Todesfällen einen neuen Höchststand. Zwischen 1890 und 1900 liegt die Kindersterblichkeit in der deutschsprachigen Welt immer noch signifikant höher als im übrigen Europa, zumal wenn man den hohen Alphabetisierungsgrad bedenkt: 196 auf 1000 Geburten in Preußen, 249 in Bayern, 256 in Sachsen, 212 in Württemberg, 207 in Baden, 247 in Österreich – gegenüber 147 in England, 149 in Frankreich, 153 in Belgien und 104 in Schweden.[12] Nach diesem Indikator liegt übrigens die mehrheitlich deutschsprachige Schweiz, die um 1900 eine Kindersterblichkeitsrate von lediglich 138 aufweist, außerhalb des deutschen Kulturraums. Zwei Faktoren können das veritable Massaker an den unschuldigen Kindern, das für die deutschsprachige Welt charakteristisch ist, erklären: die recht hoch liegende Zahl unehelicher Geburten sowie die Ablehnung des Stillens.[13] Die außerehelich empfangenen Kinder werden mißhandelt und sind krankheitsanfällig. Ihre große Zahl verdankt sich der Rigidität eines inegalitären Familiensystems, das einen nicht unbeträchtlichen Teil von Individuen zum Zölibat verdammt, sie aber andererseits nicht zur Abstinenz zwingen kann. Wenn wir den kausalen Zusammenhang, in dem die Kindersterblichkeit steht, von dieser Seite aus betrachten, kommen wir aufgrund der unehelichen Geburten zu dem Schluß, daß die Familienstruktur immer rigider und gegenüber der menschlichen Natur immer gleichgültiger wird. Und in der Tat immer autoritärer. Die Ablehnung des Stillens, das die Neuge-

12 Vgl. hierzu die allgemeine Statistik Frankreichs, *Statistique internationale du mouvement de la population*, Paris: Imprimerie nationale 1907, S. 454.
13 Zur Kindersterblichkeit in Deutschland vgl. J. E. Knodel, *The Decline of Fertility in Germany, 1871–1939*, Princeton: University Press 1974, S. 148 bis 187.

borenen mit mütterlichen Antikörpern versorgt und so vor Infektionen schützt, signalisiert bereits unmittelbar eine größere Distanz zwischen Eltern und Kind, eine Veränderung, die nur mit der Zunahme des Autoritarismus in der Familie in Verbindung stehen kann.

Diese Entwicklung des anthropologischen Systems geht weit über den Autoritarismus der traditionellen bäuerlichen Stammfamilie hinaus. Die Dressur wird von den Individuen unbewußt als Verfolgung erlebt. Viele der deutschen Erwachsenen aus den Jahren 1870 bis 1933 müssen einen Grund für ihr psychisches Unbehagen, für das Gefühl des Verfolgtseins finden, das sie seit ihren Kindheitstagen mit sich herumschleppen. Da sie den Ursprung ihres Leidens nicht begreifen können, sehen sie im Juden den Quälgeist, der sie psychisch zerstört. Innerhalb der deutschen Kultur ist die Fixierung des traditionellen Differentialismus auf dieses stigmatisierte Volk fast natürlich. Aber zu den allgemeinen anthropologischen Determinanten gesellt sich noch ein Wille zum Mord. Das nationalsozialistische Deutschland sucht seine Homogenität nicht etwa durch stillschweigende Assimilierung herzustellen, sondern zunächst durch Vertreibung und schließlich durch Vernichtung.

Der Differentialismus nach der Krise

Ein solches Interpretationsmodell betrachtet den nationalsozialistischen Antisemitismus als ein spezifisch deutsches Phänomen, ohne daraus eine Konstante der deutschen Geschichte zu machen: Die Entwicklung von Erziehungstechniken in einer besonderen Geschichtsepoche führt zu einem plötzlichen paranoiden Ausbruch innerhalb eines differentialistischen anthropologischen Systems. Sicher ist, daß nach 1945 die Einführung amerikanischer Erziehungskonzepte in der Bundesrepublik der Fichteschen Tendenz des Systems Einhalt geboten und es in die entgegengesetzte Richtung gelenkt hat. Das liberale pädagogische Modell der Vereinigten Staaten hat die anthropologische

Grundstruktur Deutschlands wohl nicht zerstört; es hat aber, das steht allemal fest, ihr wieder zu ihrem traditionellen Gleichgewicht verholfen, das heißt zu einem Autoritarismus, der nicht inhuman ist. Diese Rückkehr zum Gleichgewicht bedeutet nicht, daß sich das System mit seinen Werten der Autorität und der Ungleichheit in Luft aufgelöst hätte. Das Fortbestehen des differentialistischen Stammfamiliensystems, das die Wahrnehmung von Verschiedenheit mit der Hoffnung auf Einheit verbindet, vermag immer noch bestimmte grundlegende Reaktionen der Deutschen beispielsweise gegenüber den türkischen Einwanderern im postindustriellen Zeitalter zu erklären. Beim gegenwärtigen Stand der Forschung ist eine solche Bemerkung schlicht eine Frage des gesunden Menschenverstandes. Wenn es den angelsächsischen Ländern trotz ihrer bewußten Anstrengungen bislang nicht gelungen ist, sich von ihrem individualistischen Differentialismus zu befreien, wie sollte man dann eine viel größere historische und anthropologische Flexibilität von Deutschland erwarten, dessen anthropologisch begründeter Differentialismus offen inegalitäre Züge trägt und – im Vergleich zu den Vereinigten Staaten oder England – sehr viel brutaler ist?

8
Assimilation und Segregation in Deutschland

Das Schicksal der Arbeiter, die in der Nachkriegszeit nach Deutschland einwandern, liefert einen erneuten Beweis für die Allmacht der postindustriellen Aufnahmegesellschaft; sie ist jederzeit in der Lage, ihre Vorstellung von interethnischen Beziehungen gegenüber den ausländischen Bevölkerungsgruppen durchzusetzen. Zwischen 1960 und 1990 drängt die deutsche differentialistische Kultur die Türken in die Rolle der stigmatisierten Gruppe, als wären sie von der Geschichte dazu auserkoren, das Prinzip der menschlichen Verschiedenheit auf deutschem Boden zu verkörpern. Die Assimilation der Türken, die – wie einige demographische Parameter zeigen – zwischen 1975 und 1985 rapide fortschreitet, wird letztlich verweigert. Die ursprüngliche türkische Kultur, die sich zwar objektiv von der deutschen Kultur unterscheidet, andererseits aber von der arabisch-muslimischen ebenfalls sehr weit entfernt ist, wandelt sich, um den *apriorischen* Überzeugungen der sie aufnehmenden Umgebung zu entsprechen. Die türkische Minderheit in Deutschland, die aus einem der wenigen muslimischen Länder kommt, in dem tatsächlich eine laizistische Tradition existiert, wird zu einem Brennpunkt des islamischen Fundamentalismus. Dies kommt dem deutschen anthropologischen System entgegen, das das Anderssein eines Menschen an seiner inneren, seiner religiösen Haltung festzumachen pflegt, während das angelsächsische anthropologische System hierfür auf das äußerliche Merkmal der Hautfarbe zurückgreift.

In der angelsächsischen Welt können bestimmte ethnische oder andersrassige Gruppen gesellschaftlich isoliert werden,

ohne daß dabei deren rechtliche Stellung eine Rolle spielte. Die Schwarzen in den Vereinigten Staaten sind amerikanische Bürger. Die Einwanderer, die Großbritannien zuläßt, können sich ohne Schwierigkeiten einbürgern lassen, und ihre Kinder erhalten die britische Staatsangehörigkeit, da das Staatsbürgerrecht dem Territorialprinzip (*ius soli*) folgt. Deutschland geht hier anders vor: Das ethnische Abseits, in dem sich die Einwanderer befinden, wird legal mit Hilfe eines Staatsbürgerrechts aufrechterhalten, das die Einbürgerung ausgesprochen schwierig gestaltet und auch die Kinder, die auf dem Boden der Bundesrepublik geboren werden, keineswegs als Deutsche definiert. Diese Abriegelung der Staatsbürgerschaft macht die Untersuchung der Beziehungen zwischen Deutschen und Einwanderern in gewisser Weise technisch einfach, im Gegensatz zu den Schwierigkeiten, die man mit Ländern wie Großbritannien und Frankreich hat, wo aufgrund des *ius soli* die Mitglieder einer Familie unterschiedlicher Nationalität sein können und wo die Einbürgerung den Status einer recht ansehnlichen Zahl von Individuen verändert. Die Einfachheit des ideologischen und administrativen Systems in Deutschland, das darauf besteht, daß die einzelnen Bevölkerungsgruppen auch weiterhin verschiedenen Nationalitäten angehören, verschleiert allerdings die großen Unterschiede im Umgang mit verschiedenen Kategorien von Ausländern. Bestimmte Gruppen werden systematisch ausgegrenzt, wie etwa die Türken, andere durchlaufen einen Prozeß der Assimilierung, wie beispielsweise die Jugoslawen. *In Deutschland wie in den Vereinigten Staaten existieren Ausgrenzung und Assimilation nebeneinander – besser gesagt: sie ergänzen einander. Die Stigmatisierung der Türken zu Menschen zweiter Klasse erleichtert der deutschen Gesellschaft die stillschweigende Aufnahme der Jugoslawen, wie in der amerikanischen Gesellschaft die ausdrückliche Aufnahme der europäischen und asiatischen Einwanderer durch die Stigmatisierung der Schwarzen zur Paria-Gruppe möglich wird.* Das Abstammungsprinzip (*ius sanguinis*) ist somit nur ein Faktor innerhalb eines komplexen anthropologischen Mechanismus.

Es funktioniert nicht unabhängig von der jeweiligen Eigenart der Einwandererkulturen. Die differentialistische deutsche Kultur hat es selbst hervorgebracht, ist nun im Begriff, darüber hinauszuwachsen, hat aber Mühe, es zu modifizieren. *Vor allem stellt es keine Lösung für den grundlegenden Widerspruch innerhalb des mit dem Stammfamiliensystem verbundenen Differentialismus dar, für den latenten Konflikt zwischen der Wahrnehmung nicht zu beseitigender Unterschiede und der Hoffnung auf Einheit.* Das *ius sanguinis* ist nur teilweise zweckdienlich. Es stellt sicher, daß eine Gruppe weiterhin ausgegrenzt bleibt und daß die Differenz juristisch fixiert wird; aber es befriedigt in keiner Weise das Bedürfnis nach sozialer Homogenität, jene Hoffnung auf Einheit, die sich in der Stammfamiliengesellschaft aus dem Prinzip der vertikalen Integration ergibt. In dem Maße, in dem es zur Erstarrung der Wahrnehmung der Differenz beiträgt, die sich aus dem Prinzip der Ungleichheit der Brüder herleitet, wird es sogar dysfunktional. Dieser traditionelle Widerspruch des deutschen anthropologischen Systems liefert eine Erklärung dafür, weshalb die Ausgrenzung der Türken nicht nur für die marginalisierte Bevölkerung, sondern auch für die aufnehmende schwer erträglich ist.

Das Ende der Homogenität: die Einwanderung in den Jahren von 1960 bis 1990

Im Gegensatz zu dem, was häufig behauptet wird, ist die Einwanderung in Deutschland kein ganz neues Phänomen. Von 1910 an registriert die Volkszählung die Anwesenheit von 1 260 000 Ausländern im Reichsgebiet. Im Jahre 1913 sind von 410000 Ruhrbergleuten 164000 Polen.[1] Die Anwesenheit dieser eingewanderten Arbeiter erklärt sich aus der Dynamik der Wirtschaftsentwicklung in Deutschland. Deutschland ist zu

1 Vgl. R. C. Rist, *Die ungewisse Zukunft der Gastarbeiter*, a. a. O., S. 61.

dieser Zeit (1880–1914) das einzige Land, das Arbeitskräfte zugleich importiert und exportiert: Die Emigranten brechen in die Vereinigten Staaten auf, die Immigranten kommen aus Osteuropa. Beide Bewegungen basieren auf Freiwilligkeit. Die Umsiedlung von Arbeitskräften, die der Zweite Weltkrieg mit sich bringt, hat einen anderen Charakter. Im Jahr 1944 sind 7,5 Millionen ausländische Arbeiter, die aus dem Osten und dem Westen Europas kommen, in der deutschen Wirtschaft beschäftigt, wo sie – als Freiwillige oder als Zwangsarbeiter – die nationalen Arbeitskräfte ersetzen, die von der Wehrmacht eingezogen wurden. Dieser massive Transfer ergibt sich aus der besonderen ökonomischen und politischen Lage; er bestätigt jedenfalls, daß die Verwendung ausländischer Arbeitskräfte in Deutschland durchaus Tradition hat und daß die seit Beginn der sechziger Jahre größer werdende Einwanderungswelle entsprechend kein wirkliches Novum darstellt.

Unmittelbar nach Kriegsende versorgt der Strom von deutschen Flüchtlingen, die aus den ehemaligen Ostgebieten kommen und sich nun im Westen ansiedeln, die Bundesrepublik in ausreichendem Maße mit Menschen, die sich aktiv dem Wiederaufbau widmen. Aber bereits im Jahre 1955 wird ein Vertrag mit Italien geschlossen, das Arbeiter für die Landwirtschaft sowie für das Baugewerbe zur Verfügung stellen soll. Von Beginn der sechziger Jahre an betreibt Deutschland sehr aktiv eine Politik der Rekrutierung von Arbeitskräften aus dem Mittelmeerraum, indem es eine ganze Serie bilateraler Abkommen abschließt: 1960 mit Spanien und Griechenland, 1961 mit der Türkei, 1964 mit Portugal und 1968 mit Jugoslawien.[2] Die Zahl der ausländischen Arbeiter steigt von 548 000 im Jahre 1961 auf 2 595 000 im Jahre 1973, das heißt von 2 % auf 10 % der Beschäftigten. In der gleichen Zeit steigt die ausländische Bevölkerung insgesamt, die Nichtbeschäftigten inbegriffen, von 686 000 auf 3 966 000, also von 1,2 % auf 6,3 % der Bevölkerung der Bundesrepublik. 1973 sind es 894 000 Türken,

2 Vgl. ebd., S. 65.

673000 Jugoslawen, 622000 Italiener, 399000 Griechen, 286000 Spanier und 112000 Portugiesen. Hinzu kommen noch 159000 Österreicher und 105000 Niederländer.[3] Allerdings führt der Ausbruch der Weltwirtschaftskrise im November 1973 dazu, daß Deutschland seine Pforten schließt und den arbeitslosen Einwanderern die Rückkehr in ihre jeweiligen Heimatländer schmackhaft zu machen sucht. Die Zahl der ausländischen Arbeitnehmer sinkt im Jahr 1976 auf 1932000. Allerdings reagieren die einzelnen Nationalitäten nicht in der gleichen Weise: Während ein Drittel der Italiener und der Spanier die Bundesrepublik verläßt, ändert sich die Zahl der Türken praktisch gar nicht.[4]

In den folgenden fünfzehn Jahren, die der Abschottung des Landes gegen die Einwanderung von neuen Arbeitskräften folgen, pendelt sich die Zahl der ausländischen Arbeitnehmer auf einem bestimmten Niveau ein, während die Zahl der ausländischen Bevölkerung insgesamt wächst. Im Jahr 1989 gibt es 2132000 ausländische *Arbeitnehmer*, das sind 7,7% der Beschäftigten und damit nur 82% der im Jahr 1973 erreichten Zahl; aber insgesamt liegt die Zahl der Ausländer bei 4845000, also bei 7,7% der Gesamtbevölkerung und damit bei 120% der 1973 erreichten Zahl. Die Prozentzahlen der Berufstätigen und der Nicht-Berufstätigen haben sich demnach einander angenähert. Die Ausländer sind nicht länger bloß zum Arbeiten eingeladene *Gastarbeiter*, sondern stellen einen Teil der normalen Bevölkerung mit Frauen und Kindern dar. Die theoretische Vision eines Deutschland, das lediglich temporär Arbeitskräfte aufnimmt, mußte angesichts des Drucks der Verhältnisse aufgegeben werden. Die ganz besondere Stellung, die die Ausländer in der Wirtschaft einnehmen, hat verhindert, daß sie durch deutsche Arbeitskräfte ersetzt wurden, obgleich man immer wieder die Regel propagierte, der zufolge einheimische Arbeitskräfte bevorzugt einzustellen seien.[5] Die Anwendung

3 Vgl. *Statistisches Jahrbuch 1974*, S. 51.

4 Vgl. R. C. Rist, *Die ungewisse Zukunft der Gastarbeiter*, a. a. O., S. 68.

5 Vgl. ebd., S. 67 f.

der europäischen Konventionen zum Schutz der Familien ließ eine Schließung der Grenzen gegenüber den Frauen und Kindern rechtlich nicht zu. Vollendet wurde der Prozeß der demographischen Normalisierung schließlich durch die Geburt von Einwandererkindern in Deutschland. Im Dezember 1989, kurz bevor die Einwanderung aus Osteuropa zunahm, befanden sich in Deutschland 1613000 Türken, 611000 Jugoslawen, 520000 Italiener, 294000 Griechen, 127000 Spanier, 75000 Portugiesen und bereits 220000 Polen.[6] Diese Zahlen belegen hinreichend die besondere Stellung der Türken, die allein schon 33 % der ausländischen Bevölkerung ausmachen und zudem den größten Teil von Einwanderern nicht-europäischen Ursprungs in Deutschland darstellen. In dem Maße, in dem ihre Kinder in der überwiegenden Mehrheit Ausländer bleiben, läßt sich die Größe der in Deutschland statistisch erfaßten türkischen Bevölkerungsgruppe direkt mit den ethnischen Minderheiten in Großbritannien vergleichen – die allerdings nur durch Umfragen erfaßt werden können, weil sie mittlerweile mehrheitlich britischer Nationalität sind. In Großbritannien beläuft sich zwischen 1985 und 1987 die Zahl der ihrer Herkunft nach nicht-europäischen Personen auf 2473000, wovon 745000 Inder, 404000 Pakistani, 111000 Bangladeshi und 521000 Jamaikaner sind. Insgesamt ist die Zahl der nicht-europäischen Einwanderer in Deutschland deutlich sehr viel geringer, doch konzentriert sie sich auf weniger Herkunftsländer: Keiner der Einwanderergruppen in Großbritannien kommt eine so große Bedeutung zu wie den Türken in Deutschland. Faßt man nur die Muslime ins Auge, so wiegen 1600000 Türken sehr viel schwerer als 515000 Pakistani und Bangladeshi, selbst wenn man diese Gruppen zur deutschen und zur britischen Gesamtbevölkerung in Relation setzt.

Untersucht man die Geburtenziffern in bezug auf die Nationalität der Eltern, so läßt sich grob die Bedeutung der einzelnen Bevölkerungsgruppen in der künftigen deutschen Gesellschaft

6 Vgl. *Statistisches Jahrbuch 1991*, S. 72.

einschätzen: Im Jahr 1990, kurz vor der Wiedervereinigung, haben 11,8 % aller in der Bundesrepublik geborenen Kinder entweder Eltern, die beide Ausländer sind, oder eine alleinstehende ausländische Mutter. Die Kinder türkischer Eltern machen dabei allein 6,2 % aller Geburten aus.[7] Es sind diese Kinder, denen aufgrund des Staatsbürgerrechts die deutsche Staatsbürgerschaft nicht zuerkannt wird.

Von der Stammfamilie zum *ius sanguinis*

Die Existenz des *ius sanguinis* in der Bundesrepublik, das nur den Kindern von Deutschen die deutsche Staatsbürgerschaft zugesteht, ist ziemlich unstrittig. Die Versuche, seinen Ursprung zu erklären, überschätzen zumeist die politischen Faktoren. Sie unterschätzen hingegen die Bedeutung der anthropologischen Determinanten und folglich die Zähigkeit eines Rechtssystems, das in der Geisteshaltung fest verankert ist. Im Jahr 1913, nach leidenschaftlichen Debatten, kristallisiert sich die deutsche Konzeption von Nationalität heraus, die sich von der juristischen Variante, für die sich Frankreich entschieden hat, absetzt. Der Gedanke eines offenen Rechts, das jedem Individuum, das innerhalb der Grenzen des Landes geboren wurde, die Zugehörigkeit zur Nation in Aussicht stellt, wird aufs heftigste abgelehnt.[8] Deutschland begreift sich als eine ethnische Nation, als die Gemeinschaft aller vom gleichen Ursprung abstammenden Nachkommen. Ein deutsches Kind ist, wer einen deutschen Vater hat. Diese einseitig patrilineare Bestimmung wird erst im Jahre 1973 durch ein Gesetz dahingehend geändert, daß nunmehr jedem Kind die deutsche Staatsbürgerschaft zugesprochen wird, das einen deutschen

7 Vgl. *Statistisches Jahrbuch 1992*.

8 Zur Einführung der deutschen Konzeption von Nationalität siehe Roger Brubaker, *Staats-Bürger. Frankreich und Deutschland im historischen Vergleich*. Aus dem Amerikanischen von Wiebke Schmaltz, Hamburg: Junius 1994, S. 156 ff.

Vater oder eine deutsche Mutter hat.[9] Im allgemeinen erklärt man die Entscheidung Deutschlands für eine genealogische Auslegung von Nationalität, die sich von dem in Amerika, Großbritannien und Frankreich gültigen Territorialprinzip absetzt, mit den Besonderheiten seiner komplizierten politischen Geschichte. Erst spät zur Nation geeint, war Deutschland in langen Phasen seiner Entwicklung eher eine kulturelle Gemeinschaft denn ein Staat. Das Gesetz von 1913 trägt insofern schlicht den Stempel einer Geschichte, in der die Begriffe Nation, Staat und Territorium nur äußerst selten zusammenfielen.[10] Eine rationalistische Interpretation dieser Art bringt, trotz ihrer Rückgriffe auf eine mehr oder weniger entfernte Vergangenheit, nicht die juristischen Fakten mit der Mentalität in Zusammenhang, und sie unterstellt der deutschen Vorstellung vom Ausländer eine gewisse Flexibilität. Das *ius sanguinis* ist jedoch sehr viel solider, als man gemeinhin denkt, weil es sich in Wirklichkeit nur um eine ideologische Projektion der Stammfamilie handelt, um die rechtliche Formalisierung eines Teils des anthropologischen Systems.

Den Ausdruck *ius sanguinis* kann man wörtlich oder metaphorisch nehmen. Während des Nationalsozialismus, der ihn über die Maßen aufgebläht hat, wurde er allemal wortwörtlich und damit rassistisch gedeutet. Daß im Jahre 1990 den nichtdeutschsprachigen Sowjets, die Nachkommen von deutschen Emigranten aus dem 18. und 19. Jahrhundert sind, die deutsche Staatsbürgerschaft zuerkannt wurde, kann man ebenfalls als eine buchstäbliche, biologische Auslegung des *ius sanguinis* betrachten. Es läßt sich jedoch auch eine metaphorische Interpretation des Begriffes *ius sanguinis* denken, der zufolge die Herkunft nicht durch einen genetischen Automatismus sichergestellt wird, sondern durch die sozialisationsbedingte Weiter-

9 Vgl. R. C. Rist, *Guestworkers in Germany: The Prospects for Pluralism*, New York: Praeger 1978, S. 139 f. [Kapitel 6 und 7 sowie die Einleitung der Originalausgabe wurden nicht in die bisher zitierte deutsche Ausgabe aufgenommen; A. d. Ü.]

10 Ein solcher Ansatz findet sich bei R. Brubaker, *Staats-Bürger*, a. a. O.

gabe kultureller und ethnischer Charakteristika. Mit anderen Worten: Nur deutsche Eltern können über die Erziehung eine deutsche Konzeption vom sozialen, künstlerischen, politischen usw. Leben weiterreichen. In seiner metaphorischen Auslegung unterstellt das *ius sanguinis* eine wesentlich durch die Familie beherrschte Sozialisation. Umgekehrt schreibt das *ius soli*, dem zufolge jedes Individuum, das auf einem bestimmten Territorium geboren wurde, auch die entsprechende Nationalität haben sollte, nun nicht etwa der Scholle eine magische Kraft bei der Übertragung kultureller Werte zu: Es geht lediglich davon aus, daß die Sozialisation eines Individuums nicht ausschließlich in den Zuständigkeitsbereich der Familie fällt, sondern auch und vielleicht sogar vor allem in den der es umgebenden Bevölkerung, das heißt der Nachbarschaft. Das Ideal einer Sozialisation, die vornehmlich in der Familie stattfindet, ist typisch für ein anthropologisches System, das die Bedeutung der Eltern-Kind-Beziehung betont. Die Stammfamilie mit ihrem Ideal einer linearen Kontinuität stellt eines dieser Systeme dar. Sie vererbt alles: einen Adelstitel, einen Bauernhof, einen Handwerkerberuf, eine Nationalität. Das deutsche *ius sanguinis*, das man ebensogut als familiales Staatsbürgerrecht bezeichnen könnte, scheint schließlich nichts anderes zu sein als die Übertragung des Kontinuitätsprinzips, das für die traditionelle Bauernfamilie typisch war, auf die ganze Nation.

Umgekehrt scheint das *ius soli* die logische Folge der Kernfamilie zu sein, die ihre Kinder recht früh entläßt und dem lokalen Kollektiv die Sorge anvertraut, deren Sozialisation zu vollenden: Das Prinzip der familialen Diskontinuität gilt für die Weitergabe der Nationalität wie für die der anderen sozialen Charakteristika. Das Territorialprinzip muß sich demnach an die Stelle des linearen Prinzips setzen, um die nationale Zugehörigkeit zu »definieren«. In den Vereinigten Staaten, wo das *ius soli* geradezu in Reinform existiert, erhält jedes Individuum, das auf amerikanischem Boden geboren wurde, die amerikanische Staatsbürgerschaft. Und ein Wohnsitz außerhalb des Staatsgebiets gefährdet letztlich die Nationalitätszugehö-

rigkeit: Ein amerikanisches Ehepaar, das außerhalb der Vereinigten Staaten lebt, kann seine Nationalität nicht an seine Kinder weitergeben, sofern es nicht zuvor auf nationalem Territorium gelebt hat.[11] Man kann über die strukturelle Analogie mit der religiösen Zugehörigkeit im puritanischen Neuengland während des 17. Jahrhunderts nur staunen: Die »auserwählten«, »erweckten« Eltern einer protestantischen Sekte gaben keineswegs automatisch den Status und die Zugehörigkeit zur Sekte an ihre Kinder weiter.

Mit dem *ius sanguinis* verbindet sich in Deutschland eine sehr restriktive Praxis der Einbürgerung, dem einzig möglichen Weg, den Status des Staatsbürgers zu erhalten. Bis zur Reform von 1990 glich der Weg zur Einbürgerung einem wahren Hindernislauf. Die Einbürgerung war der Endpunkt eines langen und äußerst schwer zu meisternden Integrationsprozesses, der über mehrere bürokratische Etappen verlief: zunächst einmal die beschränkte Aufenthaltserlaubnis, dann die beschränkte Arbeitserlaubnis, die unbeschränkte Arbeitserlaubnis, die unbeschränkte Aufenthaltserlaubnis, die Aufenthaltsberechtigung. Hatte man alle diese Hürden genommen, das heißt nach einer Anwesenheit von mindestens zehn Jahren, lag es in der Machtbefugnis des jeweiligen Landes, dem Antrag auf Einbürgerung stattzugeben. Doch dies war eine Ermessensfrage; aus der Tatsache, daß jemand allen erforderlichen Bestimmungen genügte, konnte keineswegs ein *Recht* auf Einbürgerung abgeleitet werden. Es wurde eine Anpassung an die deutsche Kultur als solche verlangt, was von der Beherrschung der Sprache bis hin zur genauen Einhaltung der Straßenverkehrsregeln ging. Die Verpflichtung, auf die ursprüngliche Nationalität zu verzichten, rundet dieses Bild von einer Einbürgerung unter den Bedingungen absoluter Assimilierung ab. Die Ablehnung einer

11 Vgl. R. Brubaker, »Citizenship and naturalization: policies and politics«, in: R. Brubaker u. a., *Immigration and the Politics of Citizenship in Europe and North America*, Lanham: University Press of America 1989, S. 99–127, vgl. vor allem S. 105.

Die Anpassung der Ausländer in Deutschland

	Geburtenrate 1975	*Geburtenrate 1984*	*Kinder ausländischer Väter 1990, Prozentsatz deutscher Mütter*	*Kinder ausländischer Mütter 1990, Prozentsatz deutscher Väter*	*Einbürgerungen von Personen, die seit mehr als 10 Jahren im Land sind*
Türken	4,3	2,5	4,4 %	1,2 %	1,3 ‰
Jugoslawen	2,2	1,5	20,9 %	20,0 %	4,9 ‰
Italiener	2,3	1,7	34,9 %	14,0 %	2,3 ‰
Griechen	2,8	1,3	17,9 %	9,9 %	1,2 ‰

Quelle: Spalte 1 und 2: M. Tribalat, »La fecondité des femmes en Allemagne«, *Population*, März/April 1987, S. 370–378; Spalte 3 und 4: *Statistisches Jahrbuch 1991*; Spalte 5: R. Brubaker, *Staats-Bürger*, a. a. O.

doppelten Staatsbürgerschaft drückt auf ihre Weise die Sorge um Homogenität aus, die im Zentrum der deutschen Kultur steht. Die Einbürgerungsvorschriften sind ebenso wie das eigentliche *ius sanguinis* Ausdruck der grundlegenden Werte dieser am Stammfamiliensystem orientierten Gesellschaft. Das Anderssein wird hier als eine Wesenseigenschaft wahrgenommen und kann bestenfalls im Zuge eines methodisch durchgeführten Assimilationsprozesses beseitigt werden. Die Einbürgerungsquoten sind bei allen ausländischen Gruppen niedrig, bei den Türken jedoch sind sie minimal; um 1985 gab es unter den bereits über zehn Jahre in Deutschland befindlichen Türken 1,3 Einbürgerungen pro 1000 Individuen. Mit einer Quote von 4,9 schienen die Jugoslawen sehr viel eher assimilierbar zu sein. Die errechneten Werte für die Griechen (1,2), die Spanier

(1,6) und die Italiener (2,3) haben nicht ganz die gleiche Bedeutung, denn die betroffenen Individuen profitierten von ihrer Zugehörigkeit zur Europäischen Wirtschaftsgemeinschaft, die ihnen einen elementaren rechtlichen Schutz zusicherte. Aber es ist in diesem Stadium notwendig, das »Anderssein« der Einwanderer in objektiven Begriffen zu bestimmen, um die Reaktionen der aufnehmenden deutschen Umwelt zu begreifen.

Die jugoslawische Gemeinschaftsfamilie und die türkische Kernfamilie

Unter den Einwanderern, die zwischen 1960 und 1990 nach Deutschland kommen, gehören lediglich die Slowenen, die aus dem Norden ihres Landes stammenden Portugiesen, die Spanier Galiziens und einige Kroaten aus Dalmatien einem Stammfamiliensystem an, das dem deutschen ähnlich ist.[12] Aber sie stellen nur einen Bruchteil der Einwanderer dar. Alle anderen Gruppen haben, im Gegensatz zur aufnehmenden deutschen Bevölkerung, eine egalitäre Tradition.

Die Italiener – im allgemeinen aus dem Süden stammend – sowie die Spanier – aus Zentral- und aus Südspanien – gehören dem anthropologischen System der egalitären Kernfamilie an, das dem des Pariser Beckens sehr nahekommt und sich durch eine liberale Eltern-Kind-Beziehung sowie durch die Gleichheit der Brüder untereinander auszeichnet.[13]

12 Zum Stammfamiliensystem in Galizien und dem Norden Portugals vgl. E. Todd, *L'Invention de l'Europe*, a. a. O., 1. Kapitel. Mit Slowenien und Dalmatien befaßt sich P. E. Mosely, »The distribution of the zadruga within southeastern Europe«, in: R. F. Byrnes u. a., *Communal Families in the Balkans: The Zadruga*, Notre Dame/London: University of Notre Dame Press 1976, S. 58-69, insbesondere S. 61. Zu Slowenien vgl. auch J.-F. Gossiaux, »Le Groupe domestique dans la Yougoslavie rurale«, Diss., Typoskript, Paris, École des hautes études en sciences sociales 1982, insbesondere S. 184 f. über die Abwesenheit eines Prinzips der Gleichheit unter den Brüdern.

13 Zu den Regionen, aus denen die Italiener und die Spanier stammen, vgl. beispielsweise E. Kolodny u. a., *Les Étrangers à Stuttgart*, Paris: Éd. du CNRS

Die Exjugoslawen stammen aus allen Regionen des heute nicht mehr existierenden Staates, allerdings sind die Kroaten und die Slowenen überrepräsentiert. Aber man trifft auch eine Menge Serben und Makedonier an. Die ethnisch-religiöse Herkunft der jugoslawischen Bevölkerungsgruppen verweist keineswegs immer auf ein einziges anthropologisches System. Während die katholischen Slowenen eindeutig dem Stammfamilientypus und die orthodoxen Serben dem Typus der exogamen Gemeinschaftsfamilie zuzuordnen sind, stellen die Kroaten, die durch den Katholizismus geeint sind, hinsichtlich der Familiensysteme eine heterogene Gruppe dar.

Die Gemeinschaftsfamilie der Südslawen, ein ethnologisch klassisches Thema, ist für Serbien, Montenegro, Makedonien, Slawonien und Bosnien charakteristisch. Die *Zadruga*, eine Familie mit gemeinschaftlichem Besitz, egalitär und autoritär, die alle männlichen Abkömmlinge unter dem Stammvater vereint, erinnert an die russische Gemeinschaftsfamilie, ist allerdings sehr viel offener patrilinear. Sie stellt in Serbien und noch mehr in Bosnien und Montenegro so etwas wie ein Grundgerüst für die ausgedehnten Clanstrukturen dar, die eine weitläufige Verwandtschaft über die Brüder hinaus umfaßt. Im mittleren und im westlichen Kroatien lassen sich verschiedene Varianten des Kernfamiliensystems mit egalitärem Einschlag beobachten. Aber die Kroaten Slawoniens und Bosniens weisen das Modell der gemeinschaftlich-exogamen Familie auf, und diejenigen von der dalmatinischen Küste gehören häufig dem Stammfamilientypus an, der möglicherweise venezianischen Ursprungs ist.[14] Insgesamt korrespondiert in Jugoslawien der Status der Frauen negativ mit dem Ausmaß der Orientierung an der Gemeinschaft. Je ausgeprägter der Zusammenhalt der Männer untereinander, desto ausgedehnter ist die

1977, die Karten 3 und 4 im Anhang. Über ihre ursprünglichen Familientypen vgl. E. Todd, *L'Invention de l'Europe*, a. a. O., 1. Kapitel.

14 Zu den Regionen, aus denen die Exjugoslawen und die Griechen kommen, vgl. zum Beispiel E. Kolodny u. a., *Les Étrangers à Stuttgart*, a. a. O., die Karten 5 und 6.

Familie und desto unbedeutender die Stellung der Frau. In den Gebieten der *Zadruga* betrachtet die bäuerliche Kultur die Frau als ein Gut, das zwischen den Männergruppen getauscht wird. Dort, wo – wie im mittleren und im westlichen Kroatien – eindeutig die Struktur der Kernfamilie herrscht, ist das Verwandtschaftssystem bilateral, die Frauen erben das Land genauso wie die Männer.[15] Innerhalb einer Region wie Bosnien bilden sich die religiösen Unterschiede keineswegs auf Unterschieden im Verwandtschaftssystem ab: Die katholischen, die orthodoxen und die muslimischen Familien gehören alle dem Typus der exogamen Gemeinschaftsfamilie an, und der Status der Frau variiert nicht zwischen den einzelnen Gruppen.[16] Im Gegensatz zu der Mehrheit aller anderen islamischen Gruppen auf dieser Erde zeigen die bosnischen Muslime keine Präferenz für die Heirat zwischen Vettern und Cousinen.

Die Türken, bei weitem die wichtigste Einwanderergruppe in Deutschland, sind ebensowenig wie die Bosnier klassische Muslime, auch wenn ihre Familientradition manchmal fälschlicherweise als bloße Variante der endogamen Gemeinschaftsfamilie beschrieben wird, wie sie bei den Arabern, den Iranern und den Pakistani meist anzutreffen ist. Die endogame Gemeinschaftsfamilie verbindet einen patrilinearen Aufbau, wo der Vater mit seinen verheirateten Söhnen zusammenlebt, mit einer Heiratsregel, die die Kinder der Söhne bevorzugt miteinander verehelicht.[17] Die Untersuchung der regionalen türkischen Daten widerspricht einer solchen Darstellung. Im Norden und im Osten der Türkei mag der Typus der patrilinearen Gemeinschaftsfamilie tatsächlich vorherrschend sein; im We-

15 Zum Status der Frauen in Kroatien und in den übrigen Gebieten des ehemaligen Jugoslawien vgl. V. St. Erlich, *Family in Transition. A Study of 300 Yugoslav Villages*, Princeton University Press 1966, S. 213 f.

16 Dazu, daß es keine Unterschiede in den Familienstrukturen zwischen orthodoxen, katholischen und muslimischen Bosniern gibt, siehe P. E. Mosely, »The Distribution of the zadruga within southeastern Europe«, a. a. O., S. 66.

17 Eine klassische Darstellung dieses Typs findet sich bei S. Dirks, *La Famille musulmane turque*, Paris: Mouton 1969.

Der Altersunterschied zwischen den Ehepartnern in einigen islamischen oder mediterranen Ländern (in den sechziger und siebziger Jahren)

Bangladesh	7,7 Jahre
Iran	7,0 Jahre
Ägypten	6,6 Jahre
Tunesien	6,0 Jahre
Pakistan	5,5 Jahre
Indonesien	4,9 Jahre
Jordanien	4,7 Jahre
Algerien	4,5 Jahre
Griechenland	4,4 Jahre
Syrien	4,3 Jahre
Malaysia	3,5 Jahre
Türkei	3,3 Jahre
Italien	3,2 Jahre
Spanien	2,7 Jahre
Portugal	2,2 Jahre

Quelle: E. Todd, *L'Enfance du monde*, Paris: Éd. du Seuil 1984, S. 147 und S. 228.

sten und im Süden an der Küste der Ägäis und der Südküste jedoch trifft man bei den Türken, ebenso wie bei den Kurden, auf den Typus der Kernfamilie.[18] Wo die Kernfamilie vorherrscht, leben die Söhne nicht mit ihren Vätern zusammen, und die Töchter erben ebenso wie ihre Brüder.[19] Im Gegensatz zu dem, was man in den arabischen Ländern beobachten kann, existiert in der Türkei kein starker Altersunterschied zwischen

18 Dies zeigt die Untersuchung von Haushalten, die sich auf die Volkszählung von 1985 stützt, bei der dreiundsechzig Provinzen berücksichtigt wurden. Siehe die Karte auf S. 229.

19 Zum bilateralen Charakter des Verwandtschaftssystems im Südwesten der Türkei und zum neolokalen Charakter der Heirat vgl. P. Benedict, »Aspects of the domestic cycle in a Turkish provincial town«, in: J. G. Peristiany, *Mediterranean Family Structures*, Cambridge: Cambridge University Press 1976, S. 219–241.

den Eheleuten, der die Ungleichheit zwischen den beiden Geschlechtern zum Ausdruck brächte. Wo der Ehemann deutlich sehr viel älter ist als seine Gattin, übt er praktisch eine väterliche Autorität aus. Aber in der Türkei beträgt der durchschnittliche Altersunterschied 1970 3,3 Jahre, im Iran hingegen 7, in Pakistan 5,5 und in Algerien 4,5. In Hinsicht auf den Altersunterschied scheint die Türkei einem europäischen und mediterranen Land wie Italien sehr viel näherzustehen, wo der Ehemann – ebenfalls um 1970 – 3,2 Jahre älter ist als seine Frau. Ein solches Gleichgewicht weist eher darauf hin, daß die Gleichheit zwischen Männern und Frauen sich auf ähnlichem Niveau wie in Südeuropa befindet.

Die Existenz der bilateralen Kernfamilienstruktur in dem ökonomisch, kulturell und politisch vorherrschenden Teil der Türkei erklärt die Eigenständigkeit einer religiösen Tradition, die durchaus imstande war, das Prinzip der Trennung von Kirche und Staat und die Emanzipation der Frau zu akzeptieren. Auf diesem anthropologischen Boden konnte die kemalistische Trennung von Kirche und Staat gedeihen, die nirgends in der westlichen islamischen Welt sonst eine Entsprechung findet. Ein für den Islam typischer anthropologischer Zug ist jedoch auch in allen Regionen der Türkei verbreitet: die Endogamie. In den Gebieten mit Kernfamiliensystem oder mit Gemeinschaftsfamiliensystem ist die Heirat zwischen Vettern und Cousinen zwar möglich, kommt aber nicht besonders häufig vor.[20] Gleichwohl besteht hier ein wesentlicher Unterschied zu den anthropologischen Systemen christlich-europäischen Ursprungs, die alle exogam sind. Um 1980 werden in Deutschland Einwanderer aus allen Regionen der Türkei gezählt. Aber der Einwanderungsprozeß, der zu Beginn der sechziger Jahre in Gang kam, ging zunächst nur vom Westen des Landes aus und

20 Vgl. T. Içli, »Turkish family structure«, in: Akten des Kongresses *L'Avenir de la famille au Moyen-Orient et en Afrique du Nord*, Tunis: Cahiers du CERES 1990. Der Prozentsatz von Ehen, die unter Verwandten geschlossen werden, wird auf 21 % geschätzt, ohne daß der Verwandtschaftsgrad präzisiert würde.

Türkei: die Kernfamilie und die Gesellschaftsfamilie

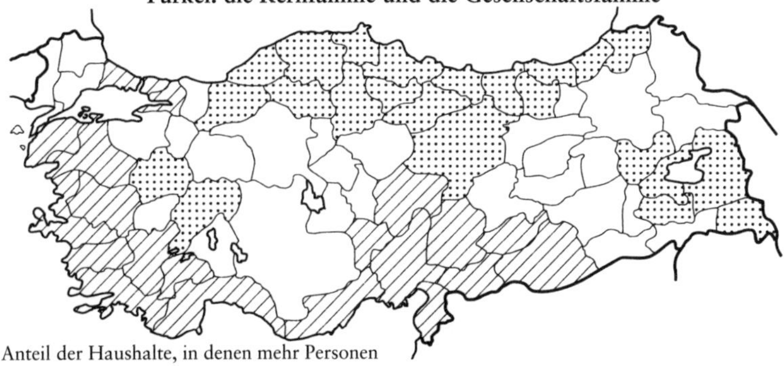

Anteil der Haushalte, in denen mehr Personen leben als ein Ehepaar mit Kindern (1985, in vornehmlich landwirtschaftlichen Gebieten):

über 40 % (Gemeinschaftsfamilie) — unter 30 % (Kernfamilie)

Die Islamisten bei den Wahlen von 1991

(nationaler Durchschnitt: 16,9 %)

Stimmenanteil der Wohlfahrtspartei: unter 13 % — über 25 %

Die Alphabetisierung der Frauen im Jahre 1981

Über 60 % — 50–60 % — 40–50 % — 30–40 % — Unter 30 %

dehnte sich erst allmählich auch auf die östlichen Landesteile aus, seien diese nun türkisch oder, genaugenommen, kurdisch.[21] Das bilaterale Verwandschaftssystem im Westen und im Süden der Türkei ist also unter den Einwanderern anfangs sehr gut repräsentiert und stellt eventuell sogar die ursprüngliche anthropologische Matrix dar.

Die Modernisierung: der Erfolg in der Türkei, das Scheitern in Jugoslawien

Die Frage, ob sich die Türken an die deutsche Kultur anpassen können, hat in gewisser Weise etwas Absurdes, denn ihr Ursprungsland erscheint heute als das einzige große islamische Land im Mittelmeerraum, dem es gelungen ist, sich von seiner traditionellen Kultur loszureißen, um – nach siebzig Jahren andauernder Bemühungen – den Anschluß an das moderne Europa zu gewinnen. Zwischen 1924 und 1938 entschied sich die kemalistische Revolution für den Westen und gegen den Osten: Mustafa Kemal, genannt Atatürk[22], schaffte das Kalifat ab, beseitigte die religiöse Gerichtsbarkeit, untersagte bestimmte traditionelle Kleidungsstücke, übernahm das Bürgerliche Gesetzbuch der Schweiz, gestand den Frauen die gleichen politischen Rechte wie den Männern zu, führte für die türkische Sprache das lateinische Alphabet ein und machte die türkische Sprache in den Gottesdiensten zur Pflicht. Es scheint heute auf der Hand zu liegen, daß ein solches Programm nicht hätte durchgesetzt werden können, wenn die Türkei nicht von Anfang an einen besonderen anthropologischen Status gehabt hätte. Diese Reform basiert letztlich darauf, daß in vielen Gebieten des Landes ein bilaterales Verwandtschaftssystem existiert: In diesen Regionen schien der gehobene Status der Frau eine natürliche und annehmbare Sache zu sein.

21 Zu den Regionen, aus den die Türken stammen, vgl. beispielsweise E. Kolodny u. a., *Les Étrangers à Stuttgart*, a.a.O., Karte 7.

22 Atatürk: »Vater der Türken«. (A. d. Ü.)

Als Kemal im Jahre 1938 stirbt, ist noch alles offen. Die Alphabetisierungsquote der laizistischen Republik beträgt lediglich 19 %. Die geistige Anpassung der Bevölkerung an die Moderne ist noch keineswegs gelungen. 1965 liegt der Prozentsatz der Personen, die über sechs Jahre alt sind und lesen und schreiben können, nur bei 49 %, im Jahre 1985 bei 77 %.[23] Die Geburtenrate, ein exzellenter Indikator für Traditionalismus, bleibt hoch. 1966/67 bringt eine Frau im Durchschnitt 5,3 Kinder zur Welt.[24] 1985 sind es noch 5,1 Kinder. Eine derartig hohe Geburtenrate hätte, wäre es dabei geblieben, das Scheitern der kemalistischen Revolution bedeutet. Sie hätte gezeigt, daß man weiterhin an den religiösen Werten festzuhalten gedenkt, die – in der islamischen Tradition nicht anders als in der christlichen oder der jüdischen – die Rolle der Frau auf das Austragen von Kindern beschränkt. Aber innerhalb weniger Jahre danach sinkt die Geburtenrate dramatisch – eine normale Folge der Alphabetisierung. 1992 zählt man im Durchschnitt nur noch 3,6 Kinder pro Frau. Diese pauschale Zahl verschleiert jedoch wichtige regionale Unterschiede: An der Schwarzmeerküste, wo die Familie stark patrilinear geprägt ist, übersteigt die Geburtenrate noch 4 Kinder; in den östlichen Provinzen, die – teils mit einem hohen kurdischen Bevölkerungsanteil – sehr patrilinear und recht rückständig sind, erreicht die Geburtenrate immer noch 5,5. An der Küste der Ägäis und des südlichen Mittelmeers liegt die Zahl der Kinder pro Frau bereits unter 3, und dort kann man davon sprechen, daß der demographische Schritt zur Moderne vollzogen ist.[25]

Diese geistige Modernisierung wird von heftigen psychologischen und politischen Unruhen begleitet. Die Welle von Gewalt, die in den siebziger Jahren ausbricht, ist typisch für ein Land, das sich im Umbruch befindet und in dem das Gefühl der Unsicherheit anwächst. Aber im Gegensatz zu dem, was man in

23 Vgl. *Statistical Yearbook of Turkey 1990*.

24 Vgl. *Vital Statistics from the Turkish Demographic Survey 1966–67*, State Institute of Statistics, Ankara 1970.

25 Vgl. *Statistical Yearbook of Turkey 1991*.

mehreren klassischen islamischen Ländern beobachten kann, haben die tiefgreifenden kulturellen Veränderungen bislang nicht zur ideologischen Vorherrschaft eines religiösen Fundamentalismus geführt. Bis zum Staatsstreich von 1980 stört eine extrem nationalistisch orientierte Rechte, die vor allem in der Zentraltürkei und in Ostanatolien stark ist, das Funktionieren der demokratischen Institutionen.[26] Nun überwiegt charakteristischerweise der Nationalismus in einer Gesellschaft, in der der Einfluß der Religion nicht allzu groß ist. Der Islam spielt im politischen Leben der Türkei durchaus eine Rolle; bei den allgemeinen Wahlen im Jahr 1991 hat die islamistische Wohlfahrtspartei 16,9 % der abgegebenen Stimmen erhalten.[27] Im ganzen Raum der Ägäis und an der südlichen Mittelmeerküste, in dem Gebiet also, wo bilaterale Familiensysteme vorherrschen und in dem die Alphabetisierung so gut wie abgeschlossen ist, sind mittlerweile die Wahlergebnisse der Fundamentalisten allerdings unter 13 % gefallen. Zwischenfälle wie die Tumulte von Sivas im Juli 1993 zeigen, daß sich der Islam auch in seinen gewalttätigen Aspekten äußern kann. Aber die Tatsache, daß sich die Auseinandersetzungen im Zentrum und im Osten Anatoliens abspielten, wo der religiöse Integrismus mit den Hochburgen der extrem nationalistischen Rechten zusammentrifft, zeigt den peripheren Charakter der Unruhen. In Algerien ist der Fundamentalismus gerade typisch für die zentralen und am stärksten entwickelten Regionen. In den Regionen der Türkei, die zwischen den Gebieten der bilateralen Kernfamilie und der patrilinearen Gemeinschaftsfamilie liegen, muß das politische System eine eher zurückgebliebene lokale Kultur unter Kontrolle bringen, wobei Konflikte entstehen, die durch ihre Nähe zu den kurdischen Autonomieansprüchen noch dra-

26 Zur extrem nationalistischen Rechten der Türkei vgl. beispielsweise M. A. Agaogullari, »The Ultranationalist Right«, in: I. C. Schick und E. A. Tonak, *Turkey in Transition*, Oxford: Oxford University Press 1987, S. 177 bis 217.

27 Zur islamischen Politik vgl. zum Beispiel B. Toprak, »The religios right«, in: I. C. Schick und E. A. Tonak, *Turkey in Transition*, a. a. O., S. 218–235.

matisiert werden. Bliebe er ganz auf sich gestellt, wäre der türkische Islam keine Bedrohung für das allgemeine Gleichgewicht der Republik. Die Wiedereinführung eines liberalen und parlamentarischen Systems mit der Verfassung von 1982 ermöglichte das Aufblühen eines pluralistischen politischen Lebens, auch wenn ein gewisser Hang zur Gewalttätigkeit noch immer vorhanden ist.

Das Scheitern der Modernisierung in Jugoslawien steht in starkem Kontrast zu dem Erfolg in der Türkei. Zwischen 1990 und 1994 bricht die jugoslawische Föderation auseinander, und zwar entlang der religiöse wie Stammesgrenzen markierenden Linien. Ethnische Nationen treten erneut ans Tageslicht, deren erdrückende Strukturen, ebenso wie die kommunistische Ideologie, den Antiindividualismus des patrilinearen Gemeinschaftsfamiliensystems heraufbeschwören. Das Individuum verliert sich in der nationalen Gruppe, deren Zusammenhalt an den der *Zadruga* der Südslawen erinnert. Die Gemeinschaftsfamilie, die in Jugoslawien überwiegt – bei den Serben, bei den bosnischen Muslimen und bei gut der Hälfte der Kroaten –, scheint im Grunde weit weniger europäisch zu sein als das Modell der Kernfamilie, das man in der Türkei an der Südküste des Mittelmeeres und an der Ägäis antrifft. Und dennoch hat sich Deutschland dafür entschieden, die in ihrem Land eher rückschrittlichen Jugoslawen zu assimilieren und die Türken, die vergleichsweise viel weiter sind, zu stigmatisieren.

In Deutschland: Assimilation der Jugoslawen, Segregation der Türken

Der Türkei – einem Land, das 1985 50 Millionen Einwohner zählt, die zu 60 % im agrarischen Sektor beschäftigt sind – ist es gelungen, die Welt der Moderne zu betreten. Weshalb ist es dann den türkischen Einwanderern in Deutschland, die aus dem alphabetisierten Teil ihres Ursprungslandes kamen und in das Universum entwickelter Urbanität geworfen wurden, nicht

gelungen, das gleiche viel rascher und viel umfassender zu tun? Auch hier kann wieder das Reproduktionsverhalten als exzellenter Indikator für die Modernisierung dienen; so sinkt die Geburtenrate der türkischen Frauen in Deutschland zwischen 1975 und 1984 von 4,3 auf 2,5 Kinder pro Frau.[28] Die Geburtenrate in Deutschland liegt in dieser Zeit sehr niedrig – zwischen 1,4 und 1,3 –, so daß man also im strikten Sinne nicht von einer Angleichung des demographischen Verhaltens der Einwanderer an die Bevölkerung der aufnehmenden Gesellschaft sprechen kann. Immerhin vollzieht sich die demographische Veränderung bei den Türken in Deutschland deutlich erheblich rascher als bei den Pakistani in Großbritannien oder den Algeriern, Marokkanern oder Tunesiern in Frankreich. Im Jahre 1985 war in Frankreich die Zahl der Kinder, die eine Frau zur Welt bringt, zwar wesentlich gesunken, belief sich aber immer noch auf 4,2 bei den Algeriern, 4,5 bei den Marokkanern und 4,7 bei den Tunesiern; jenseits des Ärmelkanals, bei den Pakistani, macht die Geburtenrate sogar 5,3 aus.[29] Die Türken in Deutschland stellen insofern eine muslimische Gruppe dar, die aufgrund ihrer Modernität atypisch ist. Die Geschwindigkeit, mit der sie sich demographisch angepaßt haben, erinnert an die Sikhs, deren Geburtenrate im Jahr 1990 in Großbritannien bei 2,2 lag. Das demographische Verhalten der Türken zwischen 1960 und 1985 signalisiert, daß sie vom Moment ihrer Ankunft in Deutschland zu allen möglichen Anpassungsleistungen und langfristig zur Assimilation bereit waren. Aber in den folgenden Jahren steigt die Geburtenrate der türkischen Frauen in Deutschland erneut, um im Jahr 1990 3,4 zu erreichen, das heißt ein Niveau, das über dem der entwickelteren Gebiete der Westtürkei liegt. Dieser demographische Anpassungsverlust ist nur eines von vielen Anzeichen, das auf eine Verfestigung der Segregation schließen läßt.

28 Vgl. M. Tribalat, »Évolution de la natalité et de la fécondité des femmes étrangères en RFA«, in: *Population*, März/April 1987, S. 370–378.

29 Vgl. M. Tribalat, »Chronique de l'immigration«, in: *Population*, Januar/Februar 1988, S. 181–206. Zu den Pakistani vgl. weiter oben, S. 170.

Auch andere Hinweise sprechen dafür, daß der Prozeß der Assimilation unterbrochen ist, obwohl gerade jetzt viele Einwandererkinder, die in Deutschland geboren, aufgezogen und von deutschen Schulen unterrichtet wurden, ins heiratsfähige Alter kommen. Die andauernde Ausgrenzung der Türken läßt sich nicht nur auf ein Staatsbürgerrecht zurückführen, das den Kindern grundsätzlich die Nationalität ihrer Eltern zuweist. Sie hängt ebenso von der unbedeutenden Einbürgerungsrate der Eltern wie auch von der geringen Häufigkeit ab, mit der es zu Ehen zwischen Deutschen und Türken – sowohl der ersten wie der zweiten Generation – kommt. Aus der statistischen Untersuchung der Mischehen geht hervor, daß bestimmte Einwanderer europäischen Ursprungs, und hier insbesondere die Jugoslawen, sehr wohl von der deutschen Gesellschaft akzeptiert und stillschweigend assimiliert werden. Sie selbst werden zwar durch die ehelichen Bande noch nicht Bürger der aufnehmenden Gesellschaft, denn eine Ehe ebnet in der Bundesrepublik Deutschland noch nicht den Zugang zur Staatsangehörigkeit. Aber ihre Kinder werden zu Deutschen, denn das Gesetz sieht vor, daß ein deutscher Vater – und seit 1973 auch eine deutsche Mutter – ihre Nationalität an ihre Kinder weitergeben können, auch wenn der Ehepartner beziehungsweise die Ehepartnerin Ausländer(in) ist.

Eine direkte Untersuchung der in Deutschland geschlossenen Ehen, bei denen zumindest einer der Partner türkischer oder jugoslawischer Nationalität ist, läßt sich zwar durchführen, ist aber irreführend, weil ein nicht unwesentlicher, aber nicht genau zu bestimmender Teil der Hochzeiten in dem jeweiligen Herkunftsland der Einwanderer stattfindet.[30] Wenn man also für ein bestimmtes Jahr prozentual errechnen will, wie viele türkische oder jugoslawische Männer (oder Frauen) eine Deutsche (oder einen Deutschen) heiraten, so führt dies

30 Eine Einführung in die Probleme der Analyse von Mischehen findet sich bei F. Munoz-Perez und M. Tribalat, »Observation statistique des mariages mixtes«, in: *Hommes et Migrations*, Nr. 1167, Juli 1993, S. 6–9.

eventuell zu einer Überschätzung der Häufigkeit von Mischehen.[31]

Ein wichtiger Unterschied zwischen Türken und Jugoslawen fällt jedoch sofort ins Auge. Der Prozentsatz jugoslawischer Männer, die eine Deutsche heiraten, steigt von 44 im Jahr 1974 auf 84 im Jahr 1990, der Anteil der jugoslawischen Frauen, die einen Deutschen ehelichen, von 57 % auf 82 %. Die Stabilisierung der Einwanderergruppe wird von einer hohen Exogamierate begleitet. Das Schicksal beider Geschlechter ist nahezu symmetrisch. Die deutschen Frauen zögern nicht, einen jugoslawischen Ehemann zu nehmen, und die deutschen Männer ihrerseits scheuen nicht vor der Möglichkeit zurück, eine jugoslawische Ehefrau zu haben.

Bei den Türken deuten die Zahlen auf ein ganz anderes Modell hin. Zum einen liegt die Quote für beide Geschlechter sehr viel niedriger, zum anderen besteht eine deutliche Diskrepanz zwischen Männern und Frauen, da sich die Frauen viel weniger leicht verheiraten. Zwischen 1974 und 1985 sinkt die Exogamie: von 49 % auf 24 % bei den Männern und von 28 % auf 7 % bei den Frauen. Zwischen 1985 und 1990 scheint die Exogamierate offensichtlich wieder gewaltig anzusteigen, aber diese Zunahme hat ihren Hauptgrund in dem außerordentlichen Rückgang der türkischen Eheschließungen, die in die offizielle Statistik Deutschlands eingehen. Nach wie vor bilden sich homogene türkische Paare, wie an dem nicht weniger gewaltigen Anstieg der Geburtenzahlen seit 1985 abzulesen ist; aber sie werden von den bundesdeutschen Behörden nicht erfaßt, wahrscheinlich, weil die Hochzeiten in der Türkei gefeiert werden. Die Quote der Mischehen folgt demnach zwei gegensätzlichen Entwicklungslinien: Im Fall der Jugoslawen tendiert

31 Vgl. hierzu beispielsweise T. T. Kane und E. H. Stephen, »Patterns of intermarriage of guest-worker populations in the Federal Republic of Germany: 1960–1985«, in: *Zeitschrift für Bevölkerungswissenschaft*, Nr. 2, 1988, S. 187–204. Man kann die Rohdaten der folgenden Jahre dem jeweiligen *Statistischen Jahrbuch* entnehmen und so die Reihen verlängern, die in diesem Artikel mit dem Jahr 1985 enden.

sie zu einer immer rascher fortschreitenden Absorption der Männer wie der Frauen; im Fall der Türken verharrt die Absorption auf niedrigem Niveau, insbesondere bei den eingewanderten Frauen, und der tendenzielle Rückgang der Exogamie deutet auf zunehmende Segregation hin.

Die Untersuchung der Geburtenziffern je nach der Nationalität der Eltern ermöglicht es, das Problem der Überschätzung der Exogamie durch die Heiratsstatistik zu umgehen. Die Geburten eines bestimmten Jahres, die man nach der Staatsangehörigkeit der Eltern aufschlüsseln kann, dokumentieren die Fruchtbarkeit der Paare, ob sie nun in Deutschland, der Türkei, Jugoslawien oder sonstwo geheiratet haben. Die Geburten von Kindern, die zwei deutsche Eltern oder Eltern der gleichen ausländischen Nationalität oder einen deutschen Vater und eine ausländische Mutter oder eine deutsche Mutter und einen ausländischen Vater haben, verweisen auf die Existenz von Paaren der entsprechenden Nationalität, seien sie nun verheiratet oder nicht.[32] Der Prozentsatz von Kindern, die aus Verbindungen von Eltern unterschiedlicher Nationalität hervorgehen, stellt also einen sehr viel aussagekräftigeren Indikator für Exogamie dar als der Prozentsatz der Mischehen. Allerdings ist auch dieses neue statistische Werkzeug längst nicht vollkommen. Die Tatsache, daß auf diese Weise die Paare unterschiedlicher Nationalität, die keine Kinder haben, beiseite gelassen werden, ist jedoch eher von Vorteil, denn solche Verbindungen tragen nichts zu der langfristigen Verschmelzung der Bevölkerungsteile bei. Doch muß man sich dessen bewußt sein, daß die berechneten Prozentzahlen zum Teil von der Geburtenrate abhängen, die bei den verschiedenen Kategorien von Paaren sehr unterschiedlich sein kann. Die Geburtenrate bei Mischehen, die per definitionem eine bereits fortgeschrittene Assimilation anzeigen, liegt in der Regel sehr nahe bei derjenigen des Auf-

32 Theoretisch wäre auch der Fall zu berücksichtigen, daß Kinder zwei ausländische Eltern unterschiedlicher Nationalität haben – ein Fall allerdings, der in Deutschland sehr selten vorkommt.

»Gemischte« Geburten: Türken und Türkinnen

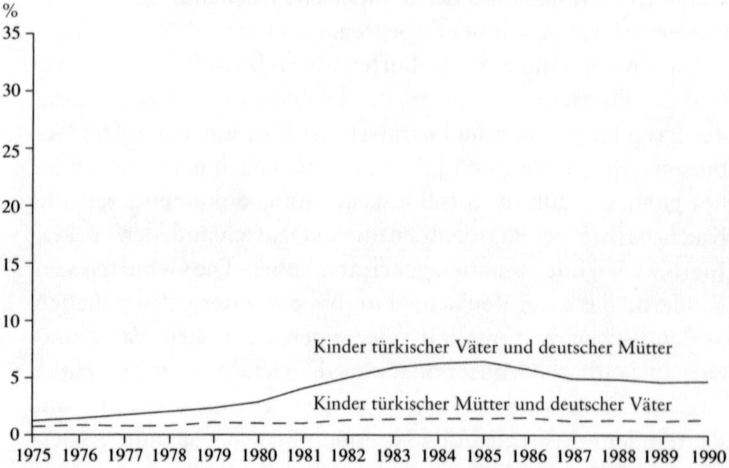

»Gemischte« Geburten: Jugoslawen

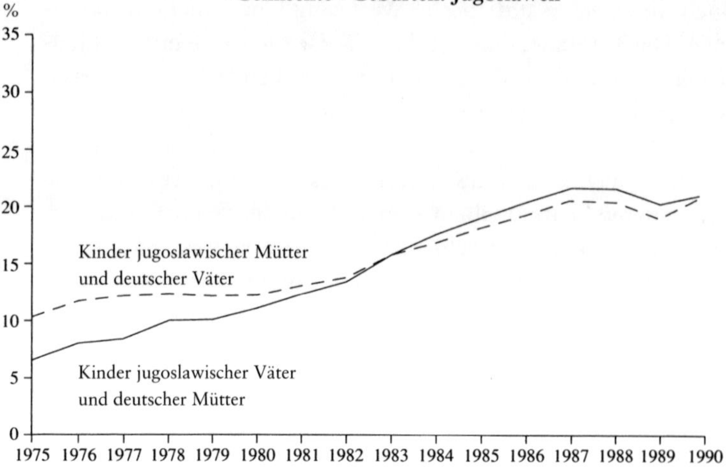

nahmelandes und weniger hoch als die von homogenen Ausländerpaaren. Die Zahl der Kinder, die von endogamen Paaren stammen, ist also gegenüber der von Kindern exogamer Paare erhöht: Die errechneten Zahlen der Geburten von Eltern unterschiedlicher Nationalität repräsentieren demnach Minimalwerte, die eigentlich nach oben korrigiert werden müssen, damit man die Geburtenquote erhält. Zu diesem Problem kommt noch hinzu, daß die Fruchtbarkeit der endogamen Ausländerpaare selbst nicht stabil ist. Man wird sehen, daß beispielsweise die der türkischen Paare zwischen 1975 und 1984 um 42% sinkt, um in den folgenden Jahren wieder zu steigen. Bleibt noch zu erwähnen, daß die Größenordnung der Zahlen und ihre Entwicklung doch eine hinreichend deutliche Vorstellung von dem gegenwärtig stattfindenden Prozeß vermitteln.

Im Falle Deutschlands bestätigt der Indikator der Geburten von Paaren unterschiedlicher Nationalität den der Mischehen, aber er impliziert eine Korrektur nach unten hin. Um 1990 liegt der Prozentsatz jugoslawischer Männer, die eine Deutsche heiraten, oder der jugoslawischer Frauen, die einen Deutschen heiraten, über 80%. Von den Kindern, die von einem jugoslawischen Vater stammen, haben jedoch nur 20% eine deutsche Mutter. Und von denen, die von einer jugoslawischen Mutter stammen, haben ebenso nur 20% einen deutschen Vater. Der tendenziell hohe Stand der Exogamie, der für beide Geschlechter gleichermaßen gilt, läßt sich sowohl am Indikator der Kinder von Paaren unterschiedlicher Nationalität (»gemischte Geburten«) wie an dem der Mischehen ablesen. Beide belegen, daß sich die Jugoslawen in einem Assimilationsprozeß befinden, der noch nicht abgeschlossen ist, wohl aber sich stetig beschleunigt.

Im Falle der Türken läßt die Verwendung des Indikators der Kinder von Eltern unterschiedlicher Nationalität nicht darauf schließen, daß sich diese Bevölkerungsgruppe in einem Stadium der Assimilation befände – eine Feststellung, welche die Heiratsziffern bisher nur vermuten ließen. Im Jahr 1985, das heißt vor dem starken Rückgang der Zahlen der homoge-

nen türkischen Ehen, die von deutschen Behörden erfaßt wurden, lag der Prozentsatz der türkischen Männer, die eine Deutsche heirateten, bei 24 %, der Prozentsatz der türkischen Frauen, die einen Deutschen heirateten, bei 7 %. Im Jahr 1990 liegt der Prozentsatz der Kinder eines türkischen Vaters mit deutscher Mutter bei 4,4, der der Kinder einer türkischen Mutter mit deutschem Vater bei 1,2. Die Fruchtbarkeit von Paaren unterschiedlicher Nationalität belegt somit sehr viel deutlicher als die Heiratsziffern, wie absolut marginal die Vermischung der Bevölkerungsschichten ist. Darüber hinaus weisen beide Indikatoren keinerlei aufsteigende Entwicklung auf. In dem vermeintlichen Anstieg der Geburtenrate bei Paaren unterschiedlicher Nationalität von 0,44 % im Jahr 1974 auf 1,33 % im Jahr 1985, der sich bei den türkischen Frauen verzeichnen läßt, spiegelt sich lediglich der allgemeine Rückgang der Schwangerschaften bei den mit Türken verheirateten türkischen Frauen wider; die Zahl der Kinder, die aus homogenen Ehen stammen, sank von 40092 auf 25171. Wenn man den Indikator der Geburtenrate bei Paaren unterschiedlicher Nationalität korrigiert, um den unterschiedlichen Geburtenraten der endogamen und exogamen Verbindungen Rechnung zu tragen, so kann man zu einer einigermaßen realistischen Schätzung der Kinderzahl gelangen, die pro Jahr von Paaren unterschiedlicher Nationalität gezeugt werden, ohne zu vergessen, daß diese Zahlen lediglich eine Größenordnung angeben. Demnach läge die Exogamierate der türkischen Männer 1990 – wie bereits 1985 – bei 10 %, die der türkischen Frauen bei etwa 2 %.

Die ganz besondere Situation der türkischen Frauen in Deutschland ist demnach erklärungsbedürftig; die außerordentlich niedrige Exogamierate erinnert an die der schwarzen Frauen in den Vereinigten Staaten, die 1992 – je nachdem, welchen statistischen Indikator man wählt – zwischen 1,2 und 2,3 % liegt.[33] Einer routinemäßigen Erklärung zufolge hängt

33 Vgl. oben, S. 99 f.

die beim matrimonialen Tausch auftretende Asymmetrie mit der Religion der Türken zusammen; der Islam akzeptiert in der Tat die Ehe zwischen einem muslimischen Mann und einer christlichen Frau, lehnt aber die umgekehrte Verbindung zwischen einem christlichen Mann und einer muslimischen Frau ab. Diese Regel reproduziert auf der Ebene der Religion in Wirklichkeit lediglich die patrilinearen Züge des arabischen Verwandtschaftssystems: Wenn das Kind dem Vater gehört, so wird es dem Islam zugesprochen, egal ob seine Mutter Muslimin oder Christin ist. Umgekehrt muß die Nachkommenschaft einer Frau, die mit einem Christen verheiratet ist, der guten patrilinearen Logik zufolge für den Islam als verloren betrachtet werden. Wendet man nun aber diese Interpretation auf die Türken in Deutschland an, so stößt man auf zwei hinderliche Fakten. Zunächst ist da die laizistische Tradition der Türkei, die *a priori* dafür sorgt, daß sich die Türken im bürgerlichen Leben dem ständigen Zugriff der religiösen Gängelung durchaus zu entziehen wissen. Diese laizistische Tradition erklärt sich aber nun ihrerseits dadurch, daß mehr als Hälfte des türkischen Territoriums von bilateralen Verwandtschaftssystemen geprägt ist, die die Vererbung materieller und geistiger Güter auch den Frauen zugestehen. Wie also sollte das teilweise bilaterale anthropologische System, das die Türken in ihrer Heimat vorfinden, sich mit einemmal in ein gnadenlos patrilineares verwandeln, sobald es in ein deutsches System eingelassen ist, das seinerseits selbst bilateral ist (sieht man einmal von einigen patrilinearen Modifikationen ab, die es im Vergleich zum französischen oder zum englischen aufweist)? Man kann die These, die dem türkischen System selbst eine gewisse Neigung zur matrimonialen Abgrenzung der eigenen ethnischen Gruppe zuspricht, nicht völlig von der Hand weisen: Die familiale Endogamie existiert in der Türkei, und zwar in bilateralen wie in patrilinearen Gebieten, und sie erleichtert, einmal an einen anderen Ort versetzt, ein Wiederaufleben der ethnischen Endogamie. Die türkische Kultur kann ihre matrimoniale Abgrenzung jedoch lediglich verstärken. Erzeugt aber wird

sie von dem anthropologischen System Deutschlands. Gegenwärtig läßt sich lediglich mit Hilfe der komparativen Methode der Beweis führen, daß die differentialistische deutsche Logik ausschlaggebend ist und daß der Grundsatz der Omnipotenz der aufnehmenden Gesellschaft auch hier seine Gültigkeit hat.

Der aus dem Maghreb stammenden Bevölkerung, die im Gegensatz zu den Türken einer muslimischen Kultur mit klassisch patrilinearen Zügen angehört, gelingt es in Frankreich nicht, ihre familiale oder ethnische Endogamie aufrechtzuerhalten. Die Annahme, daß gerade die jungen Frauen maghrebinischer Herkunft – vergleicht man sie einmal mit ihren Brüdern – eine besondere Fähigkeit an den Tag legen, sich in die westliche Kultur zu integrieren, ist in Frankreich im Verlauf der letzten zehn Jahre schon zu einem Gemeinplatz geworden.[34] In Deutschland herrscht der umgekehrte Gemeinplatz, die türkischen Familien neigten besonders dazu, ihre Töchter in ihre Ursprungskultur einzuschließen[35]: Allein die komparative Methode liefert den Beweis dafür, daß die Einschließung nicht aus einer Entscheidung der eingewanderten Kultur resultiert, sondern aus der *apriorischen* Haltung der aufnehmenden Kultur. Die niedrige Exogamierate bei den türkischen Frauen in Deutschland illustriert sehr viel weniger die traditionelle Patrilinearität des Islam als einen Wesenszug jedes anthropologisch begründeten Differentialismus: die Weigerung einer dominanten Gruppe, sich mit den Frauen der dominierten Gruppe zu liieren. Auf der türkischen Frau lastet in Deutschland, ebenso wie auf der schwarzen Frau in den Vereinigten Staaten, ein Tabu.

Seit 1985 befinden sich in Deutschland junge Türken beiderlei Geschlechts in heiratsfähigem Alter, die auch dort aufge-

34 Eine detaillierte Untersuchung der maghrebinischen Einwanderung in Frankreich findet sich im 11. Kapitel.

35 Von diesem Gemeinplatz berichtet J. Ardaghs Untersuchung über *Germany and the Germans*, London: Penguin Books 1991, S. 286.

wachsen sind – wenn sie auch zu diesem Zeitpunkt überwiegend noch nicht in der Bundesrepublik geboren wurden.[36] Im Gegensatz zu ihren Eltern sprechen diese Türken Deutsch. Sie sind den *Beurs* und *Beurettes* in Frankreich vergleichbar, nur mit dem Unterschied, daß ihnen die Staatsangehörigkeit der Aufnahmegesellschaft verweigert wird. Die Statistiken über Mischehen und Kinder von Paaren unterschiedlicher Nationalität legen offen, daß in ihrem Fall der Aufbruch aus der sprachlichen Isolierung nicht dazu führt, daß der matrimoniale Tausch mit der aufnehmenden Bevölkerung zunähme. Die diversen Statistiken legen vielmehr nahe, daß die kulturelle Germanisierung mit einer um so stärkeren gesellschaftlichen Ausgrenzung Hand in Hand geht.

Die Fixierung auf den Islam

In Deutschland trägt allein die Gruppe der eingewanderten Türken das Stigma, vollständig andersartig zu sein. Die Jugoslawen – und in geringerem Maße auch die Italiener und die Griechen – können, wenn sie denn wollen und wenn sie geduldig sind, das *ius sanguinis* umgehen und sich mit der aufnehmenden Bevölkerung vermischen. Diese Assimilation, die der offiziellen deutschen Konzeption von Nation und Volk widerspricht, kann als stillschweigende bezeichnet werden; und sie steht zu der offenen Assimilation in Kontrast, die in einem Land wie den Vereinigten Staaten bis etwa zum Jahre 1965 die Norm war. Weshalb wurden die Türken von der stillschweigenden Assimilation, die die Bundesrepublik durchaus kennt, ausgenommen und dazu auserkoren, die Rolle des andersartigen Menschen zu spielen? Alle Merkmale der Differenz – die Physis, die Anthropologie, die Religion – könnten die Aussonde-

36 1971 werden erstmals mehr als 20 000 Kinder türkischer Eltern pro Jahr geboren, 1974 sind es 40 000. Man kann annehmen, daß diese in Deutschland geborenen Türken von 1990 an das heiratsfähige Alter erreicht haben.

rung der Türken aus der Aufnahmegesellschaft begründen: Aber es ist das dritte Merkmal, die Zugehörigkeit zum Islam, das den Ausschlag gegeben hat.

Die Physis ist nicht wesentlich, obgleich sie in der Praxis zur sozialen Kennzeichnung eines Individuums beiträgt. Aber die eingewanderten Griechen und Italiener, die aus dem Süden der Halbinsel kommen, haben weitgehend dasselbe mediterrane Aussehen wie die Türken und stießen nicht samt und sonders auf Ablehnung. Möglicherweise tragen umgekehrt die physischen Merkmale dazu bei, die ausgesprochen bevorzugte Stellung der Jugoslawen zu erklären: Von der Größe, den Gesichtszügen, der Hautfarbe her unterscheiden sie sich sehr von den Türken; viele sind groß, viele auch hellhäutig – was nicht heißt, daß diese beiden Eigenschaften ständig zusammenfielen und sich in lauter großen, blonden Individuen niederschlügen.[37] In Jugoslawien läßt sich keine Korrelation zwischen der Religion und der Hautfarbe aufstellen, alle können sie hellhäutig und blauäugig sein – die Katholiken Kroatiens, die Orthodoxen Serbiens und die Muslime Bosniens. Die Vielfalt der physischen Erscheinungsweise der Jugoslawen gleicht ungefähr derjenigen der deutschen Bevölkerung und erleichtert bestimmt die Vermischung der beiden Gruppen.

Die Familienstruktur, die bei den verschiedenen Bevölkerungsgruppen am Status der Frau deutlich sichtbar wird, erlaubt in Deutschland weniger als im restlichen Europa eine Kategorisierung der Einwanderer. Die meisten Ausländergruppen unterscheiden sich aufgrund ihres anthropologischen Systems von der deutschen Bevölkerung, aber die Unterscheidungsmerkmale liegen hier nicht so klar auf der Hand. Zunächst einmal, weil der Status der Frau in Deutschland nicht so gehoben ist wie in England und Frankreich. In Deutschland besteht, trotz der Bilateralität des Verwandtschaftssystems, eine patriarchale Orientierung des Familienlebens weiter fort,

37 Zu den physischen Typen und zur Nichtexistenz jugoslawischer »Rassen« vgl. J. Ancel, *Peuples et Nations des Balkans*, Paris: CTHS 1992 (erste Auflage 1930), S. 80–86.

die sich in der geringeren Teilnahme der Frauen am ökonomischen und sozialen Leben ausdrückt, die wiederum die Deutschen den meisten ihrer Einwanderer annähert. Dann, weil die wichtigsten ausländischen Bevölkerungsgruppen heterogen sind: Jede setzt sich aus verschiedenen Untergruppen zusammen, von denen nur einige – gemäß den anthropologischen Kriterien der Deutschen – der Frau einen zu niedrigen Status zuweisen, wie die Bosnier oder die Montenegriner, die Nordgriechen, die Süditaliener, die Türken Anatoliens und die Kurden türkischer Staatsangehörigkeit. Der Status der Frau erlaubt nicht ein einfaches und offenes Sortieren der eingewanderten Bevölkerungen, wie sich umgekehrt in Frankreich und in England ein deutlicher Gegensatz zwischen dem Feminismus der Jamaikaner und der Patrilinearität der Muslime konstatieren läßt.

Das Merkmal Religion ist unzweideutig – wenn man einmal von den muslimischen Bosniern absieht, deren exogamer Islam ohnehin besonders untypisch ist. Die Existenz einer türkischen Bevölkerung, die als ganze mit dem Stempel »muslimisch« versehen werden kann, läßt die religiösen Besonderheiten der anderen Einwanderer als lediglich sekundäre Unterschiede erscheinen, auch wenn sie, wie die Griechen und die Serben, der orthodoxen Kirche angehören. Die Verschiedenheit der christlichen Konfessionen, die in der deutschsprachigen Welt vom 16. bis zum 19. Jahrhundert so häufig für religiöse Auseinandersetzungen sorgte, stellt heute keinen Grund mehr für Spannungen dar. Die Heiratsstatistiken zeigen, daß deutsche Protestanten und Katholiken seither ohne Schwierigkeiten Ehen miteinander eingehen. Dank dieser »Mischehen« verschwanden zum Teil jene gegensätzlichen Verhaltensweisen zwischen Protestanten und Katholiken, die Max Weber thematisiert hat. Die sehr deutsche Tradition, Gruppen nach religiösen Merkmalen voneinander zu unterscheiden, ist jedoch keineswegs ausgestorben – nicht mit der Beseitigung des Konflikts zwischen Katholiken und Protestanten und nicht mit der Vernichtung der jüdischen Gemeinde durch die Nazis zwischen 1933

und 1945. Mit dem Auftauchen und mit der Stabilisierung einer muslimischen Bevölkerungsgruppe entsteht die Kluft heute vor unseren Augen aufs neue. Die offizielle deutsche Statistik, die die Personen üblicherweise nach ihrer Religionszugehörigkeit unterscheidet – so wie es die amerikanische Statistik nach den Rassen tut – ergänzt seither die Tabellenspalten »protestantisch«, »katholisch«, »jüdisch« um die Spalte »islamisch«. Eine solche Klassifizierung der Menschen befriedigt den Differentialismus der Stammfamilie besser als jede andere. Wie man im letzten Kapitel sehen konnte, steht die Vorstellung von einem inneren Menschen, der im Gegensatz zum äußeren Menschen steht, im Zentrum der deutschen Kultur. Nun macht aber das Postulat einer unsichtbaren und unzerstörbaren Seele die Grundlage des religiösen Lebens aus. Die religiöse Etikettierung, die für die deutsche Kultur so typisch ist wie die physische Etikettierung für die angelsächsische Kultur, hat im Islam eine ideale Differenz gefunden; er scheint dafür geeignet, die Nachfolge der katholischen, der protestantischen oder der jüdischen Differenz anzutreten.

Die Islamisierung der Türken in Deutschland

Die Tatsache, daß viele Türken zum Zeitpunkt ihrer Ankunft eine laizistische Variante des Islam repräsentieren – ähnlich wie die Franzosen des Pariser Beckens, die Andalusier oder die Süditaliener für einen laizistischen Strang der christlichen Tradition stehen –, hindert die Aufnahmegesellschaft keineswegs daran, sie als Muslime zu charakterisieren. Und wir sind gegenwärtig sogar Zeuge davon, wie die deutsche Umgebung die paradoxe Entwicklung einer Islamisierung der Türken hervorbringt, die zusammen mit dem zwischen 1985 und 1990 zu konstatierenden erneuten Anstieg der türkischen Geburtenrate auftritt und diesen vielleicht sogar erklärt. Zwischen 1965 und 1985 wird bei den Einwanderern der muslimische Fundamentalismus zur vorherrschenden religiösen Ideologie; etwas Ver-

gleichbares findet in der Türkei selbst nicht statt. Um 1990 dominiert die gemäßigt islamistische Organisation Milli Görüş das Vereinsleben der Türken in Deutschland, während ihr Pendant in der Türkei, die Wohlfahrtspartei, bei den Wahlen 1991 nicht mehr als 16,9 % der Stimmen erhält.[38] Daß sich eine Einwanderergruppe, wenn sie ins gesellschaftliche Abseits gedrängt wird, erneut auf ihre religiöse Tradition besinnt, kommt häufig vor. Wir haben bereits das Beispiel der Inder und der Pakistani in England kennengelernt, die sich ebenfalls – konfrontiert mit der Feindseligkeit der englischen Aufnahmebevölkerung – auf ihre Identität als Sikhs oder als Muslime besonnen haben. Aber dort hatte es sich lediglich um eine Stärkung des ohnehin vorhandenen Glaubens gehandelt – im Fall der Pakistani um einen Übergang von einem traditionell sunnitischen Islam zu einem sehr viel fanatischeren, von Khomeini beeinflußten Glauben. Bei den Türken in Deutschland führt die Entwicklung vom Laizismus direkt zum Fundamentalismus.

Wir wissen noch nicht, bis zu welchem Punkt die deutschen religiösen Traditionen in der Lage sein werden, auf den türkischen Islam in Deutschland tiefgehend Einfluß zu nehmen, und ob die türkische Bevölkerung zugleich marginalisiert und germanisiert werden wird. Wird sie eine differentialistische Sicht des sozialen und ideologischen Lebens übernehmen und, warum nicht, eine ungleiche und hierarchische Vorstellung vom Familienleben? Es ist zu früh, um dies zu beantworten. Aber man kann bereits feststellen, bis zu welchem Punkt die gesellschaftliche Marginalisierung in gewissen fundamentalen Hinsichten zu einer Umkehrung des ideologisch-religiösen Systems der Türken führt. Der islamische Fundamentalismus, der in Deutschland zur Definition einer partikularistischen Identität dient, widerspricht Punkt für Punkt den wesentlichen ideologischen Tendenzen in der türkischen Republik, die sich als natio-

38 Zur Stärke der diversen türkischen Organisationen in Deutschland vgl. H. Bozarslan, »Une communauté et ses institutions: le cas des Turcs en RFA«, in: *Revue européenne des migrations internationales*, Bd. VI, Nr. 3, 1990, S. 63 bis 81.

nalistisch und universalistisch beschreiben lassen. Wo sie die politisch dominierende Position einnehmen und mit einer ethnischen Minderheit wie der der Kurden konfrontiert sind, erweisen sich die Türken als Verfechter eines offenen Assimilationismus, der dem der jakobinischen Franzosen ähnelt, allerdings weniger realistisch, zugleich aber gewaltsamer ist. Dem Ideal der türkischen Republik entspräche es, wenn die Kurden sich als normale Bürger ins soziale und nationale Leben des Landes eingliederten. In Deutschland kommt demnach die Aufrechterhaltung einer sichtbaren Identität einer Verfälschung der türkischen Kultur gleich. Ein weiteres Mal scheint es so, als überlebe einzig die ethnische Etikettierung den Migrationsprozeß.

Die Erzeugung einer Paria-Gruppe

Bevor sich die Marginalisierung der Türken verfestigte, legten sie eine Anpassungsfähigkeit an den Tag, die an die der Sikhs in England erinnert. Einer der signifikantesten Indikatoren wäre hier die Parallele bei der demographischen Modernisierung. Mit Hilfe eines systematischen Vergleichs der beiden anthropologischen Systeme lassen sich bestimmte Eigenheiten der Situation aufzeigen, in der sich die Türken befinden; aus einer universalistischen Kultur kommend, werden sie im differentialistischen Milieu der Aufnahmegesellschaft dazu gezwungen, sich in ihrer Identität einzukapseln.

Die Sikhs hatten, wenn man so sagen darf, den Vorteil, selbst aus einem differentialistischen kulturellen System zu stammen: Der autoritären und inegalitären Struktur ihres Stammfamiliensystems entsprach das Gefühl, einem erwählten Volk anzugehören und an die eine Religion zu glauben; so waren sie hinreichend darauf vorbereitet, daß die englische Gesellschaft ihrer sofortigen Assimilation mit Ablehnung begegnen würde. Von England erst einmal auf die Wartebank gesetzt, konnten die Sikhs von einem zweiten Anpassungsvorteil profitieren: Im

Gegensatz zu dem relativ schwachen Bildungspotential der absoluten Kernfamilie, die für die Aufnahmegesellschaft charakteristisch ist, waren die ans Stammfamiliensystem gebundenen Sikhs viel eher dazu in der Lage, ihren Kindern eine intensive Betreuung zukommen zu lassen. Aus ebendiesem Grund waren die schulischen Leistungen ihrer Kinder seit den achtziger Jahren besser als die der »weißen« Kinder. Derartige Leistungen sind, wenn auch auf einer niedrigeren Bildungsstufe angesiedelt, mit denen der asiatischen Studenten an den amerikanischen Universitäten vergleichbar. Die Japaner, Koreaner und Südchinesen genießen, da sie Träger autoritärer und – in unterschiedlichem Maße – inegalitärer Familienstrukturen sind, allesamt einen relativen Vorteil gegenüber den in einem sehr individualistischen familiären Umfeld aufgewachsenen weißen Amerikanern. In Deutschland hingegen gestaltet sich, was die Bildungsbereitschaft angeht, das Verhältnis zwischen der aufnehmenden und der eingewanderten Bevölkerung gerade umgekehrt: Die türkischen Familienstrukturen, seien sie nun dem Typus der Kernfamilie oder dem der Gemeinschaftsfamilie zuzurechnen, verfügen niemals über das Bildungspotential des Stammfamiliensystems, das für die deutsche Familie typisch ist und das übrigens auch die ökonomische Macht der Bundesrepublik erklärt. Die eingewanderte türkische Bevölkerung, von der Mehrheit der Bevölkerung ausgegrenzt, hatte dementsprechend im Wettbewerb um Bildung und Ökonomie keinerlei relativen Vorteil. Die schulischen Leistungen ihrer Kinder liegen unter denen der deutschen.[39] Die Arbeitslosen-

39 Vgl. E. Flitner-Merle, »Scolarité des enfants d'immigrés en RFA. Débats et recherches«, in: *Revue française de sociologie*, Bd. 33, 1992, S. 33–48. Das dreigliedrige deutsche Schulsystem kennt zwei gehobenere Schulzweige, die *Realschule* und das *Gymnasium*, und den normalen, die *Hauptschule*. 1987 absolvieren 22 % der Kinder von Ausländern die gehobeneren Schulzweige, gegenüber 43 % der deutschen Kinder (vgl. ebd., S. 38). Dieser beständige Abstand verhindert allerdings nicht, daß es bei der Bildung der Ausländerkinder zu enormen Fortschritten kommt. Diese Zahlen fassen die Kinder aller Ausländer zusammen; innerhalb dieser Kategorie sind die Leistungen der Türken am schlechtesten (vgl. ebd., S. 39).

quote bei den Türken in Deutschland liegt entschieden höher als bei der deutschen Bevölkerung: 16,7 % gegenüber 6,8 %, nach der Volkszählung von 1987.[40]

Diese Nachteile, auch wenn sie sich häufen, müssen nicht zu einem psychischen und kulturellen Zusammenbruch der türkischen Gemeinde in Deutschland führen, der dem der Jamaikaner in England vergleichbar wäre. Ob ursprünglich oder deformiert – es existiert eine türkische Identität: Die Geschichte des osmanischen Reiches steht der des Deutschen Reiches in nichts nach. Die marginalisierte Gruppe kann sich demnach auf das Andenken einer ruhmreichen Geschichte stützen – die ihren Ausgang in der eurasischen Steppe nimmt und zur Herrschaft über gut die Hälfte der mediterranen Welt führt – sowie auf die politische Realität der Türkei, die im Jahre 2025 hundert Millionen Einwohner haben dürfte. Die Restrukturierung durch den Islam mobilisiert die Reserven gegenseitigen Beistands unter den türkischen Immigranten und ermöglicht ihnen so, den Wechselfällen der ökonomischen Entwicklung in der postindustriellen Welt zu trotzen. Der deutschen Gesellschaft wiederum scheint an der Schaffung einer stabilen Randgruppe zu liegen, die zugleich durch eine ethnische wie eine religiöse Besonderheit ausgezeichnet ist. Man kann, ein halbes Jahrhundert nach der Vernichtung der jüdischen Gemeinde, über diese neuerliche Definition einer Paria-Gruppe nur staunen, auch wenn sich die heutigen Türken aufgrund vieler Merkmale sowohl von den Juden des Mittelalters wie auch von denen des 20. Jahrhunderts unterscheiden. Was den ökonomischen Status angeht, sind die Türken in Deutschland in erster Linie Arbeiter, auch wenn in jüngster Zeit eine Gruppe von kleinen Geschäftsleuten hinzukam – im Gegensatz zu den Juden, die sich auf Handel

40 Volkszählung von 1987, Heft 5, »Struktur der ausländischen Bevölkerung«. Der Prozentsatz der Arbeitslosen lag bei den Jugoslawen bei 8,9, also dem der Deutschen recht nahe. Hier bestätigt der Indikator der ökonomischen Assimilation (Beschäftigtenrate) den der anthropologischen (Prozentsatz der Mischehen) – ein Zusammentreffen, das zwar häufig, aber keineswegs immer vorkommt.

und Geldverleih spezialisiert hatten.[41] Das anthropologische System der Türken hat auch kaum etwas mit dem der Juden gemein; dieses entspricht dem Typus der Stammfamilie und unterscheidet sich von dem der Deutschen lediglich durch die endogame Ausrichtung, durch eine weniger starre Eltern-Kind-Beziehung und durch größere Herzlichkeit in den Beziehungen zwischen den Brüdern. Aber man kann sich durchaus vorstellen, daß sich manche Wertvorstellungen der türkischen Familie in Zukunft der deutschen Umgebung angleichen werden, insbesondere dem hierachischen Denken. Auf diese Weise würde das anthropologische und ideologische System der aufnehmenden Gesellschaft nicht nur die Ideologie, sondern auch das Familiensystem der dominierten Gruppe verformen. Wahrscheinlich wird die Endogamie der türkischen Familie fortbestehen, als logische Folge der Aufrechterhaltung der gemeinschaftlichen und religiösen Endogamie. Die Anpassung der Familien wird entsprechend auch bessere schulische Leistungen mit sich bringen und damit eine Verbesserung des sozioökonomischen Status. Am Ende eines solchen Prozesses, der sich zweifellos über mehrere Generationen erstrecken wird, dürfte Deutschland eine mediterrane Bevölkerung buchstäblich judaisiert haben.

Die Wahrnehmung der Differenz und der Traum von der Einheit

Wie andere Gesellschaften mit Stammfamiliensystem liebt auch Deutschland nicht die Unterschiede, die es wahrnimmt und die es selbst produziert. Ich habe im vorangegangenen Kapitel gezeigt, wie ein Differentialismus der Vertreibung

41 Der Volkszählung von 1987 zufolge waren 74 % der Türken im Bergbau, in der Industrie oder in der Bauwirtschaft beschäftigt. Die entsprechenden Zahlen für die Jugoslawen lagen bei 67 %, für die Griechen bei 62 %, für die Italiener bei 60 % und für die Deutschen bei 40 %. Vgl. Volkszählung von 1987, Heft 5, »Struktur der ausländischen Bevölkerung«.

(oder, im schlimmsten der Fälle, der Vernichtung) aus einer Kombination von Eigenheiten des Stammfamiliensystems hervorgehen kann, in dem die Ungleichheit der Brüder dazu führt, daß die Menschen als verschieden wahrgenommen werden, während die starke väterliche Autorität die Sehnsucht nach der Einheit weckt. Auf die Vergangenheit angewandt, kann dieses Interpretationsmodell gleichzeitig das historische Fortbestehen der jüdischen Gemeinde in Deutschland ebenso erklären wie die immer wiederkehrenden Verfolgungen, deren Opfer sie wurde und die zwischen 1933 und 1945 in ihrer Vernichtung gipfelten. Auf die Gegenwart angewandt, erlaubt dieses Modell, zu begreifen, weshalb das prosperierende Deutschland in den Jahren zwischen 1970 und 1990 gleichmütig dem neuerlichen Entstehen einer marginalisierten Gruppe zusieht, die sich gleichzeitig durch ihre Religion wie durch ihren Sozialstatus auszeichnet. Im Gegensatz zur angelsächsischen Welt, deren ausgrenzender Differentialismus sehr leicht zur Ghettobildung führt, liebt die deutsche Gesellschaft weder die räumliche noch die symbolische Isolierung. Die multikulturalistischen Theorien angelsächischer Provenienz, die in den siebziger Jahren nahezu den Charakter von Predigten gewannen, fallen hier auf keinen sonderlich fruchtbaren Boden. Wenn schon ein amerikanischer Forscher wie R. C. Rist im Jahre 1978 feststellt, daß »die wichtigste Aufgabe für Deutschland heute darin besteht, eine multikulturelle Gesellschaft aufzubauen und deren Legitimität entschieden zu bekräftigen«, und daß »die einzig realistische Lösung offenbar in der Pluralisierung der deutschen Gesellschaft liegt«, so verletzt er den unitaristischen kulturellen Code, der die germanische Welt von der angelsächsischen trennt.[42] Wenn man von der Ebene der Vorstellungen zu der der harten Realität der Städtegeographien wechselt, so muß man feststellen, daß das postindustrielle Deutschland tatsächlich nicht zur Ghettobildung neigt. Das ethnisch isolierte Stadtvier-

42 R. C. Rist, *Guestworkers in Germany*, a. a. O., S. XII f. [In der deutschen Ausgabe nicht enthalten, A. d. Ü.].

tel stellt eher die Ausnahme als die Regel dar. Kreuzberg, das berühmte türkische Viertel Berlins, weicht stark von dem ab, was sich im Durchschnitt sonst in der Bundesrepublik beobachten läßt. Zu diesem Schluß gelangt eine sehr minutiöse statistische Untersuchung der Städte Duisburg und Düsseldorf. Die Autoren konstatieren zwar eine relative Konzentration von ausländischer Bevölkerung, insbesondere der Türken, in weniger angesehenen Stadtvierteln – was allerdings seinen normalen Grund darin hat, daß sie mehrheitlich zur Arbeiterklasse gehören; zugleich aber kommen die Autoren mit einiger Verwunderung zu dem Schluß, daß die räumliche Segregation der Einwanderergruppen letztlich sehr gering ist. Mehrere mögliche Erklärungen werden erwogen, darunter die Starrheit des Wohnungsmarkts sowie die geringe Neigung der deutschen Bevölkerung, aus den Vierteln zu flüchten, in denen sich türkische Arbeiter mit ihren Familien anzusiedeln beginnen.[43] Stärker verallgemeinert legt eine solche Untersuchung also nahe, daß die Idealvorstellung von einer räumlich und ethnisch segmentierten Gesellschaft im deutschen Durchschnittsbewußtsein keine Rolle spielt. Eine noch etwas neuere Studie über Hamburg gelangt ebenso zu dem Schluß, daß sich in Deutschland, verglichen mit den Vereinigten Staaten oder sogar mit Großbritannien, Indikatoren für eine räumliche Segregation kaum finden.[44]

Hin- und hergerissen zwischen der Wahrnehmung von Unterschieden und dem Traum von Homogenität, kann die deutsche Einwanderungspolitik nur zwischen Eingliederung und Ausgrenzung schwanken. Im Bildungsbereich sind die Kinder von Ausländern in das normale Schulsystem integriert, jedoch mit der Möglichkeit, vorbereitende zweisprachige Kurse zu

43 Vgl. J. O'Loughlin und G. Glebe, »Intra-urban migration in West German cities«, in: *The Geographical Review*, Bd. 74, Nr. 1, Januar 1984, S. 1–23.

44 Vgl. J. Friedrichs und H. Alpheis, »Housing segregation of immigrants in West Germany«, in: E. D. Hutman u. a., *Urban Housing, Segregation of Minorities in Western Europe and the United States*, Durham/London: Duke University Press 1991, S. 116–144.

besuchen, in denen in Deutsch und in ihrer eigenen Sprache unterrichtet wird.

Die verschiedenen Bundesländer, die im Erziehungswesen autonom handeln können, verfolgen entsprechend auch eine unterschiedliche Politik. An dem einen Ende des Spektrums scheint Bayern, mit 28 % Ausländerkindern in den zweisprachigen Klassen, von denen dann 70 % die wenig angesehene Hauptschule besuchen, die Ausgrenzung zu bevorzugen. Berlin hingegen, mit nur 3 % ausländischen Schülern in den zweisprachigen Klassen, von denen kaum 25 % in die Hauptschule gehen, scheint umgekehrt für die Eingliederung zu optieren.[45] Man kann diesen Gegensatz mit dem Gegensatz zwischen links und rechts interpretieren, denn Bayern ist bei weitem das konservativste der bundesdeutschen Länder. Man kann es jedoch auch als Ausdruck der religiösen Dualität Deutschlands begreifen, da Bayern ein überwiegend katholisches Gebiet ist und Berlin im protestantischen Herzen des Landes liegt. Das Schwanken der deutschen Bevölkerung zwischen der Wahrnehmung der Differenz und dem Bedürfnis nach Einheit ist strukturell dauerhaft und allen Regionen gemein. Aber die Katholiken scheinen in der Realität immer mit den Unterschieden besser leben zu können, während die Protestanten ein größeres Bedürfnis nach Einheit an den Tag legen. Seit Ende des 19. Jahrhunderts kommen die Bemühungen um Homogenisierung zumeist aus dem Norden und dem Osten, insbesondere aus Preußen. Kurz nach der Reichsgründung attackiert der Bismarcksche *Kulturkampf* erfolglos die katholische Andersartigkeit, sei sie nun bayrisch oder rheinisch. Die polnische Bevölkerung und die Katholiken Preußens müssen zwischen 1971 und 1873 eine Politik ertragen, die sich vorgenommen hat, das Land zu vereinheitlichen, die dabei aber zunehmend von der Zwangsassimilation zur Vertreibung übergeht. 1872 und 1873 machen Erlasse in Oberschlesien und Westpreußen Deutsch

45 Vgl. E. Flitner-Merle, »Scolarité des enfants d'immigrés en RFA. Débats et recherches«, a. a. O., S. 40.

zur obligatorischen Sprache in den Volksschulen. Im Jahr 1885 finden die ersten großen Vertreibungen statt.[46] Später wird sich die Intoleranz der protestantischen Regionen Deutschlands gegenüber der Vielfalt in einer viel größeren Anfälligkeit für die nationalsozialistischen Ideologien zeigen, wie die überdurchschnittlichen Stimmenanteile für die Nazipartei in diesen Regionen bezeugen.[47] Seit dem 16. Jahrhundert setzt sich der Protestantismus für die Konsolidierung von Territorialstaaten ein, die selbst innerhalb Deutschlands voneinander getrennt sind, die sich aber jeweils sehr um die Homogenität ihrer Bürger sorgen. Lange vor der Demokratisierung im 20. Jahrhundert bedeutet der Protestantismus einen Schritt zur Einheit der territorialen Gesellschaft, die er vor allem durch die Alphabetisierung der Massen erreicht, aber auch durch die Externalisierung des Andersseins.[48] Der Katholizismus hingegen verlegt sein Streben nach Einheit und Homogenität nach Rom oder in den Himmel und erträgt die irdische Vielfalt dank dieser Verlagerung offensichtlich besser.

Eine Welle der Angst: 1985 bis 1993

Etwa 1985 erreicht die erste Generation von Türken das Erwachsenenalter, die in Deutschland aufgewachsen ist, Deutsch spricht und sich von der Bevölkerung der Aufnahmegesellschaft weit weniger unterscheidet als noch ihre Eltern. In einem differentialistischen Umfeld führt eine solche Verminderung des objektiven Andersseins nicht dazu, daß die Angst der Aufnahmegesellschaft abnimmt, sondern umgekehrt dazu, daß sie zunimmt. In diesem Sinne stellen die Jahre 1985 bis 1993 eine Phase der Steigerung dar, deren autonome Entwicklung jedoch

46 Über das Hin und Her der *Polenpolitik* vgl. R. Brubaker, *Staats-Bürger*, a. a. O., S. 172 ff.

47 Zur religiösen wie zur Wählerstimmengeographie Deutschlands vgl. E. Todd, *L'Invention de l'Europe*, a. a. O., Kapitel 9.

48 Vgl. zu diesem Punkt Kapitel 7, S. 198.

durch den Zusammenbruch des Kommunismus beeinträchtigt ist.

Von 1990 an verschärft der Prozeß der deutschen Wiedervereinigung das Problem der sozialen Homogenität. Zu der Frage der Koexistenz von Einheimischen und Türken auf dem Boden der alten Bundesrepublik gesellt sich nun noch der Gegensatz zwischen den im Kapitalismus und den im Kommunismus aufgewachsenen Deutschen, wobei sich letztere noch einmal aufteilen lassen in die ehemaligen Bürger der DDR und die Aussiedler, die deutschstämmigen Rücksiedler aus Polen, Rumänien und der ehemaligen Sowjetunion. Und um das Bild noch etwas komplizierter zu gestalten, schnellt zwischen 1989 und 1992 auch noch die Zahl der Asylanträge in die Höhe – von 121 000 im Jahr 1989 auf 438 000 im Jahr 1992.[49]

Diese Zunahme objektiver Heterogenität steigert in einer Gesellschaft mit Stammfamiliensystem, die zugleich von der zwanghaften Suche nach Andersartigkeit und einem Bedürfnis nach Homogenität gequält wird, die besonderen Spannungen, die von dem Erwachsenwerden der Ausländerkinder herrühren. Eines ist auf jeden Fall sicher: Die Probleme mit der zweiten Generation von Türken hätten sich auch dann gestellt, wenn die Wiedervereinigung nicht noch zusätzliche aufgeworfen hätte. Verschiedene Indikatoren, die die demographische Entwicklung der Einwanderer oder das Ansteigen rechtsextremer Gewalttätigkeit beschreiben, legen nahe, daß der Umschlagspunkt eher um 1985/86 und nicht erst um 1990 lag. Von da an stellen sich die aus dem deutschen Staatsbürgerrecht hervorgehenden Probleme, das Personen, die in Deutschland geboren sind, zu Ausländern erklärt, weil ihre Eltern Ausländer sind. Von da an zeichnet sich das Bild eines erneut uneinheitlichen Deutschlands ab.

Nach mehreren Jahren der Diskussion tritt zum 1. Januar 1991 ein neues Gesetz zum Aufenthaltsrecht von Ausländern

49 Vgl. E. Sur, »A propos de l'extrême droite en Allemagne. De la conception ethnique de la nation allemande«, in: *Hérodote*, Nr. 68, Januar/März 1993, S. 18–40, vor allem S. 26.

in Kraft. Es revidiert nicht das *ius sanguinis*, aber es liefert eine neue Bestimmung der sogenannten *erleichterten Einbürgerung*. Insbesondere die Verfügungen, die die Jugendlichen betreffen, sind außerordentlich wichtig. Ein Ausländer erhält das Staatsbürgerrecht – vorausgesetzt, er stellt im Alter zwischen 16 und 23 Jahren einen entsprechenden Antrag –, wenn er seit acht Jahren in der Bundesrepublik lebt, wenn er sechs Jahre lang eine Schule besucht hat, davon mindestens vier Jahre eine staatliche Schule, und wenn er nicht straffällig wurde. Er muß auf seine alte Staatsbürgerschaft verzichten, es sei denn, das Ursprungsland widerspricht. Die Gebühren der Einbürgerung wurden auf 100 DM heruntergesetzt. Dieses neue Verfahren wird, wenn es in ausreichendem Umfang Anwendung findet, Deutschland von dem traditionellen *ius sanguinis*, lege man es nun wortwörtlich oder metaphorisch aus, abbringen. Die Gesetzesnovelle unterstellt eine Sozialisation nicht allein durch die Familie, sondern durch die Schule und entfernt sich wesentlich von einer vorausgesetzten Grundprämisse der deutschen Kultur, auch wenn das *ius soli* explizit im Gesetzestext nicht auftaucht. Auf dem Gebiet der Bundesrepublik geboren zu sein verleiht noch immer kein Anrecht auf die Staatsbürgerschaft. Bestehen bleibt die Vorstellung von einer notwendig schwierigen und totalen Anpassung an die deutsche Kultur und die Forderung nach Homogenität, die sich in der Ablehnung der doppelten Staatsbürgerschaft ausdrückt.

Wir wissen noch nicht, ob dieses Verfahren von den Türken der zweiten Generation massenhaft akzeptiert und genutzt wird. Es wäre naiv, wenn man glaubte, daß eine juristische Veränderung ausreichen könnte, um ein aus den Familienstrukturen resultierendes und im Unbewußten der einzelnen verankertes anthropologisches System zu beseitigen oder auch nur zu erschüttern. Das *ius sanguinis* geht, wie wir gesehen haben, aus den grundlegenden Werten des Stammfamiliensystems hervor und ist nur dessen juristisches Derivat. Seine Beseitigung hat nicht notwendigerweise zur Folge, daß auch Werte wie Autorität und Ungleichheit sowie die *apriorische*

Wahrnehmung kultureller Differenzen verschwinden. Das Beispiel der schwarzen Amerikaner zeigt, bis zu welchem Punkt eine anthropologische Infrastruktur und ihr Unbewußtes sich den von politischen Willensentscheidungen bewußt angestrebten Umgestaltungen widersetzen können. Der Differentialismus – ein mentales Gesamtphänomen – geht über juristische Definitionen und Rechtsvorschriften hinaus.

In dem Moment, in dem das Gesetz eine Möglichkeit zur Annäherung bietet, setzt eine Serie ethnisch motivierter Gewalttaten ein. 1990 zählt man 270 »rassistische oder fremdenfeindliche Gewalttaten«, 1991 bereits 1483 und 2010 im Jahr 1992. Die geographische Verteilung dieser Vorfälle zeigt, daß sie in beiden Teilen Deutschlands, im Westen wie im Osten, auftreten. Der durch den Zusammenbruch des Kommunismus notwendig gewordene gesellschaftliche Umbau ist keineswegs der einzige und schon gar nicht der Hauptgrund für diese Angst. Zwar liegt der Prozentsatz der Gewalttaten pro Einwohner im Osten und hier vor allem in Brandenburg und Mecklenburg-Vorpommern höher als im Westen, aber in Nordrhein-Westfalen ist die absolute Zahl der Vorfälle am höchsten. Jenseits des Gegensatzes von Kapitalismus und Postkommunismus spürt man hinter der geographischen Verteilung der Gewalttaten den Einfluß der Religionen; insbesondere in Ländern, die sich eine gewisse Ländlichkeit bewahrt haben und, wie Schleswig-Holstein, protestantisch sind, liegt der Prozentsatz der Gewalttaten besonders hoch, während er im katholischen Bayern sehr niedrig ist.[50] Ein weiteres Mal scheint das Verlangen nach sozialer Homogenität in protestantischen Gebieten weit stärker zu sein, während die katholische Tradition mit der Andersartigkeit besser zurechtkommt. Bayern, das für sein hartes Vorgehen bei der Ausgrenzung von Ausländern berühmt-berüchtigt ist, toleriert deren Gegenwart auf dem ei-

50 Vgl. hierzu die Karten ebd., S. 19 f. Im Jahr 1992 werden 4,19 rechtsextreme Anschläge pro 1000 Einwohner in Schleswig-Holstein verzeichnet, in Bayern 0,98.

genen Territorium letztlich sehr viel besser, weil es weniger dem Ideal der deutschen Homogenität anhängt. Eine Regel bringt den Geist des bayerischen Differentialismus auf den Punkt: Ausländer, die die deutsche Staatsbürgerschaft haben wollen, müssen den lokalen Dialekt beherrschen.[51]

Im Westen der Bundesrepublik richten sich die Gewalttaten häufig gegen die Türken. Am 23. Dezember 1992 werden in Mölln drei Personen getötet. Am 29. Mai 1993 kommen bei einem Anschlag in Solingen fünf Menschen ums Leben. Bei den Opfern, die am lebendigen Leibe in ihrem Haus verbrennen, handelt es sich um Frauen und ihre kleinen Töchter. Freilich kann man aus solchen Daten keine statistischen Schlüsse ziehen, und doch ist es frappierend, weshalb die Wahl auf diese Opfer fällt. Es handelt sich um Frauen, die schon lange in Deutschland lebten. Bei den Mördern handelt es sich um junge Männer – in Mölln, in Solingen und auch anderswo. Insgesamt befinden sich 70 % der Attentäter in einem Alter zwischen 16 und 21 Jahren.[52] Die Untersuchung der Mischehen hat eine grundlegende Asymmetrie zum Vorschein gebracht, die sich aus der Existenz eines spezifischen Tabus erklärt, mit dem die Ehe zwischen einer türkischen Frau und einem deutschen Mann belegt ist – ein aufschlußreicher Aspekt des grundlegenden Differentialismus. Die Morde an den türkischen Frauen scheinen dieses auf den Frauen der stigmatisierten Gruppe liegende Tabu in Szene zu setzen. Mag die hier zum Ausdruck kommende Pathologie auch nicht statistisch relevant sein, so entspricht sie doch der tieferen Logik des anthropologischen Systems. Eine universalistische Pathologie hätte zu Vergewaltigungen geführt, einem charakteristischen Verhalten beispielsweise der spanischen Eroberer, die einem egalitären Familiensystem zuzurechnen sind.

51 Vgl. J. Ardagh, *Germany and the Germans*, a. a. O., S. 288.

52 Vgl. E. Sur, »A propos de l'extrême droite en Allemagne. De la conception ethnique de la nation allemande«, a. a. O., S. 23.

Die Rückkehr der deutschstämmigen »Aussiedler«

Das deutsche Staatsbürgerrecht sichert den sogenannten Deutschstämmigen in Osteuropa eine Art Rückkehrrecht zu, das ihnen die Staatsbürgerschaft der Bundesrepublik garantiert. Das Datum, zu dem die Vorfahren Deutschland verlassen haben, interessiert hierbei wenig: Bei manchen Deutschen in Rußland muß man bis ins 18. Jahrhundert zurückgehen, bei manchen aus Polen kommenden gar bis ins Mittelalter. In dem Maße, in dem die Echtheit des Deutschtums schlicht aus der Ahnenreihe hergeleitet wird, ohne daß irgendein präziser Anspruch an Sprache oder Kultur gestellt würde, kann man hier von einer buchstäblichen und nicht nur metaphorischen Anwendung des *ius sanguinis* reden. Diese wortwörtliche Auslegung erklärt die Anwesenheit von circa 10000 »Aussiedlern« 1992 in Pforzheim, die aus Rußland oder aus Kasachstan kommen, wohin sie Stalin deportiert hatte. Diese Aussiedler sprechen untereinander Russisch und werden gleichwohl als Deutsche definiert.

Die Rückkehr der Deutschstämmigen – ein Phänomen, das mit dem Zusammenbruch des sowjetischen Kommunismus zusammenhängt – erlebt ihren Höhepunkt 1989 und 1990, als 377000 bzw. 397000 Aussiedler von der Bundesrepublik aufgenommen werden. Zwischen 1986 und 1992 wurden insgesamt 1550000 Anträge bewilligt; davon kommen 657000 Personen aus Polen, 651000 aus der ehemaligen UdSSR, 222883 aus Rumänien, 7700 aus der ehemaligen Tschechoslowakei und 5600 aus Ungarn.[53] Diese Rückkehrer bilden eine historisch und kulturell uneinheitliche Gruppe. Die Deutschen aus Polen stammen im wesentlichen aus Schlesien, einer Deutschland benachbarten Region, die seit Jahrhunderten politisch und kulturell in die deutschsprachige Welt integriert war, zunächst als Teil der Habsburgermonarchie, später zu Preußen gehörig. Da sie geographisch nah und zudem deutsch-

53 Vgl. ebd., S. 28.

sprachig sind, wirft ihre Einstufung als Deutsche kaum Interpretationsprobleme auf. Daß sie den real existierenden Sozialismus polnischer Prägung erlebt haben, rückt sie den Deutschen aus der ehemaligen DDR näher, von denen sie sich allerdings durch ihren traditionellen Katholizismus unterscheiden. Im Gegensatz zu ihnen dehnt die Rückführung der Rußlanddeutschen die Bestimmung dessen, was als Deutschtum gelten kann, bis zum äußersten aus.

Die Wahl einer Differenz

Aus verschiedenen Gründen stellen die Jahre zwischen 1990 und 1993 eine Wende in der Geschichte Deutschlands dar. Das Erwachsenwerden der zweiten Generation türkischer Einwanderer, die Wiedervereinigung und die Ankunft der Aussiedler, das Eintreffen vieler ehemaliger DDR-Bürger im Westen sowie das Ansteigen der Asylanträge führt zu einem Anwachsen von Angst. Unter diesen Umständen verstärkt sich die Spannung zwischen der Sehnsucht nach Homogenität und der zwanghaften Suche nach Differenz. Die Vervielfältigung der Unterschiede führt zu einer gewissen Kopflosigkeit, es kommt zu gewalttätigen Reaktionen, zum Aufstieg rechtsradikaler Gruppen, die alte Theorien und alte Texte aus der ideologischen Vergangenheit Deutschlands erneut ausgraben und zu neuem Leben zu erwecken suchen. Viele der neueren Interpretationen deuten dieses Phänomen der Feindseligkeit gegenüber den als »Ausländern« empfundenen Gruppen – seien es Türken, Aussiedler oder Asylanten unterschiedlicher Herkunft – als Zeugnis ein und derselben Xenophobie. An keinem Beispiel läßt sich so gut das Ungenügen einer Analyse aufzeigen, die sich damit begnügt, in abstrakter Form Toleranz und Intoleranz, Gewaltlosigkeit und Gewalttätigkeit einander gegenüberzustellen. Deutsche Aussiedler zu beschimpfen und türkische Frauen zu verbrennen ist jedoch nicht das gleiche. Abgesehen von dem enormen Unterschied in der Intensität der Gewalt muß man

hervorheben, daß diese beiden Arten von Feindseligkeit auf zwei deutlich miteinander kontrastierende Konzeptionen von Anderssein verweisen. Wenn man die deutschsprachigen Türken isoliert, bestätigt man eine völkische, am Abstammungsprinzip orientierte Auffassung von Nation, während die Ablehnung der Aussiedler ebendiesem völkischen Verständnis von Nation zuwiderläuft. In dem einen Fall stimmt man dem Begriff des *ius sanguinis* zu, im anderen lehnt man ihn ab.

Es ist noch etwas zu früh, hier analytisch zu unterscheiden, aber man spürt bereits, daß das Niveau der Feindseligkeit in beiden Fällen nicht das gleiche ist. Von den Aussiedlern ist niemand ermordet worden, und man kann voraussehen, daß die Zusammenstöße zwischen diesen Rückkehrern und der einheimischen deutschen Bevölkerung nachlassen werden. Selbst wenn sie Russisch sprechen, unterscheiden sich diese Deutschstämmigen kaum von den Exjugoslawen, die die deutsche Gesellschaft ja langsam und stillschweigend aufgenommen hat. Die deutsche Geschichte zwischen 1933 und 1945 zeigt zwar, daß ein Höchstmaß an Feindseligkeit möglich ist, wenn alle religiösen, ethnischen und nationalen Gruppen, in abgestufter Hierarchie, gleichermaßen gehaßt werden. Der Nationalsozialismus hat eine kontinuierliche Rangordnung der Unterlegenheit der Völker festgeschrieben, die von den Juden über die Slawen zu den Franzosen führte. Das Deutschland von heute ist jedoch kein hysterisiertes Land, und man kann sich kaum vorstellen, daß nach gut einem halben Jahrhundert ein solcher unbändiger Haß auf die Welt wieder auflebt. Deutschlands Differentialismus ist, ähnlich dem amerikanischen, in der Lage, zwischen den Andersartigkeiten und den Gruppen zu sortieren und sich eine grundsätzliche Differenz herauszugreifen, um alle anderen zu vergessen. Die Existenz der schwarzen Paria-Gruppe in den Vereinigten Staaten hat die Assimilierung der verschiedenen Sorten von Europäern und schließlich sogar noch die der Asiaten ermöglicht. Die sich verfestigende Ausgrenzung der türkischen Bevölkerungsgruppe in Deutschland kann womöglich die fortschreitende Eingliederung der Aussiedler in die

westliche Gesellschaft erleichtern sowie den Gegensatz zwischen Westdeutschen und ehemaligen DDR-Bürgern symbolisch verringern. Die Auswahl eines Sündenbocks ist ein Schritt in Richtung Homogenität. Man kann sich sogar fragen, ob nicht die Intensivierung antitürkischer Emotionen während der Phase der Wiedervereinigung ihren funktionalen Sinn gehabt hat.

9
Frankreich: der universale Mensch auf eigenem Territorium

Wenn wir uns nun Frankreich zuwenden, treffen wir auf ein anthropologisches System, das nicht nur überwiegend, sondern – wie es scheint – vollkommen universalistisch ist, denn es hat die Idee des universalen Menschen hervorgebracht und verbreitet. Die Untersuchung traditioneller Familientypen bringt aber die Existenz zweier Systeme von Grundwerten in Frankreich zum Vorschein. Ihre Gegenüberstellung definiert ein komplexes anthropologisches System, das völlig anders funktioniert als die homogenen Systeme Amerikas, Englands oder Deutschlands.

Eine Analyse der Beziehungen zwischen Brüdern – Beziehungen, die von den gebräuchlichen Vererbungsregeln definiert werden – erlaubt es, ein egalitäres Zentralfrankreich, dessen Herz das Pariser Becken bildet, zu dem man aber die Mittelmeerküste und eigenartigerweise das Trégorrois im Westen des Departements Côtes-d'Armor hinzufügen muß, einer nicht-egalitären Peripherie gegenüberzustellen, die ihr Hauptterritorium im alten okzitanischen Binnenland und in einem großen Teil der Region Rhône-Alpes hat, mit Vorposten im Westen, im äußersten Norden und im Osten. Die Bretagne, Anjou, die Vendée, die Gegend von Caux, das Ponthieu (der am Meer gelegene Teil der Picardie), bestimmte Teile des Artois und Flanderns, das Elsaß sowie das Gebirge der Franche-Comté bilden um das egalitäre Pariser Becken eine Art nicht-egalitäre Korona. Einige historische Zeugnisse lassen aber vermuten, daß die Grenze zwischen diesen Familientypen nicht völlig stabil ist: Ein großes Gebiet zwischen der Loire und Bordeaux,

mit dem Zentrum im Poitou, scheint zwischen dem 16. und 18. Jahrhundert einen Schwenk vom Inegalitarismus zum Egalitarismus vollzogen zu haben, zeitgleich mit seinem frühen Übergang von der *langue d'oc* zur *langue d'oïl*. Diese Entwicklung weist auf eine Tendenz zur Ausbreitung des egalitären Raums. Die Verteilung der Familientypen auf der Karte Frankreichs, die eine große, mit Ausnahme der Mittelmeerküste und des Trégorrois zusammenhängende egalitäre Zone und eine Vielzahl kleinerer inegalitärer Räume um dieses Zentralgebiet enthält, legt das Modell einer zentrifugalen Ausbreitung nahe, einer Expansion des egalitären Konzepts, wahrscheinlich verbunden mit der Expansion der *langue d'oïl* und der Monarchie. Der klassische sprachwissenschaftliche Grundsatz vom Konservatismus der Randgebiete erklärt eine solche räumliche Verteilung als Ergebnis einer Diffusion. Dennoch darf man die Ausbreitung der französischen Sprache nicht einfach mit der des Egalitarismus verknüpfen. In Anjou, in der gallischen Bretagne, in der Vendée und in Savoyen bringt eine sehr frühe sprachliche Französierung keinerlei Annäherung an den Egalitarismus der Mitte. Einzelne bedeutsame Veränderungen dürfen nicht vergessen machen, wie stabil die Struktur des Ganzen geblieben ist. Seit dem Mittelalter erscheint Frankreich in familialer und anthropologischer Hinsicht zweigeteilt, in ein dominierendes egalitäres Zentrum und eine abhängige nicht-egalitäre Peripherie. Die beobachteten Veränderungen verraten lediglich die Beweglichkeit der Grenze zwischen den beiden Räumen, die zusammen das anthropologische System Frankreichs ausmachen.

Im zentralen Gebiet dominiert der familiale Typ der egalitären und – was die Beziehungen zwischen Eltern und Kindern betrifft – liberalen Kernfamilie. Sie kommt in den romanischen Ländern häufig vor, man findet sie in Spanien von Kastilien bis Andalusien, von Nord- bis Süditalien und in Mittelportugal. Gemeinschaftliche, autoritäre, aber egalitäre Familientypen, die Eltern und verheiratete Kinder eng aneinanderbinden und in ihrer allgemeinen Struktur der traditionellen russischen Fa-

Zentrum und Peripherie

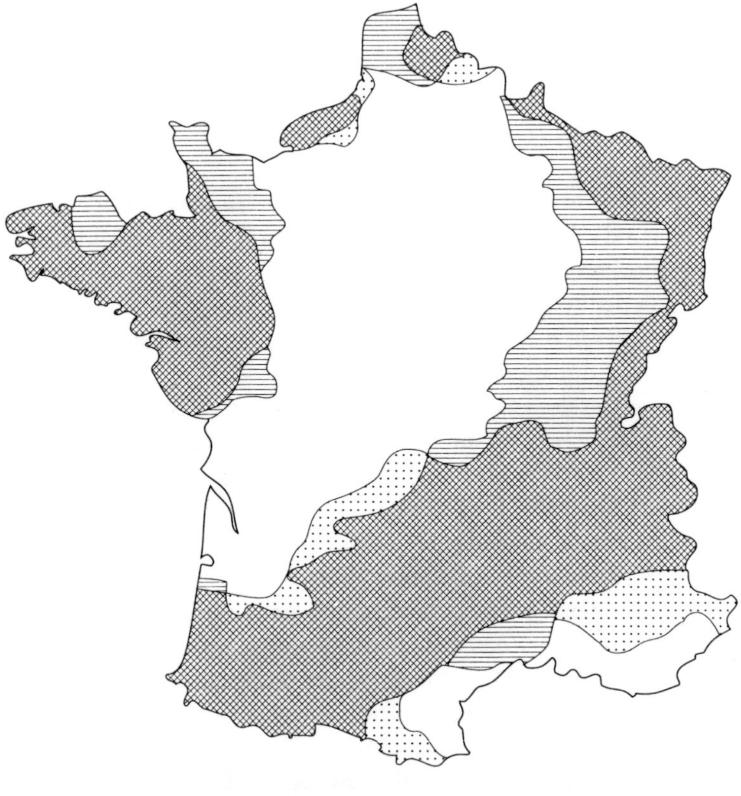

- Gleiches Erbe und geringe religiöse Praxis
- Gleiches Erbe und durchschnittliche oder intensive religiöse Praxis
- Ungleiches Erbe und schwache religiöse Praxis
- Ungleiches Erbe und durchschnittliche oder intensive religiöse Praxis

milie ähneln, können in der vorindustriellen Epoche am ganzen Nordwestrand des Zentralmassivs, zwischen dem nördlichen Departement Landes und dem Westen von Saône-et-Loire sowie an der Mittelmeerküste beobachtet werden. Eine einzigartige und mysteriöse Variante des gemeinschaftlichen Systems herrscht im Trégorrois vor, die sich vom normalen Typus durch das Fehlen einer patrilinearen Struktur unterscheidet: Eine verheiratete Frau darf dort mit ihrem verheirateten Bruder zusammenwohnen.[1] Der matrilineare Zug diese gemeinschaftlichen Familientyps hat allerdings nicht verhindert, daß zwischen 1946 und 1981 von den westlichen Côtes d'Armor bis zum Nordwestrand des Zentralmassivs in den ländlichen Gebieten die Kommunisten einen starken Stimmenanteil für sich verbuchen konnten.

An der Peripherie Frankreichs, in Okzitanien, in Savoyen, in der unteren Bretagne und im Elsaß, ist der häufigste Typ derjenige der autoritären Stammfamilie, die in ihren wesentlichen Zügen der deutschen oder der japanischen Variante ähnelt. Im westlichen Binnenland, in der gallischen Bretagne und in Anjou ist der Typus der absoluten Kernfamilie, eng verwandt mit dem englischen Modell, zu finden.

Insgesamt kann das französische anthropologische System als Kombination und Gegenüberstellung zweier Haupttypen beschrieben werden: der egalitären Kernfamilie und der Stammfamilie. Zwei Paare von Grundwerten, Freiheit/Gleichheit, Autorität/Ungleichheit, teilen das Staatsgebiet untereinander auf. Die kleineren Familientypen – gemeinschaftliche Familie und absolute Kernfamilie –, welche die Wertepaare Autorität/Gleichheit beziehungweise Freiheit/Ungleichheit repräsentieren, erscheinen sekundär, zumal ihr Vorkommen in Zwischengebieten annehmen läßt, daß sie das Ergebnis einer Konfrontation der beiden Haupttypen, egalitäre Kernfamilie und Stammfamilie, sind. Das wird besonders deutlich im Fall

1 Zu diesem Ergebnis kommt E. Le Penven in einer unveröffentlichten Analyse des Einwohnerverzeichnisses der Gemeinde Plounevez-Quintin von 1846.

der gemeinschaftlichen Familie, die auf einer nach Südwesten verlängerten Kontaktlinie zwischen dem egalitären Pariser Becken und dem zutiefst inegalitären Okzitanien vorkommt. Auf dieser Südwest-Nordost-Achse scheint der Typ der gemeinschaftlichen Familie nicht ursprünglich, sondern eher eine Mischung des autoritären okzitanischen und des egalitären Pariser Systems zu sein. Das westliche Binnenland mit der absoluten Kernfamilie nimmt auch eine geographische Zwischenposition ein und kombiniert den Inegalitarismus der Stammfamilie der unteren Bretagne mit dem Liberalismus des Pariser Beckens. Die Existenz dieser kleineren und wahrscheinlich abgeleiteten Familientypen verbietet es also nicht, das anthropologische System Frankreichs dualistisch als Gegenüberstellung von Zentrum und Peripherie darzustellen.

Es ist üblich, Frankreich über die Vielfalt seiner Landschaften, Stämme und lokalen Kulturen zu beschreiben. Das *Tableau de la géographie de la France* von Paul Vidal de La Blache, 1903 veröffentlicht, bleibt das unerläßliche Standardwerk zu diesem Thema. Man kann zum Beispiel über 300 kleine Gegenden aufzählen, welche die Karte Frankreichs zu einem unvergleichlichen Mosaik werden lassen. Das mag nützlich und zutreffend sein, solange man sich für Architektur, Gastronomie oder bestimmte Aspekte der Sitten und Gebräuche interessiert, aber die Beschreibung in Begriffen der Fragmentierung erscheint letzlich unzureichend, wenn man die Funktionsweise des französischen Systems, seine Haltung zur Verschiedenheit der Menschen und zur Außenwelt verstehen möchte. Ein dualistisches Modell, basierend auf dem Nebeneinander zweier elementarer und antagonistischer anthropologischer Typen, der egalitären Kernfamilie und der Stammfamilie, ermöglicht es dagegen, die Besonderheit des französischen Universalismus zu erklären. Er ist nicht aus einer unendlichen Vielfalt von Lebensweisen auf dem französischen Territorium entstanden, sondern aus der dynamischen Begegnung eines entschieden universalistischen anthropologischen Typus, des seit der Revolution von 1789 dominierenden

egalitären Kernfamiliensystems, mit einem entschieden differentialistischen Typus, der untergeordneten, aber eigenständigen Stammfamilie.

Von der egalitären Kernfamilie zum Universalismus

Das Herzstück des französischen Systems, das Prinzip der Gleichstellung der Kinder, erzeugt im Unbewußten das metaphysische Apriori einer Gleichwertigkeit der Menschen, Völker, Rassen und Geschlechter. Die Idee des universalen Menschen entfaltet sich in der Epoche der Revolution in diesem freiheitlichen und egalitären anthropologischen Kontext. Jede Gruppe, jede Nation wird danach als metaphorische Entsprechung der typischen Familie des Pariser Beckens angesehen: als Gemeinschaft gleicher Individuen. Im Inneren schafft die Revolution die Stände des Ancien régime ab: Adel und Klerus, deren Existenz sich auf die entgegengesetzte Vorstellung von einer natürlichen Ungleichheit der Menschen und ihrer Einschließung in Kasten gründete. Nach außen wendet die Revolution den gleichen egalitären Individualismus an. Die Völker der Provinzen um das Pariser Becken – Okzitanier, Bretonen, Basken, Flamen oder Elsässer – werden als vollwertige Franzosen betrachtet. Dieses einfache Konzept ermöglicht es, eine Homogenität des Staatsgebietes zu dekretieren, die sich in der verwaltungstechnischen Aufteilung in gleichgestellte und etwa gleich große Departements ausdrückt. Die sprachlichen, religiösen und kulturellen Minderheiten werden dabei bewußt ignoriert: Wenn der Mensch überall gleich ist, muß jedes Individuum auf französischem Gebiet als Franzose betrachtet werden. Jenseits der Staatsgrenzen ist der begriffliche Ansatz der gleiche: Die anderen Völker gelten als der *Grande Nation* prinzipiell ähnlich, unterschieden nur durch zufällige und oberflächliche Besonderheiten der Sprache, der Sitten und Gebräuche, wie sie die Geschichte hervorbringt.

Das Ideal des universalen Menschen, wie es zum Ende des 18. Jahrhunderts definiert wird, stellt sich dem historischen Analytiker als metaphysisches Apriori dar: Es ist nicht Ergebnis einer empirischen Untersuchung der Ähnlichkeiten zwischen den Menschen, es stammt nicht aus der praktischen Beobachtung, wie objektive Gegensätze von Sitten und Gebräuchen zwischen gesellschaftlichen Klassen und ethnischen Gruppen in einem Prozeß der Verschmelzung und Assimilation aufgehoben werden. Vielmehr entspringt dieses Ideal familialen Werten und einer unbewußten Prägung seit der Kindheit und ist daher in gewisser Weise unabhängig von der sozialen und kulturellen Wirklichkeit. Das Pariser Becken, das seinen Traum auf ganz Frankreich überträgt, ist der Ursprung einer homogenen Zivilisation, Religion, Familie, Landwirtschaft und Architektur. Es ist, kurz gesagt, ein Frankreich der egalitären Kernfamilie, der Getreidemonokultur, der weißgestrichenen Häuser mit Schieferdächern. Es ist jenes Frankreich, das zwischen 1150 und 1250 in dem Gebiet von Laon-Reims-Bourges-Poitiers-Le Mans-Amiens gotische Kathedralen in den Himmel wachsen läßt, aber, vielleicht enttäuscht von seiner Suche nach einem unerreichbaren Gott, im 18. Jahrhundert den Prozeß der Entchristianisierung ganz Europas auslöst. Es ist diese in ihren Gebräuchen und Überzeugungen flexible, aber homogene Welt, die rücksichtslos die Universalität des Menschen dekretiert. Auch in ihrer äußeren Erscheinung stellen die Nordfranzosen, die weder überwiegend blond noch überwiegend dunkelhaarig sind, einen relativ einheitlichen Typus dar. Das physische Erscheinungsbild der Menschen variiert dort nicht mehr und nicht weniger als in Deutschland oder Großbritannien.[2] Die Stadt Paris selbst, wo die Revolution triumphierte, hatte keine besonderen Unterschiede in der Bevölkerung aufzuweisen, die im wesentlichen aus dem Pariser Becken

2 Zur Varietät der physiologischen Typen Europas, nach Ländern untersucht, vgl. J. Geipel, *Anthropologie de l'Europe. Une histoire ethnique et linguistique*, Paris: Robert Laffont 1971, Kap. 4.

stammte.[3] Der tatsächliche Kontakt mit nicht-egalitären, nicht durch die Kernfamilie geprägten Gruppen an der französischen Peripherie war damals gering. In der Revolution manifestiert sich ein metaphysisches Apriori, das sich von jeder Beobachtung der objektiven Unterschiede zwischen den Menschen gelöst hat.

Außerhalb des Pariser Beckens gibt es am Vorabend der Revolution keinerlei Einheit der Sitten, der äußeren Erscheinung oder der Sprache. Die egalitäre Logik steht im Widerspruch zu dieser offensichtlichen Mannigfaltigkeit eines als Ganzes betrachteten Frankreichs: Die Revolution projiziert auf ein heterogenes Frankreich die apriorische metaphysische Gewißheit vom universalen Menschen. Ihr Projekt der Homogenisierung durch administrative Rationalisierung und die Ausbreitung der französischen Sprache bei der einfachen Bevölkerung stellt sich als großartiger Traum dar, der übrigens erst am Vorabend des Ersten Weltkrieges Wirklichkeit werden sollte, woran Eugen Weber in *La Fin des terroirs* erinnert.[4] Als zünftiger amerikanischer Wissenschaftler scheint dieser Autor im übrigen geradezu bestürzt über die objektive kulturelle Diversität des französischen Territoriums.

Selbst im Herzen des zentralen egalitären Gebiets erscheint bei aller anthropologischen Homogenität die Idee vom universalen Menschen als gewagte Hypothese. Sicher, der praktische Unterschied zwischen Adel und Bürgertum, was Besitz und Kultur anlangt, hat nach 1789 kaum noch Bedeutung, wie Hyppolite Taine hervorgehoben hat.[5] Aber der dritte Stand,

3 Zur Herkunft der Pariser vom Ende des 18. und Anfang des 19. Jahrhunderts vgl. C. H. Pouthas, *La Population française pendant la première moitié du XIXe siècle*, INED, Heft 25, Paris: PUF 1956, S. 164–169, sowie H. Le Bras und E. Todd, *L'Invention de la France,* a. a. O., S. 233–242.

4 Vgl. E. Weber, *La Fin des Terroirs. La modernisation de la France rurale*, Paris: Fayard-Éd. Recherches 1983 (amerikanische Ausgabe 1976).

5 Vgl. Hyppolite Taine, *Die Entstehung des modernen Frankreichs: Revolution und Kaiserreich.* Aus dem Französischen von Leopold Katscher, Berlin/Frankfurt am Main: Fischer 1954.

der aus eigener Kraft zur Nation werden sollte, besteht im Zentrum und an der Peripherie in überwältigender Mehrheit aus Bauern, deren Lebensweise äußerst primitiv bleibt und deren äußere Erscheinung sie zu ganz anderen Wesen macht. Ihre Beschreibung durch Jean de la Bruyère von 1688 trifft in vieler Hinsicht immer noch zu, als die Revolution ausbricht:

»Man sieht eine Art wilder Tiere, Männchen und Weibchen, auf dem flachen Land lebend, schwarz, ausgemergelt und sonnenverbrannt, angeheftet an die Erde, die sie mit unermüdlicher Hartnäckigkeit durchwühlen und umgraben; sie geben so etwas wie artikulierte Laute von sich, und wenn sie sich aufrichten, zeigen sie ein menschliches Antlitz, und schließlich sind es Menschen. Nachts ziehen sie sich in ihre armseligen Hütten zurück, wo sie von Schwarzbrot, Wasser und Wurzeln leben; sie ersparen den anderen Menschen die Mühe des Säens, Ackerns und Erntens, um zu leben, und verdienen daher ihren Anteil an dem Brot, das sie gepflanzt haben.«[6]

1789 sprach die Mehrheit der Bauern im Pariser Becken Französisch und konnte sogar lesen, dennoch blieben sie ein deutlich unterschiedener sozialer und physischer Typus. Durch Unterernährung waren sie kleiner als die Mitglieder der herrschenden Klassen. Ihr objektives »Anderssein« hinderte die bürgerlichen Führer der Revolution nicht daran, sie *a priori* als Repräsentanten des universalen Menschen wie andere zu betrachten, auch wenn man das Jahr 1793 und die Verfassung des Jahres I abwarten muß, bis eine in Besitz und Lebensstandard extrem ungleiche Gesellschaft die einheitliche Staatsbürgerschaft und mit ihr das allgemeine Wahlrecht ausruft.

Außerhalb Frankreichs prallt die Idee des universalen Menschen auf die Vielfalt europäischer anthropologischer Systeme und Ideologien. Die Völker des Kontinents schließen sich, sehr vorsichtig ausgedrückt, nicht unmittelbar dem französischen Projekt an. Schnell stehen österreichische und preußische Armeen, ausgiebig finanziell unterstützt von England, bereit, um

6 Vgl. Jean de la Bruyère, *Les Caractères*, 128 (IV), Paris: Gallimard (coll. »Folio«) 1975, S. 263.

das Land des universalen Menschen zu überfallen. Es ergibt sich ein extremer Widerspruch zwischen dem Traum von der Einheit des Menschengeschlechts und der zwischenstaatlichen Wirklichkeit: Fremde Armeen und Völker, die den Idealen von Freiheit und Gleichheit indifferent oder feindlich gegenüberstehen, sammeln sich zu dem Versuch, die universale Nation auszulöschen.

Wie ist der Konflikt zwischen philosophischem Traum und politischer Realität aufzulösen? Die Lösung, die generell von den Ideologen der Revolution, von den Soldaten und den Sansculotten angenommen wird, besteht darin, zwischen den Völkern und ihren Gewaltherrschern zu unterscheiden und die letzteren zu den Alleinverantwortlichen für den militärischen Konflikt zu erklären. Der militärische Sieg würde es möglich machen, die Völker aufzuklären. Wenn man allerdings die feindliche Nation als frei betrachtet und, wie im Falle Englands, ihre repräsentativen Institutionen das ganze 18. Jahrhundert über von den Philosophen in den Himmel gehoben wurden, ist ein solcher logischer Ausweg versperrt. Wie Sophie Wahnich gezeigt hat, neigt die Logik des universalen Menschen in diesem Fall dazu, dem feindlichen Volk die Menschlichkeit abzusprechen. Am 7. Prairial des Jahres II läßt der Konvent verlauten, daß »künftig keine englischen oder hannoveranischen Gefangenen gemacht werden«. Diese blutige Anordnung wurde niemals in die Wirklichkeit umgesetzt, sehr zum Bedauern Robespierres, der das wichtige Thema in seiner Rede vom 8. Thermidor nicht ausließ: »Ich teile euch mit, daß eure Anordnung gegen die Engländer für alle Zeiten mißachtet worden ist und daß die Mißhandlung, die dem einzelnen Engländer in unseren Worten widerfuhr, ihm an unserer Grenze in keiner Weise zuteil wurde und daß euer Dekret gegen sie nicht vollzogen wurde.«[7] Die widersprüchliche Haltung, die der in Glau-

7 S. Wahnich, »Anglais: des ennemis extraordinaires. Nivôse-Thermidor an II (janvier-juillet 1794)«, in: *Dictionnaire des usages sociopolitiques 1770–1815*, CNRS, Klincksieck (coll. »Saint-Cloud«) 1990, S. 35–61.

ben und Gebräuchen verschiedenen Gruppe die Menschlichkeit abspricht, konkrete Individuen aus dieser Gruppe aber davon ausnimmt, ist typisch für den französischen Universalismus. Ich werde später Gelegenheit haben, zu zeigen, wie sie noch heute das Verhältnis der Franzosen zu Einwanderern aus dem Maghreb charakterisiert.

Die apriorische Logik des universalen Menschen wird auch später dazu führen, anderen ethnischen und nationalen Gruppen die Menschlichkeit abzusprechen, die das französische Dogma von der Universalität des Menschen bedrohen oder hartnäckig ablehnen. Der Deutsche wird nach dem Krieg von 1870 als anthropologisch völlig andersartiges Wesen betrachtet. Der Einmarsch wirkt traumatisierend, nicht nur weil er eine Erniedrigung Frankreichs bedeutet, sondern auch weil sich mit ihm die massive und reale Gegenwart einer anderen Art von Menschen, Trägern einer eigenen Kultur, aufdrängt: dieser merkwürdig disziplinierten Preußen, der *Kampfautomaten*, wie sie Maupassant in den Novellen schildert, die zur Zeit der Besetzung Nordfrankreichs in den Jahren 1870–71 handeln. Während des Ersten Weltkrieges wird das deutsche Volk, das – so wie einst das englische – kollektiv die Existenz des französischen universalen Menschen bedroht, wiederum als nicht menschlich geschildert, und zwar von der primitivsten Propaganda bis hinauf zur subtilsten soziologischen Fachliteratur. Das ist letztlich der Sinn von Emile Durkheims Aufsatz *La mentalité allemande et la Guerre*, dessen Schlußfolgerung Deutschland weit von der menschlichen Gemeinschaft entfernt: Es wird nicht nur als neurotisch, sondern als monströs bezeichnet.

»Wir haben also einen charakterisierten Fall sozialer Pathologie vor uns. Es wird die Aufgabe der Historiker und Soziologen sein, dessen Ursachen zu erforschen; wir begnügen uns damit, ihn festzustellen. Diese Feststellung kann Frankreich und seiner Verbündeten berechtigtes Vertrauen nur bekräftigen, denn am stärksten ist derjenige, welcher die Natur der Dinge für sich hat; wer ihr Gewalt antut, wird bestraft. Es giebt zwar schwere Nervenleiden, im Laufe deren die

Kräfte des Patienten gleichsam durch Überreizung gesteigert sind; seine Arbeits- und Leistungsfähigkeit ist grösser, er bringt Dinge zustande, zu denen er, als gesunder Mensch, unfähig war. Auch glaubt er, seine Macht habe keine Grenzen. Aber diese übermässige Tätigkeit ist bloss vorübergehend; eben weil sie übertrieben ist, erschlafft sie und die Natur rächt sich gar bald. Ein ähnliches Schauspiel bietet uns Deutschland. Diese krankhafte Spannung eines Willens, der sich anstrengt, sich der Wirkung der Naturkräfte zu entziehen, hat ihm erlaubt, grosse Dinge zu leisten; so hat es die ungeheure Kriegsmaschine gebaut, die es in die Welt losgelassen hat, um sie zu bändigen. Aber die Welt lässt sich nicht bändigen. Wenn der Wille sich weigert, die Schranken und das Mass anzuerkennen, deren kein menschliches Wesen sich entheben kann, lässt er sich unvermeidlich zu Übertreibungen hinreissen, welche ihn entkräften und stösst, über kurz oder lang, auf überlegene Kräfte, die ihn zermalmen. Schon ist das Ungeheuer, in seinem Anlauf, aufgehalten …«[8]

Wir wollen nicht dramatisieren. Der französische Universalismus spricht nur dann dem Anderen die Menschlichkeit ab, wenn er sich einer kompakten und aggressiven Gruppe gegenübersieht. Gegenüber kleineren und unterworfenen Völkern zeigt er sein liebenswertestes Antlitz. Und das nicht einfach nur, weil ein kleines, unterworfenes Volk assimiliert und aufgelöst werden kann. Die anthropologische Struktur Frankreichs belegt auf reichlich paradoxe Weise, daß der französische Universalismus in der Praxis bedeutende und sogar fundamentale kulturelle Unterschiede auf seinem politischen Herrschaftsgebiet hat bestehen lassen.

8 Émile Durkheim, »›Deutschland über alles‹. Die deutsche Gesinnung und der Krieg«, in: ders., *Über Deutschland. Texte aus den Jahren 1887 bis 1915.* Aus dem Französischen von Andreas Gripper, Konstanz: Universitätsverlag 1995, S. 289 f.

Heterogenität: die katholische Subkultur

An der Peripherie des französischen nationalen Systems herrscht ein anthropologisches System vor, dessen Grundwerte, Autorität und Ungleichheit, denen des Zentrums genau entgegengesetzt sind. Zur Zeit der Revolution hielt der größte Teil dieser Peripherie an der monarchistischen Gesinnung fest. Der Glaube an eine grundlegende Ungleichheit der Menschen zeitigt in den Gebieten der Stammfamilie eine starke Bereitschaft zur Anerkennung sozialer Schranken, eine starke Vermehrung des Adels unter dem *Ancien régime* und eine Unterwürfigkeit der einfachen Bevölkerung gegenüber den Eliten in einem industriellen oder postindustriellen Kontext. In den zwei Jahrhunderten seit der Revolution hielten die Randprovinzen eine echte Gegenkultur am Leben, besonders dort, wo die nicht-egalitären Typen der Stammfamilie und der absoluten Kernfamilie das Überleben eines aktiven Katholizismus bis etwa 1965 gesichert haben: Im Westen, im äußersten Norden, im Osten, in der Region Rhône-Alpes, auf den Hochebenen des Zentralmassivs und der Pyrenäen und im Baskenland gelang es dem egalitären Individualismus des Pariser Beckens nicht, die Traditionen religiöser Demut und sozialer Unterwerfung zu brechen. Politisch blieben diese Gebiete die ganze Zeit über Bastionen einer konservativen Rechten, die die Republik erst nach 1890 auf Anordnung des Papstes akzeptierte.

Über ihre politischen und ideologischen Erscheinungsformen hinaus drückt sich die katholische Subkultur in besonderen Sitten und Gebräuchen aus. Sie fördert eine sehr späte Heirat, widersetzt sich aber der Verbreitung von Verhütungsmitteln. Um 1900 bilden die katholischen Gebiete eine Zone hoher Fruchtbarkeit, während in den entchristianisierten, laisierten Teilen Frankreichs die Fruchtbarkeit zurückgeht. Die Beständigkeit dieser sexuellen Verhaltensnormen und entsprechender psychologischer Muster macht paradoxerweise das jakobinische Frankreich, den Fürsprecher des universalen Menschen, zu einem der differenziertesten Länder Europas.

Angelsächsische Homogenität und französische Diversität

Die genaue Analyse des amerikanischen Differentialismus in den Jahren 1965–1994 hatte im fünften Kapitel einen Widerspruch zwischen der Wirklichkeit und ihrer Repräsentation zutage gebracht: Der Multikulturalismus ist die Ideologie eines homogenen anthropologischen Systems. Er etikettiert ein objektiv uniformes System als vielfältig. Die Untersuchung der anthropologischen Realität, wie sie von familialen und religiösen Strukturen konstituiert wird, zeigt, daß alle Einwanderergruppen in den Vereinigten Staaten im Laufe der letzten drei Jahrhunderte sich schließlich einer allgemeinen Norm angeschlossen haben, die zwei wesentliche Aspekte aufweist: das System der absoluten Kernfamilie und eine individualistische Religion, die jenseits aller Unterschiede zwischen Grüppchen und Sekten die Existenz eines schwer greifbaren, im Grunde toleranten Gottes behauptet, dessen wichtigste Funktion darin zu bestehen scheint, das Streben der einzelnen nach Erfolg und Glück gutzuheißen. Auf anthropologischem Gebiet unterscheidet sich nur eine Gruppe, die der Schwarzen. Sie kann sich aber nicht auf ein eigenes System stützen. Die schwarze Familie ist in Auflösung begriffen und stellt keinen spezifischen Typus mehr dar. Die differentialistische Ideologie unter den Schwarzen erscheint daher eher als Karikatur der amerikanischen Durchschnittsideologie denn als eigenständige Überzeugung.

Das universalistische Frankreich bietet das entgegengesetzte Bild einer eingebildeten Homogenität, die eine objektiv gegebene Vielfalt verdeckt. In Frankreich kann die Familie strukturell liberal-egalitär oder autoritär-inegalitär sein. Man kann an Gott glauben oder auch nicht. Es reicht aber nicht aus, einfach von Vielfalt zu sprechen, wenn die koexistierenden familialen und religiösen Systeme eindeutig Träger antagonistischer Werte sind. Der Widerspruch zwischen der anthropologischen Realität und ihrer ideologischen Vorstellung entspringt weder in Frankreich noch in den Vereinigten Staaten dem Zufall, sondern einer tiefverankerten, unbewußten Logik geistiger Me-

chanismen, die dort zum Universalismus, hier zum Differentialismus führen. Ein weiteres Mal muß der Begriff einer metaphyischen Gewißheit *a priori* bemüht werden, im Gegensatz zur empirischen Beobachtung.

Im differentialistischen anthropologischen System herrscht *a priori* die Gewißheit einer vielfältig fragmentierten Menschheit, die ihrem Wesen nach aus verschiedenen Individuen und Gruppen besteht. Eine solche Prämisse bringt zwar Haltungen und Ideologien hervor, die auf Vielfalt pochen, aber an die Unterschiede zu glauben heißt nicht, sie auch zu schätzen. Die Hypothese einer Menschheit ohne gemeinsame Substanz führt zur Isolierung des einzelnen: Auf dem tiefsten Grund der Seele erzeugt der Differentialismus Beklemmung oder sogar offene Furcht vor dem Anderssein. Überzeugt davon, allein und nicht ausreichend definiert zu sein, bemüht sich jeder, den anderen so ähnlich wie möglich zu werden. Anders läßt sich die außerordentliche Homogenität der differentialistischen anthropologischen Systeme nicht erklären, ob sie nun mehr dem segregationistischen Typus in der angelsächsischen Welt oder dem unitaristischen Typus in den deutschsprachigen Ländern angehören. Das vom Unterschied zwischen den Völkern, Rassen, Regionen und Religionen besessene Deutschland ist nichtsdestoweniger erstaunlich uniform auf dem Gebiet der familialen Strukturen, denn überall in seinen Grenzen dominiert die Stammfamilie. Amerika bietet dem lautstarken Multikulturalismus zum Trotz das Bild einer erschreckend homogenen Lebensweise, ob es sich nun um familiäre Gebräuche, Architekturstile oder Ernährungsgewohnheiten handelt. Jede konkrete Andersheit scheint einen Angstreflex zu erzeugen und muß genau katalogisiert werden, um akzeptiert zu werden. Nur die Annahme einer fundamentalen Fremdheitsangst differentialistischer Gesellschaften kann die amerikanische Hysterie gegenüber einer Handvoll Sympathisanten mit dem Kommunismus zur Zeit McCarthys erklären oder das Bedürfnis, Homosexuelle in Kategorien aufzuteilen, bevor man sie duldete, oder die typisch amerikanische Ablehnung ausländischer

Filme, die den eigenen Normen entsprechend nachgedreht werden müssen, bevor man sie einer Bevölkerung zeigt, die vom kleinsten kulturellen Unterschied beunruhigt ist. Jedes Anderssein stellt eine Bedrohung dar in dieser Welt, wo sich jeder um so zerbrechlicher fühlt, je weniger er sich unbewußt sicher ist, allen anderen ähnlich zu sein.

In England werden einige konkrete Unterschiede leichter akzeptiert: die Existenz der Waliser und Schotten und vor allem der deutlich ausgeformte Klassenunterschied. Aber der absolute Individualismus englischer Prägung bringt ebenfalls Homogenität hervor. Mit Ausnahme der Stammfamiliengebiete in Wales und in der westlichen Mitte Schottlands dominiert in ganz Großbritannien die absolute Kernfamilie. Ein egalitärer Typ ist nirgends zu entdecken. Auch die Sittengeschichte zeigt eine überwältigende Homogenität der Insel, besonders in ihrem demographischen Verhalten. Seit 1880 akzeptieren Engländer, Waliser und Schotten gemeinsam die Geburtenkontrolle, ohne jene lokalen Unterschiede, die bei diesem demographischen Wandel aus dem französischen Territorium einen regelrechten Flickenteppich machten. Die englischen Vorstädte mit ihren endlos vielen beinahe identischen Häuschen drücken auf ihre Weise das Verlangen nach Homogenität aus, das dem absoluten Individualismus entspringt.

Die Einfamilienhäuser der Pariser Vorstadt bieten im Herzen des egalitären anthropologischen Systems das entgegengesetzte Bild eines ästhetischen Chaos, einer völlig heterogenen Stadtlandschaft, in der jeder verzweifelt bemüht ist, seinem Nachbarn nicht zu gleichen. Im egalitären System regiert die metaphysische Gewißheit *a priori* von der Gleichheit der Menschen, die unüberschreitbare Hypothese eines universalen, gemeinsamen Wesens. Die Annahme, daß jeder dem anderen ähnlich ist, erzeugt schließlich auch eine Art entgegengesetzter Besorgnis, die allerdings weniger heftig ist als in den differentialistischen Gesellschaften. In einem nicht-egalitären System befürchtet jeder, isoliert zu werden, weil er sich von den anderen unterscheidet; in einem egalitären System hat jeder Angst, in einer

undifferenzierten Masse zu verschwinden. Daher in Frankreich die unermüdliche Suche der einzelnen nach besonderen Merkmalen, um ihre Individualität zu behaupten. Schließlich muß man, den sämtlichen Produktionen der multikulturalistischen Ideologie zum Trotz, zugeben, daß der Universalismus französischer Prägung mit seinem egalitären und individualistischen Substrat weit eher als England oder Amerika in der Lage ist, unterschiedliche Lebensweisen zu tolerieren. Die Logik des individualistischen Universalismus macht die sehr reale regionale und individuelle Vielfalt in Frankreich verständlich: *Die Gewißheit* a priori *eines gemeinsamen Wesens läßt die Duldung tausend kleiner Unterschiede zu, die als zweitrangig betrachtet werden.* Die Wohnform, die Art und Weise, sich zu ernähren und zu lieben, die Hautfarbe oder die religiöse Überzeugung werden zu unwesentlichen Differenzen, die das Leben würzen, aber in keiner Weise die fundamentale Überzeugung vom universalen Menschen beeinträchtigen. Sie können akzeptiert werden, ohne kategorisiert und zu Wesensmerkmalen stilisiert zu werden: Daß einer Katholik, Jude, Schwarzer, Homosexueller, Kommunist oder Schneckenliebhaber ist, ändert nichts daran, daß er außerdem und vor allem ein Mensch ist. Sogar die Frauen sind (universale) Menschen in diesem anthropologischen System, das immer das Sekundäre vom Wesentlichen unterscheidet. Die Frau ist definiert als ihrem Bruder ebenbürtig durch die Vererbungsregeln des Pariser Beckens, als ihrem Gatten ebenbürtig durch die völlige Gleichstellung der Elternteile.[9] Im angelsächsischen Kontext verweist das Wort »difference« auf einen Wesenszug; im französischen Kontext läßt es fast immer an ein Merkmal denken, das bewußt oder unbewußt als zweitrangig wahrgenommen wird. Ein kleiner Text Maupassants belegt das französisch-englische Verständigungsproblem über den Begriff der Verschiedenheit selbst. In

9 Über die gleiche Stellung des väterlichen und des mütterlichen Elternteils in der bürgerlichen französischen Familie siehe insbesondere Jesse R. Pitts, »Continuité et changement au sein de la France bourgeoise«, in: S. Hoffmann u. a., *A la récherche de la France*, Paris: Seuil 1963, S. 282–288.

einer Sammlung mit Erinnerungen aus dem Jahr 1888, die seine Spaziergänge am Meer entlang der provenzalischen Küste schildert, gibt Guy de Maupassant ein Gespräch wieder, das er in einem Café in Saint-Tropez belauscht hat:

»Mittlerweile debattierten die Handlungsreisenden über die Emanzipation der Frauen, über ihre Rechte und den neuen Platz, den sie in der Gesellschaft einnehmen wollten. Die einen sprachen dafür, die anderen entrüsteten sich; der kleine Dicke warf unermüdlich Scherze ein und beendete zugleich das Frühstück und die Diskussion mit dieser hübschen Anekdote:
Neulich, begann er, hat man ein großes Meeting in England abgehalten, auf dem diese Frage behandelt wurde. Ein Redner hatte soeben zahlreiche Argumente zugunsten der Frauen entwickelt und schloß nun mit diesem Satz: ›Alles in allem, meine Herren, ist der Unterschied zwischen Mann und Frau ziemlich klein.‹ Da erhob sich aus der Menge eine kräftige, enthusiastische, überzeugte Stimme und rief: ›Es lebe der kleine Unterschied!‹«[10]

Diese enthusiastische Stimme ist recht besehen die Stimme Frankreichs, bereit, die Emanzipation der Frau zu akzeptieren, aber ohne die Frau als Kategorie dabei vom Rest der Menschheit abzusondern. Die Anekdote sollte trotz ihrer Leichtigkeit als Prophezeiung ernst genommen werden. Die angelsächsische soziologische Literatur wundert sich heute über die Art und Weise, wie die Frauenemanzipation in Frankreich zwischen 1970 und 1990 vor sich ging. In einer vergleichenden Studie aller westeuropäischen Länder hebt Gisela Kaplan die merkliche Kluft hervor, die sich in Frankreich zwischen dem Tempo der objektiven Emanzipation – festgemacht an Arbeitsleben, Familienleben und Sexualität – und der Unbeständigkeit der feministischen Ideologie auftut.[11] Die Frau, als zufällig weibliche Verkörperung des universalen Menschen, mußte nicht erst zu einer gesonderten Kategorie erklärt werden, die befreit und deren Recht auf Arbeit und Lust anerkannt werden

10 Guy de Maupassant, *Sur l'eau*, Paris: Minerve 1989, S. 124.

11 Vgl. Gisela Kaplan, *Contemporary Western European Feminism*, London: Allen and Unwin 1992, vor allem S. 161–177.

müsse. In der angelsächsischen Welt mußte die Frau zu einem besonderen Wesen gemacht werden, und wie immer erzeugte der Glauben an einen Wesensunterschied Furcht und Verachtung. Die Entwicklung der Geschlechterbeziehungen in den Vereinigten Staaten, wo bestimmte Formen der Verführung mittlerweile sexuelle Belästigung heißen, ist ein reines Produkt der differentialistischen Logik und verrät deutlich eine Tendenz zur Heterophobie. Die französische Auffassung von den Beziehungen der Geschlechter stammt dagegen aus dem Glauben an ihre Gleichheit *a priori*, die allerdings in der Praxis vor der Erfindung moderner Verhütungsmittel schwer umzusetzen war. Vor der Pille und der Sterilisation war es schwierig, sich in einer sexuellen Vereinigung als gleich zu empfinden, in deren Folge die Frau möglicherweise schwanger würde, der Mann aber nicht mehr riskierte, als was ihm sein Gewissen als Wiedergutmachung aufnötigte. Aber seit die technische Möglichkeit einer praktischen Gleichstellung offensteht, bedient sich die französische Gesellschaft ihrer. Es bleibt nur der Maupassant so am Herzen gelegene kleine Unterschied.

Man kann daher die kontroverse Diskussion zwischen Franzosen und Angelsachsen zum Thema »Differenz« nicht verstehen, wenn man nicht zwischen zwei Auffassungen von »Differenz« unterscheidet: dem *großen Unterschied* der Angelsachsen, der auf eine Wesensverschiedenheit verweist, und dem *kleinen Unterschied* der Franzosen, der eine sekundäre Besonderheit beschreibt und in keiner Weise die Annahme eines gemeinsamen menschlichen Wesens in Frage stellt.

Die Stammfamilie und der französische Differentialismus

Das individualistische, egalitäre Wertesystem, wie es für das französische Zentrum typisch ist, prägt mit seiner universalistischen Ausrichtung ganz Frankreich. Seine Vorherrschaft ist nicht allein auf die demographische und geographische Dominanz des egalitären Gebiets zurückzuführen, auch nicht allein

auf die kompakte, strategisch günstige Mittellage des Zentrums gegenüber einer fragmentierten, nicht-egalitären Peripherie. Der Vorrang des Universalismus ist auch in einer inneren Überlegenheit der egalitären Zivilisation begründet, die dem einzelnen durch die Bestätigung, daß er ein Mensch wie alle anderen ist, Sicherheit und Geborgenheit gibt. Es ist nicht zu leugnen, daß es in Frankreich einfacher ist, Pariser und Franzose zu werden als Bretone, Auvergner, Baske oder Elsässer.

Dazu kommt, daß in den Gebieten der Stammfamilie eine andere Auffassung vom Menschen, vom Volk und der Nation vorherrscht, deren innere Logik der deutschen oder japanischen Vorstellung einer »Volksgruppe« verwandt ist. Wie in Deutschland und Japan widersprechen sich die Werte der Autorität und der Ungleichheit in der Familie an diesem Punkt: Das Prinzip der Ungleichheit der Brüder führt zu einer Wahrnehmung *a priori* der Menschen und Völker als essentiell unterschieden, während die autoritäre Komponente des anthropologischen Systems den Traum einer Integration von oben nach unten nährt.[12] Für diese Art Unitarismus leitet sich der Zusammenhalt der Gruppe aus einem Ideal der Unterwerfung ab; für den Universalismus entsteht er aus der Gleichberechtigung der Mitglieder. In den französischen Regionen, in denen ein autoritäres und inegalitäres anthropologisches System vorherrscht, läßt sich eine Spannung zwischen diesen beiden Werten der Stammfamilien beobachten. Man findet dort typisch differentialistische Obsessionen, das Hängen an lokalen Besonderheiten, die Fähigkeit, sich als Bretone, Baske, Elsässer, als Bewohner der Auvergne, der Rouerge oder des Béarn zu fühlen, gemäß einem ungeschriebenen, symbolischen Recht der Herkunft. Aber man findet auch eine unitaristische Sympathie für Frankreich oder die katholischen Kirche, bisweilen für beide zugleich, vermittelt durch eine Repräsentation Frankreichs als erstgeborener Tochter der Kirche.

12 Zum politischen und religiösen *Unitarismus* vgl. oben, 7. Kapitel.

Das unitaristische Gefühl in Gebieten mit von der Stammfamilie geprägter, differentialistischer Mentalität ist paradox, denn es richtet sich auf ein heterogenes Kollektiv, dessen egalitäre Mitte auf einem anderen anthropologischen System aufbaut. Und doch ist es stark, und das seit langer Zeit. Die Treue zur eigenen Nationalität ist offenbar nicht das wichtigste, auch nicht in den äußersten Randprovinzen, der gallischen Bretagne, dem Baskenland und dem Elsaß, auf die man sich oft beruft und die besonders durch die nicht-romanische Herkunft der regionalen Sprachen auffallen.

Die protestantische Krise des 16. Jahrhunderts, die, wie vorher die Häresie der Katharer, gleichermaßen alle Regionen des Königreiches erschüttert, belegt auf paradoxe Weise, wie stabil und allgemein das Zugehörigkeitsgefühl im Süden ist. Die protestantische Reformation war in Frankreich ein typisch okzitanisches Phänomen mit ihren Hochburgen entlang der Täler der Garonne und der Rhône auf einem Bogen von La Rochelle bis Genf. Der Konflikt zwischen der Katholischen Liga des Pariser Beckens und den Calvinisten des Südens brachte zwar einige Jahrzehnte der Anarchie mit sich, stellte aber zu keiner Zeit das Prinzip der Einheit des Reiches in Frage. Katholiken und Protestanten brachten sich gegenseitig um, um die Kontrolle über etwas zu erlangen, das sie als gemeinsames Gut betrachteten, auch wenn die einen sich von Spanien, die anderen von England unterstützen ließen. Die protestantische Anhänglichkeit an die französische Monarchie war in gewisser Weise sogar stärker als die der Katholiken, die immerhin imstande waren, den König zu ermorden.

Eine entscheidende Tatsache muß hervorgehoben werden: Der Calvinismus des Südens, der wie alle protestantischen Bewegungen die Übersetzung der Bibel in die Volkssprache forderte, wählte die französische Sprache, um den Massen den direkten Weg zu Gott zu eröffnen. Calvins *Institution de la réligion chrétienne* ist darüber hinaus einer der Texte, die das moderne Französisch begründen. Kurzfristig zerreißt die Reformation die territoriale Einheit, denn sie macht die Exi-

stenz einer spezifisch okzitanischen Religiösität deutlich. Die Stammfamilie mit ihren autoritären Vätern und ihrer nicht-egalitären Erbfolgeregelung bringt das Bild eines allmächtigen Gottes hervor, der auf äußerst »ungleiche« Weise über die Vorherbestimmung des Menschen zum ewigen Leben oder zur Verdammnis entscheidet. Langfristig trägt die Reformation aber entscheidend zur sprachlichen Einigung des Reiches bei. Die historischen Episoden des Hundertjährigen Krieges und der protestantischen Krise belegen das Festhalten der Eliten des Südens an der Idee einer Nord- und Südfrankreich umspannenden Nation, noch bevor die sprachliche Einheit Wirklichkeit wurde. Diese Anhänglichkeit wäre unbegreiflich, wenn man nicht von der Hypothese eines Unitarismus im Süden und an der Peripherie ausgeht, der aus der vertikalen Dimension des Stammfamiliensystems entspringt.

In der Folgezeit ist die nationale Einheit kaum mehr bedroht, trotz aller weiterbestehenden ideologischen Divergenzen zwischen den Regionen, der natürlichen Folge der anthropologischen Vielfalt. Die Revolution bedeutet recht besehen die größte Krise, denn sie macht erneut den Mentalitätsunterschied zwischen dem einen und dem anderen Frankreich deutlich: das eine zentral, egalitär, entchristianisiert, republikanisch, orleanistisch, bonapartistisch, anarchistisch, radikal, kommunistisch oder gaullistisch. Das andere randständig, auf Hierarchie bedacht, katholisch, monarchistisch, der Rechten in ihren extremistischen, gemäßigten oder christlich-demokratischen Spielarten treu. Dieser späte, disziplinierte Katholizismus beruht wie der Protestantismus auf den autoritären und nicht-egalitären Werten der Stammfamilie. Anders als der Katholizismus des 16. Jahrhunderts ist er weder zentralistisch noch egalitär-individualistisch, noch auf Königsmord aus.

Obwohl der ideologische Konflikt der Revolution ab 1793 eine föderalistische Krise auslöst und die großen Provinzaufstände in der Vendée, in Lyon und anderen großen Städten verursacht, führt er nicht zu einer dauerhaften Zerschneidung des Staatsgebietes. Eine rücksichtslose Truppenaushebung er-

laubt es dem revolutionären Zentrum, die Randprovinzen mit Ausnahme der Vendée zur Teilnahme an der militärischen Auseinandersetzung mit dem restlichen Europa zu zwingen. Im großen und ganzen trägt das Nationalgefühl, gestützt auf die unitaristische Komponente der Peripherie, über ideologische Konflikte hinweg.

Die Treue zur Nation, die die Provinzen mit Stammfamilientypen kennzeichnet, impliziert jedoch keinerlei Annäherung an die egalitär-universalistische Vision eines ethnisch ungeteilten Frankreich, wie sie im Pariser Becken vorherrscht. Die Stammfamilie garantiert an der französischen Peripherie das praktische Fortwirken eines nicht-egalitären, ethnozentrischen Begriffs der Nation, nahe verwandt mit den deutschen und japanischen Auffassungen. Das autoritäre und nicht-egalitäre anthropologische System bringt die Idee eines einheitlichen, von anderen Nationen unterschiedenen Frankreich hervor. Es gibt also neben dem französischen Universalismus einen französischen Ethnozentrismus, eine differentialistische Auffassung der Nation, deren Manifestationen man seit dem 16. Jahrhundert verfolgen kann, die aber am deutlichsten von Maurras und der *Action française* formuliert wird.

Der Staat als künstliches Gebilde

Der französische Staat, erst monarchisch, dann jakobinisch, dessen Bürokratie und vereinheitlichende Regeln nach und nach ganz Frankreich erfaßt haben, entstand aus der Expansion einer aggressiven Macht, deren ursprünglicher Sitz das dichtbevölkerte Pariser Becken war. In seiner heutigen Form muß der französische Staat allerdings als künstliches Gebilde betrachtet werden, als paradoxe, aber kohärente Einheit zweier Wertesysteme aus zwei anthropologischen Subsystemen, die das Staatsgebiet unter sich aufteilen.

Vom egalitären Individualismus der Mitte leitet sich das Ideal eines Staates ab, der eine homogene Gesellschaft aus

gleichwertigen einzelnen regiert. Die Gleichheit der Brüder wird auf die Gleichheit der Staatsbürger projiziert und im Bereich der Verwaltung auf die Gleichheit der Departements, Kantone und Gemeinden. Darin unterscheidet sich die Rationalität der französischen Verwaltung von der relativ inkohärenten bürokratischen Tradition in Deutschland oder England, wo das Fehlen symmetrischer anthropologischer Strukturen es schwieriger macht, das Staatsgebiet in gleichwertige Segmente aufzuteilen. Um 1914 verzeichnen die politischen Karten des Vereinigten Königreiches und des Deutschen Reiches immer noch ein Nebeneinander von Territorien sehr verschiedener Größe und Funktion, Überreste einer Heterogenität feudalistischen Zuschnitts. Es scheint darüber hinaus so, als ob die englische und die deutsche Bürokratie heute, kurz vor dem Jahr 2000, immer noch dazu neigen, unsymmetrische Territorien zu schaffen – das ist jedenfalls der Eindruck hoher europäischer Beamter, die sich mit den regionalen Autoritäten der verschiedenen Nationen auseinanderzusetzen haben.

Obwohl der egalitäre Individualismus einen starken Hang zu symmetrisierten Verwaltungseinheiten zeigt, scheint er dennoch von sich aus nicht in der Lage, das Entstehen und den Bestand geordneter und mächtiger Bürokratien zu garantieren. Das Fehlen eines starken Autoritätsprinzips erweist sich bei der Konstruktion eines zentralisierten Staates als funktionales Defizit erster Ordnung. Isoliert betrachtet führen die Werte der Freiheit und Gleichheit zwar zu der theoretischen Vision eines vernünftigen und homogenen Universums, aber in der Praxis führen sie auch zur Anarchie einer zersplitterten, atomisierten Gesellschaft, die keine Hierarchie über sich anerkennt. Im Zentralspanien des 19. Jahrhunderts bietet sich das Bild einer Gesellschaft, die zur Aufteilung ihres Territoriums in Provinzen nach dem Gleichheitsprinzip prädestiniert gewesen wäre, aber praktisch unfähig war, eine ausreichend starke Bürokratie hervorzubringen, um die anarchische Mentalität der Kastilier und Andalusier zu bändigen. Der französische Staat dagegen ist nicht nur rationell, er ist auch mächtig, denn er verkörpert sich

in einer effizienten Bürokratie, die sowohl in ihren internen Abläufen als auch in ihren Beziehungen zu den Bürgern das Autoritätsprinzip akzeptiert. Der klassische jakobinische Staat ist egalitär, aber er ist auch ein Herrschaftssystem. Er bezieht seine Kompatibilität mit einer funktionierenden Hierarchie aus den autoritären, nicht-egalitären Werten der Stammfamilie. Tatsächlich rekrutiert er einen großen Teil seiner Beamten aus den Stammfamiliengesellschaften der Peripherie.

Aus der Mischung der Stammfamilien- und der egalitär-individualistischen Tradition entsteht also eine spezifisch französische bürokratische Kultur, ein in der Geschichte des Abendlandes neuartiger Staatstyp. Die Idee eines Staates außerhalb und oberhalb der Gesellschaft ist in Frankreich nicht bloß ein funktioneller Mythos, wie in den anthropologisch homogenen Ländern England, Deutschland oder Rußland, wo der Staat in seinem Verhalten ziemlich genau die Werte der Gesellschaft spiegelt, aus der er hervorgegangen ist. Im Fall Frankreichs wird der Staat, hervorgegangen aus der Fusion zweier antagonistischer Kulturen, selbst zur Kultur, er erhebt sich tatsächlich über die Gesellschaft. Um hegelianische Großsprecherei zu vermeiden, sagen wir besser: Er erhebt sich über die lokalen Gesellschaften, indem er sie kontrolliert und korrigiert, abhängig davon, ob ihr anthropologisches Fundament die egalitäre oder die Stammfamilie ist. In Gebieten mit egalitär-individualistischer Mentalität, in der Île-de-France, in der Picardie oder der Provence, sorgt der jakobinische Staat in einer von Anarchie bedrohten Gesellschaft für Ordnung. Im Südwesten, im Elsaß und in der Bretagne führt er den Grundsatz der Gleichheit ein und befreit so die Individuen aus integristischen lokalen Gesellschaften.

Der kleinste gemeinsame Nenner: Exogamie und Bilateralität des Verwandtschaftssystems

Das französische anthropologische System bewahrt auf seinem Gebiet sehr verschiedene Sitten und Gebräuche. Das Nebeneinander entgegengesetzter Werte rechtfertigt auf gewisse Weise den universalistischen Anspruch Frankreichs. Die anthropologische Analyse muß allerdings konstatieren, daß es sich um einen nicht vollständig universalen Menschen handelt, denn die Universalität bezieht sich nur auf bestimmte Aspekte des Menschseins. Jenseits ihrer Verschiedenheit und Entgegensetzung besitzen die egalitäre Kernfamilie und die Stammfamilie gemeinsame Züge, die sie prinzipiell von anderen auf der Erde zu findenden anthropologischen Systemen unterscheiden.

Ihr erster gemeinsamer Zug ist die Exogamie, die übrigens alle Familiensysteme des ländlichen, vorindustriellen Europa charakterisiert. Man heiratet in Frankreich nicht innerhalb der Familie. Die Quote der Heiraten zwischen Cousins und Cousinen ersten Grades, ein guter statistischer Indikator für die exogame oder endogame Ausrichtung eines Verwandtschaftssystems, bleibt immer gering in Europa, meistens unter 1,5 %. Aus Sicht der Religion existiert ein explizites Verbot, denn die katholischen Konzile verabschieden regelmäßig seit dem 6. Jahrhundert Gesetze über die verbotenen Verwandschaftsgrade. Für die islamische Welt ist dagegen eine hohe Zahl von Cousinenheiraten charakteristisch, mit einer Tendenz zur Heirat zwischen den Kindern von Brüdern, aber offen für andere Varianten. Im alten Ägypten und im alten Persien, in zwei Zivilisationen also, die jeweils einen bedeutenden Teil der islamischen Eroberungen ausmachen, wurde auch die Heirat zwischen Geschwistern geduldet oder gar bevorzugt; das Verbot solcher extremen Verbindungen in der arabisch-islamischen Ehe wirkte in diesen Kulturen als mäßige Verschärfung des Inzestverbotes.

Meist schon vor dem Aufkommen des Christentums vorherrschend, hat die Exogamie auch dessen Ende überlebt. Die Ent-

christianisierung Zentralfrankreichs brachte keine Erhöhung der Quote von Cousinenheiraten ab dem 18. Jahrhundert, obwohl der *Code civil* nach und nach den größten Teil der kanonischen Gesetze gegen die Verwandtenheirat abschaffte. In der protestantisch-calvinistischen Welt hat die offizielle Rückkehr zur biblischen, wenig restriktiven Inzestdefinition, die die Cousinenheirat gestattete, genausowenig zu einer Vermehrung der familiären Endogamie geführt. Eine unbewußte Prägung, weit beständiger als die Religion, reproduziert von Generation zu Generation das Exogamiegebot in Europa.

Der zweite gemeinsame Zug der traditionellen französischen Familientypen ist ein auch im weltweiten Maßstab höherer Status der Frau. Mit einem hergebrachten anthropologischen Begriff nennt man die französischen Familiensysteme bilateral, weil sie auf dem Prinzip der Gleichwertigkeit beider Elternteile beruhen. Auf der Ebene primitiver biologischer Überzeugungen halten traditionsverhaftete Bevölkerungsgruppen an der Idee fest, daß Vater und Mutter gleichen Anteil an der Empfängnis eines Kindes haben. Die Definition von Bilateralität gemäß dem Vererbungssystem führt zum selben Ergebnis, aber sie erlaubt eine feinere Differenzierung, nach der der Norden mit der egalitären Kernfamilie ein Gebiet absoluter Bilateralität, das Okzitanien der Stammfamilie ein Gebiet relativer Bilateralität ist. Die Stammfamilie gibt in der Regel an den ältesten Sohn den Hauptteil des Erbes weiter, was ein patrilineares Übergewicht impliziert. Aber wenn die stets um die Fortsetzung der Linie besorgte Familie nicht über männlichen Nachwuchs verfügte, was unter den demographischen Bedingungen des Ancien régime in 25 bis 30 % der Fälle vorkam, zögerte sie nicht, ihren Besitz an eine Tochter weiterzugeben und einen Schwiegersohn von außen zu integrieren. Die Stammfamilie setzt sogar eine Art negativer Bilateralität fest, indem sie die jüngsten Söhne ebenso vom Erbe ausschließt wie die jüngsten Töchter. Diese allgemeine Struktur findet sich bei der okzitanischen Familie ebenso wie bei ihrer deutschen und japanischen Entsprechung. In den westlichen Pyrenäen einschließlich eines

großen Teils des baskisch-béarnischen Gebiets läßt sich ebenso wie in der gallischen Bretagne in vorindustrieller Zeit eine strikt bilaterale Stammfamilie beobachten, die das ganze Erbe dem ältesten Kind, Sohn oder Tochter, vermacht, eine Regel, die man übrigens auch in einigen Orten Nordjapans antrifft.

Die absolute Bilateralität der egalitären Kernfamilie und die relative der Stammfamilie stehen patrilinearen Systemen gegenüber, wie sie den Großteil der antiken Welt, von Rußland bis Nordindien, von China bis Arabien, dominieren. Eine patrilineare Organisation stellt den Mann in den Mittelpunkt des Verwandtschaftssystems: Er ist als einziger fähig, Besitz weiterzugeben und eine biologische, seelische oder soziale Zusammengehörigkeit zu definieren, selbst wenn einige patrilineare Systeme in der Praxis der Frau eine wichtige Rolle einräumen, zum Beispiel in Rußland oder in den patrilinearen Nischen am Nordwestrand des Zentralmassivs.

Zusammen bilden Exogamie und Bilateralität des Verwandtschaftssystems eine Art *kleinsten gemeinsamen Nenner*, der die praktische anthropologische Grenze des französischen Universalismus definiert. Jedes eingewanderte anthropologische System mit einem niedrigen Status der Frau und einer endogamen Komponente, die oft indirekt durch das nach außen geschlossene Auftreten der Gruppe wahrgenommen wird, betrachten die Franzosen bewußt oder unbewußt als nicht akzeptabel.

Der Differentialismus im Dienste des Universalismus

»Alle Menschen werden frei und gleichberechtigt geboren.« Seit es der Welt 1789 diesen wunderbaren Grundsatz schenkte, hat Frankreich seine Fähigkeit erwiesen, auf seinem Boden die ideologische Alternative zu einer zersplitterten, fragmentierten Menschheit lebendig zu halten. Der anthropologische Zugang macht die ständige Ambivalenz des französischen Systems in seinem Verhältnis zum Universalen verständlich.

Die egalitäre Komponente des Zentrums sorgt für die univer-

salistische Ausrichtung der Sitten und der Kultur Frankreichs. Die nicht-egalitäre Komponente hält an der Idee einer differenzierten Menschheit fest und kämpft beständig gegen die Vorherrschaft des universalistischen Prinzips an. Die Geschichte Frankreichs, das ist nicht nur die Judenemanzipation, sondern auch die Dreyfus-Affäre, das ist 1889 ein *ius soli*, das Kindern von Einwanderern die französische Staatsbürgerschaft zusichert, das ist heute aber auch eine giscardistische Ideologie, welche die Einführung eines *ius sanguinis* nach deutschem Vorbild propagiert. Auf lange Sicht erscheint die Konfrontation immer vorentschieden zugunsten des egalitären Individualismus, der über den hierarchischen Holismus den Sieg davonträgt. Dieser Sieg ist niemals leicht und wird immer wieder in Frage gestellt von neuen Problemen wie der europäischen Einigung oder der Einwanderung im 20. Jahrhundert. In *La France et ses étrangers*, Patrick Weils Untersuchung der französischen Einwanderungspolitik seit 1938, merkt man, wie sehr die Durchsetzung eines im wesentlichen universalistischen republikanischen Konsenses das Ergebnis einer Konfrontation zweier entgegengesetzter Mentalitäten ist.[13] Die anthropologische Analyse führt zu einer Deutung dieses ideologischen Konflikts als Konflikt überlieferter Werte, die in regionalen Familiensystemen begründet liegen.

Das nicht-egalitäre, differentialistische System der Peripherie erscheint zwar auf den ersten Blick als Bedrohung für die egalitären, universalistischen Ideen des Zentrums, aber man täte unrecht daran, bei dieser schlichten negativen Sicht der Dinge stehenzubleiben. Die Peripherie erhält die Idee der Ungleichheit am Leben, aber vom Zentrum verführt und gezähmt, kann sie zum Ausdruck und zur Verteidigung des französischen Individualismus beitragen. Vor allem weil die differentialistische Mentalität durch ihre bloße Existenz der universalistischen Alternative einen außergewöhnlichen Grad an Formalisierung aufnötigt und sie so nicht nur als unbewußte Prägung

13 Vgl. P. Weil, *La France et ses étrangers. L'aventûre d'une politique de l'immigration, 1938–1991*, Paris: Calmann-Lévy 1991.

in der Mitte des Staatsgebietes, sondern als Ausdruck einer bewußten Entscheidung der ganzen Nation erscheinen läßt. Frankreich ist *das* Land des universalen Menschen, weil es innerhalb seiner eigenen Grenzen die Schlacht gegen die Versuchung des partikularen Menschen schlägt. Es lassen sich leicht Länder anführen, in denen egalitäre anthropologische Systeme deutlicher als in Frankreich dominieren, etwa Spanien und Italien, aber diese Nationen erweisen sich als weit weniger fähig, eine bewußt universalistische Ideologie zu formulieren. In Italien hat es niemals eine so mächtige antisemitische Strömung wie in Frankreich gegeben; in Spanien sind, auch im weltweiten Vergleich, erstaunliche ethnische Verschmelzungen gelungen; aber Frankreich hat die *Idee* des universalen Menschen erfunden.

Die Existenz eines französischen Ethnozentrismus kann auch ein fundamentales Problem der universalistischen Überzeugung abmildern oder gar lösen. Die reine Logik des Universalismus führt zwar zu Konflikten mit Kulturen, die andere, vor allem nicht egalitäre Werte hochhalten. Aber sie verhindert die Definition der Nation als gesonderte Einheit. Ihre Verallgemeinerung des familiären Gleichheitsprinzips erklärt alle Völker für gleich und führt daher zwangsläufig zu einer relativ unscharfen Selbstdefinition der Gruppe. Regionen mit egalitärer Tradition wie die Touraine, Burgund oder Berry zeichnen sich durch ein wenig ausgeprägtes Selbstgefühl aus, ganz im Gegensatz zu der starken regionalen Identität in Savoyen, der Auvergne und im Baskenland. Eine unscharfe Selbstdefinition wäre typisch für ein Frankreich, das nur aus dem Pariser Becken bestünde. Die Randgebiete der Stammfamilie nähren dagegen über ihr unitaristisch und differentialistisch begründetes französischen Nationalgefühl ein Bewußtsein von der eigenen Besonderheit, das einen Schutzmantel für die nationale Einheit insgesamt darstellt. Anders gesagt, *Frankreich ist universalistisch, weil seine Zentralgebiete egalitär sind, aber es kann als spezifische Einheit nur überleben, weil seine Peripherie es vom Rest der Welt und insbesondere Europas unterscheidet.*

10
Die Emanzipation der Juden

Als am 27. September 1791 von der Verfassungsgebenden Versammlung die Emanzipation der Juden beschlossen wird, gibt es keine Juden in der egalitären Mitte Frankreichs, wenn man von einer kleinen Gemeinde in Paris absieht. Die existierenden Gemeinden in Bordeaux, in Bayonne, in der Grafschaft Venaissin, in Metz, in Lothringen und im Elsaß befinden sich alle an der Peripherie, innerhalb oder am Rande der Gebiete der Stammfamilie. In Lothringen und vor allem im Elsaß, wo mehr als die Hälfte der durch die Revolution emanzipierten 40 000 Juden lebt, besteht ein tiefverwurzelter Antisemitismus weiter. Die Mitte Frankreichs, die die Freiheit und Gleichheit der Juden beschließt, kennt keine Juden. Überzeichnend könnte man sagen, die Revolution habe ordentliche Staatsbürger mit voller sozialer und wirtschaftlicher Funktionsfähigkeit aus Menschen machen wollen, die gar nicht existieren. Léon Poliakov schreibt:

»Was die Juden betrifft, stand kein organisiertes Interesse von großer Bedeutung auf dem Spiel, da sie zahlenmäßig unbedeutend, heterogen und verstreut waren. Unter dieser Voraussetzung konnte die Emanzipation aus rein ideologischen Erwägungen beschlossen werden, im Namen eines Prinzips, und das verleiht dem Vorgang eine gewisse Größe.«[1]

Derselbe Umstand brachte allerdings Max Nordau dazu, auf dem ersten zionistischen Weltkongreß zu behaupten, die fran-

1 Léon Poliakov, *Histoire de l'antisémitisme*, Paris: Éd. du Seuil 1991, Bd. 2, S. 109 f. Vgl. *Geschichte des Antisemitismus*, Worms 1983–1987, Bd. 6, S. 16.

zösischen Revolutionäre hätten die Juden »nur aus ritterlicher Prinzipientreue« emanzipiert.[2]

Die Unwissenheit der Befreier ist frappierend. Auf jeder positiven oder negativen Etappe im Prozeß der Befreiung müssen sich die Hauptakteure von neuem über die Gebräuche der jüdischen Gemeinden informieren. Das wird 1788 offensichtlich, als Malesherbes sich Fragen über die Möglichkeit einer Neudefinition des Status der Juden stellt, das gilt immer noch 1806, als Napoleon eine Versammlung von Würdenträgern einberuft, um die oktroyierte Freiheit zu regulieren und einzuschränken: Jedesmal müssen die Repräsentanten der jüdischen Gemeinden Fragebogen – über die Ehe, die Berufsstände oder die Rolle der Rabbiner – beantworten, deren Gestaltung nicht nur eine offensichtliche Unkenntnis der jüdischen Traditionen verrät, sondern sogar einen Mangel an stereotypen Vorstellungen über die Juden.[3] Dieser Mangel ist, wie bereits gezeigt, typisch für den französischen Universalismus, der sich aus einem egalitär-individualistischen metaphysischen Apriori herleitet. Er verhindert nicht den Prozeß einer tatsächlichen Emanzipation, der sich über fast zwei Jahrhunderte erstreckt.

Die diffizile Praxis der französischen Judenemanzipation steht im Kontrast zur simplen Theorie des französischen Universalismus. Aber man kann nicht verstehen, was sich in Frankreich ereignete, ohne sich die gleichzeitigen Erfahrungen in Deutschland, England und Amerika ins Gedächtnis zu rufen. Eine vergleichende Untersuchung muß zunächst daran erinnern, daß der Eintritt der Juden in die abendländische Gesellschaft von Frankreich und unter anderen Bedingungen von England und Amerika akzeptiert, von Deutschland aber abgelehnt wurde. Sie bietet außerdem einen Ausweg aus der allzu simplen Gegenüberstellung eines nivellierenden französischen

2 Zitiert nach Claude Klein im Vorwort zu Theodor Herzl, *L'État des Juifs*, Paris: La Découverte 1989, S. 144 f.; deutsch: *Der Judenstaat. Versuch einer modernen Lösung der Judenfrage*, Zürich 1956.

3 Man findet diese Fragen in S. Schwarzfuchs, *Du Juif à l'israélite. Histoire d'une mutation, 1770–1870*, Paris: Fayard 1989, S. 87 und S. 171.

Universalismus und eines toleranten anglo-amerikanischen Multikulturalismus. Sobald sie einmal akzeptiert worden ist, führt die Judenemanzipation über kurz oder lang zur Assimilation und zur Verschmelzung mit der Bevölkerungsmehrheit durch Mischehen, in Frankreich ebenso wie in England und Amerika. In dieser Hinsicht gibt es, wie man sehen wird, lediglich Tempounterschiede. Eine anthropologische Analyse dagegen, die das Gewicht auf den familiären und religiösen Kern der jüdischen Kultur legt, führt zu dem überraschenden Schluß, daß der Prozeß der Emanzipation in Frankreich weniger von Entfremdung geprägt ist als in den angelsächsischen Ländern. Die französische Aufnahmegesellschaft läßt alles in allem mehr ursprünglich jüdische Werte unangetastet. Ein solcher Zugang erfordert allerdings zunächst eine Untersuchung des traditionellen jüdischen anthropologischen Systems; erst dann läßt sich das Schicksal dieses Systems in den verschiedenen westlichen Ländern weiter verfolgen.

Das traditionelle Judentum: Familie und Religion

Es ist schwierig, in einer Analyse des traditionellen Judentums Familie und Religion separat zu behandeln, die eng miteinander verbunden sind, einander aufrechterhalten und schützen. Die jüdische Stammfamilie sichert die Weitergabe eines intensiven monotheistischen Bekenntnisses im Bild des starken Vaters, das den Glauben an einen allmächtigen Gott immer wieder reproduziert. Die heiligen Schriften sichern im Gegenzug die Stabilität des Familientyps: Die Bibel führt eine Stammfamilientradition vor mit ihrer genealogischen Obsession, ihren Vererbungsregeln und ihren Verhaltensvorschriften. Die differentialistischen Werte, die diese Stammfamilie mit ihren ungleichen Brüdern tradiert, legitimieren auf ideologischer Ebene den Glauben an die Auserwähltheit des eigenen Volkes. Die latente Bevorzugung der Letztgeborenen und Schwachen, die in der Geschichte Israels so deutlich wird, paßt zur Situation

eines unterworfenen und verfolgten Volkes, das die Juden die meiste Zeit ihrer Geschichte waren.[4] Das jüdische Verwandtschaftssystem vereinigt patrilineare Züge – in der Erbfolge und der Wahl der Wohnung nach der Heirat – mit matrilinearen Zügen – in der Vererbung der religiösen Zugehörigkeit und der generellen Haltung gegenüber Frauen. Es muß daher allgemein als »bilateral mit patrilinearer Tendenz« beschrieben werden, wie übrigens die meisten Stammfamiliensysteme.

Daß in der Bibel ein Idealtyp der jüdischen Familie entworfen wird, darf jedoch die Unterschiede in der praktischen Umsetzung nicht vergessen machen. Lange vor der Emanzipation werden die Gemeinden der Diaspora mehr oder weniger stark von ihrer nichtjüdischen Umgebung beeinflußt. In der arabischen Welt zum Beispiel verstärkt sich die patrilineare Tendenz. In Europa bewirkt die deutsche Umgebung mit ihrer radikaleren Stammfamilie das Gegenteil, eine Neubelebung des biblischen Erstgeburtsrechtes, freilich eines gemäßigten, insofern man sich damit begnügte, dem Erstgeborenen den doppelten Anteil des Erbes zu übertragen, ohne die Nachgeborenen zu enterben. Unter dem Ancien régime gestatten viele deutsche Gemeinden im Bemühen, den Bevölkerungszuwachs im Ghetto einzudämmen, die Heirat am Ort nur den Erstgeborenen und verbieten die der anderen Kinder. Diese Maßnahme ist weniger spezifisch antijüdisch, als sie zunächst erscheint, denn die Kontrolle der örtlichen Gemeinde über die Eheschließung ihrer Mitglieder gehört ganz allgemein zur deutschen Tradition.[5] Hier führt die strukturelle Analogie der deutschen und der jüdischen Stammfamilie zu einem unentwirrbaren logischen Ineinander.[6] Wenn man Ost- und Mitteleuropa im ganzen

4 Siehe oben, Kapitel 1, S. 37 ff.

5 So verbot ein Gesetz in Bayern bis 1868 den Armen die Heirat untereinander und verband das Recht auf Eheschließung mit dem Wohnrecht. Dieses Prinzip der Gesetzgebung geht auf das Jahr 1616 zurück. Siehe auch J. Bertillon, *La Dépopulation de la France*, Paris 1911, S. 79 f.

6 Vgl. C. Roth, *A History of the Jews*, revidierte Ausgabe, New York: Schokken Books 1989, S. 280. Zur Übertragung des Aufenthaltsrechtes auf einen

betrachtet, fallen regionale Unterschiede auf. In Polen korrigiert das streng bilaterale System der Kernfamilie in der christlichen Bevölkerung das jüdische Familiensystem zugunsten der Frauen, indem es die patrilineare Tendenz abmildert. In Deutschland bestätigt das Stammfamiliensystem durch eine der traditionellen jüdischen Familie ähnliche Gewichtung lediglich die patrilineare Tendenz.

In Europa entspricht die jüdische Stammfamilie nirgends den rigiden Typen, die die christliche Landbevölkerung kennzeichnen. Man ist nicht der Scholle verbunden, und daher stellt sich das Problem einer ungeteilten Vererbung des Hofes und des Landes nicht. In einer Bevölkerungsgruppe, die sich dem Güter- und Geldhandel widmet, wäre die Anwendung eines strikten Ungleichheitsprinzips völlig sinnlos. Aus dieser Unabhängigkeit von Grund und Boden ergibt sich eine gewisse Nachgiebigkeit im familiären Umgang der Juden, im Gegensatz zum rauhen Umgangston in ländlichen christlichen Gegenden, wo man um die knappen Ressourcen konkurrierte.

Vor der Wahl zwischen Abschottung und Assimilation

Das lineare und endogame jüdische Familiensystem, besessen von dem Gedanken genealogischer Kontinuität, scheint einzig dazu gemacht, die Fortdauer der Gruppe zu garantieren. Der jüdische Differentialismus läuft aber nicht leer, er ist nicht bloß Selbstverherrlichung eines Volkes, das außer seinem Ethnozentrismus keine besonderen Merkmale hat, wie der baskische Differentialismus. Er stützt die älteste der monotheistischen Religionen. Um ihren Glauben und ihre religiöse Kultur zu bewahren, hatte diese Menschengruppe ihre Minderheiten-

einzigen Sohn in Deutschland, vgl. auch S. Schwarzfuchs, *Du Juif à l'israélite*, a. a. O., S. 60. Zur preußischen Regelung von 1750, die die Anmeldung nur eines Kindes am Ort durch die Eltern gestattete, siehe H. Schultz, *Berlin 1650–1800. Sozialgeschichte einer Residenz*, Berlin: Akademie Verlag 1987, S. 78–82.

situation angenommen und sich vom christlichen Europa in Ghettos sperren lassen. Ein anderer zentraler Bestandteil der jüdischen Kultur macht zugleich die bis Mitte des 18. Jahrhunderts allgemeine Weigerung, zum Christentum überzutreten, verständlich und ebenso schließlich die Bereitschaft zur Assimilation quer durch Westeuropa: Das Judentum unterscheidet sich klar vom mittelalterlichen Christentum durch seinen Respekt vor der Schrift und der Gelehrsamkeit, durch seinen Willen, das ganze Volk an dieser Gelehrsamkeit teilhaben zu lassen.

»Jeder Israelit ist verpflichtet, das Gesetz zu studieren, er sei arm oder reich, er sei körperlich unversehrt oder geschwächt von Krankheit, er sei in der Blüte seiner Jahre oder seiner Kraft durch hohes Alter beraubt.«
»Selbst in äußerster Not, wenn er nur von Almosen lebt oder bettelnd von Tür zu Tür zieht, selbst wenn er verheiratet ist und für Kinder sorgen muß, hat er die Pflicht, Tag und Nacht Zeit für das Studium des Gesetzes zu erübrigen.«[7]

Diese Vorschrift ist, um es nicht zu verschweigen, stark patrilinear ausgerichtet, denn die Frauen sind von ihr dispensiert. Aber die Pflichten des Vaters betreffen, in voller Übereinstimmung mit der Logik einer Stammfamilie, die sich immer weiter fortsetzt, um etwas weiterzugeben, die beiden folgenden Generationen:

»Die Pflicht, seinen Sohn das Gesetz zu lehren, betrifft auch den Sohn dieses Sohnes.«

Die Lektüre der Thora ist ein zentraler Bestandteil der Bar-Mizwa, des obligatorischen Initiationsritus für dreizehnjährige Knaben. Das Judentum drückt hier lange vor dem Protestantismus die Idee aus, daß alle Menschen lesen können müßten. Die Wertschätzung des Gebildeten oder Weisen durch die jüdischen

7 Moses Maimonides, *Acht Kapitel. Eine Abhandlung zur jüdischen Ethik und Gotteserkenntnis*, Hamburg: Meiner 1981.

Gemeinden setzt diese Forderung nach Alphabetisierung fort im Verlangen, das Wesen der Dinge, das Geheimnis der Schöpfung zu durchdringen. Die archaischen Elemente des Judentums, besonders das Festhalten an peinlich genauen Ernährungs- und Bekleidungsregeln, die zu Beschützern der religiösen Identität geworden waren, dürfen nicht vergessen machen, daß diese Religion das mittelalterliche Christentum in keiner Weise als »modern« oder »entwickelt« wahrnehmen konnte. Das christliche Beharren auf den Glaubensmysterien, besonders der Dreifaltigkeit, kann mit Recht als Regression der monotheistischen Idee bezeichnet werden und zum Teil sogar als ein Abdanken der menschlichen Vernunft. Die jüdischen Gemeinden des mittelalterlichen Europa haben einen höheren Alphabetisierungsgrad als ihre christliche Umgebung. Ihr vergleichsweise hohes kulturelles Niveau erklärt die Spezialisierung der Juden auf Berufe, die ein gewisses Maß an Lese- und Rechenfähigkeit voraussetzen. Die Bildungsbesessenheit war eine der Stärken des traditionellen Judentums. Sie wird zur Schwäche, sobald Europa im Gefolge der protestantischen Reformation kulturell einen Sprung nach vorn macht. Im 17. und 18. Jahrhundert erreicht die Alphabetisierung der Massen fast die gesamte ländliche Bevölkerung zwischen Oder und Loire. Seit dem 17. Jahrhundert findet in den Städten Deutschlands, der Niederlande, Englands, Frankreichs und Norditaliens eine wissenschaftliche Revolution statt, die, gestützt auf einen qualititativen Sprung in der Mathematisierung, einige der physikalischen Grundgesetze entdeckt, die das Universum organisieren. Im 18. Jahrhundert macht die Philosophie der Aufklärung mit der Idee eines notwendigen Fortschritts der Menschheit aus dem Sprung nach vorn einen bewußten Prozeß. Das westliche Europa steht nun für die Modernität schlechthin. Genau zu dieser Zeit wird der Widerstand der jüdischen Gemeinden gegen die Assimilation schwächer. Das Judentum hat zu großen Respekt vor der menschlichen Intelligenz, um die Integration in ein Europa zu verweigern, das sich auf den Weg zur Gelehrsamkeit macht.

Solange sie einen kulturellen Vorsprung vor ihrer Umgebung bewahren, scheinen die jüdischen Gemeinden immun gegen die Assimilation. Sobald sie sich vom europäischen Fortschritt umgeben sehen, können sie dem Modernisierungsdruck nicht widerstehen. In dieser Hinsicht gibt es kaum Unterschiede zwischen den deutschen, englischen und französischen Gemeinden, die alle die Assimilation akzeptiert oder gewollt haben. Die verschiedenen Formen der Assimilation resultieren aus Kräften jenseits der jüdischen Kultur: der deutschen, der angelsächsischen und der französischen Haltung zur Universalität des Menschen.

Deutschland: Assimilation ohne Emanzipation

Es ist ein tragisches Paradox der Assimilation der Juden in Europa, daß sie in einer Gesellschaft beginnt, die die Emanzipation der Juden unter keinen Umständen duldet, das heißt den Zugang zu allen gesellschaftlichen und wirtschaftlichen Funktionen für eine Menschengruppe, die bis dahin auf Waren- und Geldgeschäfte eingeschränkt war. In Deutschland, wo im 18. Jahrhundert die größte jüdische Gemeinschaft des Westens lebt, stellt sich zum ersten Mal die Frage nach der Teilnahme der Juden an der aufklärerischen Moderne. Dort ist das Judentum unmittelbar dem Druck des europäischen kulturellen Fortschritts ausgesetzt. In Berlin bemüht sich Moses Mendelssohn zunächst, Treue zur jüdischen Überlieferung und Teilnahme an der Moderne miteinander zu vereinbaren. Eine weit größere Zahl von Juden sagt sich dort vom Glauben der Väter los und konvertiert zum Christentum. Im letzten Drittel des 18. Jahrhunderts bricht in der Hauptstadt Preußens eine wahre Epidemie von Konversionen aus, die bis ins 19. Jahrhundert andauert, denn die Emanzipation wird von der deutschen Gesellschaft nicht akzeptiert.[8] Die Konversion von Karl Marx'

8 Zur »Konversionsepidemie« in Deutschland seit dem Anfang des 19. Jahrhunderts vgl. L. Poliakov, *Histoire des l'antisémitisme*, a. a. O., Bd. 2, S. 136 f.;

Vater 1817 oder die Heinrich Heines 1825 sind Teil dieser Übertrittswelle von Juden, die nicht mehr ausreichend an die besondere Berechtigung des Judentums glaubten, um die damit verbundene Ausgrenzung zu ertragen. Nach einem Wort Heines erwarben sie so »ein Eintrittsbillet zur europäischen Zivilisation«. Die direkt oder indirekt von der Französischen Revolution inspirierten Emanzipationsedikte, sei es die vorläufige Emanzipation der Juden des Rheinlands durch den napoleonischen *Code civil*, sei es die partielle Emanzipation der Juden im preußischen Königreich, führen sehr schnell zu einer antisemitischen Reaktion. In Würzburg beginnt im August 1819 ein regelrechtes Pogrom, das sich über ganz Deutschland ausbreitet.[9] Es kommt noch nicht zur Zerstörung von Geschäften oder Synagogen, aber es ist zu spüren, daß die deutsche Gesellschaft die Judenemanzipation grundsätzlich nicht duldet. Das eigentliche Preußen bleibt von der Welle der Gewalt verschont, dort entwickelt sich allerdings zur gleichen Zeit ein aristokratischer Antisemitismus, obwohl die Emanzipationsgesetze, Teil der Stein-Hardenbergschen Reformen, die Juden immer noch vom Staatsdienst ausschlossen.[10] Angesichts der preußischen Vergötterung des Staates bedeutet eine solche Einschränkung eine sehr begrenzte Emanzipation. 1830, 1834, 1844 und 1848 kommt es in Deutschland zu weiteren antijüdischen Krawallen. Aber man muß Frankreich gar nicht verlassen, um im deutschen Sprachraum negative Reaktionen auf den Prozeß

Geschichte des Antisemitismus, a. a. O., Bd. 6, S. 63–65: »Rachel Varnhagen versicherte, daß im Jahre 1823 schon die Hälfte der Mitglieder der jüdischen Gemeinde von Berlin zum Christentum übergetreten war.« Die Übertritte begannen im letzten Drittel des 18. Jahrhunderts, mit einer Zunahme zwischen 1780 und 1790; siehe dazu L. Kochan, »La fin de la *kehila.* Forces sociales dans la société juive d'Europe centrale et orientale aux XVIIe et XVIIIe siècles«, in: S. Trigano u. a., *La Société juive à travers l'histoire,* a. a. O., S. 537.

9 Vgl. L. Poliakov, *Histoire de l'antisémitisme*, a. a. O., S. 159; *Geschichte des Antisemitismus,* a. a. O., S. 102.

10 Vgl. ebd., S. 125, deutsch: S. 35. Zur Entwicklung des Antisemitismus in Preußen als Reaktion auf die Emanzipation von 1812 vgl. H. Arendt, *Antisemitism*, New York: Harcourt Brace Jovanovitch 1968.

der Emanzipation zu beobachten. 1789, 1830 und 1848 ist das Elsaß Schauplatz antisemitischer Ausbrüche, genau im Rhythmus der revolutionären Krisen, die von der Mitte des französischen nationalen Systems ausgehen. Diese damals fast ausschließlich deutschsprachige Region akzeptierte die Judenemanzipation, wie sie in Paris erdacht und durchgesetzt worden war, um kein Haar bereitwilliger als der Rest der Deutschen. Die Gewöhnung der Elsässer an die Idee des universalen Menschen, in ihrem Fall eng verbunden mit dem Zugehörigkeitsgefühl zur französischen Nation, wird das Ergebnis eines langsamen Prozesses sein, nicht einer plötzlichen Erleuchtung. Das Elsaß ist übrigens nicht die einzige Randprovinz der Stammfamilie, die unter dem Einfluß des Zentrums ihre differentialistischen Gewohnheiten aufgeben muß. Béarn im äußersten Südwesten hatte eine Jahrhundert zuvor auf seine »Frömmler« (*Cagots*) verzichten müssen.

Der Prozeß der jüdischen Assimilation an die deutsche Gesellschaft wird dennoch erleichtert durch eine ursprüngliche Ähnlichkeit der religiösen und familialen Strukturen. Die jüdische Stammfamilie unterscheidet sich wenig von der deutschen. Die nicht-egalitären und autoritären Überzeugungen stimmen überein; ebenso die Stellung der Frau in den beiderseits bilateralen, aber zum Patrilinearismus neigenden Verwandtschaftssystemen. Die einzigen wesentlichen Unterschiede betreffen die Verheiratung, endogam und früh bei den Juden, exogam und spät bei den Deutschen. Im 18. Jahrhundert gibt es allerdings eine Annäherung, was das Heiratsalter betrifft. Einige historische Zeugnisse lassen darauf schließen, daß das durchschnittliche Heiratsalter der Juden im deutschen Raum anstieg, ohne allerdings das der ländlichen Bevölkerung zu erreichen. Auf religiösem Gebiet hatte die protestantische Reformation das Christentum dem Judentum angenähert, indem sie einen strengeren Monotheismus propagierte und die Lektüre der Bibel förderte. Sie hatte sich allerdings nur auf etwa der Hälfte des deutschen Gebietes durchgesetzt. Die ursprüngliche Nähe der deutschen und der jüdischen Familien-

strukturen erklärt möglicherweise das intensive jüdisch-deutsche Zusammenleben, das schließlich überall in Deutschland eine intellektuell außergewöhnlich brillante jüdische Gemeinschaft hervortreten läßt. Das Zusammenspiel zweier starker, eng verwandter Familien- und Erziehungstraditionen führt zu einer wahrhaften kulturellen Explosion. Das Dreigestirn Marx-Freud-Einstein mag stellvertretend für diese Symbiose stehen, über die Léon Poliakov in seiner *Geschichte des Antisemitismus* ausführliche Spekulationen anstellt, bis hin zu der Frage nach einer untergründigen Verwandtschaft der deutschen und der jüdischen Kultur. Sie könnte in der analogen Familienstruktur bestehen.[11] Die autoritäre Verhärtung, die man beim Übergang vom jüdischen zum deutschen Familiensystem bemerkt, könnte dann die Häufigkeit neurotischer Reaktionen während der Assimilation erklären.

Gegen Ende des 19. Jahrhunderts wünschen die Juden des deutschen Gebiets die vollständige Assimilation an eine Gesellschaft, die es doch bis dahin nicht einmal über sich gebracht hatte, sie als normale Bürger zu akzeptieren – trotz einer zweifachen offiziellen Emanzipation, 1867 in Österreich, 1871 im neuen Deutschen Reich. Das erinnert in seiner inneren Logik an die Emanzipation der Schwarzen in den Vereinigten Staaten. Der bewußte Universalismus der neuen Gesetzgebung zerbricht am hartnäckigen Differentialismus unbewußter geistiger Prägungen. Diese teuflische Situation führt bald zum Auftreten einer besonderen Psychopathologie, des »jüdischen Selbsthasses«, wie ihn Theodor Lessing auf den Begriff brachte.[12] Die Übernahme der Werte einer dominierenden antisemitischen Gesellschaft löst bei einzelnen, die sich vom Judentum

11 Vgl. L. Poliakov, *Histoire des l'antisémitisme*, a. a. O., S. 359 f. [In der deutschen Übersetzung ist dieser Passus nicht auffindbar. A. d. Ü.]

12 Zum »jüdischen Selbsthaß« vgl. L. Poliakov, *Histoire de l'antisemitisme*, a. a. O., Bd. 2, S. 132 f.; deutsch: *Geschichte des Antisemitismus*, a. a. O., Bd. 5, S. 110 f., und Bd. 6, S. 57. Zur Begriffserfindung durch Theodor Lessing vgl. auch I. Berlin, *Trois essais sur la condition juive*, Paris: Presses Pocket 1993, S. 48.

losgesagt haben, Verachtung für ihre kulturelle Herkunft aus. Die deutschen Juden liefern in endloser Reihe Beispiele für eine überkritische Haltung zum Judentum und zu jüdischen Gewohnheiten. Marx auf cholerische, Heine auf ironische Weise sind frühe Vertreter dieser Haltung. Sie bewahren sich dennoch ein gewisse Immunität, denn ihre gelungensten kritischen Betrachtungen bleiben Deutschland als ganzem vorbehalten.

Aber am Ende des Eingliederungsprozesses in die deutsche Gesellschaft in der zweiten Hälfte des 19. Jahrhunderts läßt die Assimilation der Juden in Österreich den jüdischen Selbsthaß regelrecht explodieren, was seinen paroxystischen Ausdruck bei Otto Weininger findet: geboren 1880, zum Protestantismus übergetreten im Sommer 1902, 1903 Autor des antisemitischen und antifeministischen Bestsellers *Geschlecht und Charakter*, noch im gleichen Jahr durch Selbstmord im Alter von 23 Jahren aus dem Leben geschieden. Weininger ist ein Grenzfall, aber das Wien der Jahrhundertwende ist reich an Juden, die das Judentum verachten. Viktor Adler, Mitbegründer der österreichischen Sozialdemokratie, geboren 1852, empfängt 1878 die protestantische Taufe gemeinsam mit seinen Eltern und schmäht von da an unaufhörlich das Judentum, dessen schnelle kulturelle Auslöschung er vom Sozialismus erwartete. Der Satiriker Karl Kraus, 1911 zum Katholizismus konvertiert und bis 1923 Kirchenmitglied, wäre ein anderes typisches Beispiel.[13]

Der Begriff »jüdischer Selbsthaß« soll von der vergleichenden anthropologischen Analyse nicht ausgenommen werden. Er läßt sich nicht auf assimilierte Juden generell anwenden, sondern nur auf solche, deren Assimilationsversuche auf eine differentialistische, antisemitische Gesellschaft stoßen. In einer solchen Umgebung ist der jüdische Selbsthaß der vollendete

13 Zum jüdischen Selbsthaß im österreichischen Kontext vgl. W. M. Johnston, *The Austrian Mind. An Intellectual and Social History 1848–1938*, Berkeley: University of California Press 1983, S. 99–102, 158–162, 203–207 zu Adler, Weininger, Kraus.

Konformismus: Das assimilierte Subjekt drückt die Werte der dominierenden antisemitischen Gesellschaft aus, die durch es hindurch ihre Allmacht demonstriert. Nichts dergleichen ist in der angelsächsischen Welt oder in Frankreich zu beobachten, wo die Allmacht der Aufnahmegesellschaft sich auf weit subtilere Weise ausdrückt.

Die angelsächsische Welt: Assimilation und positives falsches Bewußtsein

England und die Vereinigten Staaten bieten im ganzen das Bild einer geglückten Assimilation der Juden, zugleich erwünscht von der Minderheit und akzeptiert von der Aufnahmegesellschaft. Die angelsächsische Umgebung formuliert dennoch gewisse Bedingungen und Einschränkungen, die auf spezifische, oft paradoxe Weise den Assimilationsprozeß bestimmen. Wenn man die Schicksale aller jüdischen Gemeinden vergleicht, kommt der angelsächsischen Variante der Assimilation entscheidende Bedeutung zu: Um 1990 gibt es 5,7 Millionen Juden in Amerika, 300 000 in England, im Vergleich zu 3,7 Millionen Israelis.[14] Die russischen Pogrome der Jahre 1880 bis 1910, die eine massive Auswanderung nach Westen auslösten, führten die überwältigende Mehrheit der jüdischen Flüchtlinge nach Amerika, damals dem Gelobten Land für Europäer aller Nationen und Konfessionen. Die Rolle Englands sollte dennoch nicht unterschätzt werden. Für die Juden der ersten Auswanderungswelle aus dem Baltikum und Weißrußland liegt England aufgrund seiner herausragenden Bedeutung im Überseeverkehr auf dem Weg nach Amerika, und nicht wenige bleiben dort. Daher wächst die englische jüdische Gemeinde zwischen 1791 und 1906 wesentlich schneller als die französische. Die baltischen und weißrussischen Juden lassen

14 Vgl. S. Della Pergola/L. Cohen u. a., *World Jewish Population: Trends and Policies*, Jerusalem: The Hebrew University 1992, S. 154–156.

sich um so lieber in Großbritannien nieder, als das Königreich seit Mitte des 19. Jahrhunderts schnell die vollständige Emanzipation der Juden realisiert hatte, auf etwas unüberschaubare Weise infolge der traditionell wenig rationalisierten Verwaltung. Das Jahr 1858 wird allgemein als Wendepunkt betrachtet, denn zu dieser Zeit wird den Juden gestattet, für das Unterhaus zu kandidieren. Aber erst 1871 werden die Universitäten von Oxford und Cambridge, die Herzstücke der britischen Kultur, ganz für Juden geöffnet.[15]

Die Zahl der Juden auf britischem Gebiet wächst von 60 000 um 1881 auf 300 000 im Jahr 1914, während es zu dieser Zeit nicht mehr als 100 000 französische Juden gibt. Es sind aber nicht nur quantitative Kriterien, die England seinen Platz in der Geschichte des modernen Judentums sichern. Das Königreich war schließlich der erste Staat Europas, der von 1867 bis 1868 und zwischen 1874 und 1880 von einem Premierminister jüdischer Herkunft geführt wurde. Benjamin Disraeli, leidenschaftlicher Führer der Konservativen Partei, ist mit William Gladstone, dem Führer der Liberalen, einer der beiden großen britischen Politiker der Viktorianischen Epoche. Ein Aufstieg wie der Disraelis darf nicht als bloßer Zufall betrachtet und voreilig unter dem Stichwort englische Originalität und Exzentrizität abgelegt werden. Ebensowenig wie die Balfour-Deklaration vom November 1917, der erste bedeutende Erfolg einer zionistischen Politik, die bestätigt, daß

»die Regierung Ihrer Majestät ihre Zustimmung zur Errichtung einer nationalen Heimstätte für das jüdische Volk in Palästina gibt, [...] unter der Voraussetzung, daß nichts geschehe, was die bürgerlichen und religiösen Rechte der nichtjüdischen Gemeinden Palästinas oder die Rechte und den politischen Status der Juden in anderen Ländern beeinträchtigen könnte«.

Die Juden Großbritanniens sind insgesamt erfolgreich und ebendeswegen auf wenig spektakuläre Weise in ihre Aufnah-

15 Vgl. V. D. Lipman, *A History of the Jews in Britain since 1858*, Leicester University Press 1990, S. 61.

megesellschaft hineingewachsen. Die Etappen lassen sich zwischen 1870 und 1990 verfolgen. Zwischen 1870 und 1914 wurden die Kinder nach und nach ins Schulsystem integriert, und das führte in England, wo man die Juden in die obere Mittelschicht eingliederte, zur Annahme familiärer Bräuche, die eine frühe Trennung von Eltern und Kindern fördern. Das setzt voraus, daß zuvor ein zentrales Element der jüdischen Kultur aufgegeben wurde, die Solidarität zwischen den Generationen. Einige einfache demographische Daten lassen eine ziemlich schnelle Anpassung an die Familienbräuche der Aufnahmegesellschaft erkennen. 1929 betrug das durchschnittliche Heiratsalter jüdischer Männer 29,2 Jahre im Vergleich zu 29,1 Jahren in der englischen und walisischen Gesamtbevölkerung. Jüdische Frauen heirateten damals im Durchschnitt mit 25,8 Jahren, die Frauen ihrer Umgebung mit 26,6 Jahren.[16] Der Anteil von Mischehen mit der christlichen Bevölkerung bleibt bis zum Vorabend des Zweiten Weltkrieges gering, um sich nach dem Krieg auf etwa 25 % im Jahr 1980 zu erhöhen.[17] Die Zahl der nach religiöser Vorschrift gefeierten Hochzeiten fällt von 3768 im Jahr 1947 auf 2000 im Jahr 1958 und 1100 im Jahr 1988. Zu dieser Zeit finden zwei Drittel der Hochzeiten außerhalb der Synagoge statt.[18]

Bis etwa 1900 läßt sich kein meßbarer Ausdruck von Antisemitismus beobachten, und zwischen 1880 und 1914 entsteht im jüdischen Milieu ein britischer Nationalismus, dessen Intensität keinen Vergleich mit seinen französischen und deutschen Gegenstücken scheuen muß. In diesem Punkt gibt es kaum Unterschiede: Alle jüdischen Gemeinschaften des Westens ak-

16 Vgl. ebd., S. 206.

17 Zur Schulbildung und zur Mischehenquote vor 1940 vgl. V. D. Lipman, ebd., S. 106, S. 112 und S. 121. Zum Anteil von Mischehen um 1980 vgl. S. Della Pergola, »Recent trends in Jewish marriage«, in: S. Della Pergola/ L. Cohen u. a., *World Jewish Population. Trends and Policies*, a. a. O., S. 77. Diese Quote wird allerdings als »Schätzung« bezeichnet.

18 Vgl. V. D. Lipman, *A History of the Jews in Britain since 1858*, a. a. O., S. 233.

zeptieren ihre Assimilation an Gesellschaften, die als historische Sieger wahrgenommen werden. Ginge man nur von dieser Beobachtung aus, könnte man ein idyllisches Bild zeichnen und in der englischen Toleranz den Beginn einer friedlichen Geschichte des Zusammenlebens entdecken, die sich in allen Punkten von der deutschen unterscheidet. Daß in England und Schottland eine calvinistische religiöse Tradition dominiert, die dem Studium der Schrift verpflichtet ist und so die Identifikation der Gläubigen mit dem Volk Israel fördert, erklärt ebenfalls die Akzeptanz für die Assimilation der Juden in der Aufnahmegesellschaft. Die Fakten müssen dennoch ein wenig differenziert und vor allem interpretiert werden. Die englische Bevölkerungsmehrheit gibt um 1900 deutliche Signale der Ungeduld. Der *Aliens Act* von 1905 führt bis 1914 zum fast vollständigen Erliegen der jüdischen Einwanderung, und im Ersten Weltkrieg wächst die Intoleranz merklich. Die antijüdischen Krawalle in Leeds im Juni 1917 dauern zwei Tage an und treffen eine der bedeutendsten jüdischen Gemeinden außerhalb Londons. Die bolschewistische Oktoberrevolution führt zur schlimmsten antisemitischen Welle der englischen Geschichte, denn die Bevölkerung wollte in der Machtübernahme durch die Kommunisten das Ergebnis eines jüdischen Komplotts sehen. Die Aufregung legt sich ab 1921. Aber zwischen 1905 und 1920 hat England gezeigt, daß es die Assimilation der Juden nur mit gewissen Einschränkungen und unter gewissen Bedingungen gestattete.

Das Einwanderungsverbot zu einer Zeit, in der hauptsächlich Juden einwanderten, markiert eine zahlenmäßige Einschränkung. Daß man darauf bestand, die Juden als etwas Besonderes zu klassifizieren, während sie gerade dabei waren, ihre besonderen Bräuche und religiösen Überzeugungen aufzugeben, enthüllt die grundsätzliche Bedingung, die der englische Differentialismus stellt, wenn er mit der Assimilation einer eingewanderten Gruppe konfrontiert wird. Die Balfour-Deklaration, unmittelbar nach den antijüdischen Krawallen in Leeds, drückt zugleich das Bedürfnis der Engländer nach ei-

ner zahlenmäßigen Beschränkung des Judentums und einer Bestätigung der jüdischen Besonderheit aus. Sie macht deutlich, daß über eine gewisse Anzahl hinaus Juden eher in Palästina als in England willkommen sind und die englischen Juden sich als Juden definieren müssen, um völlig akzeptiert zu werden. Und so geschieht es im großen und ganzen auch: Abgesehen von einer kleinen Opposition in den Oberklassen, bekennt sich die Mehrheit der britischen Juden seit 1917 zum Zionismus und hält große Stücke auf das Projekt der Gründung eines Judenstaates in Palästina, während sie eben dabei ist, sich der englischen Lebensweise aufs Haar anzupassen. Claude G. Montefiore und Edwin Montagu, Gegner der Idee von der Wiedergeburt der spezifisch jüdischen Nation, vertreten eine Minderheitenposition gegenüber den Repräsentanten der englischen jüdischen Gemeinde. Die Mitgliederzahl des zionistischen Bundes steigt zwischen 1917 und 1921 von 4000 auf über 30000. 1919 wird eine Petition, die die Umsetzung der Balfour-Deklaration fordert, von 70000 der geschätzten 300000 Juden im Königreich unterzeichnet.[19] Dieses ideologische Votum beeinträchtigt allerdings nicht die Fortsetzung des Assimilationsprozesses, selbst wenn die Praxis der Mischehe erst nach dem Zweiten Weltkrieg allgemein üblich wird.

Die höchst theoretische zionistische Option der englischen Juden kann nicht auf eine freie Entscheidung der Einwanderer und ihrer Kinder über ihr Schicksal zurückgeführt werden. Ihre Empfänglichkeit für das Ideal eines wiederhergestellten Israel entspringt keiner eigenen, von der Aufnahmegesellschaft unabhängigen Dynamik wie etwa bei den bulgarischen Juden, die nach dem Zweiten Weltkrieg massenhaft auswandern. Die britischen Juden drücken, indem sie die Balfour-Deklaration und den Zionismus annehmen, vor allem ihre Konversion zu den Überzeugungen, die die Engländer mehrheitlich hegen, aus. Ihr Differentialismus ist nicht mehr der des traditionellen

19 Zu den Debatten innerhalb der Gemeinde, die zu dem zionistischen Votum führen, vgl. ebd., S. 124–134.

Judentums, sondern der Englands, der Glaube an eine *a priori* vorhandene, irreduzible Verschiedenheit der Menschen, selbst wenn es praktisch gelingt, einzelne – Weiße – zu integrieren, die sich den herrschenden Sitten anpassen. Die *jüdische Selbstbestätigung*, die die Assimilation im angelsächsischen Kontext charakterisiert, ist das logische Gegenstück zum *jüdischen Selbsthaß* im deutschen Kontext, auch wenn die psychischen und historischen Folgen völlig entgegengesetzt sind. Anders als Deutschland akzeptiert England die Assimilation, fordert aber eine endgültige Selbstaffirmation: Die aufgenommene Gruppe soll sich gerade in dem Augenblick als solche definieren, in dem sie dabei ist zu verschwinden. Der Differentialismus ist tief getroffen vom empirischen Beweis eines Nicht-Unterschiedes, den die Assimilation erbringt. Im angelsächsischen Raum muß daher die aufgenommene Gruppe ihre Andersartigkeit bestätigen, um die Aufnahmegesellschaft zu beruhigen. Die Konversion der Juden zum angelsächsischen Differentialismus macht es ihnen leicht, die Bedingung zu erfüllen. Zwei weitere Beispiele, eines vom Beginn der jüdischen Assimilation im angelsächsischen Umfeld, eines aus der Zeit ihrer Vollendung, sollen diese Interpretation erhärten.

Der Fall Disraeli darf in diesem Stadium der Untersuchung nicht mehr als Beispiel englischer Exzentrizität verstanden werden; er nimmt vorweg, was kommen würde: Er bezeichnet einen Archetyp. Wer ist Disraeli, und was tut er? Er ist zunächst ein assimilierter Jude, den sein Vater hat taufen lassen und der, wie Hannah Arendt zu Recht bemerkt, von jüdischen Bräuchen und jüdischer Religion nichts weiß.[20] Er hat nichts Jüdisches außer seiner äußeren Erscheinung, denn neben den Engländern wirkt er extrem dunkelhäutig und dunkelhaarig. Ideologisch hängt er dem aristokratischen Ideal seiner Zeit an, mit seiner Verachtung der Gleichheit, seinen irrationalistischen Vorlieben und seiner Verklärung von Blut und Boden. Er ist ein vollkom-

20 Zum Konformismus und zu der vollständigen Assimilation Disraelis vgl. Hannah Arendt, *Antisemitism*, a. a. O.

mener Konformist und daher außergewöhnlich gut geeignet, die britische Konservative Partei zu führen. Aber Disraeli beruft sich zugleich auf seine jüdische Herkunft, besteht in seinen Romanen und anderswo auf der eigentümlichen Überlegenheit des jüdischen Volkes, verspottet die kränkliche Blässe der eingeborenen Engländer in einem Lehrstück der Selbstverherrlichung, das die fanatischsten amerikanischen Multikulturalisten von heute eifersüchtig machen könnte und bisweilen an das »Black is beautiful« militanter Schwarzer erinnert.[21] Isaiah Berlin wundert sich über den politischen und gesellschaftlichen Aufstieg Disraelis, über die Akzeptanz in der britischen Aristokratie für einen Führer, der unaufhörlich versichert, daß England mit seiner Lebensart und seiner Religion den Juden alles verdanke. Das Paradox läßt sich auflösen. Es ist schwierig, ein viktorianisches England in seiner Selbstverliebtheit zu verletzen, das, vom Gefühl des Triumphes erfüllt, keine weitere Bestätigung braucht und die Phantasien eines Disraeli ertragen kann, ohne mit der Wimper zu zucken. Um so mehr, als diese Phantasien ganz öffentlich sind und eine wichtige Funktion erfüllen. Indem er sich seiner Taufe zum Trotz als Jude definiert, beruhigt Disraeli die Engländer und gibt ihrem Differentialismus *a priori* recht. Wenn er sich auf den Universalismus berufen und auf der Gleichheit von Juden und Christen bestanden hätte, hätte er dem herrschenden kulturellen System widersprochen und eine entgegengesetzte Wirkung erzielt. Disraeli ist der erste, spektakuläre Anwendungsfall eines soziologischen Gesetzes: Im differentialistischen angelsächsischen Milieu muß die Assimilation mit Selbstbehauptung einhergehen. In viel größerem Maßstab folgt die Assimilation der jüdischen Gemeinde in Amerika dem gleichen Modell.

Seit Mitte der sechziger Jahre, mit einer deutlichen Beschleunigung nach dem Sechstagekrieg von 1967, brechen die ameri-

21 Zur Verherrlichung der Hebräer und des Judentums bei Disraeli und zu seinem Hang zu englischen aristokratischen Werten siehe Isaiah Berlin, »Disraeli et Marx«, in: *Trois Essais sur la condition juive,* a. a. O.

kanischen Juden ihr ideologisches Schweigen, um sich geräuschvoll zu einer Spielart des Zionismus zu bekennen, die der britischen sehr ähnlich ist. Die Treue zum Staat Israel wird zum wesentlichen Bestandteil der jüdischen Identität in Amerika, gerade während die Juden in religiöser und familiärer Hinsicht aufhören, Juden zu sein, und sich durch Mischehen der gesellschaftlichen Umgebung allmählich völlig angleichen.[22] Die jüdische Endogamie hatte sich in den Vereinigten Staaten bis 1965 recht gut erhalten; zu dieser Zeit heirateten nur 11 % der Bürger jüdischer Herkunft eine Person, die nicht ihrem Glauben angehörte. Aber die Exogamierate steigt zwischen 1965 und 1974 auf 31 %, zwischen 1975 und 1984 auf 51 %, zwischen 1985 und 1990 auf 53 %.[23] Angesichts dieser Zahlen kann unmöglich geleugnet werden, daß zwischen Assimilation und Selbstbehauptung ein funktionaler Zusammenhang besteht, dessen Logik nicht innerhalb der jüdischen Gemeinde entstand, sondern ihr von der Aufnahmegesellschaft auferlegt wurde. Die jüdische Selbstbehauptung ist in der angelsächsischen Welt ebensowenig allgegenwärtig wie der jüdische Selbsthaß im deutschen Raum. Aber dennoch manifestiert sich beidemal die Macht der Aufnahmegesellschaft in der Fähigkeit, das Selbstbewußtsein der aufgenommenen Gruppe zu manipulieren und ihren einzelnen Mitgliedern ein Selbstbild aufzuzwingen, das in der dominanten Kultur entstanden ist. Man kann den Begriff des »falschen Bewußtseins« benutzen, um dieses Phänomen zu beschreiben, als »negatives falsches Bewußtsein« im deutschen, als »positives falsches Bewußtsein« im englischen Fall. Solche geistigen Mechanismen charakterisieren den Prozeß der Assimilation in einer differentialistisch geprägten Umgebung. In einer universalistischen Umgebung herrscht eine andere Logik, besonders komplexer Natur

22 Zu dieser ideologischen Haltung siehe zum Beispiel L. Fein, *Where Are We? The Inner Life of America's Jews*, New York: Harper and Rose 1988, S. 86.

23 Vgl. S. Goldstein, *Profile of American Jewry: Insights from the 1990 National Jewish Population Survey*, a. a. O., S. 126.

in Frankreich, wo durch die Heterogenität des anthropologischen Systems dominierende universalistische und sekundäre differentialistische Werte interagieren.

Französischer Universalismus und jüdischer Differentialismus

Die anthropologische Kluft zwischen Juden und Zentralfranzosen ist weitaus größer als die zwischen Juden und Deutschen oder sogar Juden und Engländern. Für die deutsch-jüdische Beziehung konnte eine bemerkenswerte Parallelität der Stammfamilienstrukturen aufgezeigt werden, die im Verlauf der Assimilation nacheinander zu einer intellektuellen Symbiose mit den Juden, ihrer Ablehnung und Vertreibung und schließlich zu ihrer Vernichtung führte. In England, wo der Individualismus der absoluten Kernfamilie im Widerspruch zur Solidarität der Generationen in der jüdischen Familie steht, ist dennoch eine gewisse Übereinstimmung zu beobachten, eine gemeinsame Indifferenz gegenüber der Gleichheit der Brüder, die einen unmerklichen Übergang vom jüdischen zum englischen Differentialismus ermöglichte. Aber die endogame Struktur der jüdischen Stammfamilie ist das perfekte Gegenteil der exogamen, egalitären Struktur der Kernfamilie des Pariser Beckens, selbst wenn beide Verwandtschaftssysteme als bilateral bezeichnet werden können. Die anthropologische Entgegenstellung findet sich auf der ideologischen Ebene wieder: Der französische Individualismus, egalitär und universalistisch, erscheint als unmittelbarer Angriff auf fundamentale jüdische Überzeugungen, was die innere Organisation der Gesellschaft und ihre Beziehung zur Außenwelt angeht. Die eng mit der Stammfamilie verbundene Idee eines auserwählten Volkes, die im deutschen und englischen Protestantismus vorhanden und für das Judentum wesentlich ist, verträgt sich schlecht mit den revolutionären Idealen des universalen Menschen und der Gleichberechtigung der Völker. Die jüdische Vorstellung vom sozialen Leben besteht nachdrücklich auf dem Wert des

Zusammenhalts und widersetzt sich eindeutig dem Individualismus der Revolution. Darüber hinaus zeigt sie keinerlei Vorliebe für Gleichheit, welcher Art auch immer: Die jüdischen Gemeinden sind traditionell hierarchisch aufgebaut mit einer deutlichen Vorherrschaft finanzieller, kommerzieller und intellektueller Eliten. So wurde am Vorabend der Revolution die jüdische Gemeinde von Metz zur Wahl des Rabbiners oder des Vorsitzenden in vier Klassen aufgeteilt: die »Armen«, die kein Stimmrecht besaßen, die *Médiocres*, die *Moyens* und die »Reichen«. Jede Klasse konnte dreißig Delegierte abstellen, was offensichtlich eine Überrepräsentation der Reichen sicherte, von denen es weit weniger als *Moyens* gab, und ebenfalls der *Moyens*, die zahlenmäßig den *Médiocres* und den Armen weit unterlegen waren.[24] Dieses Klassenwahlrecht erinnert frappierend an das preußische Wahlrecht Ende des 19. Jahrhunderts, und man könnte in der Praxis der Juden in Metz eine Nachahmung der deutschen Kommandogesellschaft sehen, wenn diese hierarchische Organisation nicht genauso typisch für die jüdischen Gemeinden in der Grafschaft Venaissin oder im Südwesten wäre.[25] In Wahrheit fördert die Stammfamilie überall – bei Juden, Deutschen und Okzitaniern – eine Segregation in fest zusammenhaltende, ungleiche Gruppen, und auf ihrem Gebiet gedeihen die Kommandogesellschaften, die sich die Zerschlagung der Französischen Revolution vornehmen. Die jüdischen Gemeinschaften sind in Frankreich, wie andere differentialistische Minderheiten, auf der Peripherie verteilt, und man darf wohl einen Zusammenhang zwischen ihrem Überleben und den Werten der regionalen Aufnahmegesellschaften annehmen. Unter dem Ancien régime hat die jüdische Stammfamilie unter anderen Stammfamilien fortbestanden. In Westeu-

24 Vgl. S. Schwarzfuchs, *Du Juif à l'israélite,* a. a. O., S. 39 f.

25 Zum preußischen System: E. Todd, *L'invention de l'Europe,* a. a. O., S. 253; zum Venaissin: S. Schwarzfuchs, *Du Juif à l'israélite,* a. a. O., S. 42. In den Kapiteln 9 und 10 von *L'invention de l'Europe* findet sich eine eingehende Untersuchung der ideologischen Produkte der Stammfamilie in den großen und kleinen Nationen Europas.

ropa hat der jüdische Differentialismus dort überlebt, wo das anthropologische System der christlichen Bevölkerung differentialistisch war. Das symbiotische Verhältnis am Rande Frankreichs und in ganz Deutschland ist ganz gewiß nicht zufällig entstanden.

Die Französische Revolution geht darüber hinaus und formuliert entgegengesetzte Werte, Individualismus und Universalismus, wie sie das anthropologische System der egalitären Kernfamilie hervorbringt. Die Emanzipation von 1791, die die Auflösung der traditionellen jüdischen Gemeinde und eine primäre Zugehörigkeit zur Grande Nation statt zur Diaspora implizierte, wurde Menschen angeboten, die sich einen solchen historischen Bruch nicht hätten träumen lassen. Nur die »Portugiesen« in Bordeaux und Bayonne hatten im 18. Jahrhundert Kontakt mit der Philosophie der Aufklärung. Die Juden von Metz hatten sicher vage vom Bedürfnis nach Assimilation in der Mitte Deutschlands reden hören. Aber die Mehrheit der lothringischen und vor allem der elsässischen Juden blieb an der Schnittstelle zweier Peripherien, von Paris und Berlin weit entfernt, traditionsverhaftet. Sie waren alle mehr oder weniger deutschsprachig, da sie lokale deutsche Dialekte oder das Jiddische gebrauchten. Nur die Juden in Bordeaux waren völlig frankophon; die Juden in Venaissin verstanden zwar Französisch, gebrauchten aber im Alltag das Provenzalische. Es waren offensichtlich alle Bedingungen erfüllt, aus der Emanzipation der Juden in Frankreich ein anstrengendes Abenteuer mit ungewissem Ausgang zu machen, das zahlreiche komplizierte Anpassungsprozesse erfordern würde. Und doch wird diese Emanzipation nach einigen Verzögerungen akzeptiert und wird zwischen 1791 und 1894, dem Beginn der Dreyfus-Affäre, ein unübersehbares Vorbild für Europa.

Wanderung und Einwanderung: der Eintritt der Juden in individualistisch-egalitäres Gebiet

Ein wesentliches Element des jüdischen Assimilationsprozesses in Frankreich ist die Wanderung der Juden nach Paris, die, vom anthropologischen System des Zentrums aus betrachtet, als echte Einwanderung bezeichnet werden kann. 1808 gibt es nicht mehr als 2733 Juden in Paris, 1866 sind es schon 20 615. Ihre Gesamtzahl in Frankreich wächst in derselben Zeit von 46 663 auf 89 047.[26] Der Anteil der Pariser Juden steigert sich also von 6 % auf 23 %. 1897 ermittelt eine Volkszählung auf dem durch den Verlust Elsaß-Lothringens verkleinerten französischen Territorium die Zahl von 71 239 Juden, 63 % davon leben in der Pariser Region.[27] Die Fortdauer der Wanderungsbewegung, der Verlust dreier Departements im Osten und die Tatsache, daß ein großer Teil der 5000 elsässischen Juden sich aus Treue zu Frankreich in Paris niederläßt, bestätigt die neue Rolle der Hauptstadt. Mit dem Umzug verlassen die Juden das Milieu der Stammfamilie und entdecken den individualistischen, egalitären Raum des Zentrums.

Die Eingliederung dieser Einwanderer wird oft als Erfolg dargestellt, denn sie brachte in wirtschaftlicher Hinsicht eine massive Integration der Juden in die französische Mittelschicht. Sie war allerdings langwieriger, als man sich das allgemein vorstellt, obwohl das starke Bildungspotential der jüdischen Familie, befreit durch die Emanzipation, sich im Kontext einer aufsteigenden westlichen Kultur des 19. Jahrhunderts voll entfalten konnte. Aber die emanzipierten Gemeinden waren insgesamt betrachtet bitterarm; bis zum Ende des Second Empire betrug der Anteil Bedürftiger an der jüdischen Bevölkerung 10–20 % und lag in Paris und im Elsaß weit über dem französischen Durchschnitt.[28] Für den Erfolg der Eingliede-

26 Vgl. S. Schwarzfuchs, *Du Juif à l'israélite,* a. a. O., S. 267.

27 Vgl. M. R. Marrus, *Les Juifs de France à l'époque de l'affaire Dreyfus*, Brüssel: Complexe, S. 45 f.

28 Vgl. S. Schwarzfuchs, *Du Juif à l'israélite,* a. a. O., S. 274.

rung ebenso wie für die Schwierigkeit des Übergangs finden sich Parallelen bei den deutschen und den österreichischen Juden zur gleichen Zeit bzw. bei den amerikanischen und den englischen Juden am Ende des 19. Jahrhunderts.

Die Dreyfus-Affäre fällt in diese erste Phase der Emanzipation: Die Hauptepisoden verteilen sich auf die Jahre 1894 bis 1906 mit Höhepunkten der Hysterie 1897 und 1899. Die Affäre wird generell als Endpunkt einer glücklichen Periode in der Geschichte der französischen Juden dargestellt, als Folge von Ereignissen, die den Optimismus des 19. Jahrhunderts verlorengehen lassen, was unter dem Vichy-Regime 1940 bis 1944 schließlich zum Untergang des französischen Modells der Emanzipation führt. Wenn man sich allerdings an die Analyse der Wanderungsbewegungen hält, muß man feststellen, daß die Dreyus-Affäre den Beginn einer verstärkten jüdischen Einwanderung nach Frankreich markiert. Am Vorabend des Ersten Weltkrieges 1914 lassen sich russische und polnische Juden in Frankreich nieder, deren Umgangssprache wiederum Jiddisch ist. Die Einwanderungswellen folgen in der Mitte der zwanziger Jahre in immer kürzeren Abständen aufeinander und führen zu einem Anstieg der jüdischen Bevölkerung von 175 000 auf 200 000 zwischen 1906 und 1939.[29] Aus französischer Sicht sind die Juden – neben Italienern, Spaniern und polnischen Katholiken – nur eine Einwanderergruppe unter vielen, deren Aufnahme schon durch die geringe Fruchtbarkeit Frankreichs im ganzen 19. Jahrhundert gerechtfertigt erscheint. Was die Wanderung der osteuropäischen Juden allerdings besonders nach Frankreich lenkt, ist die Abschottung der bis dahin traditionellen Aufnahmeländer: Großbritannien verweigert mit dem *Aliens Act* von 1905 die weitere Aufnahme russischer Juden, die Vereinigten Staaten führen zwischen 1921 und 1929 eine Quotenregel ein, um die Einwanderung von Ost- und Südeuropäern, vor allem Juden und Italienern, zu stoppen.

29 Vgl. P. Hyman, *De Dreyfus à Vichy. L'évolution de la communauté juive en France, 1906–1939*, Paris: Fayard 1985, S. 106.

Die Zunahme des Antisemitismus, zuerst in Ost-, dann in Mitteleuropa, macht Frankreich zum ersten Mal in seiner Geschichte zu einem wirklichen Asylland. Zwischen 1933 und 1939 kommen mehrere hunderttausend deutsche Juden auf der Flucht vor den Nationalsozialisten nach Frankreich, von denen viele in Reichweite der deutschen Waffen bleiben müssen, weil Amerika ihnen die Aufnahme verweigert.[30] 1939 werden etwa 350 000 Juden in Frankreich gezählt, von denen zwei Drittel Neueingewanderte oder deren Kinder sind.[31] Einmal mehr bestätigt sich die herausragende Stellung des Pariser Beckens, wo sich 75 % der Neuankömmlinge niederlassen.[32] Der Prozeß der Assimilation beginnt also von neuem mit einer neuen Gruppe, die sich allerdings in anthropologischer und kultureller Hinsicht von der ursprünglichen jüdischen Bevölkerung Ostfrankreichs wenig unterscheidet, denn sie stammt ebenso aus dem aschkenasischen Kulturkreis. Der deutsche Überfall 1940 unterbricht den normalen Prozeß der Eingliederung. Es kommt zur Deportation von 75 000 Juden, darunter seit langem assimilierte Franzosen ebenso wie Ausländer und Neubürger: Der Wahn der Nazis macht keinen Unterschied zwischen Gruppen, die sich gegenseitig als sehr verschieden betrachten und nur in der Verfolgung vereint werden. Nur 2500 der Deportierten kehren aus den Vernichtungslagern zurück. Anders als überall sonst auf dem europäischen Kontinent führt die deutsche Besatzung allerdings nicht zu einer andauernden Verringerung der jüdischen Bevölkerung in Frankreich. Mit den frühen fünfziger Jahren beginnt eine neue Einwanderungswelle aus Nordafrika, die sich mit der Entkolonisierung verstärkt. Die Mehrzahl der algerischen Juden, seit 1870 per Dekret des

30 Vgl. R. Daniels, *Coming to America. A History of Immigration and Ethnicity in American Life*, New York: Harper Collins 1991, S. 296–302.

31 Vgl. D. Bensimon und S. Della Pergola, *La Population juive de France: sociodémographie et identité*, Jerusalem: The Hebrew University und CNRS 1984, S. 32 f.

32 Vgl. P. Hyman, *De Dreyfus à Vichy*, a. a. O., S. 107, Schätzung nach Wohnort der zwischen 1924 und 1935 Eingebürgerten.

Justizministers Crémieux französische Bürger, läßt sich 1962 mit den anderen *Pieds-noirs* in Frankreich nieder, ebenso eine gewisse Zahl tunesischer und marokkanischer Juden. Von diesem Datum an wird es schwierig, den Umfang der jüdischen Bevölkerung genau zu bestimmen, da es nun, sehr viel später, als allgemein angenommen wird, erstmals in großem Maßstab zu Mischehen mit der Aufnahmegesellschaft kommt und die Zuordnung zum Judentum problematisch wird. Nach vernünftigen Schätzungen schwanken die Zahlen zwischen 500 000 und 600 000 für die Jahre 1970 bis 1980.[33] Ein weiteres Mal wechselt jedoch die kulturelle Majorität der Juden in Frankreich, und die Sephardim Nordafrikas stellen nun die bedeutendste Gruppe. Die Gegend um Paris bleibt das bevorzugte Niederlassungsgebiet, aber im Falle der nordafrikanischen Juden kommt die Mittelmeerküste dazu. Der relative Bedeutungsverlust der Hauptstadt drückt sich in einer langsamen Umverteilung der früher eingewanderten Gruppen aus. Um 1970 ist die Pariser Region nur noch Heimat von etwa 50 % der französischen Juden.[34] Da allerdings auch der neue Schwerpunkt an der Mittelmeerküste eine egalitäre Tradition hat, kann die These aufrechterhalten werden, daß die Wanderung jüdischer Gruppen in Frankreich zur Niederlassung in Gebieten mit universalistischer anthropologischer Ausrichtung tendiert.

Beschleunigung der Assimilation im 20. Jahrhundert

Wenn man die drei nacheinander ins Zentrum Frankreichs eingewanderten Gruppen – Gruppe I: Juden, die sich schon zur Revolutionszeit in Frankreich befanden; Gruppe II: Juden aus Osteuropa, die zwischen 1900 und 1940 einwanderten; Gruppe III: Juden aus Nordafrika, die zwischen 1945 und 1962

33 Eine Diskussion dieser Zahlen bei D. Bensimon und S. Della Pergola, *La population juive de France: sociodémographie et identité*, a. a. O., S. 35.
34 Vgl. ebd., S. 38.

ankamen – zu einem beliebigen Zeitpunkt vergleicht, kommt man leicht zu falschen Schlüssen über das Tempo der Assimilation. Es ist zu einfach, um 1930 etwa die erste, nach mehr als 200 Jahren Zugehörigkeit zur globalen Gesellschaft äußerst französische Gruppe der zweiten Gruppe gegenüberzustellen, die soeben aus Polen oder Rußland angekommen war und natürlich weit mehr Eigenheiten bewahrt hatte. Eine historische Studie wie die Paula Hymans zur Entwicklung der jüdischen Gemeinschaft in Frankreich zwischen 1906 und 1939 macht auf diese Weise den Abstand der 1791 emanzipierten Juden zu den neueingewanderten Polen deutlich und besteht hartnäckig auf einem »kulturellen Pluralismus« der letzteren, der sich im Bekenntnis zum Zionismus zwischen beiden Weltkriegen äußere.[35] 1810, gerade zwanzig Jahre nach der Revolution, hätte man bei den Elsässer Juden – die wie die Polen Aschkenasim und von der französischen Gesellschaft durch die Sprache abgeschnitten waren – sicher eine ebenso starke kulturelle Eigenheit und als Entsprechung zum Zionismus einen religiösen Konservatismus gefunden. Ebensoleicht ist es, 1970 den Kontrast zwischen der polnisch-russischen Gruppe II, deren Kinder bereits in Frankreich aufgewachsen sind, und der Gruppe III hervorzuheben, den erst seit zehn Jahren in Frankreich ansässigen Sephardim. Um 40 Jahre verschoben, ist die perspektivische Verzerrung die gleiche, wenn man sich darauf beschränkt, in der kurzen Zeit von 20 Jahren die Anpassung der zwischen 1945 und 1962 eingewanderten Juden aus Nordafrika an die französische Gesellschaft zu analysieren. Die gelungenen Untersuchungen Claude Tapias über die sephardischen Juden belegen in einer Vorstadt wie Créteil die Wiederentstehung einer engen Gemeinschaft, was jedoch angesichts längerfristiger Assimilationstendenzen bloß als Übergangsphänomen betrachtet werden kann.[36] Wenn man die Geschichte der drei Gruppen insgesamt mit Hilfe des besten vorhandenen

35 Vgl. P. Hyman, *De Dreyfus à Vichy*, a. a. O.

36 Vgl. C. Tapia, *Les Juifs sépharades en France (1965–1985). Études psychosociologiques et historiques*, Paris: L'Harmattan 1986.

Indikators, der Rate der Mischehen mit der Aufnahmegesellschaft, vergleicht, muß man zugeben, daß die Assimilation der Gruppen II und III, der Ostjuden der Zwischenkriegszeit und der Sephardim der Entkolonisierung, sogar schneller voranging als die der ersten Gruppe, der 1791 emanzipierten Gemeinden. Besonders paradox an der ersten Emanzipation ist, daß sie zunächst nur partiell zur Assimilation führte, nämlich in sprachlicher und wirtschaftlicher Hinsicht, ohne daß die Gruppe mit der Endogamie gebrochen hätte. Alle vorhandenen Zahlen zeigen, daß am Vorabend des Ersten Weltkrieges die Mischehenquote bei den französischen Juden, die von Zionisten als unumkehrbar assimiliert beargwöhnt wurden, sehr gering war.[37]

Die Emanzipation hat also zunächst das Gruppenbewußtsein nicht verschwinden lassen. *Zur endgültigen Assimilation kommt es erst nach der Dreyfus-Affäre*, nach einer Latenzzeit von 125 Jahren. Die Bereitschaft zu Mischehen bei den im 20. Jahrhundert eingewanderten Juden wächst ungemein schneller. Das belegen die von Doris Bensimon und Sergio Della Pergola errechneten Quoten in ihrer von 1966 bis 1978 durchgeführten Untersuchung *La Population juive en France*, die sich auf das Pariser Becken konzentriert und methodologisch nur zu einer Mindestschätzung der Häufigkeit von Mischehen imstande ist.[38] In einem Land wie Frankreich, wo eine Person jüdischer Herkunft sich als Juden definieren oder diese Identität ablehnen kann, wenn sie will, muß eine auf Befragungen basierende Untersuchung zu einer Überrepräsentation der am wenigsten assimilierten Teile der Gruppe führen und daher zu einer geringeren Mischehenquote, als wenn man allein die jüdische Herkunft zugrunde gelegt hätte.[39] Dieser

37 Zur geringen Zahl der Mischehen bei französischen Juden im 19. Jahrhundert vgl. M. R. Marrus, *Les Juifs en France à l'époque de l'affaire Dreyfus*, a. a. O., S. 82.

38 Vgl. D. Bensimon und S. Della Pergola, *La Population juive en France: sociodémographie et identité*, a. a. O., S. 130–133, zu Mischehen.

39 Eine vollständige Kritik dieses methodologischen Aspekts bei D. Schnap-

Vorbehalt trägt aber nur dazu bei, das eindeutige Ergebnis zu untermauern: Die Mischehenrate erhöht sich sogar im Kern der Gruppe, die sich als jüdisch definiert. Der Anteil außerhalb der jüdischen Gemeinschaft verheirateter Haushaltsvorstände beträgt 19,7 % über alle Generationen und sonstige Kategorien hinweg. Die ermittelten Daten lassen außerdem vermuten, daß die Mischehe eher für die jüdischen Männer typisch ist, während die Frauen sich zögernder am exogamen Tausch mit der Aufnahmegesellschaft beteiligen. Dieses Phänomen belegt den Vorrang des patrilinearen Aspektes in der jüdischen kulturellen Tradition, wie er vor allem durch die Vererbungsregeln definiert ist, vor dem matrilinearen Aspekt, der sich in der Übertragung der Religionszugehörigkeit äußert.

Die Mischehenrate beträgt 26,4 % bei in Frankreich geborenen jüdischen Männern, 16,5 % bei gebürtigen Osteuropäern, 13,8 % bei gebürtigen Algeriern und 5,4 % bei gebürtigen Tunesiern und Marokkanern.[40] Der auffälligste Unterschied trennt also nicht Ostjuden und Sephardim, sondern algerische von marokkanischen und tunesischen Juden. Die größte Kluft tut sich innerhalb der sephardischen Gruppe auf. Eine derartige Verteilung zeigt, daß der Grad der Assimilation eher von der Dauer des Kontakts mit der französischen Kultur abhängt als vom ursprünglichen Inhalt der Kultur der jüdischen Einwanderer. Die sephardische Kultur ist alles in allem sehr homogen und durch und durch von ihrer arabischen Umgebung geprägt; sie ist sehr viel stärker patrilinear ausgerichtet als die Kultur der Aschkenasim. Algerische, tunesische und marokkanische Juden bilden so gesehen ein Einheit, ein Gegenstück zu den lothringischen, elsässischen und polnischen Juden. Aber in den algerischen Departements, wo die Juden seit dem Dekret von Crémieux französische Staatsbürger sind und um 1945 bereits häufig öffentliche Ämter innehaben, ist die französische Kultur

per, »Les limites de la démographie des Juifs de la Diaspora«, in: *Revue française de sociologie*, April-Juni 1987, Bd. 28, Nr. 2, S. 319–331.

40 Vgl. D. Bensimon und S. Della Pergola, *La Population juive en France: sociodémographie et identité*, a. a. O., S. 131.

allgegenwärtig, während sie in den tunesischen und marokkanischen Protektoraten nur am Rande wirkt.

Die Untersuchung der Eheschließungen nach dem Datum ergibt eine Beschleunigung in jüngerer Zeit. Bei den in Frankreich geborenen jüdischen Männern steigt die Mischehenrate von 7,2 % vor 1936 auf 17,4 % zwischen 1936 und 1945, auf 20,9 % zwischen 1946 und 1956, auf 29,6 % zwischen 1956 und 1965 und auf 40,7 % zwischen 1966 und 1975. Die entsprechenden Zahlen für in Nordafrika geborene jüdische Männer betragen 3,7 %, 1,9 %, 5,8 %, 21,0 % und 25,1 %. Obwohl diese Aufstellung Marokkaner, Tunesier und Algerier nicht voneinander trennt, zeigt das Muster nach Ansicht der Autoren eindeutig, daß die Mischehe in Algerien bereits zwischen 1946 und 1962 verbreitet war.[41]

Es ist ziemlich einfach, die Assimilationsgeschwindigkeit der Gruppen I und II, der emanzipierten Juden von 1791 und der zwischen 1900 und 1940 eingewanderten Ostjuden, zu vergleichen. Ihr kultureller Ursprung ist identisch, und in beiden Fällen kann der Beginn der Emanzipation klar bestimmt werden. Daraus folgt offensichtlich: Gruppe II schafft in zwei Generationen, wofür Gruppe I sechs Generationen brauchte. Dieses Assimilationstempo mit dem der Sephardim zu vergleichen ist ein wenig komplizierter. Zunächst weil die sephardische Kultur einige signifikante Unterschiede zur ostjüdischen aufweist und an sich von der französischen Kultur weiter entfernt ist: Ihre Stammfamilie trägt die antifeministischen Züge der arabischen Kultur. Die ursprüngliche Alphabetisierungsrate war bei den Sephardim geringer als bei den Aschkenasim – auch das eine Auswirkung ihrer Zugehörigkeit zur islamischen Welt. Schließlich und vor allem geht im Fall der Sephardim der Kontakt mit der französischen Kultur der Einwanderung voraus. Er beginnt in Algerien mit der Eroberung 1830 und verstärkt sich nach dem Dekret von Crémieux. Wenn man allerdings den Oktober 1870 zum Ausgangsdatum der Emanzi-

41 Vgl. ebd., S. 132.

pation erklärt – so wie das Jahr 1791 für die Gruppe I –, muß man feststellen, daß es kurz vor dem Zweiten Weltkrieg, also 75 Jahre nach der Verleihung des Bürgerrechts, zu einer nennenswerten Anzahl von Mischehen in Algerien kommt, während die 1791 emanzipierten Juden erst nach 125 Jahren, am Vorabend des Ersten Weltkrieges, die Mischehe in großer Zahl praktizieren. Anders gesagt, die Assimilation der nordafrikanischen Juden geht trotz ihrer größeren anthropologischen Entfernung von der französischen Kultur schneller voran als die der Juden der Revolutionszeit. Auch hier kann eine Beschleunigung festgestellt werden.

Gegen alle neueren Spekulationen über eine Rückkehr zur jüdischen Identität zwischen 1965 und 1990 belegen die über eine langen Zeitraum ermittelten Daten zum Heiratsverhalten eine Beschleunigung des Assimilationsprozesses bei allen im 20. Jahrhundert eingewanderten jüdischen Gruppen im Vergleich zur ursprünglichen jüdischen Gemeinschaft, die 1791 in die französische Gesellschaft eintritt. Eine Untersuchung des besten Indikators, der Mischehenrate, vertreibt Illusionen, die das Fortbestehen kultureller Residuen nach der Einwanderung erwecken könnte. Die Beschleunigung geht nicht auf unterschiedliche Haltungen der verschiedenen jüdischen Gruppen zurück, sondern auf ein verstärktes Assimilationspotential der Aufnahmegesellschaft selber. Diese Fähigkeit wächst in allen postindustriellen Gesellschaften und betrifft alle Minoritäten – selbst die Zigeuner. Eine ähnlich beschleunigte Assimilation ist in den Vereinigten Staaten bei allen seit den fünfziger Jahren eingewanderten Gruppen zu beobachten. Sie erscheint lediglich als Teilaspekt eines umfassenderen Phänomens, der Beschleunigung des Geschichtsprozesses in den postindustriellen Gesellschaften. Die lineare oder sogar exponentielle Beschleunigung der Assimilation ist aus der Zunahme der Mischehen in der verwickelten und oft dramatischen Geschichte der französischen Juden zu lesen, die anders als die Juden Englands und Amerikas den modernen Antisemitismus in seiner aggressivsten Form kennenlernen mußten.

Eine weniger schmerzhafte Assimilation

Der Vergleich der Assimilationskurven osteuropäischer Juden in Frankreich und in Amerika läßt – auf der Basis einigermaßen zufriedenstellender Daten – das assimilatorische Potential beider Aufnahmegesellschaften ermessen. Die russischen und polnischen Juden, die von 1880 bis 1925 in Amerika und von 1905 bis 1940 in Frankreich aufgenommen wurden, stammen aus der jiddischsprachigen Kultur der Aschkenasim, die sich gegenüber ihrer polnischen und russischen Umgebung ein hohes Maß an Eigenständigkeit bewahrt hatte. Die statistischen Daten zu Mischehen dieser Einwanderer und ihrer Nachkommen offenbaren einen erheblichen Unterschied des Assimilationstempos in den Vereinigten Staaten und in Frankreich (repräsentiert durch das Pariser Becken).

Bei der Auswertung des Vergleichs ist zu berücksichtigen, daß die Juden russisch-polnischer Herkunft die überwältigende Mehrheit der amerikanischen Juden stellen und die relative Mehrheit der »in Frankreich geborenen und zwischen 1966 und 1975 verheirateten Juden«. Man darf annehmen, daß die Anteile stärker assimilierter Juden der älteren Gemeinden und weniger assimilierter sephardischer Juden in dieser Statistik sich gegenseitig aufheben und daß die Kinder osteuropäischer Juden die Haupttendenz bei der betrachteten Menge von Personen bestimmen. In den Vereinigten Staaten wählten 31 % der zwischen 1965 und 1974 verheirateten Juden einen Partner außerhalb ihrer ethnisch-religiösen Gruppe. In Frankreich entscheiden sich 42 % der auf dem Staatsgebiet geborenen, zwischen 1965 und 1974 verheirateten Juden für die Exogamie.[42] Man darf an dieser Stelle nicht vergessen, daß der französische Prozentsatz, mehr noch als der amerikanische, aufgrund der Erhebungsmethoden ein Minimalwert ist. Die Exogamierate

42 Alle Zahlen bei S. Goldstein, *Profile of American Jewry: Insights from the 1990 National Jewish Population Survey*, a. a. O., S. 126 und D. Bensimon und S. Della Pergola, *La Population juive de France: sociodémographie et identité*, a. a. O., S. 132.

liegt also in Frankreich mindestens ein Drittel über der in Amerika, obwohl die Einwanderung osteuropäischer Juden viel jüngeren Datums ist; sie hat ihren Höhepunkt zwischen den Weltkriegen, während er in Amerika vor dem Ersten Weltkrieg liegt. Der große Vorsprung in der Exogamiestatistik belegt eine größere Offenheit der französischen Gesellschaft.

Das starke Assimilationspotential des französischen anthropologischen Systems resultiert jedoch nicht etwa aus einer besonderen Kraft, eingewanderte Kulturen zu zerstören. Genau das Gegenteil ist richtig: *Der matrimoniale Tausch kommt in Frankreich schneller zustande, weil das französische anthropologische System eine geringere Nivellierung der unterschiedlichen Lebensgewohnheiten vor der Verbindung fordert als das amerikanische.*

Das amerikanische Assimilationsmodell bringt, wie gesehen, die Einwanderer dazu, die eigenen familiären und religiösen Bräuche denen der Aufnahmegesellschaft peinlich genau anzugleichen. Der Übertritt zu einem individualistischen, nichtegalitären System in Familie und Religion ist wesentliche Aufnahmebedingung in die amerikanische Gesellschaft, die zwar auf der ideologischen Ebene Unterschiede anerkennt, sie aber konkret nicht duldet. Der kulturelle Konformismus gipfelt im Ausweis der eigenen Besonderheit, während sich die Gruppe durch Heirat in einer vor allem durch Homogenität charakterisierten Gesellschaft verteilt. Der Prozeß der Anpassung an die Gebräuche der Mehrheit benötigt natürlich seine Zeit, meist erstreckt er sich über mehrere Generationen. Wenn man einmal die Jahre 1900 bis 1910 als Schwerpunkt der jüdischen Einwanderung nach Amerika betrachtet, zeigt der Anstieg der Mischehenrate bis 1965, daß es zwei bis drei Generationen gedauert hat, bis die Gruppe konform genug war, um von der amerikanischen Gesellschaft absorbiert zu werden. Aber gerade das völlige Verschwinden der Unterschiede impliziert eine lange Phase der Anpassung vor der Mischehe.

Die Haltung der französischen Gesellschaft ist völlig anders. Anders als in Amerika behauptet die herrschende Ideologie

hier die kulturelle Homogenität des Landes trotz einer objektiv heterogenen anthropologischen Zusammensetzung. Der universale Mensch der Theorie trägt in der Wirklichkeit viele, sehr verschiedene Attribute. Auf dem Staatsgebiet koexistieren mehrere anthropologische Subsysteme, deren zwei bedeutendste, Stammfamilie und egalitäre Kernfamilie, von antagonistischen Werten organisiert werden. Eine ähnliche Koexistenz gibt es auf religiösem Gebiet, die sich ungefähr mit der der Familientypen deckt: Bis etwa 1965 ist der Katholizismus in drei Fünfteln des Landes unbedeutend, in den beiden restlichen Fünfteln dominiert er. Anders als die Vereinigten Staaten mit ihrem eingebildeten Multikulturalismus ist Frankreich wirklich multikulturell und daran gewöhnt, seine anthropologische Vielfalt zu leben, eine Vielfalt, die zugegebenermaßen die Grenzen eines gewissen Minimalkonsenses nicht überschreiten darf, der vor allem über den relativ hohen Status der Frau und die Notwendigkeit der Exogamie besteht.

Die Ostjuden integrieren sich in diese akzeptierte Vielfalt. Ihre Stammfamilie gehört zum bilateralen Typ mit patrilinearer Tendenz: Sie unterscheidet sich von Stammfamilientypen der französischen Peripherie allenfalls durch eine schwache Neigung zur Cousinenheirat. Die französische Aufnahmegesellschaft, besonders ihr Zentrum im Pariser Becken mit der egalitären Kernfamilie, kann mit dem Anderssein der eingewanderten Juden konfliktfrei umgehen, genau wie mit dem Anderssein der Menschen aus der Bretagne, dem Baskenland, der Gegend von Rouen oder dem Elsaß. Die jüdische Besonderheit wird, seit die Gruppe ihre abgeschlossene Organisation als Gemeinde aufgegeben hat, als »kleiner Unterschied« betrachtet, der die Überzeugung *a priori* vom universalen Menschen auf keine Weise gefährdet. Der ideologische Indifferentismus – es gibt keine Juden – verlängert sich auf der anthropologischen Ebene zu einer unbewußten Wahrnehmung wie: »Und im übrigen sind sie nicht merkwürdiger als die Bretonen.«

Eine solche Haltung schafft günstige Bedingungen für eine Assimilation mit geringer kultureller Entfremdung der Ein-

wanderer. Ein zweitrangiger Unterschied muß nicht absorbiert werden. Wenn die Bretonen und die Leute aus Rouen das Recht haben, anders als die Bewohner des Pariser Beckens ein enges Familienleben mit einer stärkeren Verbundenheit zwischen den Generationen, zwischen Geschwistern und zwischen Cousins zu pflegen und diese Lebensweise in ihrer Heimat oder sogar in Paris beizubehalten, solange sie wollen, warum sollte die französische Gesellschaft von Juden mehr Konformismus verlangen? Im Falle der sephardischen Juden, deren Familienstruktur stärker in die patrilineare Richtung abweicht, fordert die französische Gesellschaft gewiß, daß der Frau ein höherer Status zuerkannt werde. Aber man kann durchaus unterstellen, daß sie mit ihrem Votum für ein Gleichgewicht der Elternteile die Rückkehr zur zentralen Tendenz des biblischen Judentums erleichtert, das anders als die arabische Kultur nicht antifeministisch war. Dafür wird der erweiterte Charakter der nordafrikanischen jüdischen Familie nicht als unfranzösisch betrachtet. Das Fortbestehen familiärer Bindungen über das Paar und seine Nachkommen hinaus bei den Sephardim ist samt den dazugehörigen Festen und Riten oft bemerkt und untersucht worden.[43] Die Spezialisten auf diesem Gebiet neigen allerdings dazu, zu übersehen, daß die von ihnen beschriebenen engen Familienbindungen genaue Entsprechungen in einigen Kulturen der französischen Peripherie haben. Das Überleben der Stammfamilie in der Großstadt bringt ständig solche Konfigurationen hervor. Daß in katholischen oder laizistischen Milieus nicht koscher gegessen wird, heißt nicht, daß dort die Nahrungsaufnahme weniger ritualisiert wäre, denn die französische Zivilisation hat die Gastronomie implizit zu einem Bestandteil ihrer Religion gemacht.

Anders als in den Vereinigten Staaten ist die Zerstörung der jüdischen Familie in Frankreich nicht Vorbedingung der As-

43 Vgl. dazu die Beschreibung bei Joelle Bahloul, »Naissance et mariage: temps forts de la reproduction familiale chez les Juifs nord-africains en France«, in: J.-C. Lasry, C. Tapia u. a., *Les Juifs du Maghreb*, Paris: L'Harmattan und Presses de l'Université de Montréal 1989, S. 241–262.

similation. Im Lauf der Zeit kommt es sicher zur Schwächung des Stammfamiliencharakters, zur Individualisierung innerhalb der Familie, zum Verschwinden arrangierter Ehen und besonders der familiären Endogamie. Aber die eheliche Verbindung von Juden und Nicht-Juden ist möglich, bevor alle anthropologischen Besonderheiten eingeebnet sind. Die jüdische Familienkultur integriert sich in die Konstellation der Stammfamilienkulturen der Peripherie. An dieser Stelle liegt es nahe, über Wahlverwandtschaften zu spekulieren, die dazu führen könnten, daß im Pariser Becken, dem Ort ihrer Begegnung, Menschen aus Stammfamilien einen intensiveren matrimonialen Tausch betreiben: Juden mit Bretonen, Juden mit Auvergnern usf. Keine Untersuchung beantwortet diese Frage, aber nach meinem Empfinden würde die Antwort negativ ausfallen: Der Pariser Raum, wo alle Kulturen der Peripherie in einer wesentlich individualistischen, egalitären Sphäre zusammentreffen, schafft den einzelnen wirkliche Freiheit von anthropologischen Determinationen. Jeder kann sich an den Systemunterschied halten oder sich ihm entziehen. Manche exogamen Ehen führen zu harmonischen Verbindungen, zwischen jüdischen und bretonischen Familien etwa, andere bringen sicher eine gewisse Asymmetrie hervor, wenn ein Partner aus einer atomisierten Gruppe kommt und nichts als sich selber mitbringt, während der andere Partner sich auf eine warmherzige, vereinnahmende jüdische Familie stützen kann. Solche Differenzen werden mit der bekannten Technik eines pragmatischen Universalismus als »kleine Unterschiede« behandelt, die nichts daran ändern, daß die einzelnen als Angehörige desselben Menschengeschlechtes betrachtet werden und daher das Recht haben, einander zu heiraten.

Ebenso wie die objektive familiale Vielfalt Frankreichs trägt die französische Auffassung von Religion dazu bei, daß die Assimilation der Juden mit wenig Entfremdung einhergeht. Seit der Mitte des 18. Jahrhunderts unterscheidet sich Frankreich von überwiegend protestantischen Ländern wie Deutschland, England oder den Vereinigten Staaten durch einen frühe

Schwächung religiöser Überzeugungen, zumindest im egalitären Zentrum. Sich im Paris des 19. Jahrhunderts niederzulassen heißt, eine Welt zu betreten, in der gar nicht mehr an Gott geglaubt wird und die sich darin sehr von Berlin, Wien oder London unterscheidet, Hauptstädten von Ländern mit intensiver religiöser Praxis. Die Juden im Zentrum der französischen Gesellschaft sind daher nicht dem Druck eines übermächtigen, siegesgewissen Christentums ausgesetzt. In dieser Umgebung bedeutet Assimilation nicht die endgültige Verleugnung des Judentums: Sie setzt nicht voraus, daß nach fast zweitausend Jahren Widerstand der jüdische Glaube dem christlichen weichen muß. Die französische Gesellschaft, die die Juden emanzipiert, begreift sich selbst als Welt in Bewegung, die ebenso die Unterdrückung vergangener Jahrhunderte abwirft, vor allem als überlebt empfundene religiöse Überzeugungen. Anders als Deutschland in der zweiten Hälfte des 18. Jahrhunderts fordert das nachrevolutionäre Frankreich nicht den Übertritt der Juden zu einem Christentum, daß Frankreich selber abzuschaffen sich anschickt. Hauptsächlich aus diesem Grund bleibt der Prozentsatz der Konversionen von Juden zum Katholizismus im 19. Jahrhundert unbedeutend, unter einem Prozent.[44] Ebensowenig verlangt die französische Gesellschaft, wie etwa die amerikanische, eine Neudefinition der jüdischen Religion gemäß der eigenen Tradition. Keine ernstzunehmende Reformbewegung bearbeitet unter dem Vorwand einer Modernisierung das französische Judentum, das sich niemals unausgesprochen aufgefordert fand, wie die amerikanischen Juden den strengen und eifersüchtigen Gott des Alten Testaments in einen schmeichelnden, freundlichen, sentimentalen und tränenseligen Gott zu verwandeln, wie er über die Geschicke der Amerikaner wacht. Die französische Gesellschaft nimmt sicher Einfluß auf das Judentum, auch negativer Art, aber ohne Heuchelei. Zentralfrankreich ist ungläubig, und sein Einfluß führt zu einer Schwächung des jüdischen Glaubens parallel zur

44 Vgl. S. Schwarzfuchs, *Du Juif a l'israélite*, a. a. O., S. 305.

Schwächung des christlichen. Die emanzipierten Juden schließen sich den emanzipierten Katholiken auf ihrem Weg in den Skeptizismus einfach an. Um 1870 kann die Wandlung als vollzogen betrachtet werden, denn nach den Berechnungen Michael Marrus' hat zu dieser Zeit in den Pariser Synagogen nur noch ein Achtel der Pariser Juden Platz.[45] Die religiöse Abstinenz der Pariser Juden ist der der Pariser Christen vergleichbar. Aber in diesem Punkt unterscheidet sich die französische Assimilation von der deutschen oder angelsächsischen nur durch einen schnelleren Schwund des Glaubens, denn mehr oder weniger in allen Gruppen der Diaspora geht zu Beginn des 20. Jahrhunderts die Religionsausübung zurück. Das Besondere am französischen Weg liegt darin, daß jeder geistige Zwang fehlt, wie ihn etwa der formale Übertritt zum Christentum oder die Verwandlung des Judentums in eine spätchristliche Sekte armenischer Tradition darstellt.

Die Emanzipation der französischen Juden führt seit der Mitte des 19. Jahrhunderts zu einer paradoxen Situation. Die Juden verlieren ihren Glauben und deutlicher als anderswo ihre Organisation als Gemeinde. Definiert man die jüdische Gruppe über ihr äußerliches Bekenntnis zum Differentialismus, dann ist die Assimilation auf französische Weise gewiß höchst radikal. Wenn man dagegen die tiefverankerten Werte des Judentums – diese komplizierte Mischung von Monotheismus, Familienliebe und Bildungsgläubigkeit – in den Vordergrund stellt, die zu bewahren Aufgabe der Gruppe ist, kann man unterstellen, daß eine Assimilation auf französische Weise wesentliche Elemente der jüdischen Kultur besser bewahrt als die amerikanische Variante. Der Glaube verschwindet überall, die Schwächung der jüdischen Religion erscheint da nur als Teilaspekt einer Entzauberung der Welt, welche die abendländischen Christen ebenso betrifft wie die japanischen Buddhisten und die in Anfängen auch den Hinduismus und den Islam erreicht

45 Vgl. M. R. Marrus, *Les Juifs en France à l'époque de l'affaire Dreyfus*, a. a. O., S. 74 f.

hat. Aber Frankreich gestattet eher als die Vereinigten Staaten den Fortbestand bestimmter jüdischer Auffassungen von Familienleben und solider Ausbildung. Der hyperindividualistische Ausbruch aus dem familiären Kordon ist nicht wie in den USA Vorbedingung zum Eintritt in die Gesamtgesellschaft. In Paris wird das Fortbestehen weitläufiger jüdischer Familien, die mehrere Haushalte auf Quartiers- oder Arrondissements-Ebene umfassen und einander unterstützen, trotz der Dominanz eines egalitär-individualistischen Familientyps nicht als Symptom einer mißlungenen Französisierung gedeutet. Das Fortbestehen einer Familienstruktur, die die Generationen eng aneinanderbindet, garantiert wohl zumindest das Überleben gewisser jüdischer Bildungstraditionen, der Verpflichtung beider Elternteile (nicht nur der Mutter, wie in Amerika phantasiert wird), mit allen Kräften die Ausbildung ihrer Kinder zu fördern. Die Übernahme des angelsächsischen Kleinfamilienmodells durch die amerikanischen Juden impliziert dagegen auf lange Sicht ein Verschwinden des kulturellen Überlieferungspotentials der jüdischen Familie. Die französischen Juden, schneller absorbiert durch Mischehen, sind von einer solchen Entwurzelung weniger bedroht. Im Privatleben fällt es ihnen leichter, der jüdischen Tradition zumindest teilweise die Treue zu halten.

Die Dreyfus-Affäre und Vichy: Indifferentismus gegen Antisemitismus

Zwei Episoden der modernen französischen Geschichte, die Dreyfus-Affäre und das Vichy-Regime, haben manche dazu gebracht, die französische Art der Judenemanzipation für gescheitert zu erklären. Eine nordamerikanische Schule mit Historikern wie Robert Paxton, Michael Marrus und Paula Hyman hat die Geschichte der französischen Juden sozusagen um diese beide Episoden herum rekonstruiert, die beide angeblich einen heftigen, spezifisch französischen Antisemitismus ans

Licht gebracht hätten. Dieser Antisemitismus wird wiederum als Beweis für das Scheitern des revolutionären Universalismus angeführt, das heißt für das Scheitern eines individualistischen, egalitären Emanzipationsideals. Frankreich habe, konfrontiert mit freien und gleichen Juden, die in Wirtschaft und Gesellschaft Erfolge häuften, seine eigenen Prinzipien verleugnet.

Noch schlimmer: die praktische Unmöglichkeit eines individualistisch-egalitären Ideals, das ethnische Besonderheiten einfach nicht zur Kenntnis nehme, sei damit erwiesen. An diesem Punkt gerät die amerikanische Version der modernen Geschichte Frankreichs zur Verherrlichung der »pluralistischen« amerikanischen Auffassung von der Integration der Juden und anderer ethnisch-religiöser Gruppen. Diese Haltung wird besonders deutlich bei Marrus, der den Verzicht der französischen Juden auf ein aktives, gemeinschaftliches Auftreten und ihre Entschlossenheit hervorhebt, sich selbst unter den widrigen Umständen der Dreyfus-Affäre eher zu Frankreich als zum Judentum zu bekennen. Die Kritik an der französischen Weise der Emanzipation wird so zum einfachen Versatzstück der multikulturalistischen Ideologie. Obwohl sie nützliches Material ansammelt (das gilt generell: Angelsächsischer Empirismus verpflichtet), ist diese amerikanische Forschungsrichtung nicht allein aus der Absicht entstanden, die historische Realität zu beobachten. Sie bringt einen fundamentalen Zweifel der Amerikaner an der Gültigkeit ihres eigenen Multikulturalismus zum Ausdruck. Die Verunsicherung der amerikanischen Intellektuellen wird noch gesteigert durch den Kontakt mit dem französischen Modell, das am Ende des zweiten Jahrtausends als einziger Rivale des amerikanischen Modells verblieben ist.

Eine anthropologische Analyse des französischen Antisemitismus läßt jedoch erkennen, wie weit die amerikanische Problematisierung am Wesentlichen vorbeizielt. Sie setzt letztlich eine der amerikanischen vergleichbare Homogenität in der französischen Gesellschaft voraus. Nun definiert aber, wie gesehen, die Anthropologie familialer und religiöser Strukturen zwei Frankreich: ein dominierendes Zentralfrankreich als uni-

versalistischen, individualistischen und egalitären Träger der Emanzipationsidee und ein abhängiges, peripheres Frankreich mit autoritären und nicht-egalitären Werten, das sich darauf versteift, die Juden anders zu finden. Die Wechselbeziehung dieser beiden Frankreich erklärt die Widersprüche der Dreyfus-Affäre ebenso wie die der Vichy-Episode.

Auf dem Höhepunkt der Hysterie, zwischen Oktober 1897 und September 1899, zeichnet die Dreyfus-Affäre eine Landkarte des französischen Differentialismus. Alle Dokumente und Zeugnisse zeigen übereinstimmend, daß der Katholizismus der Peripherie die Hauptquelle des Antisemitismus war. Eine Analyse der damals erscheinenden Zeitungen belegt die Existenz einer völlig entfesselten katholischen Provinzpresse, die der Affäre buchstäblich das Terrain bereitete.[46] Zwischen 1890 und 1893 führte die Tageszeitung *La Croix* eine antisemitische Erziehungskampagne durch und bezeichnete sich selbst stolz als »antijüdischste Zeitung Frankreichs«. Die Kirche findet den stärksten Rückhalt in Gebieten der Stammfamilie. Ihre Weigerung, die Juden als vollwertige Menschen zu akzeptieren, ist nur eine Übersetzung des differentialistischen anthropologischen Gehalts in eine nicht mehr sonderlich christliche Sprache. Die Verteilung der Hochburgen der Antisemitischen Liga, die 1898–1899 ihren Zenit erreicht, skizziert auf der Peripherie in etwa die Zonen des stärksten katholischen Einflusses. Außer den Bastionen intensiver religiöser Praxis im Osten, im Westen, im äußersten Norden und im Hochland des Zentralmassivs ist ganz Okzitanien betroffen, das zeitweise einige offen antisemitische Abgeordnete aus den Departements Bordeaux, Landes, Gers, Lozère, Gard, Vaucluse und Drôme entsendet.[47] Im Pariser Becken, dem Land der Gleichheit, ist die Antisemitische Liga dagegen keine Macht.

46 Vgl. J. Ponty, »La presse quotidienne et l'affaire Dreyfus en 1898–1899; essai de typologie«, in: *Revue d'histoire moderne et contemporaine*, Bd. 21, April–Juni 1974, S. 193–200.

47 Vgl. Z. Sternhell, *La Droite révolutionnaire. Les origines françaises du fascisme, 1885–1914*, Paris: Éd. du Seuil 1978, S. 221 f.

40 Jahre nach der Dreyfus-Affäre kommt es unter dem Vichy-Regime erneut zu einer asymmetrischen Konfrontation einer antisemitischen Tradition der Bevölkerungsminderheit und einer Kultur des Zentrums, die der Judenfrage indifferent gegenübersteht. Die Besetzung erst eines Teils, dann des gesamten französischen Staatsgebietes durch die deutsche Armee verschiebt offensichtlich die Gewichte zwischen den anthropologischen Bestandteilen des französischen Systems zugunsten des Differentialismus. Dies geschieht schneller und deutlicher ab 1940, als die Wehrmacht den Nordteil Frankreichs unter ihre Kontrolle bringt, das heißt die Mehrheit der Gebiete mit egalitärer Tradition, in denen die Ideen der Revolution ursprünglich entstanden. Das Vichy-Regime wurzelt in den Regionen der autoritären, nicht-egalitären Stammfamilie, egalitäre Ausnahmen bilden nur die Mittelmeerküste und der Nordrand des Zentralmassivs. Das Territorium Pétains deckt ziemlich genau die Gegenden mit monarchistischer Tradition ab.

Pétains klerikales, Familienwerte und Moral predigendes Regime schien die rückwärtsgewandten Phantasien einer katholischen Rechten zu verwirklichen, die vier Jahrzehnte hindurch von der Haßpropaganda der *Action française* beeinflußt worden war. Paxton hat in seiner Untersuchung des Vichy-Regimes die Existenz eines autonomen französischen Antisemitismus klar belegt, der vom deutschen Antisemitismus unabhängig war und ihm möglicherweise vorausging. Die ersten von Pétains Regierung verabschiedeten antijüdischen Maßnahmen gehen nicht auf deutsche Direktiven zurück. Sie folgen ihrer eigenen Logik, der Logik eines Antisemitismus, der, sich selbst überlassen, die französischen Juden ausgegrenzt und die ausländischen und frisch eingebürgerten vertrieben, niemals aber versucht hätte, alle Juden auszulöschen. Die bewegende Kraft hinter dem autonomen, spezifisch französischen Antisemitismus des Vichy-Regimes ist, wie in der Dreyfus-Affäre, das anthropologische System der Stammfamilie, das in ganz Frankreich in der Minderheit, in der »Zone libre« aber in der Mehrheit war.

Das Schicksal der Juden, die sich 1940 in Frankreich befinden, läßt die beiden Schwachstellen des französischen Antisemitismus erneut klar hervortreten: erstens die Tatsache, daß die Mehrheit der Bevölkerung im Pariser Becken und an der Mittelmeerküste der Judenfrage indifferent gegenübersteht; und zweitens die kaum vorhandene psychische und soziale Verankerung der antisemitischen Ideologie im differentialistischen Teil des Landes. Der Historiker darf daher nicht einfach auf die Tatsache des antisemitischen Vorgehens des Vichy-Regimes hinweisen. Er muß auch erklären, warum – trotz monströser Episoden wie jener Razzia, in deren Verlauf Tausende von Juden in der Pariser Radrennbahn (»vélodrom d'hiver«) zusammengetrieben und anschließend deportiert wurden – fast 75 % der Juden in Frankreich die »Endlösung« überlebten, so viele wie kaum anderswo in Europa. Unter den Nationen, in denen vor dem Krieg über 10 000 Juden lebten, liegen nur Bulgarien und Italien, wo 80 % bzw. 78 % der Vernichtung entgingen, vor Frankreich. Wenn man berücksichtigt, daß Bulgarien den ganzen Krieg über mit Deutschland verbündet und daher nicht besetzt war und daß Italien, zunächst ebenfalls verbündet, ab dem September 1943 nur zu zwei Dritteln erobert war, erscheint die französische historische Erfahrung in einem noch günstigeren Licht. Wenn man noch dazu bedenkt, daß in Frankreich als einzigem besetzten Land die jüdische Bevölkerung hauptsächlich aus Neueinwanderern bestand, die durch ihre mangelhaften Kenntnisse der Landessprache besonders verwundbar waren, dann bestätigt sich die Sonderstellung des Landes. Sicher kann man den Abscheu kaum beherrschen angesichts der krankhaft-delirierenden Texte eines Drieu La Rochelle oder eines Brasillach, der Übergriffe der Milizen und mancher behördlicher Willkürakte des Vichy-Regimes, aber bei der Analyse der geistigen Verfassung des französischen Volkes sollte man sich an die Zahl der Überlebenden halten. Sie ist methodisch mehr wert als Meinungsumfragen, denn in ihr spiegelt sich das Verhalten von Millionen einzelner.

Der Sinn einer Geschichte

Um 1990 stehen die französischen Juden, was die numerische Größe betrifft, unter den Gemeinden der Diaspora hinter den amerikanischen und russischen, aber vor den englischen Juden an dritter Stelle, aber an erster Stelle, was die Vielfalt der Ursprungskulturen angeht, denn nur in Frankreich leben Ostjuden und Sephardim etwa gleichgewichtig zusammen. Die Revolution hatte Juden emanzipiert, die es eigentlich nicht gab, denn sie waren im Zentralgebiet des Pariser Beckens nicht vertreten. Am Ende zweier turbulenter Jahrhunderte erscheint die Emanzipation in Frankreich als historische Realität, nicht als bloße Forderung der Theorie. Die historischen Zeugnisse lassen erkennen, daß der Übergang zur praktischen Emanzipation weder dem Zufall noch ursprünglich dem Wunsch der jüdischen Gemeinden zu verdanken war. Die Emanzipation wurde 1791 den osteuropäischen Juden oktroyiert, die nicht um sie gebeten hatten. Ihr Gelingen hindert die jüdischen Flüchtlinge aus dem russischen Reich seit 1880 nicht daran, wenn immer möglich, Amerika oder sogar England dem Land des universalen Menschen vorzuziehen. Im Fall der um 1871 außergewöhnlich traditionalistischen algerischen Juden darf man wohl unterstellen, daß Frankreich sie gegen ihren Willen en bloc einbürgerte, nachdem das Angebot einer individuellen Einbürgerung gescheitert war.

Ohne in der Abfolge der historischen Ereignisse die Hand einer eingreifenden, menschenähnlichen Gottheit suchen zu wollen, muß man zugeben, daß alles sich so abgespielt hat, als hätte Frankreich die Juden gebraucht, um seinen Glauben an den universalen Menschen zu bestätigen. Im Frankreich von 1789 stehen die Juden, wie im gesamten christlichen Europa, nicht für einen Unterschied unter anderen. Sie sind *das Andere schlechthin*. Und das muß überwunden werden, damit das revolutionäre Ideal weiterleben kann. Das Zögern der Nationalversammlung, spürbar in den Debatten der Jahre 1789 bis 1791, sollte keine falschen Vorstellungen erwecken. Die Eman-

zipation war kein beiläufiger Akt. Nachdem erst der Widerstand der von Reubell geführten ostfranzösischen Delegierten überwunden war, wurde die Neudefinition der Juden als normaler Menschen wie ein elementarer Glaubensartikel hochgehalten. Die Begeisterung, mit der Napoleons Armeen die Mauern der italienischen Ghettos einrissen, zeigt klar genug, wie riskant der hohe Einsatz der Revolution war. Das Mißlingen der Emanzipation der Juden nach zweitausendjähriger Segregation in Europa hätte für die Metaphysik der Revolution eine endgültige, vernichtende Niederlage bedeutet. Ebenso würde ein Scheitern der Assimilation der Nordafrikaner und der Schwarzen im Frankreich des Jahres 2000 das Ende des französischen kulturellen Systems bedeuten.

11

Die Desintegration des maghrebinischen anthropologischen Systems

Wenn man an Frankreich die differentialistischen Maßstäbe Englands und Deutschlands anlegt, also die Kinder der Einwanderer nicht einfach in der französischen Bevölkerung aufgehen läßt, dann stellen im Jahr 1990 die »Nordafrikaner« in Frankreich die größte Bevölkerungsgruppe islamischer Herkunft in Europa dar. In Großbritannien zählen die »ethnischen Gruppen« der Pakistani und Bangladeshi, definiert über eine merkwürdige Mischung rassischer und kultureller Kategorien, zusammen 515 000 Mitglieder. Die Türken in Deutschland, die als Nicht-Deutsche betrachtet werden und immer noch Bürger ihres Heimatlandes sind, kommen auf 1,6 Millionen. In Frankreich würde eine ethnisierende Klassifikation des britischen Typs oder die Kategorisierung nach dem deutschen Abstammungsprinzip zur Definition einer Gruppe von 2,5 Millionen Nordafrikanern führen.[1] In Frankreich stellt sich daher besonders dringend die Frage nach der Zukunft der muslimischen Einwanderer in Europa.

Obwohl sie zwischen den Weltkriegen beginnt, ist die Ansiedelung nordafrikanischer Arbeiter in Frankreich im wesentlichen ein Phänomen der Jahre 1945–1990, mit großen Einschnitten zwischen der algerischen Einwanderungswelle einerseits, der marokkanischen und der tunesischen andererseits. Das Wachstum der algerischen Gruppe beginnt unmittelbar nach dem Zweiten Weltkrieg und hält von 1946 bis 1982 über

1 Schätzung von Michèle Tribalat.

zwei Generationen an. In Frankreich werden 1954 bereits 200 000 Algerier, nach der Nationalität definiert, gezählt; 1962 sind es 350 000, 1982 schon 800 000. Die Wanderung der Marokkaner ist ein sehr viel späteres Phänomen, diese Gruppe wächst erst nach der Volkszählung von 1968 nennenswert an, auf 260 000 im Jahr 1975, auf 570 000 im Jahre 1990. Die weniger bedeutende Einwanderung aus Tunesien nimmt ebenfalls zwischen 1968 und 1982 zu, geht aber nach der Zählung von 1982 zurück, obwohl 1990 die Marke von 200 000 erreicht wird. Jede der drei Nationalitäten geht im eigenen Tempo durch den gewohnten Zyklus von der Einwanderung männlicher Arbeiter zur vollständigen Bevölkerungsgruppe nach der Zusammenführung der Familien und der Geburt von Kindern im Gebiet der Aufnahmegesellschaft.

Ausländer in Frankreich

Jahr	*Algerier*	*Marokkaner*	*Tunesier*	*Türken*	*Portugiesen*
1946	22 114	16 458	1 916	–	22 261
1954	211 675	10 734	4 800	–	20 085
1962	350 484	33 320	26 569	–	50 010
1968	473 812	84 236	61 028	7 628	296 448
1975	710 690	260 025	139 735	50 860	758 925
1982	805 116	441 308	190 800	122 260	767 304
1990	614 207	572 652	206 336	197 712	649 714

Verschiedenen Perioden der Einwanderung entspricht eine spezifische Verteilung der Eingewanderten auf dem französischen Territorium. Alle Gruppen lassen sich bevorzugt auf der Mittelachse Frankreichs entlang einer Linie Marseille-Lyon-Paris nieder. Aber die Algerier und die Tunesier konzentrieren sich

auf einige städtische Regionen: 1990 vereinen die Île-de-France sowie die Regionen Rhône-Alpes und Provence-Alpes-Côte d'Azur 44 % der Marokkaner, aber 60 % der Algerier und 80 % der Tunesier. Die als letzte angekommenen Marokkaner ziehen die Provinz vor und sind daher gleichmäßiger verteilt als die Algerier. Die absoluten Zahlen der Einwohner algerischer und marokkanischer Herkunft (614 207 bzw. 572 652) liegen 1990 nahe beieinander. Aber zu dieser Zeit werden in nur sieben Departements im äußersten Westen weniger als 0,2 % Marokkaner gezählt, während 26 Departements über den ganzen Westen und einen Teil des Zentralmassivs verteilt einen Anteil von weniger als 0,2 % Algeriern aufweisen. Abgesehen von diesen aus der Einwanderungsgeschichte resultierenden Unterschieden, gingen alle drei Gruppen zuallermeist in der französischen Arbeiterklasse auf, was sich beinahe automatisch aus dem geringen Qualifikationsniveau ergibt, das wiederum Folge der niedrigen, auch im Herkunftsland unterdurchschnittlichen Alphabetisierungsrate ist. Die algerischen, marokkanischen und tunesischen Einwanderer kommen aus den unteren Schichten ihrer jeweiligen Gesellschaften. Das unterscheidet die nordafrikanischen Einwanderer in Frankreich von den Türken in Deutschland, die vollständig alphabetisiert sind, da sie aus den weitestentwickelten Teilen der Arbeiter und Bauern der Herkunftsgesellschaft ausgesucht wurden.[2]

2 Zu den Türken vgl. F. Sen u. a., *Migration Movements from Turkey to the European Community*, Essen, Juli 1992, im Auftrag der EG-Kommission, S. 32: Im Jahr 1970 haben 63,1 % der ausgewanderten Türken zwischen 20 und 39 Jahren eine vollständige Grundschulbildung, im Vergleich zu 35,9 % derselben Altersgruppe in der Türkei. Zu den Nordafrikanern vgl. Y. Courbage, »Demographic transition in the Maghreb peoples of North Africa and among the emigrant community«, in: P. Ludlow, *Europe and the Mediterranean*, London/New York: Brassey's 1993: Unter den männlichen Algeriern von 15 bis 49 Jahren besitzen 1982 18,2 % der in Frankreich lebenden eine Grundschulbildung gegenüber 55,9 % der in Algerien lebenden. Der Unterschied ist ähnlich hoch bei den Marokkanern – 16,9 % mit Grundschulbildung in Frankreich gegenüber 38,2 % in Marokko – und den Tunesiern – 24,0 % mit Grundschulbildung in Frankreich gegenüber 67,7 % in Tunesien.

Bei der Volkszählung von 1990 wurden 32,4 % der französischen Haushaltsvorstände als »Arbeiter« eingestuft, dagegen 68,7 % der tunesischen, 71,9 % der algerischen und 78,2 % der marokkanischen Haushaltsvorstände. Nur unter den Tunesiern, deren Herkunftsgesellschaft den höchsten Alphabetisierungsgrad des Maghreb aufweist, gehören mehr als 30 % nicht der Arbeiterschaft an. Die Assimilation der weit mehr als nur alphabetisierten Juden war im wesentlichen Sache der französischen Mittelschicht. Die Assimilation der Maghreb-Einwanderer ist Sache der Arbeiterschaft. Die Mittelschichten sind in der Hauptsache Zuschauer einer Geschichte, die sie nicht selber machen. Um die Jahrhundertwende hat die Dreyfus-Affäre Bürger und Intellektuelle leidenschaftlich erhitzt, das Proletariat aber kaltgelassen. 1984 bedrückt die Frage der Einwanderung die Arbeiterschaft, interessiert aber nur am Rande und indirekt über ihre politischen Auswirkungen die bürgerlichen Eliten, die von den Problemen der Vorstädte kaum betroffen sind.

Sozioökonomisch nehmen die Nordafrikaner einen bestimmten Platz in der Gesellschaft ein, der sie aber nicht grundsätzlich von anderen Einwanderergruppen in Frankreich seit dem Ende des Zweiten Weltkrieges unterscheidet: 77,9 % der portugiesischen sowie 82,8 % der türkischen Haushaltsvorstände sind Arbeiter. Nur die gemischte Gruppe der Vietnamesen, Kambodschaner und Laoten enthält ursprünglich einen großen nicht-proletarischen Anteil. Und doch sind auch bei ihnen 63,7 % der Haushaltsvorstände Arbeiter. Jenseits der sozioökonomischen Kategorien geben einige einfache anthropologische Variablen dem Ensemble der Einwanderer aus den drei Maghreb-Staaten seine Besonderheit und eine gewisse Einheitlichkeit, die natürlich bedeutende Unterschiede nicht ausschließt.

Die Maghrebiner im Jahr 1990

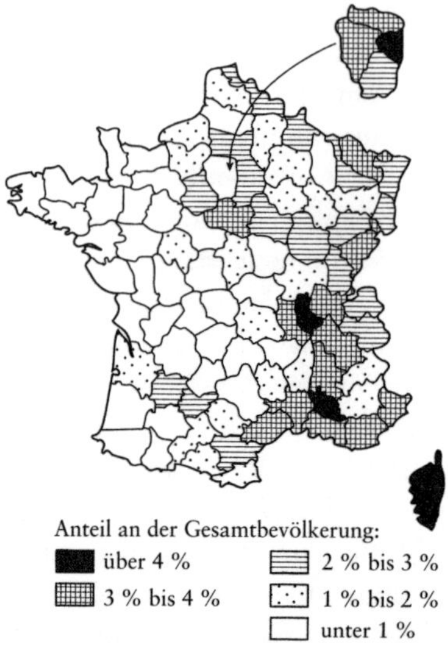

Die Algerier im Jahr 1990

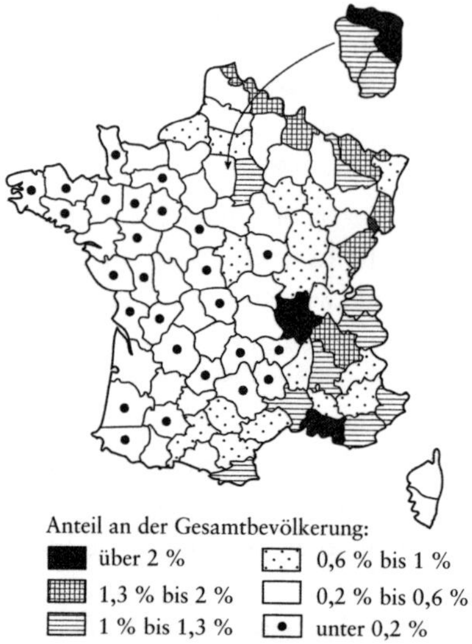

Die Marokkaner im Jahr 1990

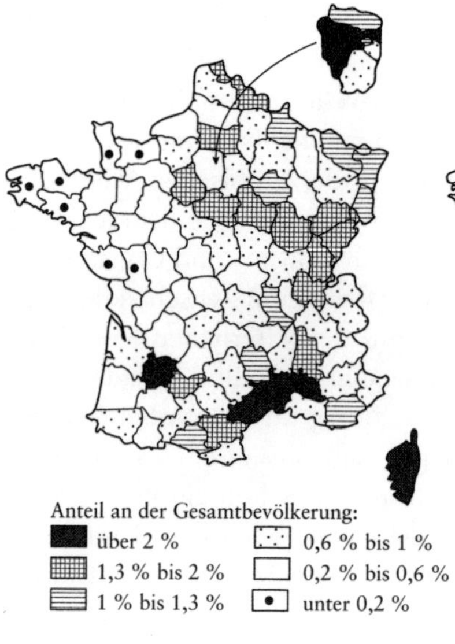

Die Tunesier im Jahr 1990

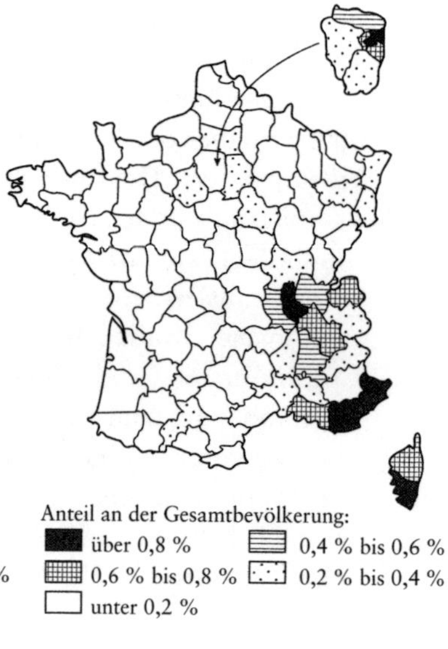

Das maghrebinische Familiensystem

Die drei Maghreb-Staaten gehören zur arabischen Welt, und ihr Familiensystem scheint auf den ersten Blick nur eine Variante des *arabisch-islamischen* Systems zu sein, wie es für alle arabischen Staaten und eine Anzahl islamischer, in familialer Hinsicht arabisierter Staaten wie Iran, Pakistan, Bangladesh, Aserbeidschan oder Tadschikistan typisch ist. Das System darf nicht einfach als »islamisch« bezeichnet werden, denn eine bedeutende Zahl islamisierter Länder, in Schwarzafrika oder Ostasien, ist auf der Ebene der Familienstrukturen keineswegs arabisiert. Im Senegal, in Mali, Indonesien oder Malaysia kann das vorherrschende Familiensystem nicht einfach als gemeinschaftlich, patrilinear und endogam beschrieben werden. Diese für das arabische System üblichen Kennzeichnungen passen jedoch, in unterschiedlichem Maße, zur traditionellen ländlichen Familie in Tunesien, Marokko und Algerien. Die Idealfamilie besteht aus dem Vater und seinen verheirateten Söhnen in einer gemeinschaftlichen Gruppe. Das System ist patrilinear, denn es bevorteilt die männliche Linie. Die Vererbungsregeln des Korans, die den Töchtern ein halb so großes Erbteil wie den Söhnen zusichern, werden auf dem Lande nicht angewandt. Darin unterscheidet sich der Maghreb kaum vom Rest der arabisch-islamischen Welt, denn weder im Iran noch in Pakistan wird die von Mohammmed gewollte Erbgarantie für Frauen respektiert. Die Endogamie, in der arabischen Welt tiefer verankert als in den traditionellen jüdischen Gemeinden, wird durch die Präferenzheirat zwischen Cousins und Cousinen institutionalisiert, vor allem durch die Heirat zwischen den Kindern zweier Brüder. Wenn es auf der väterlichen Seite keine Cousine ersten Grades im passenden Alter gibt, ist jede Cousine unabhängig vom Verwandtschaftsgrad akzeptabel. Die Verbindung von patrilinearen Parallelcousins und -cousinen trägt zur Ausbildung einer patrilinearen Psychologie bei. Sie gibt über die Heirat der Kinder dem Band zwischen Brüdern im Schoß der Großfamilie Dauer und verwirklicht das Ideal der

Symmetrie und Gleichheit zwischen den Brüdern. Die stärkste emotionale Bindung in einer solchen Konfiguration besteht nicht – wie in den gemeinschaftlich-exogamen Systemen Rußlands, Chinas oder Vietnams – zwischen Vater und Sohn, sondern zwischen den Brüdern. Das arabische Familiensystem ist zwar antiindividualistisch, aber nicht »autoritär« wie die gemeinschaftlich-exogamen Systeme. Sicher genießt der Vater der endogamen Gemeinschaft hohen Respekt, aber er hat die Mechanik des Systems nicht in der Hand: Die Heiratsregeln geben seinem Neffen ein Recht auf seine Tochter. Wenn der Onkel sich das Recht, seine Tochter an einen Mann seiner Wahl zu verheiraten, zurückholen will, muß er das materielle Interesse seines Neffen gering halten. Das System ist im weiteren Sinn autoritär, denn die Regel, daß der Partner nicht frei gewählt werden kann, gilt für alle, aber kein einzelner hat tatsächlich die Autorität inne. Das System reguliert sich eher selbst, als daß es von einer dominierenden Generation gesteuert wird, wie es in Stammfamilien oder gemeinschaftlich-exogamen Familien der Fall ist.

Der patrilineare Aspekt der gemeinschaftlich-endogamen und -exogamen Familienstrukturen führt in beiden Fällen zu einem relativ niedrigen Status der Frau. Die Endogamie verspricht der Frau zwar ein vergleichsweise angenehmes Leben, führt aber auch zu ihrer radikalen Einschließung.

Im *patrilinear-exogamen* System muß die gemeinschaftliche Familiengruppe nach Frauen suchen und ihre Töchter loswerden. Ein Mädchen weiß sehr früh, daß es eines Tages durch die Heirat aus seiner Herkunftsfamilie vertrieben und in eine andere, fremde, ungewohnte, bedrohliche patrilineare Gruppe transferiert wird. Wenn zu viele Mädchen geboren werden, ist der Haushaltsvorstand versucht, sich einiger seiner Töchter durch Kindesmord zu entledigen, eine übliche Praxis in den chinesischen und nordindischen Familiensystemen. In der ersten Zeit nach der Heirat wird die Frau beinahe rituell von ihrer Schwiegermutter verfolgt. Wenn sie allerdings ihrem Mann einen männlichen Erben schenkt, ist ihre Position in der neuen

Familie endgültig abgesichert. Als Schwiegermutter kann sie diesen Statusgewinn ausdrücken, indem sie ihre eigene Schwiegertochter terrorisiert. Nach einem oft leidvollen Leben übt die ältere Frau im gemeinschaftlich-exogamen System bisweilen eine respektable Macht aus, der Archetyp ist in dieser Hinsicht wohl die chinesische alte Dame. Auf paradoxe Weise gewinnt die Frau in der geistigen Welt der patrilinearen Exogamie, nachdem sie aus der Umgebung ihrer Kindheit gerissen wurde, ein gewisses Bewußtsein ihrer selbst und ihrer Individualität. Der Mann dagegen kommt in einem solchen System, das ihn seinem Vater und seinen Brüdern unterwirft, nicht zu einem ähnlich klaren Selbstbewußtsein: Er bleibt viel länger als die Frau im Milieu seiner Herkunft eingeschlossen. Das Wertesystem postuliert im Prinzip die Überlegenheit des Mannes, aber die Männer patrilinearer Familien bleiben ziemlich lange Kinder.

In *patrilinear-endogamen* Systemen wird die Frau nicht aus dem Geburtshaus vertrieben und muß den schmerzvollen Eingewöhnungsprozeß in eine neue Familie nach der Heirat nicht durchmachen. Interviews, die in der arabischen Welt geführt wurden, zeigen, daß Frauen, und zwar Mütter wie Töchter, die Cousinenheirat als Korrektiv und Abmilderung der Patrilinearität empfinden. Für die junge Gattin bedeutet der Antrag des Cousins einen Umzug zu Onkel und Tante. Nun ist das Verhältnis von Onkeln und Tanten zu ihren Neffen und Nichten in der arabischen Welt und anderswo im allgemeinen relativ liebevoll, weil es auf einem Generationenunterschied ohne Unterordnung basiert. Im endogamen System entfällt der Heiratsstreß. Das kleine Mädchen sieht sich nicht vor die Vertreibung aus seiner Gruppe gestellt und ist nicht vom Kindesmord bedroht, der in der arabisch-islamischen Welt so gut wie unbekannt ist. Gut behütet wird die Frau allerdings ihr Leben lang in einer gewissen Abhängigkeit gehalten. Sie kommt nicht durch Selbstbehauptung und Leiden wie die Frau des gemeinschaftlich-exogamen Systems zum Bewußtsein ihrer Individualität. Die Frauen der arabisch-islamischen Welt sind zwar phy-

sisch weniger bedroht, aber letzlich radikal eingeschlossen. Sie werden bewacht und festgehalten von einer Familie, die ständig Sorge trägt, ihre Frauen nicht an andere patrilineare Gruppen zu verlieren. Der Schleier, in der Stadt noch mehr als auf dem Land, und eine zentripetale Organisation des Haushalts verkörpern überall das Gefangensein der Frau in ihrer patrilinearen Herkunftsgruppe.

Das gemeinschaftliche, patrilinear-endogame System, wie es im gesamten Maghreb vorherrscht, ist dennoch nicht das vollständigste, am weitesten ausgebaute seiner Art in der arabisch-islamischen Welt. Arabisierung und Islamisierung resultieren aus militärischer und kultureller Expansion: Normalerweise finden sich am Rande solch einer großen Zivilisation Unschärfen und anthropologische Residualformen, die von früheren Systemen ererbt wurden. Die Wendung zum Patrilinearismus und zur Endogamie ist im Maghreb nicht immer vollständig vollzogen, denn er befindet sich an der Peripherie der arabisch-islamischen Welt. Die Stellung der Frau ist hier generell nicht so niedrig wie in der islamischen Sphäre. Der Maghreb, wie auch die Türkei oder der Iran, kennt im Gegensatz zu anderen arabischen Ländern keine Beschneidung der Frauen.[3] Und die Endogamierate, ein wichtiges Merkmal, ist im Maghreb nicht so hoch wie in Ägypten, Syrien oder im Irak.[4]

Allgemein gesagt: *Selbst im Inneren des Maghreb gewinnen familiale und sprachliche Spuren eines vorarabischen Substrats an Bedeutung, wenn man das Gebiet von Ost nach West durchmißt.*[5]

Nimmt man die anthropologische und die historische Dimension, die Organisation der Familie und das kulturelle Entwicklungsniveau, zusammen, so erlaubt der Vergleich der drei

3 Vgl. A. Boudhiba, *La Sexualité en Islam*, Paris: PUF 1975, S. 214.

4 Dazu vgl. M. Khlat, *Les Mariages consanguins à Beyrouth*, a. a. O., Diagramm 5 und 6, S. 92 f.

5 Zum Grad der Homogenität in den drei Maghreb-Staaten und zu dem komplexen Verhältnis des arabischen und berberischen Kulturhintergrunds vgl. X. de Planhol, *Les Nations du Prophète*, Paris: Fayard 1993.

Maghreb-Gesellschaften eine ungewohnte Klassifikation, die zu einer differenzierteren Beurteilung des Abstands führt, der diese Gesellschaften von der westlichen Zivilisation trennt.

- Tunesien, das Land mit dem höchsten Alphabetisierungsgrad und einem Anteil von 45 % Frankophonen, ist auch das Land mit der am offensten praktizierten Endogamie. *Der Status der Frau ist gehoben im Umfeld einer patrilinearen, aber keineswegs durchgängig patrilinearen Organisation der häuslichen Gruppe.* Wenn man akzeptiert, daß der Schutz der Frauen vor gewissen Auswirkungen der Patrilinearität zu den Funktionen der Endogamie gehört, muß die tunesische Variante als feministische Grenzinterpretation der reinen arabischen Lehre verstanden werden: Die hohe Endogamierate mildert die Unterdrückung der Frau in stark patrilinearen Systemen erheblich. Wir werden sehen, daß diese weite Verbreitung der Endogamie die Assimilation der Tunesier im Vergleich zu derjenigen der Marokkaner und der Algerier etwas verlangsamt.
- Am anderen Ende des Spektrums steht Marokko, anthropologisch am wenigsten arabisiert, mit Resten von Bilateralität und Exogamie, die kulturell rückständigste Gesellschaft mit einer deutlich niedrigeren Alphabetisierungsrate. Der Anteil Frankophoner ist mit 30 % ebenfalls kleiner als in Tunesien.
- Algerien nimmt in familialer und kultureller Hinsicht eine Mittelstellung ein: Es erscheint in anthropologischer Hinsicht durchschnittlich arabisiert und, was die Alphabetisierung betrifft, durchschnittlich entwickelt. Der Gebrauch der französischen Sprache, durch die direkte Kolonialisierung weniger als anderswo mit der Alphabetisierung verknüpft, ist weit verbreitet: Mit 48 % Frankophonen steht Algerien in dieser Hinsicht sogar vor Tunesien.

Wenn man von der Alphabetisierung ausgeht, scheint Tunesien Europa am nächsten; wenn man den Grad der Patrilinearität und der Endogamie hervorhebt, scheint Marokko am wenigsten weit entfernt. Die Geschichte des maghrebinisch-französischen Verhältnisses beginnt aber mit der in beiden Hinsichten

mittleren Variante Algerien. Der Kontakt zwischen dem französischen und dem maghrebinischen anthropologischen System findet in Algerien zwischen 1830 und 1954 statt und setzt sich in Frankreich mit der Einwanderung von Arbeitern und ihren Familien fort. Die beiden historischen Abschnitte, gekennzeichnet von jeweils unterschiedlichen Formen der Brutalität, bringen sehr verschiedene Ergebnisse. Im kolonialen Algerien führt die Inkompatibilität der anthropologischen Systeme, bei einem politisch-demographischen Kräftegleichgewicht, zur wechselseitigen Abschottung der Gruppen und zur Entstehung einer schizophrenen, zweigeteilten Gesellschaft. Im Frankreich der Jahre 1960–1990 führt die demographische, technologische und kulturelle Übermacht der Aufnahmegesellschaft zum Zerfall des maghrebinischen anthropologischen Systems in einem komplexen Wechselspiel von Ablehnung der eingewanderten Gruppe und Assimilation einzelner.

Koloniale Schizophrenie

Die seit der Unabhängigkeit verfaßten Geschichtswerke des kolonialen Algerien ergehen sich in endlosen Ausführungen über die Blindheit der europäischen Kolonisten und die Unfähigkeit der französischen Autoritäten, den Respekt vor den republikanischen Normen der bürgerlichen und politischen Gleichberechtigung durchzusetzen. Während der ganzen Geschichte der Kolonie neigen die Europäer französischer, spanischer oder italienischer Herkunft dazu, die Muslime für gesellschaftlich nicht vorhandenen zu erklären. Sie verjagen sie von den fruchtbarsten Böden und verdammen sie durch die Definition eines eigenen Rechtsstatus für Eingeborene zu einem abhängigen Dasein. Jeder Reformversuch, von Napoleon III. bis zur Volksfront, stößt auf den eisernen Widerstand der sich abschottenden Kolonialherren. Mit ihrer kleinen städtischen Bevölkerung, die auf bescheidenem Niveau lebt und von der Ausbeutung der Muslime kaum etwas mitbekommt, erscheint

die Welt der Europäer als selbstgenügsame, abgeschlossene ethnische Gruppe.

Die Anfänge der algerischen Befreiungsbewegung und die europäische Reaktion nach dem ersten Schock führen zum haßerfüllten Zusammenstoß der beiden getrennten Welten. In dieser gespaltenen Gesellschaft kann man sich in beiden Lagern nur die Verleugnung oder die Auslöschung der Gegenseite vorstellen. Am 8. Mai 1945 kommt es im Osten Algeriens zu spontanen Aufständen ohne jede politische Vorbereitung: Drei Tage lang plündern, brandschatzen und morden die Muslime und versetzen die 200000 Europäer von Sétif, Constantinois und der Kabylei in Angst und Schrecken. Die Reaktion ist von unvorstellbarer Grausamkeit: Nach den glaubwürdigsten Schätzungen liegt die Zahl der Opfer unter den Muslimen zwischen 1000 und 20000, die für etwa 100 massakrierte Europäer erschlagen wurden. Dieses Ereignis, zehn Jahre vor dem eigentlichen Ausbruch des Unabhängigkeitskrieges, gibt den Ton an: Terror und Folter machen den Algerienkrieg zu einem Greuel der französischen Geschichte.[6]

Der eigenartigste Aspekt der algerischen Kolonialgesellschaft, an dem sich die im allzu engen Sinne politischen Historiker in schöner Regelmäßigkeit stoßen, ist die treu republikanische Gesinnung der europäischen Kolonisten, einer laizistischen Gesellschaft ohne theoretische Einwände gegen das Dogma vom universalen Menschen. Die Vorstellung einer Assimilation des kolonisierten Volkes ist ihnen nicht zuwider, auch wenn die praktische Umsetzung ihnen undenkbar erscheint. Die Historiker sehen sich daher permanent gezwungen, die ideologische Haltung der *Pieds-noirs*, freiwilliger Republikaner und Universalisten, als taktische Pose zu behandeln, mit der die Pariser Regierung an der Nase herumgeführt werden sollte. Der Fall Albert Camus, 1913 in Mondovi geboren, zeigt, daß der Mechanismus dieses geistigen Zwiespalts – theoretischer

6 Eine objektive Darstellung dieser Ereignisse findet sich bei E. Behr, *The Algerian Problem*, Harmondsworth: Penguin Books 1961.

Universalismus bei praktischer Abschottung – unter den *pieds-noirs* keineswegs allein bei ausbeuterischen Großgrundbesitzern und den ungebildeten kleinen Leuten funktioniert. Das Denken und die Schriften Camus' verbinden auf charakteristische Weise die beiden Hauptaspekte der Mentalität der Europäer in Algerien: einen abstrakten Glauben ans Universelle, der den Dichter zu Spekulationen über »den Menschen« mit ganz großem M antreibt, und eine Unfähigkeit, den konkreten, anderen Menschen, den arabischen Nachbarn, zu bemerken und zu denken. In *Die Pest*, einer moralischen Allegorie, die auf Erinnerungen an die Nazizeit zurückgeht, beschreibt Camus verschiedene Reaktionen des Menschen auf den Totalitarismus. Die Handlung, in der sich die allgemeine Problematik widerspiegelt, spielt sich ausschließlich im Oran der vierziger Jahre ab. Aber es kommen keine Araber vor. Man könnte kein besseres Beispiel für die Unfähigkeit einer solchen moralischen Reflexion finden, mit dem konkreten Anderen zurechtzukommen. Die Araber bleiben im imaginativen und schöpferischen Werk Albert Camus', mit dem Wort einer seiner Personen, »stumme Begleiter«.[7]

Die anthropologische Analyse läßt eine Erklärung solch schizophrenen Verhaltens zu, das auf höchst befremdliche Weise einen ganz klassischen Republikanismus mit einer praktischen Mißachtung der unterworfenen Völker kombiniert. Das anthropologische System der Europäer in Algerien basiert auf der egalitären Kernfamilie und erscheint als Export jener Struktur, die im Pariser Becken, an der französischen Mittelmeerküste und in Spanien oder Italien vorherrscht. Es impliziert eine bilaterale Organisation des Verwandtschaftssystems: Die Gleichstellung der Frau drückt sich in der Monogamie und im gleichen Recht weiblicher und männlicher Nachkommen auf das Erbe aus. Das Heiratsmodell ist exogam und verpflichtet zu einer Partnerwahl außerhalb der Gruppe der Cousins und Cousinen. Das algerische anthropologische System ist, vor

7 Vgl. Albert Camus, »La femme adultère«, in: *L'Exil et le Royaume*.

allem in seinen arabischen und kabylischen Aspekten, das genaue Gegenteil. Es ist gemeinschaftlich, patrilinear und endogam und impliziert eine Einschließung der Frau, die sich weder mit der Tradition der egalitären Kernfamilie im Zentrum Frankreichs noch mit der Stammfamilientradition der Peripherie verträgt. Der Antiindividualismus des algerischen Systems trägt weiter zum Konflikt bei. Die Bevorzugung der Endogamie verbietet *a priori* den matrimonialen Tausch zwischen Kolonisierten und Kolonialherren. Für das bilaterale exogame französische System liegt ein patrilineares endogames Modell außerhalb des Minimalkonsenses.[8] Umgekehrt gilt aber auch, daß der französische Verhaltenskodex mit seinen unabhängigen, gleichgestellten Frauen für die Araber die Barbarei schlechthin darstellte.

Das französische und das algerische System, egalitäre Kernfamilie und endogame gemeinschaftliche Familie, haben allerdings eines gemeinsam, und das verschärft paradoxerweise den Konflikt. Beide definieren die Brüder, und damit die Männer, als gleichgestellt. *Aus diesem egalitären Aspekt der Familie erwächst nun auf französischer und islamischer Seite eine metaphysische Überzeugung* a priori *vom universalen Menschen. Dem Universalismus der Französischen Revolution korrespondiert der ebenso ausdrückliche Universalismus des Islam.*

Daher absorbieren die universalistischen Franzosen in Algerien mühelos die italienischen und spanischen Einwanderer mit ihren vergleichbaren anthropologischen Wertesystemen und beginnen, sich mit den Juden ehelich zu verbinden, sobald die Europäisierung des jüdischen Verhaltenskodex dies zuläßt. Die ebenso universalistischen Araber stören sich nicht an der – eher sprachlichen als familialen – Besonderheit der Berber und hätten ohne Probleme den tausendjährigen Prozeß ihrer Arabisierung fortgesetzt, wenn die französische Besatzung nicht dazwischengekommen wäre. Beide ethnischen Gruppen glauben an *einen bestimmten* Idealmenschen, finden sich aber in der Praxis

8 Vgl. hierzu 9. Kapitel, S. 290 ff.

einer Menschengruppe gegenüber, deren familiäre und soziale Struktur sie nicht akzeptieren können. Der universale Mensch der Araber steht über seiner Schwester, heiratet seine Cousine und erteilt ihr Befehle, sobald sie seine Frau geworden ist. Der universale Mensch der Franzosen ist seiner Schwester gleichgestellt, muß sich eine Braut außerhalb der eigenen Familie suchen und verbringt einen guten Teil seines Lebens damit, mit seiner Frau zu streiten. Der apriorische Universalismus beider Gruppen macht aus der jeweils anderen ein lebendes Dementi ihrer metaphysischen Überzeugungen.

Stellen wir uns die Engländer in der gleichen Situation in Pakistan, Ägypten oder anderswo vor, konfrontiert mit einer unterworfenen Gruppe, deren Familie gemeinschaftlich, patrilinear und endogam organisiert ist. Ihr Differentialismus *a priori* läßt ihnen die unterschiedlichen Gebräuche der kolonisierten Völker als normal erscheinen, sogar als Bestätigung ihrer eigenen Überzeugung, daß es grundsätzlich wesensverschiedene Menschen gibt. Das ändert nichts an der Perplexität und der latenten Feindseligkeit der unterworfenen Muslime mit ihrer universalistischen Überzeugung. Aber der Differentialismus der Kolonialherren mildert den Konflikt zwischen den Lebensweisen. Die französischen Kolonialherren müssen mit der algerischen Bevölkerung zurechtkommen, ohne auf den Glauben an den universalen Menschen verzichten zu können. Die eindeutige, objektive Differenz verführt ihren Universalismus dazu, dem anthropologischen System der Unterworfenen seine Legitimation zu bestreiten, es für rückständig oder gar unmenschlich zu erklären. In Algerien befanden sich die französische militärische und die algerische demographische Übermacht etwa im Gleichgewicht: Der Streit konnte also nicht mit dem Sieg des einen oder des anderen anthropologischen Systems enden. Um 1900 haben die durchgängig alphabetisierten Franzosen, Abgesandte eines triumphierenden Europa, Politik und Verwaltung vollständig in der Hand. Aber die Muslime stellen 4 von 4,7 Millionen der Gesamtbevölkerung, einschließlich der Italiener, Spanier und naturalisierten Juden.

Jede der beiden Gemeinschaften, Europäer und Muslime, schließt sich in ihrem eigenen Normensystem ein. Ehen zwischen Spaniern und Franzosen sind ebensohäufig wie zwischen Berbern und Arabern, zwischen Europäern und Arabern kommen sie praktisch nicht vor.

Der Anteil europäischer Männer, die muslimische Frauen heiraten, liegt während der ganzen Kolonialzeit deutlich unter einem Prozent. Der Anteil europäischer Frauen mit muslimischen Männern ist ebenfalls verschwindend gering, er wächst nur langsam von 0,3 % im Jahr 1880 auf 1 % im Jahr 1955. Wegen der unvollständigen Registrierung muslimischer Heiraten ist die Exogamierate der muslimischen Männer und Frauen schwerer zu ermitteln, scheint aber angesichts der Größe der Bevölkerung noch geringer. Der besonders niedrige Anteil exogamer Heiraten europäischer Männer ist auf die Auswirkung muslimischer Heiratsregeln zurückzuführen, die es einer muslimischen Frau ausdrücklich verbieten, einen Christen oder Juden zu heiraten. Der Islam erlaubt dagegen die Ehe eines muslimischen Mannes mit einer Frau, die einer der zwei anderen Schriftreligionen angehört, was das etwas häufigere Vorkommen dieser Verbindungen erklärt. Etwas allgemeiner gesagt, lassen die familiären und religiösen Endogamieregeln der muslimischen Gemeinschaft darauf schließen, daß die grundsätzliche Ablehnung des matrimonialen Tauschs von ihnen ausging und daß die Europäer, in ihren Vorurteilen bestärkt, sich dieser Ablehnung angeschlossen haben. Nirgendwo anders auf der Welt haben sich Menschen französischer Herkunft in ähnlicher Weise matrimonial abgeschottet. Die französische Kolonialisierung hat überall Mischlingsbevölkerungen hinterlassen, nur nicht bei den Arabern und den Berbern, die den Franzosen doch, was die physische Erscheinung angeht, mit am nächsten stehen. Die phänotypische Verwandtschaft der Völker an der Nord- und Südküste des Mittelmeeres macht ihre Nichtvermischung mit den Algeriern nur noch befremdlicher. Es gibt keinen besseren Beweis für die Bedeutung kultureller Faktoren bei der Segregation, unabhängig von allen Rassenvorurteilen.

Der Grad matrimonialer Segregation, der die Europäer in Algerien bis 1955 isoliert, ist dem zwischen Weißen und Schwarzen in den Vereinigten Staaten bis 1970 vergleichbar. Man muß, um genau zu sein, hier die Exogamierate der beiden Minderheiten vergleichen – der Europäer in Algerien, der Schwarzen in den USA –, deren Anteil an der jeweiligen Gesamtbevölkerung durch einen günstigen Zufall gleich ist: Die Schwarzen stellen 11 % der amerikanischen Bevölkerung, die Europäer stellten, einschließlich der Juden, 11 % der algerischen Bevölkerung. Um 1970 sind 1,2 % der schwarzen Männer in den USA mit einer weißen Frau verheiratet, 0,7 % der schwarzen Frauen mit einem weißen Mann. Im Jahr 1955 heiraten 0,5 % der europäischen Männer eine Muslimin, 1 % der europäischen Frauen heiratet einen Muslim.

Die Franzosen in Algerien lebten in einer Art Apartheid, die sich objektiv betrachtet von ihren angelsächsischen und südafrikanischen Pendants kaum unterschied: Zwei Bevölkerungen existierten nebeneinander, ohne sich miteinander zu verbinden. Die Besonderheit der französischen Abschottung bestand darin, daß sie ideologisch nicht vorgesehen war, im Gegensatz zur angelsächsischen oder niederländischen, die sich auf eine reiche protestantische oder biologistische Tradition stützen kann, um die Trennung mit der eigenen calvinistischen Auserwähltheit oder mit unüberwindlichen Rassengegensätzen zu rechtfertigen. In Algerien sind matrimoniale Segregation und universalistische Ideologie unvereinbar. Diese Unvereinbarkeit gebiert einen heftigen Ausbruch nationaler Raserei, den Algerienkrieg. Mit dem Unabhängigkeitsstreben der muslimischen Völker konfrontiert, erfinden die Anhänger eines algerischen Frankreich die Doktrin der Integration. Sie wollen den grandiosen alten Traum eines einheitlichen Frankreich von Dünkirchen bis Tamanrasset, das den Muslimen ebenso gleiche Bürgerrechte wie vorher den Bretonen und den Juden verleiht, mit Gewalt durchsetzen. Wirksamer noch als die Europäer in Algerien mobilisieren die Militärs und die Politiker aus dem alten Frankreich im Augenblick der Krise den traditionelle

Widerwillen der Franzosen, an eine Verschiedenheit der Menschen zu glauben, und versuchen in einem letzten Anlauf, die Assimilation der Araber und der Berber Algeriens zu erzwingen. Ein Ideologe der Integration wie Jacques Soustelle, Ethnologe, Widerstandskämpfer und Gaullist, ist von Anfang an ein perfekter Repräsentant des universalistischen Aspekts im französischen kulturellen System. Die Hinwendung zahlreicher Militärs der extremen Rechten zur Doktrin der Integration, zu einem unmittelbaren Erbe der jakobinischen Revolution, mag vorübergehend und taktisch begründet gewesen sein; sie zeigt um nichts weniger, mit welcher Macht sich egalitäre Werte in Frankreich durchsetzen und wie zerbrechlich auf der anderen Seite differentialistische Überzeugungen sind, obwohl gewisse anthropologische Strukturen der Stammfamilie an der Peripherie ihren Fortbestand sichern.[9] Und ebendiese apriorische Überzeugung von der Universalität der Menschen macht, neben dem französischen Machtstreben, die Dekolonialisierung so schwierig und chaotisch und führt die Vierte Republik von einer Katastrophe in die nächste. Im großen und ganzen gelingt den Engländern die Dekolonisation, denn sie glauben *a priori*, daß die Menschen verschieden sind und es daher für Araber, Inder, Pakistani oder Jamaikaner unmöglich ist, Engländer zu werden. Ihr differentialistisches Vorurteil begünstigt eine realistische Haltung gegenüber nationalen Unabhängigkeitsforderungen. Das universalistische Vorurteil dagegen macht die politische Trennung von den Kolonien schwierig, denn es bereitet den Weg für eine realitätsfremde Leugnung objektiver kultureller Unterschiede.

In Algerien hat die quantitative Übermacht des maghrebinischen anthropologischen Systems, das von einer beachtlichen universalistischen Minderheit bedroht wurde, jeden Versuch der Assimilation der Araber und der Berber zum Scheitern verurteilt. Aber die Emigration algerischer, tunesischer und

9 Zur ideologischen Dimension des Algerienkrieges vgl. etwa R. Girardet, *L'Idée coloniale en France*, Paris: Hachette-Pluriel 1978, S. 357–377.

marokkanischer Arbeiter nach Frankreich zwischen 1945 und 1990 bereitete das Feld für eine zweite Begegnung der gemeinschaftlichen endogamen Familie mit der egalitären Kernfamilie. Das Ergebnis ist ein ganz anderes. Das Kräfteverhältnis ist mehr als umgekehrt, denn der Anteil der Einwohner maghrebinischer Herkunft betrug zu keiner Zeit, unabhängig von den Ermittlungsmethoden, mehr als 4,5 % der Gesamtbevölkerung. Frankreich ist nun die Aufnahmegesellschaft: Es kann sich nicht nur auf seine technologische Überlegenheit, sondern auch auf seine demographische Macht stützen. In wenigen Jahrzehnten hat das anthropologische System der egalitären Kernfamilie das maghrebinische System aufgelöst, das auf eigenem Gebiet so lange Widerstand geleistet hatte.

Exogamie

Aufgrund einer Untersuchung unter der Leitung von Michèle Tribalat im Jahr 1992 kann die Exogamierate algerischer Einwanderer beider Geschlechter, differenziert nach ihrem Alter bei der Ankunft in Frankreich, ausgewertet werden.[10] Der Kontrast zwischen der Exogamierate der Muslime in Algerien und der bis 1992 nach Frankreich emigrierten Muslime ist verblüffend. 20 % der Männer, die bei der Ankunft in Frankreich 15 Jahre oder älter waren, haben eine französische Freundin oder Ehefrau. Unter den Muslimen, die bei der Ankunft jünger als 15 waren, gilt das sogar für 22 %. Es geht hier um Exogamie im strikten Sinn, denn die Zahlen berücksichtigen nur Verbindungen mit Frauen, die ebenso in Frankreich geboren sind wie ihre Eltern. Die Verbindung mit einer Frau, deren Eltern in Algerien oder allgemein in Nordafrika geboren wurden und die nach englischer oder deutscher Denkweise eine

10 Vgl. M. Tribalat, Untersuchung des Institut national d'études démographiques (INED) über »Mobilité géographique et insertion sociale«, INED, 1992–1994.

»Algerierin« bzw. »Nordafrikanerin« wäre, wird hier nicht als »exogame« Partnerwahl betrachtet. Der Bruch mit der in Algerien praktizierten weiblichen Endogamie vollzieht sich weniger schnell, ist aber dennoch auffällig. 9 % der algerischen Frauen, die bei der Ankunft in Frankreich 15 Jahre und älter waren, leben mit einem in Frankreich geborenen Sohn französischer Eltern zusammen. Bei den Frauen, die bei der Ankunft jünger als 15 Jahre waren und ganz oder teilweise in Frankreich sozialisiert wurden, beträgt die Exogamierate bis zu 20 %. Die allmähliche Angleichung der männlichen und der weiblichen Exogamie ist offensichtlich.

Eine Untersuchung der Geburtenziffern nach der Nationalität der Eltern vervollständigt diese erste Annäherung durch einen längerfristigen statistischen Überblick, wirft aber einige Probleme methodischer Art auf. Im Fall Deutschland konnte vom Anteil der Kinder mit türkischen Vätern und deutschen Müttern bzw. deutschen Vätern und türkischen Müttern ziemlich direkt auf die weibliche bzw. männliche Exogamierate geschlossen werden: Um den statistischen Anteil gemischter Paare zu ermitteln, mußte nur noch die höhere Geburtenzahl rein türkischer Ehen berücksichtigt werden, die zu einer Überrepräsentation der Kinder aus endogamen Beziehungen führt. Das deutsche Staatsbürgerrecht macht zwar nicht das Leben der in Deutschland aufgewachsenen oder geborenen Türken leichter, wohl aber das der Statistiker, denn es reduziert die Möglichkeit der einzelnen oder ihrer Kinder zu einem Statuswechsel auf ein Minimum.[11] In Deutschland bleibt in der überwältigenden Mehrzahl der Fälle ein türkischer Einwanderer sein Leben lang Türke. Die Heirat mit einer Deutschen verschafft ihm nicht automatisch die deutsche Staatsbürgerschaft, sondern schickt ihn auf den langen Weg der Naturalisierung, wenn er die Nationalität seiner Frau erwerben möchte. In Deutschland geborene Kinder türkischer Paare bleiben in je-

11 Zur Exogamierate der nach Deutschland eingewanderten Gruppen siehe oben, S. 233 ff.

dem Fall Türken. Diese Regeln, die ursprüngliche ethnisch-nationale Identitäten verewigen, sorgen für die absolute Eindeutigkeit der deutschen Geburtenstatistik nach der Nationalität der Eltern von 1975 bis 1990. Die Geburt eines Kindes mit türkischem Vater und deutscher Mutter weist auf eine exogame Verbindung hin – und fast alle im anthropologischen Sinn exogamen Verbindungen bringen Kinder hervor, deren Eltern von unterschiedlicher Nationalität sind.

Die französische Auffassung einer offenen Staatsbürgerschaft bietet keine derartige Bequemlichkeit. Seit der Reform von 1973 hat der Mann einer Französin das gleiche Recht, die französische Staatsbürgerschaft zu erwerben, wie die Frau eines Franzosen. Die Einbürgerung ist keine Verpflichtung. Man kann sie ablehnen oder verschieben. Der Anteil derer, die sich dafür entscheiden, beträgt bei allen Nationalitäten zusammen etwa 65 % mit erheblichen Abweichungen, entsprechend den näheren Bestimmungen des Gesetzes.[12] Wir besitzen keine genauen Zahlen für die einzelnen Nationalitäten, aber die seit der letzten Volkszählung ermittelten Anteile naturalisierter Franzosen an der Bevölkerung lassen darauf schließen, daß die einzelnen Raten sich unterscheiden und zum Beispiel bei den Portugiesen höher liegen als bei den Algeriern. Die Änderung der Nationalität löst den einzelnen von seiner ethnischen Herkunft und führt dazu, daß die Geburtenstatistik der Kinder von Eltern unterschiedlicher Nationalität alles andere als eindeutig ist. Der Erwerb der französischen Staatsbürgerschaft durch einen ausländischen Ehegatten bedeutet beispielsweise, daß *das Kind eines nach der Heirat Franzose gewordenen Algeriers in der Statistik als Kind zweier französischer Eltern gezählt wird*. Diese Verzerrung der Statistik läßt eine gewisse Zahl von Mischehen verschwinden und führt daher zu einer *Unterschätzung der Exogamierate*. Eine Einbürgerungsrate von 50 % bedeutet, daß etwa die Hälfte der Mischehen – und damit die

12 Dazu vgl. M. Tribalat, »Attribution et acquisition de la nationalité française«, in: *Population et Societés*, Juli 1998, Nr. 281.

Hälfte der Kinder aus solchen Verbindungen – in der Statistik nicht auftaucht. Eine ermittelte Rate von 20 % Kindern von Eltern unterschiedlicher Nationalität würde in Wirklichkeit einen Anteil von 33 % bedeuten.

Die Möglichkeit der Naturalisierung eröffnet ein weiteres Feld der Ungewißheit. Die Kinder eines vor der Hochzeit naturalisierten Algeriers und einer Französin verschwinden auf die gleiche Weise und tragen damit ebenso zu einer Unterschätzung der Mischehen bei. Dafür würde das Kind eines naturalisierten Algeriers und einer Algerierin, die ihre Nationalität behalten hat, als Kind eines Franzosen und einer Algerierin gezählt, aber man dürfte es in ethnischer Hinsicht nicht als aus einer »Mischehe« hervorgegangen betrachten. Das Kind eines naturalisierten algerischen Paares würde einfach als Kind zweier Franzosen gezählt, während es in ethnischer Hinsicht als Nachkomme einer »homogenen« Beziehung zwischen Einwanderern betrachtet werden müßte, die den Anteil der Mischehen statistisch verringert.

Daß die Kinder algerischer Eltern in Frankreich zunehmend das Heiratsalter erreichen, schafft weitere Ungewißheit. Das Territorialprinzip (*ius soli*), wie es zwischen 1975 und 1990 galt, verlieh jedem in Frankreich geborenen Kind mit 18 Jahren die französische Staatsbürgerschaft, wenn es sie nicht explizit ablehnte.[13] In Frankreich geborene Kinder algerischer Eltern, die selber vor 1962 geboren sind, werden darüber hinaus als gebürtige Franzosen betrachtet.[14] Die ursprüngliche nationale Herkunft der »gebürtigen Franzosen« verschwindet nach ihrer Heirat aus der Statistik, und es wird unmöglich, ausgehend von der Geburt ihrer Kinder, Männer, deren Frauen zwei französische Eltern haben, von Männern zu unterscheiden, deren Frauen von algerischen Eltern als Algerierinnen oder Französinnen geboren wurden. Das statistische Verschwinden der

13 Das französische Staatsbürgerschaftsgesetz wurde 1993 allerdings reformiert.

14 Doppeltes Territorialprinzip. Durch die Reform 1993 veränderte Regelung.

Kinder von Ausländern verbietet es daher, aus der Geburtenstatistik eine genaue Exogamierate zu ermitteln.

Wenn man diese Einschränkung im Auge behält, braucht man sich von den zahlreichen Ungewißheiten allerdings nicht verwirren zu lassen, sondern sollte die Zahlen sorgfältig analysieren. Bis etwa 1980 können die komplexen Verzerrungen der Statistik durch die wachsende Zahl der in Frankreich geborenen Personen algerischer Herkunft als zweitrangig betrachtet werden. Nach 1980 können die Zahlen der INED-Untersuchung hinzugezogen werden, die präzise die Nationalität der Eltern von Paaren unterscheiden. Vor dieser Zeit bewirken die Ungenauigkeiten vor allem eine Unterschätzung der Anzahl der Mischehen. Die offensichtlich bereits höhere Exogamierate muß nur noch nach oben korrigiert werden. Nach 1980 darf man davon ausgehen, daß die Vielfalt der in entgegengesetzte Richtungen verzerrenden Faktoren sich zu einem großen Teil gegenseitig aufhebt. Die Entwicklungskurven, die für Algerier, Marokkaner und Tunesier ermittelt wurden, lassen jedenfalls so deutlich voneinander unterschiedene und in sich kohärente Modelle erscheinen, daß man den Ergebnissen der Analyse schon daher eine gewisse Repräsentativität zuerkennen muß.

Algerier in Frankreich und Türken in Deutschland

Ein Vergleich der statistischen Kurven der Kinder von Eltern unterschiedlicher Nationalität bei Algeriern in Frankreich und Türken in Deutschland läßt allen statistischen Ungewißheiten zum Trotz zwei völlig verschiedene Profile erkennen, bei Frauen ebenso wie bei Männern.

Zur männlichen Exogamie: Bei den Neugeborenen türkischer Väter wächst der Anteil derer mit deutscher Mutter zwischen 1975 und 1990 von 1 % auf 4,4 %. Bei Neugeborenen algerischer Väter wächst der Anteil derer mit französischer Mutter im gleichen Zeitraum von 12,5 % auf 19,4 %.

»Gemischte« Geburten: Algerier und Algerierinnen

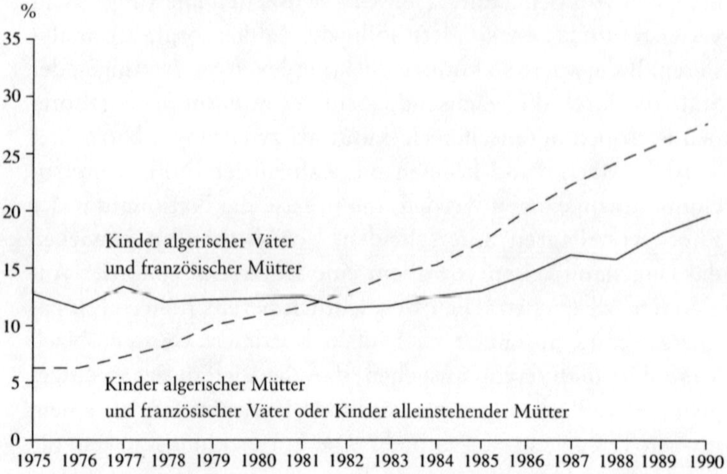

»Gemischte« Geburten: Marokkaner und Marokkanerinnen

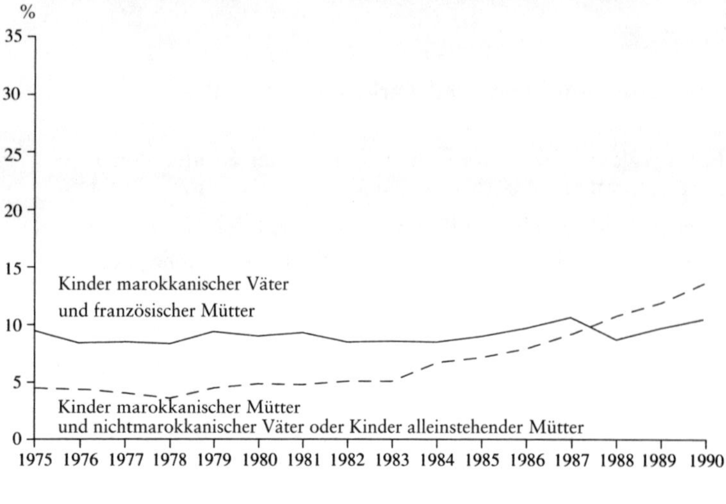

»Gemischte« Geburten: Tunesier und Tunesierinnen

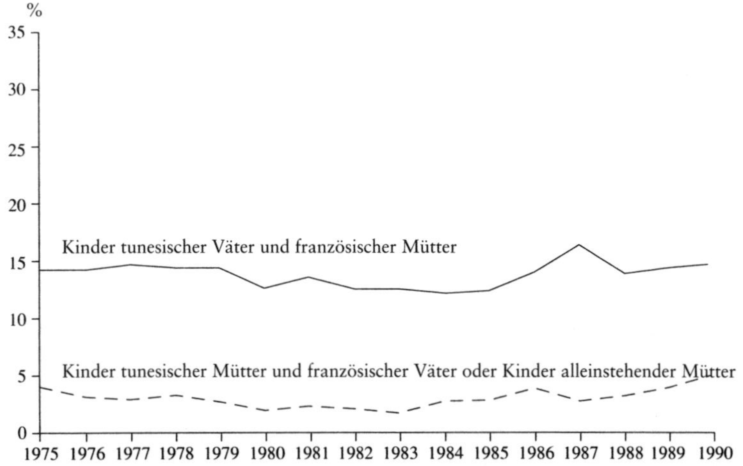

»Gemischte« Geburten: Portugiesen und Portugiesinnen

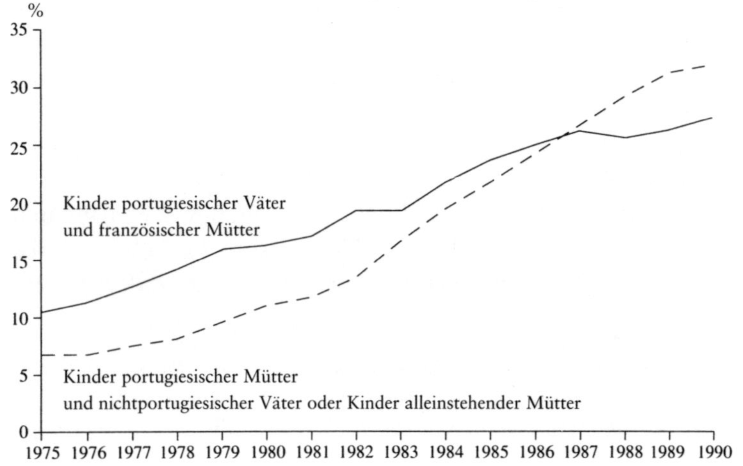

Zur weiblichen Exogamie: Unter den Neugeborenen türkischer Mütter wächst der Anteil derer mit deutschem Vater zwischen 1975 und 1990 von 0,5 % auf 1,2 %.[15] Bei den Neugeborenen algerischer Mütter steigt der Anteil der Kinder mit nicht-algerischem Vater oder einer unverheirateten Mutter in dieser Zeit von 12,5 % auf 27,5 %.[16]

Die notwendige Korrektur dieser Rohziffern, aufgrund der unterschiedlichen Fruchtbarkeit exogamer und endogamer Einwandererehen, ändert kaum etwas am Ergebnis des Vergleichs, so sehr unterscheidet sich das Verhalten der beiden Gruppen voneinander. Im Fall Deutschlands muß die Exogamierate aufgrund der Fruchtbarkeitsrate nach oben korrigiert werden, auf etwa 10 % bei den Männern, 2 % bei den Frauen 1990; sie zeigt dennoch den illusorischen Charakter der zwischen 1975 und 1985 beobachteten leichten Zunahme der Mischehen. In Frankreich muß die Exogamierate ebenfalls höher geschätzt werden, denn 1990 wird offensichtlich eine Quote von 30 % bei den Männern und 40 % bei den Frauen erreicht; aber das Kurvenprofil, das eine stetige Zunahme zeigt, ändert sich dadurch nicht.

Im Falle der Algerier in Frankreich kann von der Statistik der Neugeborenen mit mindestens einem ausländischen Elternteil auf eine höhere Exogamierate geschlossen werden, vor allem bei den Frauen. Michèle Tribalat errechnet für algerische Frauen, die bei der Ankunft in Frankreich jünger als 15 waren, nur einen Anteil von höchstens 20 % exogamer Beziehungen. Es wäre absurd, die Indikatoren statistisch gleichzusetzen, denn sie beziehen sich auf verschiedene Bevölkerungssegmente, die im einen Fall durch die Geburt ihrer Kinder im Jahr 1990 und die Nationalität ihrer Partner definiert sind, im anderen durch das Alter des algerischen Partners bei der Ankunft in Frank-

15 Siehe oben, 8. Kapitel, S. 240.

16 Die vom *Institut national de la statistique et des études économiques (INSEE)* ermittelten Daten zwingen zu dieser Schätzung, denn die genaue Zahl der Kinder aus exogamen Verbindungen mit einer ausländischen Mutter liegt nicht vor.

reich und den Geburtsort der Eltern beider Partner. Die relativ große Abweichung kann aber erklärt werden: Die Zahlen in Tribalats Untersuchung beziehen sich auf Frauen, die mit einem Partner zusammenleben, mit oder ohne Kinder. Die Geburtenrate algerischer Mütter bezieht aber die Kinder alleinstehender Mütter mit ein. Ein Blick auf die Lebenssituation algerischer Frauen, wie ihn die Volkszählung von 1990 zuläßt, erhellt die unterschiedliche Gewichtung zwischen *algerischen Müttern, die mit Franzosen zusammenleben*, und *alleinstehenden algerischen Müttern*. Danach haben 15,7 % der zwischen 30 und 34 Jahre alten algerischen Frauen mit Kindern einen französischen Mann, und 14,1 % sind unverheiratet.[17] In der Altersgruppe der 25- bis 29jährigen haben 20,8 % einen französischen Mann, und 14 % sind unverheiratet. Unter den Frauen, die von einem nicht-algerischen Vater Kinder haben, leben demnach viele allein, ohne französischen Partner, und können daher im strengen Sinn nicht als Beleg für den Übergang zur Exogamie angeführt werden. Was immer die Situation dieser alleinerziehenden Mütter verursacht hat – außereheliche Geburt eines Kindes oder Scheidung von einem Algerier nach der Geburt –, sie stehen in jedem Fall außerhalb des traditionellen arabisch-islamischen Familiensystems, das die Existenz einer alleinstehenden Frau mit Kind nicht anerkennt. In patrilinearen Systemen müssen die Kinder geschiedener Ehen in die Familie des Vaters zurückkehren. Die bedeutende Zahl alleinstehender algerischer Mütter läßt ihre Situation als spezifische Begleiterscheinung der Auflösung des maghrebinischen anthropologischem Systems in Frankreich erscheinen.

Fügen wir am Ende dieser langen, aber notwendigen statistischen Untersuchung hinzu, daß man nach der Volkszählung von 1990 davon ausgehen darf, daß 23,5 % der Frauen algerischer Nationalität zwischen 24 und 35 Jahren, die mit oder

17 Vgl. G. Desplanques/M. Isnard, »La fécondité des étrangères en France diminue«, in: INSEE, *Données sociales 1993*. Die Prozentsätze sind nach den Zahlen in Abb. 6, S. 50, errechnet.

ohne Kinder in einer Partnerschaft leben, einen französischen Partner haben. Diese Zahl – in der weder Algerierinnen, die einen Franzosen geheiratet und seine Staatsbürgerschaft übernommen haben, noch die Tatsache, daß einige französische Partner möglicherweise naturalisierte Algerier sind usw., berücksichtigt werden – läßt doch auf eine Exogamierate schließen, die der von der INED ermittelten recht nahekommt. Drei verschiedene statistische Zugänge, deren Gegenüberstellung unzählige methodische Probleme aufwirft, kommen also zu erstaunlich ähnlichen Ergebnissen: 20–30% Mischehen bei Frauen algerischer Herkunft unter 35 Jahren, mit Tendenz nach oben bei den Jüngeren.

Alle Schätzungen bezüglich der Algerier in Frankreich ergeben demnach deutlich höhere Ziffern, als sie bezüglich der Türken in Deutschland ermittelt wurden, und lassen eine Aufwärtstendenz erkennen, die jenseits des Rheines keine Entsprechung findet.[18] Bei denen, die jung nach Deutschland oder Frankreich gekommen sind und die Landessprache sprechen, ist der Kontrast enorm. Wenn man nur in Frankreich bzw. Deutschland aufgewachsene Algerier bzw. Türken betrachtet, kommt man zu einer zwei- bis dreimal so hohen Exogamierate bei den algerischen Männern im Vergleich zu den türkischen Männern; die Algerierinnen gehen sogar zehn- bis fünfzehnmal so häufig exogame Verbindungen ein wie die Türkinnen in Deutschland.

Entscheidend ist also nicht der Vergleich der Männer islamischer Herkunft, sondern der Frauen, deren Exogamierate erst in jüngster Zeit aussagekräftig ist, da sie in der Regel vergleichsweise spät als Ehegatten oder Kinder der Einwanderer nachgezogen sind. In Deutschland liegt die Exogamierate junger Türkinnen zwischen 1985 und 1990 bei 2%, ermittelt über die Anzahl der Geburten von Eltern unterschiedlicher Nationa-

18 Vgl. auch M. Tribalat/F. Munoz-Pérez, »Les mariages d'immigrés avec des Français. Leur évolution depuis quelques décennies«, INED, *Congrès et Colloques*, Nr. 7, 1991, S. 112–132.

lität. Die der jungen Algerierinnen beträgt nach der INED-Untersuchung 9 % bzw. 20 %, bezogen auf Frauen, die bei der Einwanderung älter bzw. jünger als 15 Jahre waren. Nach der französischen Volkszählung von 1990 beträgt unter den Algerierinnen, die mit einem Partner leben und Kinder haben, der Anteil derer, die mit einem französischen Partner leben, 6,8 % bei den Frauen von 40 bis 44 Jahren, 18,3 % bei den Frauen von 30 bis 34 und 27 % bei den Frauen von 20 bis 24.[19] In Frankreich ist eine langsame Angleichung der männlichen und weiblichen Exogamierate offensichtlich.

Und dies trotz des islamischen und patrilinearen Charakters der maghrebinischen Familie. Der Koran gestattet die Heirat eines islamischen Mannes mit einer Christin, und eine hohe Exogamierate männlicher Arbeitsimmigranten bedeutet an sich noch keinen Bruch mit der arabischen Kultur, auch wenn die Heirat mit einer Christin auf einem traditionell überwiegend katholischen (und exogamen) Territorium nicht gerade im Geist des Islam liegt. Aber die Heirat einer islamischen Frau mit einem nicht-islamischen Mann ist, wenn schon nicht ausgeschlossen, so doch ein Verstoß gegen islamische und patrilineare Prinzipien.

Im 8. Kapitel, das sich mit der Einwanderung nach Deutschland befaßt, habe ich hervorgehoben, daß der Hang türkischer Frauen zur Endogamie, der stärker ist als der der türkischen Männer, auf eine spezifische deutsche Haltung zurückgeführt werden muß, da in Kleinasien wenigstens zur Hälfte ein bilaterales Verwandtschaftssystem und eine laizistische Tradition existieren, die den matrimonialen Austausch eigentlich erleichtern müßten. In Frankreich beobachten wir das Gegenteil: die Heirat algerischer Frauen und französischer Männer, und dies trotz des stark patrilinearen Charakters des algerischen Verwandtschaftssystems mit seinen arabischen und berberischen Anteilen.

19 Vgl. G. Desplanques/M. Isnard, »La fécondité des étrangères en France diminue«, a. a. O., Abb. S. 50.

Nichts könnte die Macht der deutschen und der französischen Aufnahmegesellschaft, ihre jeweilige apriorische Überzeugung von interethnischen Beziehungen durchzusetzen, besser exemplifizieren als die Ausgrenzung bestimmter ausländischer Frauen in Deutschland einerseits und die Heirat mit diesen Ausländerinnen in Frankreich andererseits.

Individuelle Akzeptanz und kollektive Feindseligkeit

Die weite Verbreitung der französischen Sprache in Algerien erklärt unter anderem den bereits kurz nach der Ankunft relativ hohen Exogamiegrad der Arbeitsimmigranten. Es wäre unbegreiflich, wie 20% der algerischen Männer, die bei der Ankunft in Frankreich älter als 15 Jahre, also in Algerien sozialisiert waren, eine Französin heiraten konnten, wenn man nicht diese langfristige Folge der Kolonialisierung berücksichtigte, die keine Entsprechung im deutsch-türkischen Verhältnis hat.

Das Vorhandensein einer elementaren Verstandigungsfähigkeit soll jedoch die außerordentliche Verschiedenheit der anthropologischen Systeme der französischen und algerischen Partner nicht vergessen machen. Die sofort einsetzende Exogamie weist hier auf einen wesentlichen Aspekt des invididualistisch-egalitären Systems: seine Fähigkeit, einzelne *vor ihrer vollständigen kulturellen und psychologischen Assimilation* durch Heirat zu integrieren. Die Mischehe vor der Assimilation widerstrebt dagegen dem klassischen Mechanismus differentialistischer Gesellschaften, etwa des amerikanischen Typs, der die geistige und kulturelle Assimilation fordert, bevor er Mischehen zuläßt, und damit in der Praxis die Fusion der eingewanderten Gruppe mit der Aufnahmegesellschaft um zwei bis drei Generationen verzögert. Der französische Universalismus mit seiner Fähigkeit, gewisse objektive Unterschiede im Verhalten zu ignorieren, gestattet individuelle Abenteuer französischer Partner aus einem bilateralen exogamen System mit

algerischen Partnern, die von einer patrilinearen, endogamen Struktur geprägt wurden. Hier bewährt sich der egalitäre Individualismus in seiner reinen, anthropologischen Bedeutung. Auf dieser Ebene der Verbindung der Individuen erscheint das französische System viel individualistischer als das angelsächsische.

Es wäre allerdings verkehrt, aus dieser Feststellung die idyllische Vision einer leichten und schmerzlosen Integration *à la française* herzuleiten. Alle Umfragen fördern übereinstimmend eine beachtliche Aggressivität der französischen Bevölkerung gegenüber den Maghrebinern zutage, die man als Aggressivität gegenüber einem System von Sitten und Normen, nicht gegenüber einer biologisch definierten »Rasse« verstehen muß. Im November 1992 gestanden 8 % der Franzosen eine Abneigung gegen Spanier und Portugiesen ein, 12 % gegen Einwanderer aus der Karibik, 18 % gegen Asiaten, 19 % gegen Juden, 21 % gegen Schwarzafrikaner, 36 % gegen die jungen französischen *Beurs*, 38 % gegen Zigeuner und 41 % gegen die Maghrebiner.[20] Algerier, Tunesier und Marokkaner erregen dreieinhalbmal soviel Antipathie wie die Menschen aus der Karibik und doppelt soviel wie die Schwarzafrikaner. Die Maghrebiner werden regelrecht verteufelt. Der Stimmenanteil für den *Front National*, der zwischen 1984 und 1993 eine stabile geographische Verteilung aufweist, ist weitgehend auf den »maghrebinischen« Faktor zurückzuführen. Der Korrelationskoeffizient zwischen maghrebinischem Bevölkerungsanteil und Stimmenanteil für den *Front National* betrug bei den Parlamentswahlen im März 1993 +0,71. Wenn man die Türken mit den Maghrebinern zu einer islamischen Gruppe zusammenfaßt, steigt er sogar auf +0,75. Die Korrelation zwischen dem Stimmenanteil für die extreme Rechte und der Gesamtzahl der Einwanderer am Ort ist wesentlich schwächer. Es gibt keine

20 Vgl. Commission nationale consultative des droits de l'homme [Beratende Nationale Menschenrechtskommission], *Rapport 1992. La lutte contre le racisme et la xénophobie*, Paris: La Documentation française 1993, S. 62.

statistische Beziehung zwischen Lepenismus und der Anwesenheit von Portugiesen.

Es bleibt aber dabei, daß die zur Zielscheibe der kollektiven Feindseligkeit auserkorenen Maghrebiner häufig von Französinnen geheiratet werden und daß ihre Töchter Franzosen heiraten können. Der scheinbare Widerspruch ist charakteristisch für den individualistischen Universalismus, der gegenüber der Gruppe, die sich anders verhält, feindlich eingestellt ist, aber den einzelnen aus dieser Gruppe nicht wirklich als Träger seiner Herkunftskultur wahrnehmen kann, sobald er in die französische Gesellschaft eintreten möchte. Das geistig und ideologisch vom individuellen Egalitarismus geprägte Subjekt unterscheidet, meist unbewußt, die »maghrebinische Gruppe« von »bestimmten Maghrebinern«, die es persönlich kennt. Diese Doppelung tritt nicht zum erstenmal in der französischen Geschichte auf. Das antienglische Gefühl der Revolutionszeit wird von einer ähnlichen Logik in Grenzen gehalten. Der Konvent beschließt, daß keine englischen Gefangenen gemacht werden, aber die Revolutionstruppen weigern sich, den Befehl auszuführen. Der abstrakte Engländer wird zur allgemeinen Befriedigung verteufelt; der konkrete Engländer ist vor allem anderen ein Mensch.

Die beiden Gesichter Frankreichs und die maghrebinische Kultur

Der Wahlerfolg der extremen Rechten läßt die ideologische Feindseligkeit gegenüber der maghrebinischen Bevölkerung als Kollektiv ermessen. Die geographische Analyse der Ergebnisse des *Front National* zeigt deutlich einen primären »islamischen« Faktor, was hier soviel heißt wie »maghrebinisch« oder »türkisch«, denn die Mehrheit der Maghrebiner praktiziert ihre Religion nicht. Es kann aber eine zweite Variable festgestellt werden, die die jeweilige Stärke der extremen Rechten betrifft. Die Korrelation zwischen islamischem Bevölkerungs-

anteil und Ergebnis des *Front National* in einem Departement läßt es zu, einen statistischen Mittelwert zu definieren und den rechtsextremen Stimmenanteil in einem gegebenen Departement nach der 1990 ermittelten Zahl der Muslime »vorherzusagen«. Nun ist in manchen Regionen dieser Anteil höher als der Mittelwert, in anderen niedriger. Im Departement Rhône »ergeben« 5,45 % Muslime 18,1 % rechtsextreme Stimmen, tatsächlich waren es 17,5 %; in Bouches-du-Rhône »ergeben« 4,08 % Muslime 15,4 % rechtsextreme Wähler, tatsächlich waren es 21,2 %; in Eure-et-Loir mit 3,3 % Muslimen stehen errechnete 13,9 % den tatsächlichen 20,4 % Stimmen für den *Front* gegenüber. Eine Überblickskarte dieser Abweichungen zeigt eine zum Teil gewohnte geographische Verteilung. In der Mitte des Pariser Beckens und an der Mittelmeerküste ist der *Front National* überrepräsentiert: Sein Stimmenanteil liegt höher, als es die Zahl nordafrikanischer und türkischer Einwanderer erwarten läßt. Die Stärkung der extremen Rechten in der Gegend um Marseille ist seit den achtziger Jahren deutlich zu beobachten. Das Entstehen eines zweiten Schwerpunkts im Pariser Becken ist eher für den Beginn der neunziger Jahre typisch.

Die anthropologische Interpretation liegt auf der Hand: Der Stimmenanteil des *Front National*, die ideologische Ablehnung der maghrebinischen Gruppe, ist besonders stark in den Zentren des nationalen Systems, den Gebieten des egalitären Individualismus und der frühen Entchristianisierung, dem Boden, auf dem die Französische Revolution gedieh. Eine interne geographische Analyse bestätigt also, daß die Aggressivität gegenüber der maghrebinischen Bevölkerung besonders charakteristisch für den universalistischen Teil Frankreichs ist. Aber eine erhöhte kollektive Feindseligkeit bedeutet keineswegs eine verstärkte Ablehnung einzelner. Die Untersuchung der Exogamieraten nach Departements läßt erneut den typischen inneren Widerspruch der individualistisch-egalitären Mentalität offenbar werden, die sich anderen kulturellen Gruppen verschließt, einzelnen gegenüber aber öffnet: Der

Die extreme Rechte bei den Parlamentswahlen im März 1993

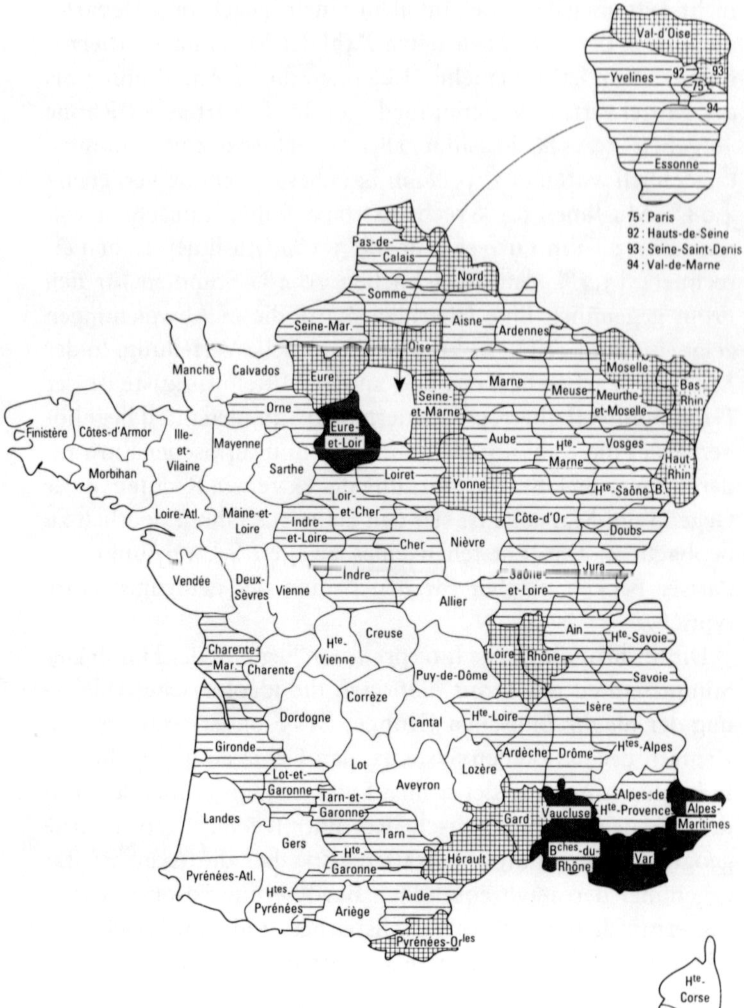

Gültige Stimmen:

- über 20 %
- 15 % bis 20 %
- 10 % bis 15 %
- unter 10 %

Die extreme Rechte in Frankreich

Departements, in denen das Ergebnis des **Front National** höher liegt, als es der Bevölkerungsanteil maghrebinischer und türkischer Herkunft erwarten ließe (Abweichungen über 0,8 %)

hohe Stimmenanteil der extremen Rechten geht im Gebiet der egalitären Kernfamilie einher mit einer etwas höheren Exogamierate als in den katholischen Randgebieten der Stammfamilie, die einen vergleichbaren Einwandereranteil, aber niedrigere Ergebnisse für den *Front National* aufweisen. Auf der Seite der katholischen Stammfamilie haben 1990 im Gebiet Rhône-Alpes 16,1 % der Kinder algerischer Väter eine französische Mutter, in Franche-Comté sind es 16,4 %, im Elsaß 12,4 %. Auf der egalitären, früh entchristianisierten Seite haben im Gebiet der Île-de-France 19,3 % der Kinder algerischer Väter eine französische Mutter, ebenso 19,3 % im Gebiet Provence-Alpes-Côte-d'Azur und sogar 24,3 % im Languedoc-Roussillon. Der Unterschied ist statistisch betrachtet wenig aussagekräftig, aber er stellt uns doch im kleinen vor das zentrale Paradox des Einwanderungsproblems in Frankreich: Wie die unterschiedlichen Exogamieraten zeigen, scheint man ausgerechnet in den Hochburgen der extremen Rechten eher imstande, die Einwanderer, deren Kultur verteufelt wird, als Individuen zu akzeptieren. Das Frankreich der Jahre 1984–1994 verkörpert als ganzes dieses Paradox innerhalb Europas, denn es ist unter den großen Einwanderungsländern das einzige mit hohem rechtsextremen Stimmenanteil, aber auch das einzige, das eine relativ hohe Exogamierate der eingewanderten Muslime ermöglicht. Der relativ geringe Unterschied zwischen den Exogamieraten der individualistisch-egalitären Gebiete und den Gebieten der Stammfamilie in Frankreich zeigt erneut, wie zerbrechlich der von der Mitte abgemilderte und gezähmte Differentialismus der Peripherie ist. In ihrem Heiratsverhalten unterscheiden sich die Arbeiter der Region Rhône-Alpes nur marginal von denen der Pariser Gegend oder der Provence. Frankreichs Vielfalt verhindert nicht die Definition nationaler Normen: in diesem Fall der Vorherrschaft eines universalistischen Heiratsverhaltens.

Zerbrochene Familien und verschiedene Schicksale

Die maghrebinischen Bevölkerungsgruppen sind in Frankreich zwei Arten von Druck ausgesetzt, die zur Auflösung ihres anthropologischen Systems führen.

Die erste Art von Druck ist *kollektiv und negativ*: Die Aufnahmegesellschaft drückt ihre Ablehnung gegenüber der Fortsetzung der maghrebinischen Kultur in Frankreich aus, durch millionenfaches individuell-aggressives Verhalten und seit 1984 durch eine fremdenfeindliche politische Partei. Dieses Verhalten enthüllt eine dunkle Seite des französischen Universalismus, der über ein gewisses Niveau hinaus objektive Unterschiede der Lebensweise nicht mehr toleriert. Die Stellung der arabischen oder berberischen Frau erscheint den französischen Arbeitern und ihren Ehefrauen inakzeptabel, wenn sie auch ihre Wahrnehmung nicht auf eine allgemeine Analyse stützen können, die den niedrigen Status der Frau als Element eines komplexen Systems erscheinen läßt: der gemeinschaftlichen, patrilinearen, endogamen Familie.

Die zweite Art von Druck, den die französische Aufnahmegesellschaft ausübt, ist *individuell und positiv*, eher ein Ausdruck von Großzügigkeit als von Abschottung. Die maghrebinischen Einwanderer sind nicht lebenslang eingesperrt in ihrer Herkunftskultur und können sehr schnell als Ehepartner akzeptiert werden. Hier zeigt sich das freundliche Gesicht des französischen Universalismus. Die Exogamiestatistik beweist, daß sogar ein in Algerien geprägter Erwachsener als Ehepartner akzeptabel ist. Aber längerfristig entscheidend ist, daß diese Strategie einer individuellen Aufnahme sich bei in Frankreich geborenen oder aufgewachsenen jungen Menschen durchsetzt. Alle Zeugnisse bestätigen übereinstimmend, daß an höheren Schulen und staatlichen Gymnasien ethnische oder »rassische« Unterschiede keine Rolle spielen, was sich in England und Deutschland völlig anders verhält. In Frankreich gibt es die unaufhörlichen, ritualisierten sprachlichen und physischen Aggressionen nicht, mit denen in Großbritannien Kinder

pakistanischer und karibischer Einwanderer von ihren »weißen« Mitschülern zurückgewiesen und isoliert werden. Ein junger Franzose wird kaum zögern, mit der Tochter eines Einwanderers auszugehen, wenn sie ihm gefällt, denn der ethnische Unterschied wird vor der »gegenseitigen Anziehung der Geschlechter« bedeutungslos. Dieses Verhalten, ein konkreter anthropologischer Ausdruck des Universalismus, ist selbst nicht universell, denn es hat keine Entsprechung in Deutschland oder England.

Wieder einmal sollte man Frankreich nicht zum Himmel auf Erden erklären, denn der ethnische Indifferentismus der Heranwachsenden sorgt nicht dafür, daß die sozialen Spannungen in den Pariser oder Marseiller Vorstädten verschwinden. Ein typisches Phänomen eröffnet eine allgemeinere Perspektive: Die oft kriminellen Jugendbanden stehen für ein soziales Problem, aber ihre multiethnische Zusammensetzung ist Ausdruck des praktischen Universalismus in der französischen Arbeiterschaft.[21] Auf welche Weise Unterschichteltern universalistische Werte an ihre Kinder weitergeben, würde eine eingehende Untersuchung verdienen. Es ist unwahrscheinlich, daß sie ausdrücklich von der »Gleichheit der Einwanderer« sprechen. Der Wert der Gleichheit ist dem Geist der Heranwachsenden wohl durch seine verschiedenen Anwendungen eingeprägt: die Gleichstellung der Brüder, die Gleichstellung der Kinder auf der Straße, die Gleichstellung von Arbeitgeber und Arbeitnehmer. Auf die verschiedenen Ethnien und Hautfarben bezogen, ist die Anwendung wohl eher indirekt: Die Eltern predigen ihren Kindern zwar nicht die Universalität der Menschen, der Franzosen, der Araber und der Schwarzen, aber sie verbieten ihren Kindern auch nicht, mit Kindern anderer kultureller Herkunft oder äußerer Erscheinung zu spielen. Die Erwachsenen der französischen Unterschicht pflanzen ihren Kindern nicht

21 Zur multiethnischen Zusammensetzung der »Banden«: M. Fize, *Les Bandes. L'»entre-soi« adolescent*, Paris: Desclée de Brouwer 1993, S. 114; F. Dubet/D. Lapeyronnie, *Les Quartiers d'exil*, Paris: Ed. du Seuil 1992, S. 144.

das Grundaxiom der angelsächsischen Welt ein, die entscheidende Bedeutung der weißen Hautfarbe. Die Jugendlichen vervollständigen das Puzzle selbständig. Vom Wert der Gleichheit, wie er sich in familiären und sozialen Beziehungen manifestiert, und dem Fehlen eines Verbots zwischenethnischer persönlicher Beziehungen schließen sie auf die grundsätzliche Gleichwertigkeit ihrer maghrebinischen und schwarzafrikanischen Mitschüler. Jede Generation entdeckt für sich, ausgehend vom egalitären Individualismus des familialen und anthropologischen Systems, das Konzept des universalen Menschen.

Über diesen egalitären Umgang der Jugendlichen untereinander übt die Aufnahmegesellschaft einen starken kulturellen Druck auf die Einwandererfamilien aus. Deren Kinder lernen die typischen Verhaltensweisen einer individualistisch-egalitären Gesellschaft von ihren Kameraden und stellen bald die traditionellen familiären Werte der Herkunftskultur in Frage. Diese ziemlich abrupte Form der kulturellen Angleichung führt zu einer regelrechten Explosion der maghrebinischen Familie. In England und Deutschland sind dagegen die anthropologischen Systeme der Einwanderer durch die explizite oder latente Feindseligkeit gegenüber muslimischen Gruppen isoliert. Sie bleiben erhalten, in gewisser Weise »geschützt« durch die Ausgrenzung, die die Jugendlichen so sehr belastet. In Frankreich ist also die kollektive Ablehnung der maghrebinischen Kultur nicht der primäre Faktor, der zur Zerstörung des anthropologischen Systems der Einwanderer führt. In England und Deutschland bringt ein vergleichbares Aggressionspotential, das sich allerdings öfter physisch entlädt, die Einwanderer dazu, sich in den beschützenden Zusammenhalt der Gruppe zurückzuziehen und ihre spezifische Kultur zu pflegen. In Frankreich führt die Öffnung der Gesellschaft für die Individuen zum Zerfall der arabisch-islamischen Kultur. Die maghrebinischen Familien sind um so weniger fähig, sich gegen den Siegeszug der französischen Werte zu verteidigen, als sie, anders als die Juden oder die Sikhs, sich nicht auf inegalitäre differentialistische

Stammfamilienwerte zurückziehen können, die die Besonderheit der jeweiligen Gruppe betonen. Ethnisches Beharrungsvermögen dämpft den Schock der Akkulturation: Es gestattet den einzelnen, zumindest eine Generation lang, sich der völligen kulturellen Assimilation zu verweigern und das Tempo des Eintritts in die universalistische Gemeinschaft selbst zu bestimmen. Aber das maghrebinische System ist selbst egalitär-universalistisch und kann, bewußt und unbewußt, keinen ernstzunehmenden Einwand gegen den französischen Universalismus erheben. Die Algerier sind tatsächlich durch ein geringes Bewußtsein ihrer ethnischen Identität charakterisiert. Die real vorhandene Abneigung maghrebinischer Eltern gegen exogame Ehen ihrer Kinder geht auf die endogame Familienstruktur zurück, wird aber vom islamischen Universalismus nicht gedeckt.

Einwanderung und Erwerb der französischen Sprache konfrontieren zwei miteinander inkompatible Systeme. Das individualistisch-egalitäre System und das gemeinschaftlich-endogame System werden von der weltweit wohl größten anthropologischen Kluft getrennt: Die maghrebinischen Eltern stammen aus dem einen System, die französische Gesellschaft erwartet, daß ihre Kinder das andere übernehmen. Zum anthropologischen kommt ein Entwicklungsunterschied, denn die eingewanderten algerischen Eltern sind mehrheitlich Analphabeten, während ihre Kinder vom Bildungssystem eines Landes profitieren, in dem die Mehrheit der Erwachsenen eine weiterführende Schule besucht hat. Der Übergang ist so abrupt, daß er den Kindern der Algerier, selbst Geschwistern, ganz unterschiedliche Schicksale beschert. Die Haltung der Familie und eigene Fähigkeiten lassen die französische Art der Assimilierung zu einer gigantischen sozialen Lotterie werden. Einige überwinden mit einem Sprung die Kluft zum Normensystem der Aufnahmegesellschaft; andere zerbrechen an dem inneren Chaos, das der Übergang vom einen System zum genau entgegengesetzten erzeugt. Aus diesem Grund müssen selbst die besten Untersuchungen der Schicksale maghrebinischer Ein-

wandererkinder von einem typologischen Ansatz ausgehen. So unterscheidet Abdelhafid Hammouche drei Anpassungsgrade bei männlichen Jugendlichen maghrebinischer Herkunft in der Gegend von Saint-Étienne. Drei verschiedene Sozialisationsinstanzen – Familie, Schule, Straße – führen, je nachdem welche davon dominiert, zu drei verschiedenen Karrieren: Die Vorherrschaft der Familie begünstigt die Bewahrung traditioneller ökonomischer und anthropologischer Verhaltensmuster; wenn sich die Schule durchsetzt, sind der vollständige Übergang zum französischen Wertesystem und der soziale Aufstieg wahrscheinlich; die Erziehung auf der Straße führt in eine unsichere Welt, zu deren Möglichkeiten Arbeitslosigkeit oder Kriminalität gehören.[22]

Die männlichen jungen Maghrebiner sind mit besonderen Schwierigkeiten konfrontiert. Aufgezogen von Eltern, die ihnen patrilineare Normen einpflanzen und das Gefühl vermitteln, allein im Mittelpunkt zu stehen, müssen sie als Jugendliche sich mit einer dominierenden Gesellschaft auseinandersetzen, die der Frau traditionell einen gehobenen Status zuspricht und nach und nach die modernen Möglichkeiten des Prinzips der Geschlechtergleichstellung verwirklicht, wie es in der bilateralen anthropologischen Basis angelegt ist. Die patrilineare Ausrichtung der arabisch-islamischen Familie wird bei Auswanderern eher stärker als schwächer: Die algerischen Mütter, die auf dem französischen Arbeitsmarkt kaum vertreten sind, fühlen sich isoliert, desorientiert und entwurzelt, und ebendiese Situation treibt sie dazu, sich übermäßig um ihre Söhne zu kümmern. In der fremden Umgebung, die den Verfall der väterlichen Autorität beschleunigt, produzieren sie nicht selten hypertrophe Versionen des arabisch-islamischen Männlichkeitskultes. Der Zwiespalt zwischen Herkunfts- und Aufnahmekultur sowie die Auflösung der ersteren durch die letztere erklären die schulischen Probleme vieler maghrebinischer

22 Vgl. A. Hammouche, »Choix du conjoint, relations familiales et intégration sociale chez les jeunes Maghrébins«, in: *Revue européenne des migrations internationales* 6 (1990) 3, S. 175–186.

Kinder, die übrigens nicht übertrieben werden sollten. Aber unter den extrem harten Bedingungen des Arbeitsmarktes reicht eine knapp unterdurchschnittliche Bildung, um eine Arbeitslosenquote hervorzubringen, die beunruhigend genannt werden darf. Die Auflösung der Familienbande erklärt darüber hinaus, direkt, ohne daß die Arbeitslosigkeit unbedingt als Zwischenvariable benötigt würde, eine deutlich über dem französischen Durchschnitt liegende Kriminalitätsrate. Man darf allerdings an dieser Stelle nicht vergessen, daß es neben diesen Zeugnissen des Scheiterns eine wachsende Zahl völlig gelungener Assimilationen gibt, schnell und übergangslos, wie nirgendwo sonst in Europa.

Bei den Töchtern algerischer Einwanderer ist die Spannweite der biographischen Schicksale dagegen geringer. Doch das bedeutet nicht, daß der Integrationsprozeß bei ihnen harmonischer verliefe; er verweist eher auf einen Bruch, der schon vor dem Heranwachsen einer in Frankreich geborenen Generation deutlich wird. Die Familiensituation der Frauen algerischer Herkunft zwischen 25 und 29 Jahren, von denen viele sehr jung nach Frankreich eingewandert sind, weist im Jahre 1990 die gleiche Vielfalt individueller Biographien auf, eine Folge der Auflösung des maghrebinischen anthropologischen Systems. Nach überlieferten Normen müßten in diesem Alter fast alle Frauen verheiratet sein, und zwar mit Algeriern. In der obengenannten Gruppe ist das nur bei 40 % der Fall; 24,3 % leben noch wie ein Kind in ihrer Herkunftsfamilie; 7,1 % sind alleinstehende Mütter; 12,5 % leben allein in einer Wohnung, in einer anderen Familie oder in einer öffentlichen Einrichtung; 15,8 % leben mit einem Franzosen zusammen; nicht mitgezählt sind diejenigen, die nach der Heirat die französische Staatsbürgerschaft angenommen haben.[23]

Insgesamt haben in dieser Altersgruppe bereits 60 % der Algerierinnen das traditionelle Bezugssystem verlassen. Man kann allerdings nicht von einem massenhaften Übertritt zum

23 Nach G. Desplanques/M. Isnard, »La fécondité des étrangères en France diminue«, a. a. O.

französischen System sprechen, denn nur eine Minderheit von ihnen ist mit einem Franzosen verheiratet. Eine relativ große Zahl von Frauen, die wie Kinder in ihrer Familie leben, befindet sich in einer Situation des Abwartens, die zweifellos auf zwei konträre Ursachen zurückgeht: die Weigerung, nach dem Wunsch der Eltern einen algerischen Mann zu heiraten, und die Weigerung, einen Franzosen zu heiraten, um die Eltern nicht vor den Kopf zu stoßen. Der hohe Anteil alleinlebender Mütter zeigt ganz direkt die Auflösung der maghrebinischen Werte. Algerische Familien mit nur einem Elternteil entstehen oft nach dem Scheitern einer traditionsgemäß von den Eltern arrangierten Heirat. 1990 lebte in 11,9 % der algerischen Familien mit Kindern unter 18 Jahren nur ein Elternteil, im Vergleich zu 12,2 % der französischen, 7,5 % der marokkanischen, 5,8 % der tunesischen, 3,7 % der türkischen und 6,1 % der portugiesischen Familien. Beeindruckend ist die Übereinstimmung der algerischen mit der französischen Rate, die diese Gruppe als die am weitesten akkulturierte von allen ausweist.

Desintegration auf französische Art, das wäre eher als »Integration« der passende Ausdruck für den Assimilationsprozeß der algerischen Einwanderer. Der Mechanismus, der maghrebinische Frauen und Männer aus der traditionellen Endogamie zieht, funktioniert über die Auflösung ihres hergebrachten Familiensystems, wobei die Lockerung des Eltern-Kind-Verhältnisses im Mittelpunkt steht. Von der Warte der beiden anthropologischen Systeme aus betrachtet – individualistisch-egalitär gegen gemeinschaftlich endogam –, muß man von einem Konflikt und der folgenden Zerstörung des Systems der Minderheit durch das majoritäre sprechen. In den differentialistischen Kulturen Englands und Deutschlands sind die Familiensysteme der pakistanischen oder türkischen Einwanderer dagegen konserviert, geschützt durch die Ausgrenzung, mit einigen Aufweichungen im Fall der Pakistani in England, aber verschärft bei den Türken in Deutschland. Im Falle der Algerier in Frankreich führt die Öffnung der Aufnahmegesellschaft zu einem Prozeß der Desintegration.

Der Islam als untergeordneter Faktor

Es ist also möglich, die Anpassungschwierigkeiten der algerischen Einwanderer zu untersuchen, ohne die Religion ins Spiel zu bringen, über die nordafrikanische Einwanderergruppen so oft definiert werden. Die Familienstruktur ist weit öfter als die Religion Ursache der Spannungen zwischen Aufnahme- und Einwandererkultur. Es gibt sicher Verbindungen zwischen einigen Aspekten der arabisch-islamischen Familie und dem Islam: Zentral in dieser Hinsicht ist die Endogamie, denn sie impliziert eine Abschottung der Gruppe, wie sie sich im Begriff der *Umma*, der Gemeinschaft der Gläubigen, niederschlägt. Die islamisierten Gesellschaften des südlichen und östlichen Asiens praktizieren zwar die eine oder andere Art von Endogamie, sind aber doch geprägt von bilateralen (Java, Malaysia) oder sogar matrilinearen Familienstrukturen (die Menangkabau auf Sumatra, die Mappilla in Kerala, die tamilischen Mauren auf Sri Lanka) und würden sich im Falle einer Einwanderung nach Frankreich als erstaunlich kompatibel mit dem französischen Verwandtschaftssystem erweisen.

Es erscheint daher einfacher, die kulturelle Differenz unmittelbar über die Unterschiede der Familienkultur zu beschreiben. Katholizismus und Islam sind letztlich beide monotheistisch, Derivate des Judentums, und erweisen sich im Grunde als theologisch durchaus vergleichbar, auch wenn Jesus und Mohammed ihren Gläubigen verschiedene Verhaltensnormen nahelegen, Keuschheit und Friedfertigkeit im einen, Polygamie und kriegerische Tapferkeit im anderen Fall. Wenn man einmal von den Befürchtungen absieht, die das Aufkommen eines islamischen Fundamentalismus im Iran und in Algerien weckt, dann ist die Fixierung der diversen sozialen Akteure auf die Religion als wesentliches Merkmal der maghrebinischen Gruppe auf eine mangelhafte Kenntnis fundamentaler anthropologischer Begriffe zurückzuführen, die die Aufmerksamkeit von den tatsächlichen Spannungen zwischen dem französischen und dem maghrebinischen System ablenkt. Bewußt oder unbe-

wußt bezieht sich der Begriff *musulman*, wie er in Frankreich gebraucht wird, eher auf ein kulturelles System als auf einen religiösen Gehalt.

Das portugiesische Gegenbeispiel

Eine Untersuchung der portugiesischen Einwanderung, die ein völlig anderes anthropologisches System als die algerische mitbringt, läßt noch genauer erkennen, was am Prozeß der Assimilation spezifisch für die französische Aufnahmegesellschaft ist und was aus dem eigenen Potential der eingewanderten Kulturen resultiert. Zeitlich erscheint die Wahl der Portugiesen als Gegenmodell durch ihre Ankunft hauptsächlich zwischen 1962 und 1975 gerechtfertigt, mitten in der langen Epoche der algerischen Einwanderung, die allerdings schon in den Jahren zwischen 1946 und 1962 beginnt.

Das anthropologische System Nordportugals, woher die meisten Einwanderer kommen, ist von der Stammfamilie geprägt und vertritt andere Werte als die Familientypen in der Mitte und im Süden Portugals. Es dominiert ein Familiensystem mit nur einem Erben, besonders ausgeprägt an der Küste, abgeschwächt, je weiter man ins Landesinnere kommt. Das Gebiet schließt im Westen eine ausgedehnte Zone der Stammfamilie ab, die von den Alpen über Okzitanien, Béarn, Katalonien, das Baskenland nach Asturien und Galicien reicht. Im nördlichen Portugal werden die familiär verankerten Werte der Autorität und der Ungleichheit bis etwa 1980 durch eine stark katholische Erziehung befestigt, wie sie bis 1965 auch im Elsaß, in Savoyen, in Lozère und in der Vendée zu beobachten war. Die ländliche Gesellschaft Nordportugals ähnelt daher den peripheren Gesellschaften Frankreichs. Mit der Stammfamilie, dem Katholizismus und einer Vorliebe für feste Hierarchien war sie eine Hauptstütze des Salazar-Regimes. Sie unterscheidet sich von den französischen Stammfamiliengesellschaften in zweierlei Hinsicht. Zunächst auf familiärem Gebiet

durch einen deutlichen matriarchalen Zug, eine dominante Rolle der Frauen, wie sie alle regionalen Kulturen Portugals auszeichnet – auch die Mitte und den Süden, wo das Verhältnis unter Geschwistern egalitär ist. Dieser Status der Frau erklärt die häufige matrilineare Übertragung von Familiennamen. Der relativ hohe Anteil außerehelicher Geburten, Zeichen einer verminderten Kontrolle der weiblichen Sexualität, drückt auf andere Weise die matrilineare Tendenz aus.[24]

Ein zweiter wichtiger Unterschied ist der Antiintellektualismus. Die portugiesische Stammfamilie hat zur Organisation einer produktiven Gesellschaft unabhängiger Kleinbauern geführt, die der manuellen Arbeit einen hohen Wert zuerkennt und ein starkes Bevölkerungswachstum aufweist. Aber der Einfluß der katholischen Kirche, die seit der Reformation der Volksbildung feindlich gegenüberstand, hat das intellektuelle Potential des anthropologischen Systems eingefroren. Der kulturelle Rückstand vergrößerte sich durch die Randlage Portugals, weit entfernt von den Zentren der europäischen Entwicklung. Die Massenalphabetisierung wird um das Jahr 2000 abgeschossen sein, aber das Land ist wahrscheinlich das einzige in Europa, dessen Schulbildung noch hinter der einiger Dritte-Welt-Länder zurückbleibt. Mit einer Alphabetisierungsrate von 71 % lag Portugal 1970 hinter Sri Lanka (78 %), Thailand (79 %) und Jamaika (86 %).[25]

24 Matriarchalische Spuren der einen oder anderen Art gibt es in Europa vor allem entlang der Atlantikküste. Im Baskenland, in der Bretagne, in Irland und England haben Frauen einen besonders hohen Status. Die Konzentration matriarchalischer Reste im äußersten Westen ist begreiflich, wenn man bedenkt, daß der Patrilinearismus von Osten und Süden nach Europa eindrang, den äußersten Westen des Kontinents aber nicht völlig erreichte und daher »Nischen« übrigließ, in denen die Frau den traditionellen gehobenen Status behielt. Weltweit betrachtet stellt allerdings ganz Westeuropa mit seinen bilateralen Verwandtschaftssystemen und seiner gehobenen Stellung der Frau zusammen mit einigen Enklaven im Osten eine große »Nische« dar, wenn man es neben den massiven Patrilinearismus des eurasischen Kontinents, Japans und deutlicher noch Thailands, Kambodschas, Indonesiens und der Philippinen hält.

25 Vgl. E. Todd, *L'Enfance du monde,* a. a. O., Anhang, S. 227–236.

Die portugiesischen Einwanderer im Jahr 1990

Die Grundwerte des nördlichen Portugal – Hierarchie, Wertschätzung der manuellen Arbeit und Geringschätzung des intellektuellen Lebens – erklären fast alle Besonderheiten des Anpassungsprozesses portugiesischer Einwanderer in Frankreich. Wie die Nordafrikaner werden sie als Mitglieder der Arbeiterklasse in die ökonomische Struktur des Landes integriert, aber sie akzeptieren bereitwilliger die Legitimität sozialer Hierarchien. Sie finden sich mit ihren Lebensbedingungen als Arbeiter ab und bleiben insgesamt den politischen und gewerkschaftlichen Organisationen der Linken fern, anders als die zuvor eingewanderten Spanier und Italiener, die oft aus egalitären, laizistischen Regionen wie der Toskana oder Andalusien stammten und sich häufig der Kommunistischen Partei Frankreichs anschlossen. Seit 1982 bevorzugen die Portugiesen für ihre Kinder eine kurze Ausbildung und lassen sie so schnell wie möglich auf niedrigem, aber gesichertem Niveau ins Arbeitsleben eintreten. Von den 18jährigen, die bei ihrer Mutter wohnten, gingen 1982 nur 14 % der Söhne portugiesischer Mütter noch in die Schule, bei den Algeriern waren es 32 %, bei den »gebürtigen« Franzosen sogar 41 %. Dagegen bezogen 61 % der Kinder der Portugiesen nach dieser Statistik bereits ein Gehalt, im Vergleich zu 11 % der Algerier und 25 % der gebürtigen Franzosen. Die Arbeitslosenquote betrug 12 % bei der portugiesischen, 13 % bei der französischen, 37 % bei der algerischen Gruppe. *Die Kinder der Portugiesen sind also seltener arbeitslos als die gebürtiger Franzosen*, ein Phänomen, das bei den 21jährigen im Jahre 1982 noch deutlicher hervortritt: 7 % Arbeitslose auf portugiesischer, 12 % auf französischer Seite.[26] Die Portugiesen der zweiten Generation hat ihre Herkunftskultur scheinbar vor der Ablehnung manueller Arbeit »bewahrt«, die nach dem Mai 1968 so viele junge Leute ohne spezifische Ausbildung in die Arbeitslosigkeit geführt hat. Die Zahlen zeigen auf der anderen Seite, daß die viel abrupter

26 Zu all diesen Zahlen vgl. M. Tribalat u. a., *Cent Ans d'immigration. Étrangers d'hier et Français d'aujourd'hui*, INED, Heft Nr. 131, Paris: PUF 1991, S. 165.

akkulturierten Kinder der Algerier am kollektiven französischen Traum teilhaben, durch Schulbildung in die Mittelschicht aufzusteigen, und gegenwärtig auf grotesk gesteigerte Weise die besonderen Schwierigkeiten französischer Arbeiterkinder beim Eintritt ins Arbeitsleben durchmachen. In der zweiten Generation der Portugiesen, die der Handarbeit treu geblieben ist, gibt es ebensowenig Arbeitslose wie Absolventen höherer Schulen. Man darf in ihrem Fall nicht von einem Auseinandergehen der Biographien sprechen. Vielmehr muß man den Erhalt einer gewissen ökonomischen und kulturellen Homogenität feststellen.

Die Biographien der portugiesischen Einwandererkinder sind typisch für die Assimilation von Stammfamilien, allerdings ohne intellektuelle Komponente. Wie die japanische, die koreanische, die jüdische und die Sikh-Familie paßt die portugiesische Familie ihre Kinder gut in die Gesellschaft ein und erleichtert ihnen die Berufsausbildung; sie ermöglicht eine rasche ökonomische Anpassung. Der Antiintellektualismus der katholischen Kultur Nordportugals läßt es allerdings nicht zu, daß diese Kinder, wie die anderer Stammfamiliengruppen, zu Bildungsanstrengungen ermutigt würden, die ihnen Zugang zu den mittleren oder gar höheren Schichten der Aufnahmegesellschaft verschaffen könnten. In dieser Hinsicht ist die portugiesische Stammfamilie eng verwandt mit der irischen, die ebenso katholisch und bildungsfeindlich ist. Aus dieser spezifisch katholischen Einstellung darf jedoch nicht auf ein Überleben des Glaubens und der religiösen Praxis geschlossen werden: Die Portugiesen, die entweder in der entchristianisierten Welt der Pariser Region (47 %) oder in Gebieten leben, die sich auf dem Weg zum Laizismus befinden, im Norden, in der Region Rhône-Alpes oder im Zentralmassiv, hören ziemlich bald auf, zur Messe zu gehen, genauso wie vor ihnen die Stammfamilien-Einwanderer aus der Bretagne, Savoyen oder der Rouerge. Gewisse Aspekte der katholischen Kultur verschwinden nicht nur, sondern verkehren sich in ihr Gegenteil. Die christliche Abscheu vor Geld wandelt sich bei den Portugiesen zu einer

regelrechten Sparwut, ein Konversionphänomen, das häufiger zu beobachten ist, wenn sich religiöser Zweifel einstellt: Die protestantische Welt des 17. Jahrhunderts kennt schöne Beispiele dafür. Aber andere spezifisch katholische Geisteshaltungen bleiben erhalten; eine der wichtigsten ist der Akzent auf persönlicher und sozialer Disziplin. Die portugiesischen Einwanderer haben eine auffällig niedrige Kriminalitätsrate, die oft unter der französischen liegt, und es ist ein äußerst seltener Fall, daß eine entwurzelte Bevölkerungsgruppe weniger innere Unordnung aufweist als ihre Aufnahmegesellschaft. Im Prinzip *muß* die eingewanderte Gruppe, erschüttert vom kulturellen Transfer, abweichendes Verhalten produzieren. 1982 sind vergleichsweise 1,9mal so viele Spanier im Gefängnis wie Franzosen, 2,3mal so viele Italiener, 3,7mal so viele Marokkaner, 7mal so viele Tunesier, 7,5mal so viele Algerier, 9,1mal so viele Afrikaner anderer Nationen, aber nur 0,8mal so viele Portugiesen.[27]

Das portugiesische Modell der Anpassung ist also geprägt von einer gewissen Autonomie und Eigendynamik der Herkunftskultur. Einige Autoren haben übrigens den Zusammenhalt der Gruppe hervorgehoben, der sich in einem Netz von Beziehungen und gegenseitiger Unterstützung ausdrückt, das es bei den Algeriern so nicht gibt. Dieser Verhaltensunterschied illustriert treffend das allgemein in diesem Buch zugrunde gelegte Modell. Die nicht-egalitäre nordportugiesische Stammfamilie fördert *a priori* die Wahrnehmung der Unterschiede unter den Menschen und ein starkes Selbstbewußtsein der Gruppe. Die endogame, gemeinschaftliche Familie der Algerier, egalitär und daher zum Universalismus berufen, produziert nicht die differentialistischen Werte, die zur Konstruktion einer ethnischen Gruppe nötig sind. Durch ihr Festhalten an patrilinearen und endogamen Vorstellungen versuchen die arabischen oder berberischen Eltern ohne großen Erfolg, die Heirat ihrer Kin-

27 Vgl. P. Tournier/P. Robert, *Étrangers et Délinquances: les chiffres du débat*, Paris: L'Harmattan 1991, S. 161.

der mit jungen Franzosen zu verhindern. Aber sie kämpfen auf verlorenem Posten, ohne den Schutz eines starken Glaubens an die Besonderheit der eigenen Gruppe.

Bei den Portugiesen gibt es die Vorstellung der solidarischen Gruppe, deren ethnisches Selbstbewußtsein nicht übertrieben werden sollte. Der Assimilationsprozeß der Portugiesen vollzieht sich auf typisch französische Weise: sehr schnell. Die Gruppe wartet nicht, wie es in den Vereinigten Staaten üblich ist, die völlige kulturelle Assimilation ab, bevor sie Mischehen eingeht. Seit 1975 wächst die Zahl der Kinder aus frankoportugiesischen Verbindungen mit schöner Regelmäßigkeit. Von der ersten Generation an heiraten Frauen und Männer aus Portugal Franzosen und Französinnen. Die generell zu beobachtende Allmacht der Aufnahmegesellschaft wird durch die Verwandtschaft der portugiesischen und der französischen Sprache noch verstärkt. Seit 1978 übertrifft der Anteil der Kinder mit *portugiesischem Vater* und französischer Mutter den der Kinder mit algerischem Vater und französischer Mutter. Auch die weibliche Exogamie macht schnelle Fortschritte: Die Zahl der Kinder portugiesischer Mütter und nicht-portugiesischer Väter wächst mit der gleichen Regelmäßigkeit.

Auf der Landkarte der »Kinder von Eltern unterschiedlicher Nationalität« liegt allerdings ein großes Gebiet mit relativ geringer portugiesischer Exogamie, die Pariser Region. 1990 hatten in ganz Frankreich 27,2 % der Kinder portugiesischer Väter und 19,4 % der Kinder algerischer Väter eine französische Mutter. In der Île-de-France fällt diese Zahl auf 18,7 % bei den Portugiesen, während sie unter den »islamischen« Algeriern bei 19,3 % bleibt, deren Exogamierate also in Paris und den Vorstädten etwas über der der »katholischen« Portugiesen liegt. Die Erklärung ist einfach, wenn man die Kriterien der ethnischen Herkunft und der Religion zugunsten der Klassenzugehörigkeit ausblendet: Die in der Arbeiterklasse konzentrierten Portugiesen heiraten selten Partner aus den Mittel- und Oberschichten, die in der Pariser Region überrepräsentiert sind. Das Pariser Bürgertum wählt sicher weniger häufig als die

Pariser Arbeiter den *Front National*, aber es neigt nicht dazu, seine Töchter mit den Söhnen der Hausmeisterin oder der Putzfrau zu verheiraten. Die Endogamie ist hier eher ein Klassenphänomen als ein ethnisches. Die französische Gesellschaft gibt wenig auf die Kriterien »rassischer« Abgrenzung, aber das verhindert nicht ihren Respekt vor Schranken, die sozialer Status, Beruf und Ausbildung zwischen den Individuen aufbauen. Die schwache Vertretung der portugiesischen Einwandererkinder auf den Universitäten mag daher unter anderem ihre relativ geringe Exogamierate in der Pariser Region erklären. Die ziemlich gleichbleibende Exogamierate der Algerier in der Île-de-France, dem Sammelpunkt der Mittelschichten mit guter Schulbildung, resultiert dagegen wohl aus dem Aufkommen einer Elite algerischer Herkunft, die keine portugiesische Entsprechung hat.

Türkenproblem oder deutsche Frage?

Alle vorhandenen statistischen Indikatoren belegen die völlig einzigartige Situation der Türken in Frankreich, eine gemeinschaftliche Abschottung, die nicht mit der relativ kurz zurückliegenden Einwanderung zwischen 1968 und 1975 erklärt werden kann. Es handelt sich quantitativ um eine weniger bedeutende Gruppe islamischer Einwander, die jedoch überproportional die Fremdenfeindlichkeit der Aufnahmegesellschaft stimuliert. In Dreux hat das Vorhandensein einer größeren türkischen Gruppe zur Entstehung einer Hochburg des *Front National* und bei der Regionalwahl im November 1989 zur Wahl eines Kandidaten der extremen Rechten geführt, trotz der Barrieren des Mehrheitswahlrechtes. Durch ihre intensive religiöse Praxis und ihre strenge ethnische Endogamie provoziert die türkische Gruppe mitten im Pariser Becken den assimilatorischen Universalismus der Aufnahmegesellschaft. Sie scheint zudem das in diesem Buch aufgestellte Prinzip von der Allmacht der Aufnahmegesellschaft zu widerlegen.

Die türkischen Einwanderer im Jahr 1990

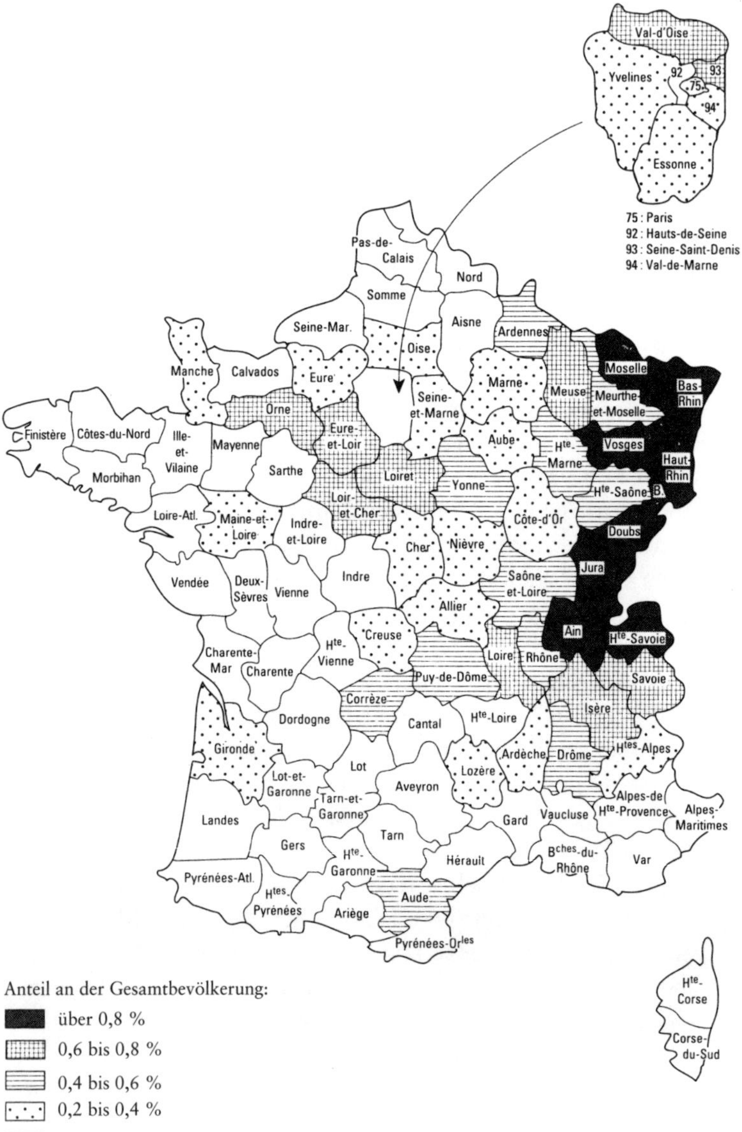

Anders als seine algerischen, marokkanischen und tunesischen Pendants scheint das türkische anthropologische System von der französischen Umgebung weder gebrochen noch abgemildert. Dem höheren Heiratsalter der jungen Algerierinnen, in geringerem Maß auch der Marokkanerinnen und Tunesierinnen, diesem ersten Zeichen einer Französisierung der Gebräuche, steht bei den türkischen Frauen eine sehr frühe, von der Familie geregelte Verheiratung gegenüber. 1990 lebten von den Frauen zwischen 20 und 24 Jahren fast 60 % der Algerierinnen, 49 % der Marokkanerinnen und 40 % der Tunesierinnen unverheiratet bei ihren Eltern, aber nur 23 % der Türkinnen.

Die türkische Exogamierate ist gleichfalls unbedeutend. 1990 hatten nur 1,5 % der in Partnerschaft lebenden türkischen Frauen zwischen 20 und 24 Jahren einen französischen Partner. Nur 4,2 % der Kinder türkischer Väter hatten eine französische Mutter. In Deutschland hatten 1990 1,2 % der Kinder türkischer Mütter einen deutschen Vater und 4,4 % der Kinder türkischer Väter eine deutsche Mutter. Die unterschiedlichen Grundlagen der deutschen und der französischen Statistik ändern nichts daran, daß die Exogamierate der in beiden Ländern lebenden Türken erstaunlich ähnlich ist. Wenn man sich an die reinen Fakten hält, läßt diese Parallele im Verhalten der Türken in Frankreich und Deutschland auf eine von der Aufnahmegesellschaft unabhängige kulturelle Norm und eine eigenständige Widerstandskraft gegen die Assimilation schließen. Aber es wäre nicht klug, sich die Sache so einfach zu machen. Zunächst einmal weil ein starker islamischer Integrismus für die Türkei selbst nicht charakteristisch ist, der es bis heute (1994) als einzigem islamischen Land am Mittelmeer gelungen ist, eine starke laizistische Tradition zu begründen. Und schließlich weil die türkische Kultur selbst universalistischen Typs ist und ihren eigenen Minderheiten an der Peripherie, vor allem den Kurden, ein Assimilationsmodell anbietet, das dem der Jakobiner recht nahesteht. Die türkische Mentalität ist nicht differentialistisch.

Die geographische Verteilung der türkischen Einwanderer auf französischem Gebiet zeigt, woher der Differentialismus der Gruppe tatsächlich stammt. Bis zur Volkszählung von 1982 ist die überwältigende Mehrheit der türkischen Arbeiter an der Ostgrenze des Landes konzentriert. Ihre Verbreitung in ganz Frankreich beginnt vom Elsaß aus. Bei der Zählung von 1990 kommt die ganze Region Rhône-Alpes dazu. Ein weiterer Schwerpunkt liegt in der Pariser Region mit einer leichten Westbewegung bis zum Departement Orne. 1990 wohnen im primären Verbreitungsgebiet entlang der deutschen Grenze 52 % der Türken in Frankreich, im Gebiet um Paris 31 %, die restlichen 17 % verteilen sich auf ganz Frankreich.

Die Verbreitung vom Rhein aus belegt, daß die türkische Gruppe in Frankreich, ideologisch und anthropologisch gesehen, weniger aus der Türkei als aus Deutschland kommt und unbewußt die differentialistischen Werte des deutschen Raums mitbringt, die für sie in der französischen Umgebung weitergelten. Die unmittelbar aus der Türkei Eingewanderten schließen sich diesem deutsch-türkischen Gemeinschaftsdenken an, das in dieser Form erst auf europäischem Boden entstanden ist. Die bevorzugte Niederlassung in Randgebieten mit differentialistischer Prägung erleichtert darüber hinaus das Festhalten an dem in Deutschland erworbenen Differentialismus. Daß die Türken weder die französische Sprache noch die assimilatorischen französischen Werte aus der Kolonialzeit kennen, trägt zur Verwirrung einiges bei, denn es verzögert die Erkenntnis des Unterschiedes zwischen deutschen und französischen kulturellen Normen. Die engen Bindungen zwischen den Türken quer durch ganz Europa befestigen die gemeinschaftliche Abschottung in Frankreich. In *Les Banlieues de l'islam* von Gilles Kepel erscheinen die Türken in beständigem Kontakt mit ihren Landsleuten in Deutschland.[28] Ihr segregationistisches Verhalten in Frankreich schränkt jedoch die Hypothese von

28 Vgl. Gilles Kepel, *Les Banlieues de l'islam*, Paris: Éd. du Seuil 1991, S. 245.

der Übermacht der Werte der Aufnahmegesellschaft nicht ein, es sei denn, man ignoriert das Vorhandensein zweier konkurrierender Aufnahmegesellschaften in Europa, der deutschen und der französischen. Die türkische Einwanderung bringt den deutschen Differentialismus über die französische Grenze. Es ist für den Historiker, der die langen Wellen der Geschichte im Auge behält, faszinierend, wie sehr die Situation der Türken in Frankreich, als einziger wirklich endogamer Minderheit, der der Juden des Ancien régime am Vorabend der Emanzipation ähnelt. Sieht man von den Gemeinden in Bordeaux, Bayonne und der Grafschaft Venaissin ab, lebte die überwältigende Mehrheit der Juden im Osten, im Elsaß und in Lothringen, so wie die Türken heute im Elsaß, in Lothringen, der Franche-Comté und im Gebiet Rhône-Alpes leben. Im Falle der Ostjuden, die deutsche Dialekte – Jiddisch, Elsässisch, Lothringisch – sprachen, ist der deutsche kulturelle Einfluß noch auffälliger als bei den Türken heute. Aber der Kontakt beider Gruppen mit Deutschland erscheint als Stimulans des Differentialismus: Bei den Juden sicherte er lange das Überleben einer autonomen differentialistischen Tradition, bei den Türken hat er eine neuartige und offenbar exportfähige differentialistische Überzeugung entstehen lassen. Es bleibt abzuwarten, ob der Eintritt der Türken ins Pariser Becken mit seiner im Gegensatz zu Ostfrankreich universalistischen Mentalität wieder, wie bei den Juden, zu einem Bruch mit dem Differentialismus und der ethnischen Endogamie führen wird.

12
Frankreich und die Hautfarben

Der französische Universalismus leugnet die Bedeutung unterschiedlicher Hautfarben und hat es verstanden, in der ersten Hälfte des 20. Jahrhundert den Franzosen eine für manche erfreuliche, für andere erschreckende Gleichgültigkeit gegenüber »Rassenfragen« einzuimpfen. So hat die unteilbare Republik dem Deutschen Reich einen gehörigen Schrecken eingejagt, als sie im Ersten Weltkrieg afrikanische Truppen einsetzte und Martinique und Elsaß-Lothringen, Dunkelhäutigkeit und Deutschtum, auf die gleiche – französische, universale – Stufe stellte. Friedrich Sieburg, ein zwiegespaltener deutscher Intellektueller, zitiert 1929 in *Gott in Frankreich?* eher irritiert als abschätzig die Rede eines schwarzen senegalesischen Abgeordneten, der die Franzosen zur Einigkeit aufruft und dem Parlament die Zugehörigkeit der Elsässer und Lothringer zur französischen Nation ins Gedächtnis ruft.[1] Hitler selbst hatte 1924 in *Mein Kampf* in apokalyptischen Tönen das Aufkommen einer afrikanisierten Macht mitten in Europa heraufbeschworen: Frankreich. Die Passage verdient zitiert zu werden, denn sie zeigt, welchen Haß sich Frankreich allein für seinen Universalismus zuziehen kann.

»Und selbst Frankreich muß unter diese Staaten gerechnet werden. Nicht nur, daß es in immer größerem Umfang aus den farbigen Menschenbeständen seines Riesenreiches das Heer ergänzt, macht es auch rassisch in seiner Vernegerung so rapide Fortschritte, daß man tatsächlich von einer Entstehung eines afrikanischen Staates auf europäi-

1 Siehe Friedrich Sieburg, *Gott in Frankreich? Ein Versuch* (1929), Neudruck Frankfurt am Main 1954, S. 109.

schem Boden reden kann ... Würde sich die Entwicklung Frankreichs im heutigen Stile noch dreihundert Jahre fortsetzen, so wären die letzten fränkischen Blutsreste in dem sich bildenden europa-afrikanischen Mulattenstaat untergegangen. Ein gewaltiges, geschlossenes Siedlungsgebiet vom Rhein bis zum Kongo, erfüllt von einer aus dauernder Bastardisierung langsam sich bildenden niederen Rasse.«[2]

In den fünfziger Jahren fasziniert das Klischee eines die Hautfarbe ignorierenden Frankreich, diesmal positiv, die schwarzen Intellektuellen Amerikas. James Baldwin lernt während eines langen Aufenthaltes in Paris sogar, seine Hautfarbe zu vergessen. Aber darf man aus der Bereitschaft, einzelne – Intellektuelle und Abgeordnete – zu akzeptieren, wirklich auf eine allgemeine Indifferenz gegenüber Rasse und äußerer Erscheinung schließen? In Frankreich setzen sich die egalitären Grundsätze der Revolution leicht durch, solange es keine konkreten Probleme gibt. Wie soll man die Indifferenz gegenüber im eigenen Land kaum vorhandenen Rassenunterschieden mit der amerikanischen Rassenbesessenheit vergleichen, die doch eine Gesellschaft charakterisiert, in der, abgesehen von Resten der indianischen Urbevölkerung, infolge der Sklaverei eine große schwarze Bevölkerungsgruppe und seit dem Ende des 19. Jahrhunderts zahlenmäßig ebenfalls bedeutende japanische und chinesische Gruppen leben? Der Gegensatz zwischen einem weißen Frankreich und einem vielfarbigen Amerika scheint allerdings nicht auf Dauer Bestand zu haben.

Die Wanderungsbewegungen der letzten fünfundzwanzig Jahre haben in Frankreich selbst zum Anwachsen eines – hier einmal nach angelsächsischem Muster so genannten – »nichtweißen« Bevölkerungsanteils geführt, der die Frage nach dem universalen Menschen auf ganz konkrete Weise neu stellt. Zwischen 1968 und 1990 sind Kariben, Afrikaner und Asiaten nach Frankreich eingewandert oder auf französischem Gebiet geboren worden. Die französische Statistik erlaubt keine Klassifikation der Individuen nach Hautfarbe oder äußerer Erschei-

2 Adolf Hitler, *Mein Kampf*, München 1936, S. 730.

nung, und man muß sich mit auf Geburtsorten und Herkunftsländern basierenden Näherungswerten begnügen, wenn man den zahlenmäßigen Anteil der »nicht-weißen« Gruppen feststellen will. So betrug die Anzahl der in den Überseedepartements und -territorien (DOM-TOM) geborenen, aber auf dem Territorium des französischen Mutterlandes statistisch erfaßten Personen 24000 im Jahr 1954, 91468 im Jahr 1968 und 339600 im Jahr 1990, die zu 90% aus Martinique, Guadeloupe und Réunion kamen. Wenn man die in Frankreich geborenen, noch bei ihren Eltern wohnenden Kinder dieser Einwanderer hinzuzählt, kommt man auf 526512 Personen, die aus den Überseegebieten »stammen«.[3] Die Entwicklung der statistischen Gruppe der Afrikaner ist in den Jahren 1968–1990 ebenso auffällig: 1968 werden etwa 28000 Frankophone afrikanischer Herkunft gezählt, 1990 sind es schon 212502, Einwander aus Zaire und Mauritius eingeschlossen. Wenn man die französischen Staatsbürger afrikanischer Herkunft hinzuzählt, kommt man auf eine Zahl von 270377. Wenn man nach amerikanischem Vorbild eine Gruppe der »Schwarzen« definiert, Mischlinge eingeschlossen, müssen aus den frankophonen Ländern noch 15780 naturalisierte und nicht-naturalisierte Haitianer dazugezählt werden, so daß man zu einer Gesamtsumme von 286157 gelangt.[4]

Die asiatische Einwanderung findet zur gleichen Zeit statt wie die karibische und die afrikanische. Es gab, um nur die Einwanderer aus dem ehemaligen Kolonialreich zu nennen, bei der Zählung von 1968 11368 Vietnamesen, Kambodschaner und Laoten in Frankreich, im Jahr 1990 waren es 112915, mit

3 Vgl. C.-V. Marie, *Les Populations des DOM-TOM, nées et originaires, résidance en France métropolitaine*, INSEE, 1993, S. 15. Nicht als Personen »überseeischer Abstammung« gelten die in Frankreich geborenen Kinder der Einwanderer, die verheiratet sind oder nicht bei ihren Eltern wohnen. Daraus ergibt sich eine zum gegenwärtigen Zeitpunkt wohl kaum bedeutende statistische Unterschätzung.

4 Zu diesen und den folgenden Zahlen: INSEE, *Recensement de la population de 1990: Nationalités*, Ergebnisse der Gesamterhebung.

dem stärksten Anstieg zwischen 1975 und 1982, eindeutiger Reflex der katastrophalen politischen Situation in Indochina zu dieser Zeit. Wenn man im Jahr 1990 die naturalisierten Franzosen aus diesen Ländern hinzuzählt, kommt man auf eine Summe von 188 404.

Fügen wir einige Zehntausende Ghanaer, Nigerianer, Chinesen, Filipinos, Ceylonesen, Südinder und Thai dazu, weiter eine gewisse Zahl illegaler Einwanderer und in Frankreich als Franzosen geborene Farbige. Ziehen wir einige »Weiße« aus den Überseeterritorien ab. Insgesamt muß die Zahl der »nicht-wei-ßen« Ausländer und Franzosen in Frankreich auf etwas über eine Million geschätzt werden, was bei einer Gesamtbevölkerung von 56650000 Personen einen Anteil von etwas weniger als 2 % bedeutet. Frankreich ist also keineswegs in den letzten 30 Jahren ein »multirassisches« Gebilde geworden. Wir sind von den 19,7 % »Nicht-Weißen« Amerikas im Jahre 1990 und sogar von den 12,1 % amerikanischen Schwarzen weit entfernt. Die Konzentration von 47 % der Asiaten, 59 % der DOM-TOM-Einwanderer und 64 % der Afrikaner in der Île-de-France macht allerdings aus bestimmten Vierteln von Paris und den Departements Seine-Saint-Denis und Val-d'Oise demographische Mikrokosmen. Auf dem Gebiet der Île-de-France wird der Anteil der »nicht-weißen« Bevölkerung gegenwärtig bei 5–6 % liegen. Damit ist die Frage nach dem Verhältnis der französischen Kultur zu Hautfarbe und Rasse kein abstraktes intellektuelles oder weit entferntes koloniales Problem mehr. In England hat ein vergleichbarer farbiger Bevölkerungsanteil schließlich genügt, daß das Land vom theoretischen Universalismus der unmittelbaren Nachkriegszeit wieder zu seinen ursprünglichen differentialistischen und rassistischen Überzeugungen umschwenkte. In Frankreich leben auf den Stätten der Revolution von 1789 mittlerweile Menschen aller Farben und Nationen. Und vor allem Schwarze. Die Unfähigkeit Amerikas, in den Jahren 1950–1990 die Schwarzen zu assimilieren, seine dualistische Auffassung der Menschheit aufzugeben und sich als wahrhaft universelle Nation zu definie-

ren, gibt dem Problem der schwarzen Einwanderung nach Frankreich universale Bedeutung. Wird die französische Bevölkerung, ebenso wie die englische und amerikanische, vor dem konkreten physischen Unterschied erstarren und die schlichte Definition der Farbigen als Menschen wie andere in der Praxis nicht gelten lassen? Es ist nicht zu unterschätzen, was bei diesem historischen Versuch auf dem Spiel steht: Das Scheitern Amerikas auf dem Gebiet der Beziehungen zwischen den Rassen ist angesichts der ökonomischen und kulturellen Bedeutung der Vereinigten Staaten eine Niederlage für die ganze Menschheit. Frankreich ist von bescheidenerem Zuschnitt, aber ein erneutes Scheitern hätte weltweite ideologische Konsequenzen. Eine Segregation im Lande des universalen Menschen würde als Beweis dafür gewertet werden, daß die Grenze zwischen Schwarz und Weiß unüberwindlich ist.

Wenn ich solche apokalyptischen Folgen beschwöre, möchte ich allerdings deutlich machen, daß die Hypothese einer französischen Entwicklung nach amerikanischem oder, weniger kraß, nach englischem Vorbild sehr unwahrscheinlich ist. Die Kapitel über die Vereinigten Staaten und Großbritannien haben schon gezeigt, daß die angelsächsischen Rassenvorstellungen nicht auf der allgemeinen menschlichen Natur oder bestimmten Merkmalen der schwarzen Bevölkerungsgruppen beruhen, sondern auf einer nicht-egalitären, differentialistischen mentalen Prägung der angloamerikanischen Bevölkerung, die in Frankreich kein Gegenstück hat. Die Segregation ist nicht »natürlicher« als die Assimilation. Das Aufrechterhalten der gesellschaftlichen Trennung der Rassen in den USA verlangt von den einzelnen ständige Anpassungsbemühungen. Sie müssen, um die Vermischung zu vermeiden, die Wohnung wechseln, ihre Kinder von der Schule nehmen, sexuelles Begehren niederkämpfen, das für pervers erklärt wird, sobald es sich nicht nur auf eine Person des anderen Geschlechts, sondern auch der anderen Rasse richtet. Kurz gesagt, die Segregation ist anstrengend und zehrt an den Kräften der einzelnen und der Gesellschaft. Die egalitäre Mentalität der französischen Be-

völkerungsmehrheit schließt *a priori* aus, daß sie eine solche Energie auf den Bau von Ghettos verschwendet. Eine Entwicklung nach englischem Vorbild, die die Schwarzen in ein Subproletariat einordnet, das an sich schon in vieler Hinsicht einer benachteiligten ethnischen Gruppe ähnelt – Sprachbarriere, schlechte Schulbildung usw. –, ist in Frankreich unvorstellbar, einfach weil es eine solche soziokulturelle Aufnahmegruppe nicht gibt. Das egalitäre anthropologische System definiert den französischen Arbeiter als Spielart des universalen Menschen und erwartet von ihm, daß er die Sprache aller spricht statt eines in Wortschatz und Syntax unterschiedenen Slangs. Es ist noch nicht möglich, aus der direkten Beobachtung von Fakten mit absoluter Sicherheit auf das Schicksal der farbigen Einwanderer in Frankreich zu schließen, denn die Tendenz zur Segregation oder Assimilation einer eingewanderten Gruppe zeichnet sich erst nach zwei bis drei Generationen ab, und so lange sind die Kariben und Afrikaner noch nicht in Frankreich. Es gibt aber einige Anhaltspunkte dafür, daß sich die englische und die französische Entwicklung schon heute auffällig unterscheiden.

Daß es keine Rassentrennung gibt, bedeutet nicht, daß es kein soziales Problem gäbe. Bestimmte afrikanische Gruppen – das klarste und quantitativ bedeutsamste Beispiel sind die Einwanderer aus Mali – unterscheiden sich von der französischen Aufnahmegesellschaft ebenso durch die Hautfarbe wie durch ihr anthropologisches System. Aus dem kulturellen Unterschied können in einer postindustriellen Gesellschaft Anpassungsschwierigkeiten erwachsen, die mit den Vorstellungen der Aufnahmegesellschaft über Rassenunterschiede nichts zu tun haben. Wenn man sich genauer mit dem Schicksal schwarzer Bevölkerungsgruppen befaßt, ist der Übergang von der physischen zur kulturellen Differenz kein geringer. Eine anthropologische Analyse belegt die kulturelle Heterogenität der schwarzen Einwanderer in Frankreich. Die Vielfalt der familialen und anthropologischen Strukturen bei den Schwarzen zu untersuchen heißt, *eine* Hautfarbe mit *mehreren* Verhaltensweisen zu

Kariben, Asiaten und Afrikaner in Frankreich

Einwanderer	*1968*	*1975*	*1982*	*1990*
aus den DOM-TOM-Gebieten	91 468	172 165	282 300	339 600
aus Kambodscha, Laos, Vietnam	11 368	17 505	104 188	112 915
aus dem frankophonen Schwarzafrika*	28 000	70 320	127 332	176 745
davon aus Mali	6 556	12 530	24 268	37 693
aus Senegal	5 688	14 920	32 336	43 692
von der Elfenbeinküste	1 832	6 645	12 564	16 711
aus Kamerun	2 940	8 275	15 152	18 037
aus dem Kongo	1 172	3 435	8 940	12 755

* ohne Zaire und Mauritius

assoziieren und so dem Dilemma des rassischen Differentialismus zu entkommen. Nur die »schwarze« Einwanderung in den Blick zu nehmen bedeutet dagegen, das elementare *Apriori* des rassischen Differentialismus zu übernehmen. Der Gegensatz von karibischer und afrikanischer Kultur ist offensichtlich, aber die Vielfalt der afrikanischen Gruppen wird von den Experten seltener wahrgenommen, die sich im allgemeinen eher für die Einwanderer aus Mali und die mit ihnen verbundenen Probleme interessieren als für die Einwanderer aus Kamerun, die keine Probleme verursachen. Ohne alle afrikanischen anthropologischen Systeme genauer untersuchen zu wollen,

möchte ich doch die archetypische Opposition des *Soninké*-Systems (Mali, Senegal, Mauretanien) und des *Bamiléké*-Systems (Kamerun) hervorheben, um auf die verschiedenen Modelle der Integration afrikanischer Einwanderer in Frankreich hinzuweisen. Die gemeinschaftliche Familie des *Soninké*-Typs und die Stammfamilie des *Bamiléké*-Typs produzieren deutlich unterschiedliche gesellschaftliche Effekte.

Ein soziales Problem ohne Rassenproblem?

Es ist noch viel zu früh, zu beurteilen, ob die Anwesenheit farbiger Bevölkerungsgruppen in Frankreich den Traum vom universalen Menschen zerstören wird oder nicht. Wird die Grande Nation sich dem unvollendeten amerikanischen Universalismus anpassen, der alle Arten von Menschen umfaßt außer einer, die durch ihre Hautfarbe definiert ist, den Schwarzen? Die zweite Generation der karibischen und afrikanischen Einwanderer in Frankreich, deren Schicksal ein für allemal die wahre Natur der französischen Haltung zu Hautfarbe und Rasse enthüllen könnte, ist noch nicht erwachsen. Gegenwärtig kann man nur darauf hinweisen, daß es keine nennenswerten feindseligen Reaktionen auf die karibische und afrikanische Einwanderung gegeben hat und daß die Mischehenraten völlig normal sind. Die Anwesenheit schwarzer Bevölkerungsgruppen scheint in Frankreich keine spezifische Unruhe zu verursachen, wie sie in der angelsächsischen Welt zu beobachten ist. Die Feindseligkeit gegen die Maghrebiner steht im Kontrast zur weitgehenden Indifferenz der französischen Bevölkerung gegenüber Einwanderern anderer Hautfarbe. Allgemein scheint die Wahrnehmung eines Rassenunterschieds hinter der Wahrnehmung eines kulturellen Unterschiedes zu verblassen. Eine mögliche Zunahme der Feindseligkeit gegen Menschen aus Mali oder Senegal würde den Befund kaum verändern, denn das anthropologische System dieser Gruppen – patrilinear und polygam – befindet sich weit außerhalb des franzö-

sischen Minimalkonsenses. Aber heute ist ihre Zahl auf französischem Gebiet viel zu gering, als daß eine ernsthafte Ablehnung durch die französische Gesellschaft festzustellen wäre.

Das Entstehen kritischer Zonen in einigen Vorstädten, in denen die Anwesenheit einer schwarzen Gruppe und Unterentwicklung zusammenkommen, könnte von allein Frankreich nicht dazu bringen, rassistische Überzeugungen vom englischen oder amerikanischen Typ zu entwickeln und sich mit der Bildung von Ghettos abzufinden. Die Definition eines »Schwarzenproblems« auf angelsächsische Weise setzt voraus, daß alle schwarzen Bevölkerungsgruppen und alle Mulatten – Beamte aus der Karibik, Angestellte aus dem Kamerun, Straßenfeger aus Mali und Mulattenkinder aus all diesen Gruppen – zu einer Kategorie begrifflich vereint werden. Diese geistige Nivellierung kultureller Unterschiede setzt eine Entindividualisierung der Wahrnehmung voraus. Um an die Existenz der »Schwarzen« zu glauben, muß man aufhören, die einzelnen und ihre Besonderheiten zu sehen: ob sie Analphabeten, Abteilungsleiter, schön, häßlich, sympathisch oder unsympathisch sind. Und das setzt wiederum eine besondere mentale Prägung voraus: Die Amerikaner mit ihrer Prägung durch einen differentialistischen anthropologischen Code, der sich vom Fehlen des Wertes der Gleichheit in der traditionellen englischen Familie herleitet, haben das »Bedürfnis«, daß es einen verschiedenen Menschen gibt, den »Schwarzen«. Die mehrheitlich von einem universalistischen Code geprägten Franzosen haben dagegen das »Bedürfnis«, die Menschen als gleich zu betrachten.

Das egalitär-individualistische anthropologische System des französischen Zentrums, wo die karibischen und afrikanischen Einwanderer sich konzentrieren, macht daher die Hypothese einer sozialen Umgruppierung auf angelsächsische Weise, bei der alle Gruppen und Individuen afrikanischer Herkunft zu einer Gruppe der »Schwarzen« zusammengefaßt werden, höchst unwahrscheinlich. Diese Interpretation fordert nicht dazu auf, gegenüber möglichen Reibungen und Mißverständ-

nissen während der Integration farbiger Gruppen gleichgültig zu bleiben. Aber sie fordert zur systematischen Unterscheidung auf zwischen aggressiven Reaktionen einzelner aus Furcht vor dem Unbekannten und kollektiver Feindseligkeit, wie sie der anthropologischen Organisation der Aufnahmegesellschaft entspringt. Der Großteil der Franzosen wäre ablehnender oder aggressiver Reaktionen gegen Schwarze, deren Gegenwart bis vor kurzem wenig auffällig war, sicher fähig. Aber sie sind nicht mehrheitlich von differentialistischen Überzeugungen konditioniert, die alle tiefer liegenden Besonderheiten des einzelnen von der Hautfarbe abhängig macht und ihm damit die Individualität abspricht, weil er ihn als wesentlich »schwarz« oder »weiß« kategorisiert.

Schluß

Die vergleichende Untersuchung der vier großen westlichen Demokratien – der Vereinigten Staaten, Großbritanniens, Deutschlands und Frankreichs – hat eine fundamentale Differenz in den Haltungen zur Frage der Einwanderung und der Unterschiede zwischen den Menschen aufgezeigt. So nahe sie einander durch ihr Entwicklungsniveau und ihre liberalen und demokratischen Institutionen sind, so weit sind diese vier Nationen durch das Fortbestehen unbewußter anthropologischer Prägungen voneinander getrennt. Das Familienleben und die interpersonalen Beziehungen – in der Schule, in der Nachbarschaft und im Arbeitsleben – verweisen auf unterschiedliche mentale Strukturen, deren innere Logik sich der postindustriellen Rationalität entzieht. Simple Werte wie Gleichheit oder Ungleichheit, Liberalität oder Autorität bestimmen weiterhin die Einstellung zu Menschen mit anderer Hautfarbe, anderer Religion oder anderem Verhalten. Die Einwanderung läßt den Mythos von der kulturellen Konvergenz als automatischer Folge des technischen Fortschritts platzen.

Die deutsche und die amerikanische Gesellschaft bleiben sich in ihrer Wahrnehmung von Unterschieden treu: Der Ausschluß bestimmter Frauen vom matrimonialen Tausch – der Schwarzen in Amerika, der Türkinnen in der Bundesrepublik – macht diese Gruppen zu regelrechten Parias. Endogamieraten von 97 bis 99 % zeigen die Wirksamkeit eines primitiven Substrats, einer *apriorischen* Überzeugung von der Verschiedenheit der Menschen, unterhalb der scheinbaren Modernität demokratischer Formen. Die Beständigkeit des Segregationsmechanismus führt allerdings in keinem der beiden Fälle zu einer stabilen Beziehung zwischen den Gruppen. Das gutgemeinte Gerede vom »Recht auf Differenz« darf nicht vergessen ma-

chen, daß die Wahrnehmung eines konkreten Unterschieds unbewußt immer Verunsicherung auslöst.

Der liberale Differentialismus angelsächsischen Zuschnitts findet sich allen Problemen zum Trotz mit dem Fortbestehen von Rassentrennungen in der Gesellschaft recht gut ab. Die farbigen Mitbürger in ihren speziellen Wohnvierteln in der Nähe und sich trotzdem vom Leibe zu halten scheint zugleich das Bedürfnis der herrschenden weißen Gruppe nach der Wahrnehmung eines Unterschieds zu befriedigen und die Angst vor diesem Unterschied zu mildern. Diese Lösung ist für die schwarze Gruppe offenbar unbefriedigend, denn sie zeigt eine mehr und mehr selbstzerstörerische Tendenz: Die Zahl alleinerziehender Eltern, die Selbstmordrate und die Häufigkeit von Suchtkrankheiten entwerfen ein apokalyptisches Bild. Die Anstrengungen des amerikanischen demokratischen Gewissens, das Land von der Segregation zu befreien, haben nach ihrem Scheitern am Widerstand des unbewußten Differentialismus die Schwarzen in eine ausweglose psychische Situation gebracht und so unabsichtlich auf tragische Weise zu ihrer Demoralisierung beigetragen. Die Abweisung durch eine Gesellschaft, die dich zu einem Untermenschen erklärt, ist sicher nicht angenehm; die Abweisung durch eine Gesellschaft, die dich unaufhörlich zu einem Menschen wie die anderen erklärt, muß logischerweise verrückt machen. Hauptsächlich aus diesem Grund geht die Auflösung der schwarzen Familie heute schneller voran als zur Zeit der Sklaverei oder der offiziellen Segregation der Jahre 1900 bis 1940.

Die fortbestehende Überzeugung von den Rassenunterschieden erzeugt in Amerika keineswegs soziale Stabilität. Sie bringt den Schwarzen schlechtere Lebensbedingungen und eine regressive ideologische Entwicklung. In den nächsten Jahren ist die Wiedererrichtung einer Grenze zwischen den Rassen zu befürchten, die in gewisser Weise das Bewußtsein mit dem Stand des Unbewußten in Einklang bringen wird. In den schwarzen Mittelschichten kann bereits das Aufkommen einer entsprechenden Ideologie beobachtet werden, gepaart mit ei-

nem steigenden Haßpotential, das sich vor allem im Rückgriff auf den Antisemitismus Luft macht. Die gegenwärtige Wiederbelebung der abgedroschensten antijüdischen Gemeinplätze durch bestimmte universitäre Eliten beunruhigt amerikanische Kommentatoren, denn sie scheint zwei Gruppen gegeneinander aufzuhetzen, die im Kampf um die Bürgerrechte verbündet waren. Während der sechziger Jahre leisteten die Juden einen entscheidenden Beitrag zur politischen Emanzipation der Schwarzen. Die Verteufelung der Juden durch manche schwarzen Intellektuellen erscheint daher nicht nur paradox, sondern unmoralisch. Der neue schwarze Antisemitismus folgt möglicherweise automatisch aus der unglaublichen Situation der amerikanischen Schwarzen: offiziell gleichgestellt und doch weiterhin ausgegrenzt. Die Juden haben durch ihre Unterstützung für die Schwarzen mehr als jede andere Gruppe das amerikanische Demokratieideal verkörpert, das die Schwarzen letztlich in diese moralische und soziale Falle gelockt hat. Sie zu verachten bedeutet die Rückkehr zu einem schlichten Haß, der das Leben möglicherweise einfacher macht. Der schwarze Antisemitismus sieht die Juden als Vertreter der amerikanischen Mehrheit, als archetypische Weiße und nicht als Parias unter Parias. Was auch immer der Grund ist, man muß zugeben, daß der Differentialismus mit der Förderung eines schwarzen Antisemitismus in Amerika einen Gipfel der Unvernunft erreicht hat. Die weltweite Bedeutung der amerikanischen Gesellschaft läßt es nicht zu, diese Verirrung als bloße Marginalie der Weltgeschichte zu betrachten.

Die Segregation der Türken in Deutschland führt ebensowenig zur Stabilität der Gesellschaft. Vor allem weil der autoritäre Differentialismus Deutschlands, anders als der liberale angelsächsische Differentialismus, eine Spaltung der Gesellschaft nicht erträgt. Das anthropologische System der Stammfamilie impliziert zugleich eine *apriorische* Wahrnehmung der menschlichen Unterschiede und einen Traum der Einheit. Deutschland kommt mit dem ethnischen Eigensinn, den es selbst gefördert hat, nicht zurecht. In einer Situation unzweideutiger Ableh-

nung macht den Türken in Deutschland ihre Ausgrenzung weniger zu schaffen als den Schwarzen in Amerika. Aber die Deutschen stören sich an der Existenz einer von ihnen verschiedenen Gruppe mehr als die Amerikaner. Die Türken stellen nicht mehr als 2 % der Bevölkerung im vereinten Deutschland. Aber ihre hohe Geburtenrate, mehr als doppelt so hoch wie die der Deutschen, läßt erwarten, daß sich ihr Anteil an der Bevölkerung erhöht und daß sich damit, wenn es bei der gegenwärtigen kulturellen Haltung der Deutschen bleibt, die Spannungen verschärfen. Die Furcht vor der demographischen Expansion der Minderheit ist ein klassisches Element der Beziehung zwischen Herrschenden und Abhängigen in einer Situation der Segregation. Der demographische Alptraum wirkt direkt auf das individuelle oder kollektive Unbewußte, denn er beschwört nicht nur ein verändertes Machtverhältnis zwischen den ethnischen Gruppen herauf, sondern auch Bilder der Sexualität und des Todes hinter den statistischen Bevölkerungsentwicklungen. Der hohe Anteil rassistischer Gewalttaten in Deutschland gegen türkische Kinder ist in dieser Hinsicht höchst beunruhigend.

Im Vergleich zu Amerika und Deutschland mit ihren simplen Obsessionen erscheinen England und Frankreich aus unterschiedlichen Gründen komplexer. In England herrscht ein liberales differentialistisches System wie in Amerika, aber eine eigentümliche Klassenmorphologie sorgt dafür, daß die »Differenz« nicht nur an bestimmten Kategorien von Einwanderern wahrgenommen wird. Um diesen zweifelhaften Vorzug konkurrieren Kariben, Pakistani und Sikhs mit einheimischen Arbeitern und Handwerkern, die seit der Mitte des 19. Jahrhunderts trotz ihrer weißen Haut für die englischen Mittelschichten die Verkörperung des »Anderen« sind. Die Exogamieraten der Einwandererkinder liegen in England generell über 15 %, in manchen Gruppen noch höher. Einzig die pakistanische Gruppe behält ihre festen Konturen, aber eher durch eine hohe Geburtenrate als durch Endogamie. Dem Vereinigten Königreich wird also ethnische und rassische Segregation höchts-

wahrscheinlich erspart bleiben. Nicht weil es übermäßig demokratisch oder von der Idee der Gleichheit begeistert wäre: Es ist im Gegenteil die aristokratische englische Tradition, die eine vollständige Ausrichtung der gesellschaftlichen Beziehungen nach dem Rassenprinzip verbietet. Da schon an die Gleichheit der Weißen nicht zu denken ist, kann sich eine entsprechende Idee der Ausgrenzung der farbigen Bevölkerung nicht voll entfalten.

Frankreich ist vor der rassistischen Entstellung des Alltags beschützt durch seine Überzeugung *a priori* von der Gleichwertigkeit der Menschen, die in ein anthropologisches System mit egalitärem Zentrum eingeschrieben ist. Wie groß die Probleme des gesellschaftlichen Zusammenhalts auch sein mögen, die Werte der Freiheit und der Gleichheit stehen einer dauernden rassischen oder ethnischen Segregation entgegen. Ich habe gezeigt, wie das differentialistische System der Peripherie den Universalismus der Mitte zugleich behindern und stimulieren kann. Aber das Kräfteverhältnis in Frankreich müßte dazu führen, daß die differentialistischen Gebiete in den Konsens einbezogen werden und die universalistische Ausrichtung des Ganzen bestätigt wird.

Frankreich ist nicht allein auf der Welt. Mit seinen 56 Millionen Einwohnern muß es mit dem ideologischen Gewicht seiner Nachbarn und Verbündeten rechnen. Die beiden wichtigsten – die Vereinigten Staaten und Deutschland – leben, äußern und exportieren differentialistische Ideen. Der amerikanische Einfluß ist zugleich enorm und oberflächlich, denn er vermittelt sich hauptsächlich über eine weltweit dominierende audiovisuelle Kultur. Aber die Fähigkeit der Medien, tief im Unbewußten verankerte rassistische oder ethnische Haltungen zu beeinflussen, ist vernachlässigenswert gering. Die Kombination aus schönen multikulturalistischen Gefühlen und strenger Einhaltung der schwarzen und der weißen Endogamie in den meisten amerikanischen Serien wird von den französischen Zuschauern nicht wahrgenommen. Sie haben einfach nicht den dafür nötigen mentalen Decoder. In Hawaii, seit 1959 fünfzigster

US-Bundesstaat, ist die Exogamierate der Schwarzen viel höher als im Rest des Landes. Wenn die differentialistische Haltung Amerikas sich dort nicht durchsetzen konnte, muß man sich über ihre Verbreitung in Frankreich keine Sorgen machen.

Das ideologische Gewicht Deutschlands wirkt untergründiger und konzentrierter. Die Bundesrepublik hat, anders als die USA, nicht die erklärte Absicht, ihre Sicht der Welt zu exportieren. Aber sie trägt zu ihrer Verbreitung in Frankreich durch die zum Differentialismus konvertierten und der Assimilation widerstehenden Türken bei. Durch sein wirtschaftliches Ansehen legitimiert Deutschland im gesamteuropäischen Rahmen ebenso unabsichtlich wie unvermeidlich seine Vorstellungen von der Ausgrenzung der Türken bis hin zum Abstammungsprinzip. Es fördert die Erhaltung differentialistischer Ideen in einigen Segmenten der französischen Gesellschaft. Insgesamt sind die USA und Deutschland eine ungünstige Umgebung für Frankreich zu einer Zeit, in der es sich zu seinem universalistischen Ziel bekennen und alle seine Einwanderer assimilieren muß, auch die Schwarzen und die Muslime.

Die Feststellung eines unaufhebbaren Unterschieds zwischen den europäischen Nationen, was ihr Verhältnis zu Fremden angeht, zwingt dazu, erneut die Frage nach der Konstruktion Europas zu stellen. Frankreich assimiliert alle seine Einwanderer, was wegen der objektiven kulturellen Differenz der Maghrebiner ein schwieriges Unterfangen ist und das Aufkommen des *Front National* – ein Anzeichen für die erhöhte innere Spannung – erklärt. England assimiliert sie unter dem multikulturellen Mäntelchen, weniger erfolgreich im Fall der Pakistani und für die Kariben schmerzlicher als etwa für die Muslime in Frankreich. Deutschland selektiert die Exjugoslawen als assimilierbare Minderheit und verdammt die Türken zur Segregation.

Die europäische Uneinigkeit über die Frage der Einwanderung läßt Konflikte voraussehen. Sie wird zwangsläufig latente Positionen und Konfrontationslinien wieder zum Vorschein bringen, denn sie aktualisiert eine alte Auseinandersetzung, bei

der das Schicksal der Juden auf dem Spiel stand. Frankreich hatte ihre Assimilation gefordert und zugleich zugelassen, daß manche Elemente ihrer traditionellen Lebensweise weiterbestanden. England hatte ihre Emanzipation weiter vorangetrieben, aber den Respekt vor ihrer Besonderheit gepredigt. Nazideutschland weigerte sich, sie als Menschen zu betrachten. Die Einwanderung aus der dritten Welt stellt jede der europäischen Nationen wieder vor das Problem, mit einem Unterschied fertig zu werden, und man darf erwarten, daß es diesmal, dank gemäßigter Umgangsformen, nicht zu vergleichbaren Exzessen kommt. Doch auf dem Gebiet der Beziehungen zwischen Ethnien, Rassen und Religionen fordert die Erfahrung eine gewisse Vorsicht.

Eine realistische Sicht der Assimilations- und Segregationsmechanismen zeigt, daß der Begriff der europäischen Identität ein Phantom ist. Die Hoffnung auf eine Wertegemeinschaft im universalistischen Sinn erscheint höchst unrealistisch. Frankreich verfügt nicht über die wirtschaftliche und moralische Macht, die weit fortgeschrittene Entwicklung in Großbritannien und Deutschland zurückzudrehen. Im besten Fall darf man in Frankreich, Spanien und Italien mit annähernd gleichen Haltungen rechnen. In Italien und Spanien ist – trotz anfangs ziemlich heftiger Reaktionen auf die maghrebinische oder schwarzafrikanische Einwanderung – eine Wiederbelebung der universalistischen Tradition zu erwarten. In den romanischen Ländern führt die egalitäre anthropologische Grundstruktur nacheinander zu zwei Reaktionen. Zunächst provoziert ein äußerer oder kultureller Unterschied eine Bevölkerung, die *a priori* die Idee einer Segmentation der Menschheit ablehnt. Aber die Intensität des Konflikts nimmt mit der Zeit ab: Die Gewöhnung läßt die Aufnahmegesellschaft entdecken, daß die Einwanderer und ihre Kinder einfach Menschen sind.

Das Bekenntnis zum europäischen Ideal wird von französischen Eliten und hohen Politikern der Linken und Rechten oft wie eine Anwendung der universalistischen Philosophie unter anderen betrachtet. Wenn alle Völker gleich sind, warum soll

man dann den Unterschied zwischen dem französischen und dem deutschen Volk nicht abschaffen? Ein solche Einstellung, die wie der Entschluß, Einwanderer zu assimilieren, auf ein egalitäres Postulat zurückgeht, ist an sich sehr schätzenswert. Aber ein realistischer Blick auf das Phänomen der Einwanderung zeigt, daß der Traum von der europäischen Einheit dabei ist, zu einem für die französische Gesellschaft zerstörerischen Mythos zu werden, der – wie das »Recht auf Differenz« – den Eintritt der Immigrantenkinder in die Gesellschaft verzögert und erschwert. Der Europäismus verhindert die Entwicklung eines klaren Konzepts, wie man den Prozeß der »wilden« Assimilation in geordnete Bahnen lenken könnte.

Assimilation ist vor allem ein anthropologischer Prozeß, dessen Hauptakteure die Einwanderer und die breite Masse der einheimischen Bevölkerung sind. Ihre Interaktion in den Städten und Vorstädten führt zu Verhaltensänderungen und einer gewissen Häufigkeit von Mischehen. Aber die Einwanderung hat auch eine geistige Dimension: Die eingewanderte Gruppe muß symbolisch in die Aufnahmegesellschaft eintreten, mit der sie sich identifizieren soll. Nach dem Zweiten Weltkrieg bedeutete Assimilation für die Kinder der Immigranten nicht einfach nur, in einem gewissen Ausmaß Kinder von Franzosen zu heiraten, sondern selbst zu einem Teil Frankreichs zu werden, was um so leichter und schmerzloser möglich war, als die herrschende Definition der Nation jede Komponente der Volkszugehörigkeit, Herkunft oder Abstammung zurückwies. Die republikanische Nation definiert sich ebenso über ihre Zukunft wie über ihre Vergangenheit. Daher macht im französischen kulturellen Kontext ein starkes Nationalbewußtsein die Assimilation einfacher, was Jean-Claude Barreau zu Recht unterstrichen hat.[1] Heute schwächt der europäische Mythos die Nation als Fixpunkt der kollektiven Loyalität, ohne sie doch ersetzen zu können. Die europäische Konstruktion erzeugt

1 Vgl. Jean-Claude Barreau, *De l'immigration en général et de la nation française en particulier*, Paris: Le Pré aux Clercs 1992.

mittlerweile einen Zustand der Anomie in den Vorstädten: Sie zersetzt die einzige kollektive Identität, die die breite Masse der französischen Bevölkerung und die Immigrantenkinder gemeinsam haben, Frankreich, und versucht sie durch ein abstraktes Europa zu ersetzen, dem weder die einen noch die anderen sich zugehörig fühlen können.

Die anthropologische Analyse der Einwanderung zielt mitten ins Herz der Definition menschlicher Gruppen. Sie zeigt mit grausamer Deutlichkeit, wie abstrakt und inhaltslos der Begriff Europa ist. Sich assimilieren heißt zunächst, eine Sprache zu lernen, und es gibt keine gemeinsame Sprache in Europa. Sich assimilieren heißt, ein bestimmtes Verhalten zu lernen, und es gibt in Europa keinen gemeinsamen Verhaltenskodex, vor allem was die Haltung zu Immigranten angeht. Ich habe bereits in meinem Buch *L'Invention de l'Europe*[2] die Gegensätze zwischen der deutschen und der französischen Definition der Nationalität aufgelistet. Die anthropologische Analyse von Assimilationsprozessen zeigt, wie sehr das gesetzte Recht hier weit tiefer liegende, im kollektiven und individuellen Unbewußten verankerte Überzeugungen reflektiert. Am Ende dieser vergleichenden Studie erscheint der französische Glaube an den universalen Menschen als lokale Besonderheit, die implizit den englischen und deutschen Auffassungen von Hautfarbe, Rasse und ethnischer Zugehörigkeit widerstreitet. Zu glauben, daß ein Deutschland, das die auf seinem Boden geborenen Türken nicht als seine eigenen Kinder anerkennt, Franzosen maghrebinischer, karibischer oder kamerunischer Herkunft als Europäer anerkennen wird, spricht für eine unverzeihliche Naivität. Und wie könnten sich diese Menschen ihrerseits mit einem weißen, christlichen Europa identifizieren, das sich gegen Japan und Nordafrika abgrenzt? Schlimmstenfalls ist Europa ein differentialistisches Projekt in großem Maßstab, eine Vereinigung aller Differentialismen des Kontinents, von der man die Ausdehnung des deutschen Abstammungsprinzips (*ius*

2 Vgl. Emmanuel Todd, *L'Invention de l'Europe,* a. a. O.

soli) auf alle Staaten befürchten muß. Im besten Fall ist Europa ein abstrakter Raum, der theoretisch das französische, das deutsche und das englische Volk vereint, die doch an verschiedenen Orten leben, verschiedene Sprachen sprechen und kaum durch Heirat miteinander verbunden sind. Die Beziehungen unter Deutschen, Engländern und Franzosen sind oberflächlich zwischen den nationalen Eliten und kaum vorhanden zwischen den Bevölkerungen. Die Beziehung der Franzosen zu den Einwanderern ist konstant, allgegenwärtig und real. Sie drückt sich in einer Sprache aus, die alle verstehen, Französisch. Sie schließt Konflikte nicht aus. Aber wenn sie schließlich mit der Assimilation der Einwanderer aus der ganzen Welt endet, macht sie Frankreich zu einem konkret Allgemeinen.

Ich habe in diesem Buch zu zeigen versucht, daß die Beschreibung objektiver anthropologischer Unterschiede zwischen Einwanderergruppen und der einheimischen Bevölkerung im Fall Frankreichs nicht zu einer pessimistischen Sicht der Gegenwart oder der Zukunft leiten muß, auch wenn sie den anderen großen Nationen der westlichen Welt eine weniger günstige Prognose stellt. Die Inkompatibilität des maghrebinischen und des französischen anthropologischen Systems ändert nichts daran, daß die Assimilation weitergeht. Aber man sollte klugerweise zugeben, daß der Weg der patrilinear-endogamen Algerier, Marokkaner und Tunesier in die französische Gesellschaft dem der Italiener, Spanier und Polen absolut nicht vergleichbar ist, deren exogame, bilaterale Familiensysteme sie der Aufnahmegesellschaft verwandt machen. Die Eingliederung der maghrebinischen Einwanderer setzt die Auflösung ihres Normensystems voraus, was zu viel Verwirrung und Leiden führt.

Die Ideologie vom »Recht auf Differenz« hat diese Leiden verschlimmert, indem sie den Einwanderern die Wahrheit über ihre Situation vorenthalten und die Unsicherheit bei der breiten Masse der französischen Bevölkerung vergrößert hat. Dieser gutgemeinte, aber schädliche Differentialismus stirbt heute eines sanften Todes in einer französischen Gesellschaft, in der es keinen Bodensatz von Rassenvorstellungen gibt, die ihn am

Leben halten könnten. Die Eliten – hohe Verwaltungsbeamte, Politiker, Journalisten, Gelehrte – bringen allerdings keine klare Haltung zur Assimilation zustande. Das Wort von der »Integration« macht weiter die Runde, das gar nichts bedeutet und von Segregationisten und Assimilationisten gleichermaßen beansprucht werden kann, wie es ihnen paßt, als »Absorption der einzelnen« von den einen, als »Ausgrenzung der Gruppen« von den anderen. Die Einigung auf den Begriff »Assimilation«, mit all ihren moralischen und administrativen Folgen, würde den Umgang mit der Auflösung der anthropologischen Systeme der Einwanderer, den das Schamgefühl der Eliten keineswegs aufhält, sehr erleichtern. Das offene Bekenntnis zum Assimilationismus würde es möglich machen, ohne sich dafür schämen zu müssen, auf französischem Territorium alle anthropologischen Elemente abzulehnen, die außerhalb des französischen Minimalkonsenses stehen. Die Unterdrückung der Frau, in den arabischen Ländern oder Mali, wäre in dieser Hinsicht ein zentrales Element. Die Rückkehr der französischen Gesellschaft zu einem ehrlichen Assimilationismus kann aber nicht einfach per Gesetz beschlossen werden. Sie setzt vor allem eine Änderung des Klimas und des öffentlichen Tonfalls voraus. Sie fordert von den Eliten weniger Kleingeist im Umgang mit den kulturellen Konflikten zwischen Franzosen und Einwanderern und mehr Liebe zu Frankreich, dem symbolischen und konkreten Ort der Assimilation.

Die Unfähigkeit, anzuerkennen, daß es Frankreich gibt und die Zukunft der Einwanderer hier nur in einer Anpassung an das Verhalten der Mehrheit liegen kann, bringt Unruhe in die Aufnahmegesellschaft. Das herrschende anthropologische System widersetzt sich einer Immigration, die doch möglich sein müßte in einem Frankreich, dem so manche Gruppen ohne individualistisch-egalitäre Basis angehören. Die abstrakte Toleranz des Multikulturalismus hat so zur Schließung der Grenzen geführt. Da die politische Klasse unfähig war, der Bevölkerung durch ein klares Bekenntnis zu republikanischen Idealen Sicherheit zu vermitteln, mußte sie sich ihren Ängsten unter-

werfen. Die theoretische Öffnung für den Differentialismus hat zur praktischen Schließung der Grenzen und der Köpfe geführt. Eine erneute Definition Frankreichs als Assimilationsgesellschaft, die auf dem Vorrang des eigenen Normensystems besteht, aber bereit ist, die einzelnen aufzunehmen, die seine Grundwerte annehmen, könnte dagegen zu einer Fortsetzung der Einwanderung führen.

Ein offener Assimilationismus würde den Maghrebinern, den Maliern und vielen anderen die bestmögliche Orientierung für ihren Anpassungsprozeß geben. Und da jeder Mensch von der Gesellschaft, die ihn aufnimmt, vor allem als Mensch anerkannt sein will, wäre es für die Einwanderer aller Herkunft ein wahrer Trost und ein Glück, zu erfahren, daß Frankreich ohne Wenn und Aber ihre Kinder zu Franzosen machen möchte.